1920 10

Ullstein Werkausgaben

Friedrich Nicolai

Leben und Meinungen des Herrn Magisters Sebaldus Nothanker

Mit 16 Kupferstichen von Daniel Chodowiecki

Mit Nachworten von Harry Timmermann
und Norbert Miller

Ullstein Werkausgaben

Ullstein Werkausgaben
Lektorat: Hanna Siehr

Ullstein Buch Nr. 37051
im Verlag Ullstein GmbH,
Frankfurt/M – Berlin

Ungekürzte Ausgabe

Umschlagentwurf: Theodor Bayer-Eynck
unter Verwendung eines Kupferstichs
von Daniel Chodowiecki
Abbildung auf der Rückseite:
Kupferstich von C. Geiger
nach Chodowiecki
Ullstein Bilderdienst

Die Satzvorlage wurde uns vom
Verlag Rütten & Loening, Berlin
zur Verfügung gestellt

Printed in Germany 1986
Druck und Verarbeitung:
Clausen & Bosse, Leck
ISBN 3 548 37051 9

August 1986

CIP-Kurztitelaufnahme
der deutschen Bibliothek

Nicolai, Friedrich:
Leben und Meinungen des
Herrn Magisters Sebaldus Nothanker /
Friedrich Nicolai. Mit 16 Kupferstichen
von Daniel Chodowiecki.
Mit Nachw. von Harry Timmermann
u. Norbert Miller. – Ungekürzte Ausg. –
Frankfurt/M; Berlin: Ullstein 1986.
(Ullstein-Buch; Nr. 37051:
Ullstein-Werkausgaben)
ISBN 3-548-37051-9

NE: GT

VORREDE ZUR VIERTEN AUFLAGE
(1799)

Als dieses Buch vor sechsundzwanzig Jahren zuerst erschien, regierte in Deutschland ziemlich allgemein das Vorurteil: der geistliche Stand müsse, um sein Ansehen zu behaupten, sich notwendig von allen anderen Ständen durch eine ungesellige Gravität absondern. Diese orthodoxe, finstere Würde schien sogar vielen geistlichen Herren ein Teil der Würde der orthodoxen Religion selbst zu sein; und weil damals ein heiliger Schauder vor jeder Neuerung in der Lehre Frömmigkeit hieß, so schien es vielen eifrigen Theologen auch schon die gottloseste und verdammlichste Neuerung, daß in diesem Buche Personen geistlichen Standes, gleich anderen Menschen, geschildert waren, so wie sie sind. Besonders gaben sie es für Verachtung des geistlichen Standes aus, daß fast alle in dieser Geschichte vorkommenden Prediger und sogar die Hauptperson ganz gemeine Menschen wären. Wie arg deshalb über mich öffentlich hergefahren worden und wie weit die heimlichen Verunglimpfungen mancher orthodoxen Herren gingen, sollte man kaum glauben. Die Beschreibung davon würde ein so widriges als lächerliches Bild geistlicher Rachsucht geben, wenn es der Mühe lohnte, alle Züge derselben zusammenzustellen.

Von der anderen Seite ward ich auch von aufgeklärten Geistlichen der Unbilligkeit beschuldigt, weil im zweiten Bande der damals noch ganz neuen, verbesserten Theologie eben nicht viel Einfluß auf die Einwohner Berlins zugeschrieben war, da doch diese Herren glaubten, Berlin müsse vermöge derselben der Brennpunkt der höchsten Aufklärung sein. Als nach einigen Jahren ein neues Gesangbuch eingeführt werden sollte, zeigte sich, daß meine Schilderung eines großen Teils der Einwohner Berlins nur allzu getreu gewesen war.

In Berlin war damals schon vermöge der liberalen Denkungsart, welche Friedrich der Große durch sein Beispiel einführte und beschützte, von Philosophen und Theologen zur freien Entwickelung der Kräfte des menschlichen Geistes sehr viel geschehen. Dies ward allgemein anerkannt, nur konnte sich die Wirkung davon nicht so geschwind in alle Stände ausbreiten, als es manche lebhafte Einbildungskraft verlangte. Doch hätte sich damals auch wohl niemand vorstellen können, es würde eine Zeit kommen, da selbst in Berlin die Aufklärung in der Religion und die Anwendung der gesunden Vernunft auf die wichtigsten Angelegenheiten des menschlichen Lebens durch öffentliche Gewalt sollten gehindert werden wollen. Und doch kam diese Zeit, welche nun, gottlob, vorbei ist. Menschen, deren sinnlose Herrschsucht nur mit ihrer Unwissenheit zu vergleichen war, mißbrauchten die ihnen gegebene Macht auf eine Art, welche zeigt, wie schrecklich und wie zwecklos zugleich es ist, den weltlichen Arm zur Herrschaft über Meinungen anzuwenden. Sie entblödeten sich sogar nicht, die „Allgemeine deutsche Bibliothek", ein Werk, zu welchem ich seit dreißig Jahren eine Anzahl verdienstvoller deutscher Gelehrten vereinigte, als ein Buch wider die Religion anzuklagen und ohne alle Untersuchung ein Verbot zu bewirken: ungeachtet ich einige zwanzig Jahre lang bei der Herausgabe und bei dem Abdruck beständig alles beobachtet hatte, was die Gesetze des Staats vorschreiben. Von Leuten, welche sich dieses erlaubten, durfte man alles Widrige erwarten, auch fehlte es nicht an Proben, daß sie sich gern mehr erlaubt hätten. Es ist hier nicht der Ort, auseinanderzusetzen, auf welche so niedrige als heimtückische Art man mich in beständige Verlegenheit zu setzen suchte. Sollte es einmal an einem andern Ort geschehen, so würden die Leser erstaunen.

Ich bin genötigt, dieses hier anzuführen, weil die Folgen des Einflusses gemißbrauchter öffentlicher Gewalt sich auch bis auf dieses Leben des ehrlichen Sebaldus Nothanker erstreckten. Die dritte Auflage war seit beinahe vier Jahren erschöpft und kein Exemplar zu haben. Es wäre schon damals eine neue Ausgabe nötig gewesen, aber selbst so wohlwollende als einsichtsvolle Männer rieten mir ernstlich davon ab: denn jene Menschen, welche sich schon soviel erlaubt hatten, würden ihre auffallende Ähnlichkeit mit dem verfolgenden Stauzius erkannt und entweder den Abdruck gehindert haben, oder sie hätten gleich wie bei der „Allgemeinen deutschen Bibliothek“ gerufen, daß die Religion in Gefahr sei, und hätten, wie sie so oft taten, die symbolischen Bücher, denen sie selbst nicht einmal folgten, zum Vorwande ihrer Rache und Herrschsucht gebraucht.

Jetzt, da unter der Regierung Königs Friedrich Wilhelm III. Heuchelei und Aberglauben in die verdiente Verachtung zurückfallen und jeder freimütige Mann sein Haupt emporheben darf, erscheint diese neue Ausgabe im wesentlichen ungeändert. Nur ist in der Schreibart vieles verbessert, und es sind einige wenige Anmerkungen hinzugekommen, wodurch manche Anspielungen auf allerhand literarische Vorfälle der ehemaligen Zeit erklärt werden. Viele gelehrte Erfindungen und Merkwürdigkeiten bleiben gar kurze Zeit merkwürdig und verständlich, so ernsthaft und wichtig sie auch bei ihrer

Entstehung von den gelehrten Herren behandelt werden; daher bedarf eine Schrift, welche davon redet, nach zwanzig Jahren mancher Erläuterung. Ob die Gemälde der Heuchelei, der Verfolgungssucht, der Futilität sowie der Gutherzigkeit, der Wahrheitsliebe und überhaupt der menschlichen Sitten und Leidenschaften, welche in diesem Buche vorkommen, noch jetzt ähnlich und ohne weitere Erklärung verständlich sein möchten, muß ich dem Leser zu beurteilen überlassen.

Die vorigen Ausgaben wurden von dem berühmten Herrn Daniel Chodowiecki mit sehr charakteristischen Kupferstichen geziert. Die gegenwärtige Ausgabe zierte der berühmte Herr Johann Wilhelm Meil mit Kupferstichen, in ihrer Art ebenso vorzüglich. So hat dieses Buch das Glück, daß zwei Künstler in Berlin, welche in charakteristischen kleinen Bildern jeder in seiner Art einzig sind, dasselbe durch ihre Kunst verschönerten.

Es ist in mehrere fremde Sprachen übersetzt. Die rühmlich bekannte Madame de la Fite[1] im Haag lieferte

[1] Diese gelehrte Frau ist in Adelungs Gelehrtenlexikon und in Schlichtegrolls Nekrolog nicht angeführt. Sie war eine geborene Boué aus Hamburg und Gattin des Herrn Johann de la Fite, welcher im Jahre 1781 als Kapellan des Statthalters und Prediger der wallonischen Kirche im Haag starb. Sie führte im Jahre 1780 in Gesellschaft des Herrn Geheimen Legationsrats Renfner die mit sehr großen Schwierigkeiten verknüpfte Übersetzung des ersten Teils von Lavaters großer Physiognomik sehr glücklich aus. Da Madame de la Fite aber nach dem Tode ihres Mannes den Ruf als Vorleserin der Königin von England erhielt (in welchem Amte sie im Jahre 1795 zu London starb), so übersetzte Herr Renfner den zweiten und dritten Band allein,

in Gesellschaft des jetzigen Königlichen Geheimen Legationsrats Herrn Renfner (welcher damals im Haag als Königlicher Gesandtschaftssekretar stand) die vorzüglichsten Stellen aus dem ersten Bande in einer kleinen Schrift: „Lettres sur divers sujets“, par Me. d. l. F., à la Haye 1775, in Oktav. Eine vollständige französische Übersetzung, welcher eine Übersetzung des Gedichts „Wilhelmine“ als des Grundes dieser Geschichte vorgesetzt ist, daher sie vier Bände ausmacht, soll von einem französischen Prediger Herrn Wyß (oder Weiß) in der Schweiz sein. Sie ist unter dem Titel „Londres“ in Lausanne zweimal, im Jahre 1774 und 1777, in Kleinoktav gedruckt. Die holländische Übersetzung kam zu Amsterdam in drei Bänden in Großoktav heraus, wobei auch die Kupfer des Herrn D. Chodowiecki von C. F. Fritschius ziemlich gut nachgestochen sind. Der Übersetzer ist Herr van der Meersch, ein nunmehr verstorbener remonstrantischer Prediger in Amsterdam, der aber seinen Namen nicht nannte. Er hat einen launigen Vorbericht an den Nederlantschen Leezer vorgesetzt, worin er von der Schädlichkeit der Gottseligkeit handelt, „indem die Ketzer“, wie er versichert, „durch ihr gottseliges Leben oft ihren unrechtsinnigen Meinungen Eingang schaffen, wogegen die Rechtsinnigen, welche sich mit der Gottseligkeit nicht aufhalten mögen, darüber in übeln Ruf kommen“. Die dänische Übersetzung ist zu Kopenhagen in drei Bänden in den Jahren 1774 bis 1777 er-

welche auch gedruckt wurden. Den vierten Band hat er auch halb übersetzt; aber schon seit dem Jahre 1790 hat Herr Lavater aus unbekannten Ursachen die Herausgabe dieser Übersetzung ganz abgebrochen und hat nicht bewogen werden können, den Abdruck des mit so vieler Mühe und Kosten angefangenen Werks in französischer Sprache beendigen zu lassen.

schienen, die schwedische zu Stockholm im Jahre 1788. Die engländische Übersetzung erschien zu London in drei Bänden in Großduodez in den Jahren 1796 und 1798. Auf dem Titel nennet sich als Übersetzer ein mir ganz unbekannter Herr Thomas Dutton A. M. Aus einem auf den Titel gesetzten Motto aus Voltaires „Philosophe ignorant“ und aus einigen Winken in der Zueignungsschrift an den bekannten Lord Landsdowne möchte man fast schließen, daß die Gravität einiger pfründebeladenen Geistlichen der hohen engländischen Kirche und die sanften Verfolgungen, welche die dortige Hierarchie bei aller Freiheit der Nation gegen die Dissenters sich erlaubt, Gelegenheit zu dieser Übersetzung gegeben haben, welche einen Mann verrät, der beider Sprachen sehr kundig ist.

Unter den mancherlei ernsthaften Schicksalen, welche dieses Buch gehabt hat, ist auch noch ein lächerliches zu bemerken. Zufällig erfuhr ich, daß es einem gewissen Herrn Erdwin Julius Koch, der sich einen Doktor der Philosophie und Prediger an der Marienkirche nennt, im zweiten, im Jahre 1798 herausgekommenen Teil seines Kompendiums der deutschen Literaturgeschichte gefallen hat, etwas zu sagen, das sowohl den Herrn Professor Eberhard in Halle als auch mich äußerst befremden muß. Es heißt nämlich Seite 281 daselbst von diesem Buche: „Auch verdienen hier die von glaubwürdigen Gewährsmännern herrührenden mündlichen Sagen, von welchen eine Herrn Professor J. A. Eberhard zu Halle zum alleinigen Verfasser und die andere denselben nur zum vorzüglichsten Teilnehmer macht, einer nähern Untersuchung unterworfen zu werden.“ Der Ehrenmann hat diese Untersuchung nicht angestellt; es ist auch nicht recht abzusehen, wie sie angestellt werden könnte. Ebensogut wäre eine Untersuchung vorzuschlagen, ob nicht etwa sein Kompendium von einem Garkoch namens Erdwin Julius möchte sein zusammengetragen worden? Denn es könnte gar zu unwahrscheinlich scheinen, daß ein Doktor und Prediger, selbst wenn er zuweilen gedankenlos zu kompilieren gewohnt wäre, so wenig Beurteilungskraft und Menschensinn haben sollte, um durch eine läppische Erdichtung zwei lebende namhaft gemachte Schriftsteller zu beleidigen, wovon der eine seit sechsundzwanzig Jahren als der Verfasser eines Buchs allgemein bekannt ist und der andere weder Anteil daran hat noch haben will; und dies bloß auf die vorgegebene mündliche Sage namenloser Menschen, welche nicht glaubwürdige Gewährsmänner, sondern nur verächtliche Klätscher und Anekdotenmacher sein müssen.

Die dem dritten Bande angehängte „Nachricht" war in den vorigen Ausgaben dem zweiten Bande beigefügt. Weil ich nämlich den zweiten Band nicht geschwind genug auf den ersten folgen ließ, so geriet jemand darauf, einen unechten zweiten Teil herauszugeben. Auch kamen „Predigten des Herrn Magisters Sebaldus Nothanker" heraus, aber gar nicht im Sinne des Mannes, dessen Bild mir vorschwebte, als ich dies Buch schrieb. Hierdurch ward diese „Nachricht" veranlaßt, welche wegen der Einkleidung vielleicht jetzt noch einigen Wert hat.

Berlin, den 14. Jänner 1799 Fr. Nicolai

VORREDE ZUR ERSTEN AUSGABE

Obgleich die leidigen Poeten, Komödien- und Romanenschreiber zu glauben pflegen, sie hätten das Leben ihres Helden weit genug beschrieben, wenn sie ihn bis zur Heirat bringen, so sind doch gründliche Gelehrte der Meinung, daß die Begebenheiten nach der Hochzeit oft viel merkwürdigere Dinge enthalten als die Liebesbegebenheiten vor derselben. Die Liebesbegebenheiten sind zwar für junge Herren und für junge Jungfern anmutiger zu lesen, aber gemeiniglich wird diese Anmut auf Kosten der Wahrheit verschafft; denn die verliebten Szenen werden nicht erzählt, so wie sie in der Welt vorgehen, sondern nach dem Bedürfnisse des Dichters, seine Geistesgaben zu zeigen und die Leidenschaften seiner Leser zu erregen. In dieser wahrhaftigen Lebensbeschreibung hingegen wollen wir nichts der Anmut oder des Wunderbaren wegen erdichten, sondern alles ganz einfältig melden, wie es vorgegangen ist. Dazu wird uns der Umstand nicht wenig beförderlich sein, daß wir das Leben unseres Dorfpastors erst nach seiner Heirat zu beschreiben anfangen dürfen, indem schon ein anderer Verfasser die Liebesbegebenheiten desselben vor der Heirat in dem bekannten prosaisch-komischen Gedichte „Wilhelmine" beschrieben hat.

Freilich ist dieser Verfasser ein Poet und daher nicht, wie es einem gründlichen Geschichtskundigen gebührt, beflissen gewesen, eine richtige Chronologie zu beobachten und seine Erzählungen von allen Erdichtungen rein zu erhalten. Es sind überdies manche Umstände sehr verdächtig; und er scheint nicht imstande zu sein, eine einzige seiner Erzählungen mit ungedruckten Urkunden zu belegen. Daß er gegen die Chronologie verstößt, ist offenbar, da er die Heirat des Sebaldus im Jahre 1762 und also, wie aus echten brieflichen Urkunden zu erweisen steht, mehr als zwanzig Jahre zu spät annimmt. Er ist hierin ebenso unachtsam wie sein Mitbruder, der nachlässige Virgil, in dessen „Äneide" die verpfuschte Chronologie von den gelehrtesten Kommentatoren mit vieler Mühe kaum hat in Ordnung gebracht werden können.

In der gegenwärtigen wahrhaften Lebensbeschreibung hat man die Zeitrechnung so genau beobachtet, daß man nicht allein das Jahr, sondern auch den Monat und den Tag angeben kann, wann eine jede Begebenheit vorgegangen ist; und an vollständigen diplomatischen Beweisen wird diese Geschichte keiner anderen nachzusetzen sein. Wir besitzen die Vokation des Sebaldus und seine Absetzungsakte, die Predigten des Doktor Stauzius, Säuglings sämtliche hieher gehörige Gedichte, ferner Wilhelminens, Sebaldus', Säuglings, Marianens, der Gräfin von ***, Rambolds und anderer Personen Briefwechsel mit ihren Siegeln und Unterschriften, ja selbst einige sonderbare tironianische Zeichen des Bauers, der den Sebaldus beherbergte, mit welchen unverwerflichen ungedruckten Urkunden wir jedes Wort, das wir gesagt, aufs glaubwürdigste belegen können.

Sie würden im Drucke nur etwa sieben bis acht Quartbände betragen. Demungeachtet können sie mit dieser Geschichte bloß aus einer Ursache nicht bekannt gemacht werden, wegen deren schon so manche treffliche Urkundensammlung ungedruckt geblieben ist: nämlich wegen des wenigen Geschmacks unsers Jahrhunderts an gründlichen Studien. Es wäre zwar der Vorschlag zu tun, daß irgendeine Gesellschaft der Wissenschaften einen kritischen Auszug daraus in einigen Bänden in Großoktav herausgäbe. Allein auch dazu ist wenig Hoffnung vorhanden, und so bleibt daher nichts übrig, als daß die wenigen Gelehrten, welche die diplomatischen Beweise zu untersuchen pflegen, dem Verfasser ebensogut auf sein Wort glauben müssen als die vielen leichtsinnigen Leser, welche die Urkunden doch nicht ansehen, wenn sie gleich den Geschichtsbüchern des breitern beigefügt sind.

Da wir übrigens eine wahre Geschichte abhandeln, so muß man in derselben weder den hohen Flug der Einbildungskraft suchen, den ein Gedicht haben müßte, noch einen so exzentrischen Plan, wie ihn neuere Kunstrichter, von Theorie und Einsicht erfüllt, den Romanen vorschreiben. Alle Begebenheiten sind in unserer Erzählung so unvorbereitet, so unwunderbar, als sie in der weiten Welt zu geschehen pflegen. Die Personen, welche auftreten, sind weder an Stande erhaben noch durch Gesinnungen ausgezeichnet, noch durch außerordentliche Glücksfälle von gewöhnlichen Menschen unterschieden. Sie sind ganz gemeine schlechte und gerechte Leute, sie strotzen nicht wie die Romanenhelden von hoher Imagination und schöner wortreicher Tugend, und die ihnen zustoßenden Begegnisse sind so, wie sie in dem ordentlichen Laufe der Welt täglich vorgehen. Sollte hierdurch unsere Geschichte etwas langweilig werden, so trösten wir uns damit, daß mehrere gründliche Werke deutscher Gelehrten das nämliche Schicksal hatten, als sie die unwidersprechlichsten Tatsachen in der besten Ordnung erzählten.

Hingegen könnte der Leser vielleicht durch die in dieser Geschichte bekanntgemachten Meinungen in etwas schadlos gehalten werden. Denn da fast jeder Mensch seine eigenen Meinungen für sich hat, so wäre es möglich, daß unter den hier vorgetragenen Meinungen etwas Neues und wenigstens insofern Interessantes vorhanden wäre. Der Titel verspricht zwar nur die Meinungen des Magisters Sebaldus, aber man könnte deshalb doch in diesem Werke vielleicht auch die Meinungen einiger andern Leute, ja wohl selbst einige Meinungen des Verfassers finden; obgleich, mehrerer Sicherheit halben, nicht gänzlich darauf zu rechnen sein dürfte, daß alle Meinungen, die er erzählt, auch die seinigen wären.

Man beliebe sich auch nicht zu wundern, wenn es sich etwa ergeben sollte, daß, alles wohl berechnet, in diesem Werke mehr Meinungen als Geschichte und Handlungen vorkämen. Der ehrliche Sebaldus kannte nicht die große Welt oder das Highlife der Engländer. Spekulation war die Welt, worin er lebte, und jede Meinung war ihm so wichtig als kaum manchem andern eine Handlung. Daher ist dieses Werk auch gar nicht für die große Welt, sondern – deutsch heraus zu reden – nur für Gelehrte geschrieben. Wir hoffen nicht von der halb unangekleideten Schönen am Nachttische gelesen zu werden, die, indem sie ihrer eigenen Grazie opfert, auf tant mieux pour elle einen schrägen Blick wirft; nicht von dem pirouettierenden Petit-maître beim Aufstehen oder Frisieren, auch nicht, wenn er en chenille mit ungepuderten Haaren von Toilette zu Toilette schwärmt; nicht von dem Hofmanne, der den Wink des Fürsten und des Ministers zu studieren versteht und alle Galatage an den Fingern herbeten kann; nicht von dem Spieler; nicht von der Buhlschwester; nicht von ...

Ist aber irgendwo ein hagerer Magister, der das ganze unermeßliche Gebäude der Wissenschaften aus einem Kapitel seines Kompendiums übersieht, ein feister

Superintendent, der alle Falten der Dogmatik aufhebt, worin eine Ketzerei verborgen sein könnte, ein weiser Schulmann, der über Handel, Manufakturen und Luxus Programme geschrieben hat, ein Student mit der Kennermiene, der in seiner Dachstube die Kunst aus dem Grunde studiert, ein belesener Dorfpastor, der über die Regierungskunst gelehrte Ratschläge geben kann – so mögen sie hinzutreten und sich an dem Mahle weiden, welches hier ihrem Geiste aufgetischt wird.

Dies ist wenigstens die Gattung Leser, die wir uns gewiß versprechen; ob wir auch Leser anderer Art erhalten werden, ist ebenso ungewiß als das Schicksal überhaupt, welches dieses Werk und dessen Verfasser zu erwarten haben. Freilich ist zu vermuten, daß durch viele der hier vorgetragenen Meinungen Spaltungen in der Kirche erregt werden möchten und daß man darin Abweichungen von den allgemeinen symbolischen Büchern und von den besondern Formulis committendi einzelner Städte oder Länder entdecken könnte. Man wird vielleicht daraus schließen, daß der Verfasser das Staatsrecht nicht verstehe und daß er im Kirchenrecht gefährliche Neuerungen einzuführen zur Absicht habe; man wird sich vielleicht ins Ohr raunen, daß er verschiedene Gelehrsamkeit nicht für Gelehrsamkeit, verschiedene Gelehrten nicht für gelehrt und verschiedene berühmte Leute nicht für berühmt halte und so weiter.

Man könnte ihn sonach etwa zum Scheiterhaufen verbannen, in den Bann tun, in eine Festung schicken oder auch ein Buch wider ihn schreiben, ein Pasquill auf ihn machen oder ihm beweisen, daß er kein gutes Herz habe, sondern ein hämischer und boshafter Mensch sei.

Doch vielleicht könnte auch von allem diesem nichts geschehen. Vielleicht lieset niemand dieses Buch, niemand findet etwas Besonders darin, und es erregt vielleicht bloß die vorübergehende Aufmerksamkeit eines Gewürzkrämers, der schon bei sich überdenkt, welche dauerhafte Kaffeetüten aus dem haltbaren Papiere könnten gemacht werden.

Indes dürften sich auch wohl einige wenige Leser finden, die sich an dem Leben des Sebaldus, bloß weil er ein ehrlicher, aufrichtiger Mann ist, eine Viertelstunde ergötzen oder von seinen Meinungen Gelegenheit nehmen möchten, über gewisse Materien weiter nachzudenken; allein da offenbar dies bei weitem nur die kleinere Anzahl sein kann, so werden sie eben nicht in Anschlag gebracht werden können.

ERSTES BUCH

ERSTER ABSCHNITT

Die ersten Monate nach der Verheiratung pflegen sonst neuverehelichten Paaren die Zeit einer girrenden Zärtlichkeit zu sein, aber der Pastor Sebaldus und die schöne Wilhelmine waren zu Anfange ihrer Ehe in ihrem Betragen gegeneinander wenn nicht kalt, doch etwas verlegen. Die landmännische Treuherzigkeit des Mannes und die feine Hofmanier seiner jungen Frau machte einen Abstand zwischen ihnen, so daß der Pastor sich noch nicht recht dareinschicken konnte, mit ihr als mit seinesgleichen umzugehen; Wilhelminen war hingegen noch immer der wohlgeputzte Hof vor Augen, den sie verlassen hatte. Das Andenken an die prächtigen, von der Fürstin abgelegten Kleider, in denen sie sich oft der gaffenden Menge der Zofen und Kammerdiener gezeigt hatte, verleidete ihr ihren ländlichen, aber neugemachten Anzug. Es war ihr sogar, als ob ihr etwas fehlte, daß sie ferner nicht hohen Personen mit tiefer Verneigung aufzuwarten hatte, und das Glück, unabhängig zu sein, schien ihr Erniedrigung. Die ungekünstelten Schönheiten der Natur, womit sie auf dem Lande umgeben war, konnten sie noch nicht wegen des Flitterstaats der Kunst schadlos halten, den sie nun nicht mehr erblickte. Sie erinnerte sich mit Sehnsucht der glänzenden Szenen von Bällen, Konzerten und Schlittenfahrten, die sie oft – angesehen hatte, noch mehr des gnädigen Kopfneigens der Fürstin, durch das sie zuweilen unter der Menge gaffenden Hofgesindes war hervorgezogen worden. Sie tat bei jeder Gelegenheit kleine Reisen in die Stadt und unterließ nicht, ihre Aufwartung bei Hofe zu machen. Sie merkte aber gar bald, daß man sich am Hofe um die nicht bekümmert, die man nicht braucht, und daß ihre Stelle von andern eingenommen war. Dies kostete ihr zwar einige Tränen, war aber doch die erste Ursache, daß sie die gute Seite ihrer jetzigen Lage und die guten Gesinnungen ihres Sebaldus einzusehen anfing, welche zu bemerken sie bisher durch sein unmodisches Kleid und durch seine schiefgepuderte Perücke war verhindert worden. Sie erwiderte seine Liebkosungen mit freundlichen Blicken, er kam ihr mit Freundschaftsbezeugungen zuvor. Aus diesem Wechsel von Gefälligkeiten entstanden bei ihnen gegenseitige Empfindungen einer Glückseligkeit, die sie vorher noch gar nicht gefühlt hatten.

Von dieser Zeit an vergaß die schöne Wilhelmine völlig den Hof und ward ganz eine Landwirtin. Vorher hatte sie nur zu gehorchen gewußt, nun begann sie zu regieren. Es kostete ihr einige kleine Liebkosungen, so begann Sebaldus, der bisher als halber Wilder gelebt hatte, sich fleißiger den Bart zu putzen und nicht so viele Federn auf seinem schwarzen Rocke zu leiden. Durch gleiche Freundlichkeit erstreckte sie bald ihre Herrschaft auf ihre Nachbarinnen, die von ihr bisher durch ein gnädiges Hoflächeln verscheucht worden waren. Nun erwarb sie derselben Vertrauen, erteilte den Wohlhabenden guten Rat, den Armen Almosen und ward in kurzer Zeit im Kirchspiele ebenso beliebt, als ihr Mann schon vorher gewesen war.

Diese Liebe hatte sich Sebaldus durch die Sorgfalt, die er für seine Gemeinde trug, erworben. Er war in den Häusern seiner Bauern als ein Vater und als ein Ratgeber willkommen. Nie ließ er es dem Bekümmerten an Trost, nie dem Hungrigen an Labsal fehlen. Er war von allen häuslichen Vorfällen unterrichtet, nicht weil er in das Hausregiment der Laien einen Einfluß zu haben suchte, sondern weil er von ihnen selbst bei allen ihren Verlegenheiten um Rat, bei allen ihren Zwistigkeiten um Vermittelung ersucht ward. Er schalt in seinen Predigten nicht auf die Laster, aber wenn ein Laster in der Gemeinde verübt wurde, pflegte er, ohne desselben zu gedenken, die entgegengesetzte Tugend einzuschärfen. Daher richtete er seine Predigten auch mehr nach den Bedürfnissen seiner Gemeinde als nach der Folge der Evangelien ein. Er hat wohl eher über das Evangelium vom Zinsgroschen, von den Vorteilen eines mäßigen und nüchternen Lebens gepredigt, bloß weil sich kurz vorher ein paar Bauern in der Schenke betrunken hatten. Als er einst vergeblich versucht hatte, zwei Bauern, die in offenbarer Feindseligkeit lebten, zu vergleichen, und von dem einen hart mit Worten war angelassen worden, predigte er am Tage Sankt Stephani des Märtyrers von der ersten Pflicht wahrer Christen, ihren Nächsten zu lieben, und gedachte der empfangenen Scheltworte nicht, ob ihm gleich die Worte des Evangeliums: „Jerusalem, du tötest die Propheten und steinigst, die zu dir gesandt sind" die schönste Gelegenheit dazu gegeben hätten.

Zu beklagen war es freilich, daß dieser sonst gutmütige Mann und der beim Antritte seines Amtes auf die symbolischen Bücher geschworen hatte, im Herzen nichts weniger als orthodox war. Über das Athanasianische Glaubensbekenntnis hat er sich zwar niemals erklärt; nur weil er anstatt des Liedes: „Wir glauben all an einen Gott etc.", welches sonst alle Sonntage in seiner Kirche war gesungen worden, oft ein geistliches Lied von Gellert singen ließ, war er bei einigen vielleicht allzu brünstig orthodoxen Landpredigern in der Nähe nicht in allzu gutem Geruche. Über die Lehre von der

Genugtuung aber äußerte er bei Gelegenheit viele Zweifel. Er verschwendete (ohne Exegese, wovon er wenig hielt) viel philosophische Spitzfindigkeit, um dieser Lehre eine bessere Form zu geben, denn er war ein eifriger Anhänger der Crusiusschen Philosophie, welche unter allen anderen Philosophien am geschicktesten scheint, die Theologie philosophischer und die Philosophie theologischer zu machen. Am meisten aber ging er in der Lehre vom Tausendjährigen Reiche und von der Ewigkeit der Höllenstrafen von der Dogmatik ab. Er glaubte das erstere steif und fest, von der letztern hingegen hatte er sich nie überzeugen können. Er glaubte, im himmlischen Jerusalem würden alle Gottlosen fromm werden. Diese tröstliche Hoffnung hatte er aus einem fleißigen Studium der prophetischen Bücher der Schrift, besonders der Apokalypse geschöpft, welches Studium er schon seit langen Jahren mit unablässigem Eifer getrieben hatte. Er war auf eine sehr sonderbare Weise dazu gebracht worden, diese Bücher vorzüglich zu studieren. Schon in seinen jüngern Jahren war er durch sorgfältiges Nachdenken auf den Gedanken gekommen: der Willen Gottes, der unsere itzige und zukünftige Glückseligkeit bestimmt, wenn auch Gott für gut befunden habe, ihn besonders zu offenbaren, müsse dennoch auch notwendig durch Vernunft eingesehen werden können und mit der Vernunft übereinstimmen. Die einzige Offenbarung, die uns etwas ganz Unbekanntes entdekken könne, worauf die bloße Vernunft nie gefallen sein würde, glaubte er, sei die prophetische Offenbarung von zukünftigen Dingen. Nachdem er also bei sich über den Wert aller dogmatischen und moralischen Wahrheiten einig war, indem er keine dogmatische Wahrheiten für nötig und nützlich hielt, als die auf das Verhalten der Menschen einen Einfluß haben, und sich mehr angelegen sein ließ, alle moralischen Gesetze Gottes auszuüben, als sie zu zergliedern oder zu umschreiben, so hatte er sich ganz dem Studium der prophetischen Schriften gewidmet. Jeder Mensch hat sein Steckenpferd, und Sebaldus hatte die Apokalypse dazu erwählt, welches er auch, seine ganze Lebenszeit durch, vom Montage bis zum Freitage fleißig ritt. Nur der Sonnabend, wenn er sich zu seiner Predigt vorbereitete, und der Sonntag, wenn er sie hielt, war moralischen Betrachtungen gewidmet. Denn sosehr er auch die Prophezeiungen der Untersuchung eines scharfsinnigen Kopfes würdig hielt, sowenig, glaubte er, würden seine Bauern davon verstehen oder nützen können, und es war sein unwiderruflicher Willen, seinen Bauern nichts zu predigen, als was ihnen sowohl verständlich als nützlich wäre.

Er hatte daher mit einer Menge seiner wohlehrwürdigen Amtsbrüder eine gewisse Ähnlichkeit, ob er ihnen gleich sonst sehr unähnlich war. Viele Landpfarrer predigen sonntags mit lauter Stimme das Gesetz und wissen die Ungläubigen und Ketzer mit starken Ausrufungen und gelehrten Zitationen aus dem Grundtexte gar fein zusammenzutreiben. Ebendiese Männer aber sieht man die ganze Woche über als dickstämmige Pachter, wilde Pferdebändiger, drollichte Trinkgesellschafter oder vorsichtige Wucherer und möchte sie kaum für ebendieselben halten. Ebenso konnte jedermann alle Sonntage hören, daß der Vortrag des Pastors Sebaldus einfältig, herzrührend und allen Bauern verständlich war. Wer hätte sich da vorstellen sollen, dies sei der grundgelehrte Mann, der alle Kommentarien über die prophetischen Bücher durchstudiert hatte, der alle alte und neue Prophezeiungen nebst ihren Erfüllungen und Nichterfüllungen auf ein Haar wußte, der Vorbilder und Gegenbilder wie Schachtel und Deckel zusammenpassen konnte, dem keine Meinung der Mystiker und Gnostiker entgangen war, der Buchstabenziffern und Jahrwochen, prophetische Zeitzirkel und abgekürzte Abendmorgen, bildliche Geschichte und weissagende Träume nebst der ganzen Kabbala und dem Buche Raja Mehemna gänzlich innehatte? Wer hätte sich da vorstellen sollen, dieser ganz einfache Landprediger sei der Mann, der aus seinem Reichtume von gelehrtem Stoffe mit Hilfe der Crusiusschen Philosophie, die, feiner als die feinste Nadel zugespitzt, die einfachsten Begriffe zerteilen und sogar die beiden Seiten einer Monade voneinander spalten kann, eines der scharfsinnigsten Gewebe von Prophezeiungen aus der Apokalypse gezogen hatte, welchem Crusius' unumstößliche Hypomnemata der prophetischen Theologie, Bengels unwidersprechliche Auslegung der apokalyptischen Weissagungen, Don Isaak Abarbanels Majeneh Jeschuah und Michaelis' unwiderlegliche Erklärung der siebenzig Wochen weder an Richtigkeit und Wahrheit noch an Neuheit, Scharfsinn und sinnreicher Aufklärung der dunkelsten Bilder zu vergleichen waren?

So wie die meisten großen Begebenheiten aus sehr geringen Ursachen zu entspringen pflegen, so ging es auch derjenigen Hypothese über die Apokalypse, auf die sich Sebaldus am meisten zugute tat. Wilhelmine war, als sie vom Hofe kam, sehr französisch gesinnet: sie sprach und las gern französisch, sie ließ sich sogar merken, daß sie nichts eifriger wünschte, als einmal in ihrem Leben Paris zu sehen, und warf es ihrem Manne mehr als einmal vor, daß er gar nichts von französischer Artigkeit an sich hätte. Nun fügte es sich unglücklicherweise, daß der ehrliche Sebaldus schon vorher an allem, was französisch war, ein überaus großes Mißfallen hegte. Es war ihm von Jugend auf in der Schule ein herzlicher deutscher Haß gegen Frankreich eingeprägt und oft wiederholt worden, daß die Franzosen und die leidigen Türken Erb- und Erzfeinde Deutschlands wären, daß sie Kaiser und Reich beständig bekrieget und ganze Provinzen vom deutschen Reiche abgezwackt hätten. Da nun Frankreich außer dem vielen und öftern Unheile, das es auf deutschem Boden angerichtet hatte, sich auch sogar in des Sebaldus Hausangelegenheiten mengte (denn er ließ sich's nicht ausreden, daß bloß die Neigung zum Französischen Ursache sei, daß ihn Wilhelmine nicht so herzlich liebte, als er's wünschte), so verdoppelte sich sein Haß gegen alles, was französisch war. Weil er nun sonst kein Mittel sah, seinen Unwillen auszulassen, so wandte er sich mit Ernst zu seiner allgemeinen Zuflucht, der Apokalypse, und forschte nach, ob denn in diesem Magazine von Weissagungen nicht eine Weissagung wider die Franzosen enthalten sein sollte.

Es hat einer von den zweihundert schwäbischen tiefsinnigen Erklärern der Offenbarung Johannis es als einen sichtbaren Beweis der wirklichen göttlichen Inspiration dieses Buchs angegeben, daß man alles darin finde, was man mit aufrichtigem Herzen darin suche. Dies erfuhr auch Sebaldus. Denn da er die Apokalypse mit einem Seitenblicke auf Frankreich las, so schien ihm dies dunkle Buch ganz klarzuwerden, und er glaubte sich zuletzt überzeugt, daß ein großer Teil der apokalyptischen Bilder nichts als ein Kompendium der französischen Geschichte wäre, welches vor dem Hainault und Mezeray nur den einzigen Vorteil habe, daß es etwas über tausend Jahre eher geschrieben worden sei, als die Begebenheiten vorgingen. Er war fest versichert, daß die große Babylon im XVII. Kapitel weder die Stadt Rom noch die Freimaurerei, sondern die Stadt Paris andeute. Die Bedeutung der beiden Tiere im XIII. und

XVII. Kapitel konnte er aus dem Propheten Daniel erläutern, den er deshalb ausdrücklich, nach der nürnbergischen Übersetzung, durchgelesen hatte. Die Entdeckung aber, worauf er sich am meisten einbildete, war, daß die Zahl des zweiten Tieres, 666 oder ϰξς, die Jesuiten bedeute, deren Verjagung aus Frankreich er wirklich einige Jahre eher wußte, als der Herzog von Choiseul daran gedacht hatte. Nebenher war er auch versichert, das Büchlein im X. Kapitel, das im Munde süß war wie Honig und hernach im Bauche grimmete, müsse offenbar auf die vielen schlüpfrigen, sittenverderbenden französischen Duodezbände gedeutet werden, die wir Deutschen mit so vieler Begierde lesen. Alle diese und mehrere neue Entdeckungen über die Apokalypse gediehen in kurzem zu einem großen Werke, woran unser Sebaldus unablässig arbeitete.

Freilich hatten diese gelehrten Bemühungen nicht ganz den Beifall der schönen Wilhelmine. Sie warf sich zwar nach ihrer gänzlichen Entfernung vom Hofe in die Literatur, so wie sich die vom Hofe verwiesenen französischen Damen in die Devotion werfen, aber diese Literatur war von derjenigen, die Sebaldus trieb, himmelweit unterschieden. Wilhelmine war eine schöne Geistin. Alle gute deutsche und französische Dichter hatte sie so fleißig gelesen, daß sie in der Konversation nicht selten Stellen daraus anzuführen pflegte. Im Urteile über den Wert der Romane war sie das Orakel der ganzen Gegend. Sie war aber auch in der ganzen Gegend die einzige, die alle unsre besten neuern Dichter ganz frisch von der Presse und die „Bremischen Beiträge“, die „Sammlung vermischter Schriften“ und die „Briefe die neueste Literatur betreffend“ stückweise kommen ließ. Von ihr erhielten sie die wenigen gnädigen Fräulein, die Landprediger und die Konrektoren in den benachbarten kleinen Städten, die noch in der dortigen Gegend unsere schönen Geister des Lesens würdigten.

In der Philosophie waren Sebaldus und seine Wilhelmine noch weit mehr voneinander unterschieden. Sosehr er ein eifriger Crusianer war, ebensosehr war sie aus allen Kräften der Wolffischen Philosophie ergeben, besonders aber wußte sie desselben „Kleine Logik" auswendig. Wenn eine von ihren Freundinnen sich den Geschmack bilden wollte, so pries sie derselben das zehnte Kapitel: „Wie man von Schriften urteilen soll" nebst dem elften an: „Wie man Bücher recht mit Nutzen lesen kann". Der Crusiusschen Philosophie war sie von Herzen gram, welches auch kein Wunder war, weil sie sich niemals hatte überwinden können, eine einzige von den Schriften des hochwürdigen Mannes in die Hand zu nehmen. Sebaldus gab sich alle mögliche Mühe, sie dahin zu bringen, daß sie nur wenigstens „Wüstemanns Kompendium der Crusiusschen Philosophie" durchlesen möchte, welches er für eine nahrhafte Milch für unmündige Philosophen hielt. Umsonst! Sie legte es, nachdem sie sechs Seiten durchgelesen hatte, mit Verachtung aus der Hand und war und blieb eine Wolffianerin.

Es ist leicht zu begreifen, wie die Philosophie der schönen Wilhelmine zuweilen eine kleine Unordnung im Hauswesen habe verursachen können und wie möglich es gewesen, daß ein neuangekommenes Stück der „Literaturbriefe" der zureichende Grund sein konnte, daß der Reisbrei anbrennen mußte. Solche kleine häusliche Widerwärtigkeiten störten aber keineswegs die beiderseitige Zufriedenheit. Da Sebaldus gemeiniglich zu ebender Zeit über einem Gesichte aus der Apokalypse geschwitzt hatte, so schmeckte er entweder den Fehler der Speise nicht oder nahm ihn ganz gutherzig auf sich, weil er glaubte, er habe auf sich allzulange warten lassen. So gebiert das Bewußtsein eigener Schwachheiten Toleranz, und Toleranz gebiert Liebe.

Im Anfange freilich verursachten die sich gerade entgegengesetzten gelehrten Meinungen beider Eheleute unter ihnen manchen heftigen Zwist, sobald aber nur die beiderseitige Zuneigung stärker geworden war, konnten die verschiedenen Meinungen nicht mehr den Wachstum ihrer Liebe hindern. Auf die Philosophie, über die sie sich so oft ohne Erfolg gestritten hatten, ließen sie sich ferner gar nicht ein. Hingegen ließ sich Sebaldus zuweilen gefallen, von Wilhelminen ein Stück aus einem neuen deutschen Schriftsteller vorlesen zu hören (denn wider die französischen Schriften hatte er sich allzu deutlich erklärt, als daß sie sich derselben zu erwähnen getrauet hätte). Wilhelmine war auch zuweilen so gefällig, von ihrem Manne ein Stück seiner neuen Erklärung der Apokalypse, mit Parallelstellen aus Daniels Geschichte bestärkt, sich vorlesen zu lassen. Sie rief wohl zuweilen aus: „Sinnreich! Wirklich sehr sinnreich!“ Mit diesem Beifalle war er vergnügt wie ein König. Er ließ ihn auch nicht unbelohnt. Er setzte sich ans Klavier und spielte ungebeten einige der Oden mit Melodien, von denen er wußte, daß sie seiner Frau am angenehmsten waren. Wilhelmine sang mit frohem Herzen dazu, und gewöhnlich war ein solcher Auftritt eine reiche Quelle guter Laune für diesen und einige folgende Tage.

Gegen das Ende der erstern neun Monate ihres Ehestandes ward er mit einem Sohne gesegnet, dessen sich der Hofmarschall aus alter Bekanntschaft besonders annahm. Er ließ ihn oft zu sich in die Stadt holen, beschenkte ihn und konnte lachen, daß ihm der Bauch schütterte, wenn der Junge, der von seiner ersten Jugend an versprach, einst ein durchtriebener Kopf zu werden, einen Umstehenden in die Wade zwickte oder sonst jemand einen kleinen Schabernack antat. Als der Knabe sechs Jahre alt war, so nahm er ihn ganz zu sich, so daß ihn seitdem seine Eltern nur selten zu sehen bekamen. Im vierzehnten Jahre war der Knabe so weit gekommen, daß er die mutwilligen Neckereien, die der Hofmarschall so oft in seiner ersten Kindheit an ihm bewundert hatte, auch an seinem Wohltäter selbst auszuüben anfing. Dieser mochte nun wohl dem Witze des Knaben Beifall geben, wenn er andere hohnneckte, aber nicht, wenn er sich auch an ihn, den Hofmarschall selbst, wagte, und dachte daher darauf, sich dessen zu entledigen. Er besann sich, daß er einen guten Freund hatte, der Kurator über eine etwa fünfundzwanzig Meilen entlegene Fürstenschule war, in derselben verschaffte er dem jungen Nothanker eine Freistelle. Als der Knabe in derselben sechs Jahre verharrt hatte und es nun Zeit schien, ihn auf Universitäten zu bringen, verschaffte er demselben durch gleiche Protektion zwei Stipendien auf einer berühmten Universität. Weil nun zwei Stipendien einträglicher waren als eins, so konnte der junge Nothanker auch seine Studien mit viel glücklicherm Erfolge fortsetzen, als sonst ein armer, einfacher Stipendiat hätte tun können. Er studierte daher nicht allein in den Kollegien, sondern auch in den Kaffeehäusern, bei den Jungemägden, in den Dorfschenken und also in der großen Welt der Universitäten. Er machte auch Verse und Satiren, wodurch er denn bald ein Mitglied der Deutschen Gesellschaft des Ortes ward. Von der Philosophie machte er Profession und setzte sich schon in seinen Studentenjahren vor, in derselben einst große Veränderungen vorzunehmen; in der ästhetischen Kritik aber war er so stark, daß er den Longin, Shakespeare und Homer immer beim dritten Worte zitierte. Diese Nachrichten erfreuten Wilhelminen ungemein, welche ihn als ihren würdigen Erben ansah, obgleich Sebaldus ein wenig darüber den Kopf schüttelte und die Hoffnung, die er sich seit zehen Jahren gemacht hatte, ihn einmal zum Adjunkt seiner Pfarre zu bekommen, beinahe aufzugeben anfing.

Etwa sechs Jahre nach der Geburt des Sohnes, als eben die Zuneigung zwischen Sebaldus und Wilhelminen zur wärmsten Zärtlichkeit gestiegen war, wurden sie mit einer Tochter erfreut. Mariane war von ihrer ersten Jugend an der Gegenstand der väterlichen und mütterlichen Zärtlichkeit. Besonders wendete Wilhelmine ihre ganze Sorgfalt auf die Erziehung dieser Tochter. Sie unterwies sie in allen weiblichen Arbeiten und in der französischen Sprache, ihr Vater war ihr Lehrer in der Geschichte und Erdbeschreibung, und beide vergaßen nichts, um den Geist und das Herz dieses geliebten Kindes zu bilden. Mariane hatte in ihrem sechzehnten Jahre die besten deutschen und französischen Schriftsteller gelesen. Nach Endigung ihrer häuslichen Arbeiten war ihr Abendgeschäft, wechselsweise ihrer Mutter vorzulesen oder auf dem Klaviere zu spielen, worin ihr Vater ihr erster Lehrmeister gewesen war und ihr eigener Fleiß sie zu mehrerer Vollkommenheit gebracht hatte. Eine sanfte Seele, ein mitleidiges Herz krönte ihre übrige gute Eigenschaften und gab ihnen in den Augen ihrer Eltern noch einen viel größern Wert.

Als diese älteste Tochter schon erwachsen war, wurde die Familie noch mit einer kleinen Tochter vermehrt, bei deren guter Erziehung Wilhelmine mit der jungen Mariane wetteiferte.

Die häusliche Zufriedenheit hatte auf solche Art viele Jahre ununterbrochen fortgedauret. Sebaldus verrichtete seine Amtsgeschäfte in der Kirche mit frohem Gemüte, ebenso wie Wilhelmine in der Küche und in der Milchkammer. Beide unterstützten willig ihre notleidenden und bekümmerten Nachbarn, und dann kehrten sie vergnügt zu ihrer eigenen Gesellschaft und zur Gesellschaft ihrer inniggeliebten Kinder zurück. Ein frohes Herz war die Würze jeder ländlichen Mahlzeit und verschönerte ihre ruhigen Spaziergänge. Das Einförmige in ihrer Lebensart und in ihrem Vergnügen gewann mehrere Veränderung, so wie ihre Kinder im Alter zunahmen. Eine richtige Anmerkung oder ein witziger Einfall, den Mariane hören ließ, ein neues musikalisches Stück, das sie zum erstenmal spielte, war der elterlichen Zärtlichkeit ein Fest, woran ihr Vergnügen tagelang Nahrung hatte. Der Tag, da Charlottchen zuerst das süße Wort Mutter lallte, der, da sie zuerst auf ihren kleinen Füßen drittehalb Schritte von dem Schoße der Mutter zum Vater forttaumelte, der, da sie ihm das erste von ihr genähte Säumchen vorzeigen konnte, oder der, da sie, durch ihre zärtliche Schwester gelehrt, beide Eltern durch Hersagung der Gellertschen Fabel vom Zeisig überraschte, waren in dieser kleinen Familie Galatage, deren Anmut, wider die Art der höfischen, auch noch, nachdem sie vorbei waren, genossen wurde.

So vollkommen das Glück dieser Familie war, so drohte es doch ein kleiner Zufall zu unterbrechen. Es erschien in den letzten Jahren des vergangenen Krieges eine Schrift, „Vom Tode für das Vaterland“ betitelt. Diese kleine Schrift würde in das ruhige Fürstentum so leicht nicht eingedrungen sein, welches von neuen Schriften, sonderlich von solchen, die sich mit dem Tande der weltlichen Weisheit und mit dem Spielwerke der schönen Literatur beschäftigten, gar nicht beunruhigt wurde. Man hatte darin gewöhnlicherweise außer dem fürstlichen privilegierten Gesangbuche, welches jährlich in grobem und feinem Drucke aufgelegt ward, und einigen auswärtigen Kalendern als dem „Hinkenden Staatsboten" und dem „Nürnbergischen Land- und Hauskalender" und so weiter nichts als des Herrn von Bogatzky „Tägliches Hausbuch", den kleinen Görgel in Lebensgröße, Schabalie, wandelnde Seele, Försters „Expedirten Prediger" in sechs Quartbänden, die Grundrisse von Predigten der Hamburgischen Herren Pastoren nebst der „Insel Felsenburg", dem „Im Irrgarten der Liebe taumelnden Kavalier" und einigen Romanen des Dresdner Türmers, zum Beispiel: „Das Leben Peter Roberts", „Das wunderbare Schicksal Antoni", „Das Leben des Malers Michael", und dergleichen Sachen mehr.

Wilhelmine aber, welche auf alle neue Bücher neugierig war, die in die schönen Wissenschaften, in die Sittenlehre, Geschichte und so weiter einschlugen, hatte, wie wir schon erwähnt haben, für sich selbst eine kleine auserlesene Bibliothek solcher Schriften, dergleichen in dem ganzen Fürstentume nicht anzutreffen war. Sie hatte dem Buchhändler in der fürstlichen Residenzstadt, ihrem Gevatter, den Auftrag gegeben, ihr alle merkwürdige neue Bücher dieser Art in ebendem Pakete zuzusenden, worin Sebaldus alle neue Schriften, die über die Apokalypse herauskamen, empfing. So nährte der ehrliche Hieronymus den Geist beider Eheleute mit Witz und mit Prophezeiungen.

Dieser Buchhändler hatte in seiner Jugend einige Schulstudien gehabt und dadurch vor verschiedenen seiner Handlungsgenossen den kleinen Vorzug erlangt,

die Titel der Bücher, die er verkaufte, ganz zu verstehen. Er hatte in verschiedenen ansehnlichen Buchhandlungen in Holland, Frankreich und Italien als Handlungsdiener gestanden. Dabei hatte er nicht allein sein eigenes Gewerbe in einem weit größern Umfange eingesehen, sondern auch Städte und Sitten der Menschen kennenlernen. Daher kam es wohl, daß er zuweilen, vielleicht ohne es selbst zu wissen, ein vernünftigeres Urteil von verschiedenen Sachen fällte als sein Nachbar, der Superintendent, oder sein anderer Nachbar, der Rat in dem fürstlichen Expeditionskollegium, die beide, außer ihren auf einer benachbarten Akademie verbrachten Universitätsjahren, niemals ihre Vaterstadt verlassen hatten.

Hieronymus pflegte aber die Einsichten, die er besaß, eben nicht unablässig geltend zu machen, daher hatten sie ihm auch nicht Feinde zugezogen. Er war in der kleinen Residenzstadt, in der er sich gesetzt hatte, im Ansehen, ohne von jemand beneidet zu werden, denn er war gegen jedermann dienstfertig und hatte eine natürliche Abneigung, jemand ins Gesicht zu widersprechen oder erlangte Vorteile von irgendeiner Art zur Schau zu tragen. Bei diesen Grundsätzen und einer so glücklichen Temperamentstugend war er in seinem Städtchen wohlhabend geworden, ohne daß es eben bei seinen Nebenbürgern sonderliches Aufsehen verursacht hatte.

Gleichwohl waren durch seinen Fleiß ganz unvermerkt in dem Ländchen, wo er sich befand, zwei neue Handlungszweige eröffnet worden, an die vorher noch niemand gedacht hatte. Das kleine Fürstentum hatte einen fruchtbaren Boden und nicht wenig Viehzucht, es brachte alles hervor, was die Einwohner nähren konnte. Sie nährten sich auch und zehrten richtig dasjenige auf, was ihnen zuwuchs. Weil sie aber außer ihrem mäßig bestellten Ackerbaue gar keine einzige Art von Kunstfleiß trieben, so war freilich unter ihnen wenig Geld. Es reichte kaum zu, die Röcke und die Strümpfe zu bezahlen, die die Handwerker eines benachbarten Herzogtums aus der Wolle, die in diesem kleinen Fürstentume sehr wohlfeil verkauft ward, webten und alsdann in dasselbe wieder einführten. Es war also kein Wunder, daß bisher noch kein Buchhändler in diesem Ländchen hatte Bücher verkaufen können. Hieronymus war der erste, der sich unterstand, Bücher darin einzuführen. Er sah aber auch nicht so genau darauf, ob er eben bar Geld erhielt. Er verkaufte mehrmal zum Beispiel das „Juristische Oraculum" in sechzehn Foliobänden für einen fetten Ochsen, Leopolds „Landwirtschaftsbuch" für sechs Scheffel Roggen und Riegers „Herzpostill" oder Cardilucii „Kunst-, Natur- und Nahrungspostill" für ein paar Schock Eier; ja er gab noch wohl Mürdelii „Süße Geisteserquickungen" oder Meletaons „Tugendschul" in den Kauf.

Hierdurch machte er sich besonders bei den Predigern in den Städten, Flecken und Dörfern sehr beliebt, die gern etwas von ihren Zehenten oder von ihrem Naturaldeputate daranwagten, um sich Krausens „Evangelischen und epistolischen Predigerschatz", Kleiners „Hirtenstimme", Schlichthabers „Fünffache Dispositionen aller Evangelien" oder Weyhenmeyers „Epistolische Spruch- und Kernpostill" anzuschaffen und sich dadurch die schwere Last des Predigtamts, die sie so sehr drückte, zu erleichtern. Die Bürger folgten bald dem Exempel ihrer Seelenhirten und schafften sich von einem Teil des Ertrags ihrer Ernte und ihrer Kälber- und Hammelzucht einige erbauliche und nützliche Bücher an, zum Beispiel Hollazens „Gnadenordnung" und „Pilgerstraße", das Gebetbuch „Die reine Wasserquelle", den vom Engel Raphael begleiteten „Wandersmann", Goezens „Betrachtungen über die Dinge", die nach dem Jüngsten Gerichte vorgehen werden, „Hocuspocus oder Die neuvermehrten Taschenspielkünste", Schnurrs „Kunst-, Haus- und Wunderbuch", „Der getreuen Bellamira wohlbelohnte Liebesproben", Heußens „Biblische Seelenweide" und dergleichen. Die fürstlichen Räte und Sekretarien aber kauften Bolzens „Amts- und Gerichts-Actuarium", dessen „Anweisung zum Amthierungswerke", besonders aber des deutlichen Schwesers oder Philoparchi „Wohlunterrichteten Beamten" und so weiter.

Hieronymus erhielt also als ein Laie einen Vorteil, der sonst nur der Geistlichkeit eigen war, nämlich er speisete den Geist seiner Mitbürger und eignete sich dafür ihre Glücksgüter zu. Er ließ die eingetauschten Ochsen, Hammel und Schweine in seine Ställe treiben und das eingetauschte Getreide auf seine Böden schütten. Beides war auf den Märkten des obengedachten Herzogtums für bares Geld zu verkaufen, weil daselbst die blühenden Manufakturen eine größere Bevölkerung, diese aber unvermerkt einen höhern Preis der Nahrungsmittel verursacht hatte. Man kannte unsern Mann daselbst nicht unter dem Namen des Buchhändlers Hieronymus, hingegen der Namen des Korn- oder Viehhändlers Hieronymus war bei den Müllern, Bäckern und Schlächtern daselbst um desto bekannter.

Seine Nachbarn hatten selbst Äcker und Wiesen, aber zufrieden, sich zu nähren, bauten sie wenig mehr, als gebraucht ward, und dachten nie daran, den kleinen Überfluß ihren Nachbarn weiter als etwa bis in die nächste Landstadt zuzuführen. Es währte jahrelang, bis durch die beladenen Wagen und durch die Herden Vieh, die sie so oft aus Hieronymus' Hause wegfahren und wegtreiben sahen, ihre Neugier rege gemacht ward.

Sie versuchten bald ebendiesen Weg, und da ihnen ihr

Unternehmen gelang, fingen sie an, ihre Viehzucht zu vermehren und ihre Äcker fleißiger zu bauen. Sie nahmen dadurch selbst an gutem Wohlstande zu, und das ganze Ländchen kam in wenig Jahren in so gutes Aufnehmen, daß die Staatsklugen zu erörtern anfingen, warum das Land sich so schnell verbessert habe.

Eigentlich war freilich die Ursache davon der Fleiß des Hieronymus und das Beispiel, das er seinen Mitbürgern gegeben hatte. Es ist aber allen denen, die politische und Finanzvorfälle untersuchen, schon längst zur Regel geworden, nicht die kleinen Umstände anzuführen, welche gemeiniglich die wahren Ursachen der Begebenheiten zu sein pflegen, sondern große Umstände aufzusuchen, welche gemeiniglich nicht die wahren Ursachen sind. Daher ward in einer in das fürstliche Intelligenzblatt eingerückten Abhandlung die schnelle Zunahme des Wohlstandes der landesväterlichen Vorsorge des Fürsten zugeschrieben (der auf seinem Lustschlosse seine Zeit zwischen der Jagd und seiner Mätresse teilte) und nach derselben den klugen Anstalten seines Ersten Geheimen Rats (der in der fürstlichen Residenzstadt im Kabinette unermüdet arbeitete, alle Stellen im Lande mit seinen Verwandten und Kreaturen zu besetzen). Der Superintendent Doktor Stauzius hingegen, ein scharfer Gesetzprediger, nahm diese Abhandlung in der Einweihungspredigt der neuerbauten Sankt-Bartels-Kapelle ziemlich durch und versicherte, der zugenommene Wohlstand des Fürstentums sei bloß ein sichtbarer Segen des Höchsten wegen der frommen Aufführung der Einwohner.

Man muß nämlich wissen, daß in der fürstlichen Residenzstadt ein paar Jahre vorher fünf Straßen nebst einer kleinen verfallenen Kapelle abgebrannt waren. Die Einwohner trugen auf die nachdrückliche Ermahnung des

Superintendenten zum Baue der Kapelle, welche viel vergrößert und verschönert aufgebauet werden sollte, so reichlich bei, daß sie freilich kein Geld übrigbehielten, zu einer Hauskollekte etwas herzugeben, die der Bürgermeister veranlasset hatte, um von deren Ertrage einige gemeine Feuerspritzen anzuschaffen, weil bloß aus Mangel derselben das Feuer so weit um sich gegriffen hatte. Noch weniger kehrten sie sich an die leichtsinnigen Reden des Bürgermeisters, der öffentlich sagte, daß man vor allen Dingen den abgebrannten Einwohnern beispringen müsse und daß es überhaupt unnötig sei, die Kapelle wieder zu bauen, da andere Kirchen genug in der Stadt wären, noch weniger, sie zu vergrößern, solange die Häuser der Einwohner, zu deren Gebrauche die Kapelle dienen sollte, noch in der Asche lägen. Diese mußten sich freilich, da sie nirgend unterkommen konnten und gar keine Hoffnung sahen, sich wieder aufzuhelfen, in wenig Wochen zu Kolonisten nach Rußland anwerben lassen und bekamen also die für sie neuerbaute Kapelle nicht zu sehen. Hingegen hatten sie doch den Trost, daß sie die gedruckte Einweihungspredigt des Doktor Stauzius nebst den beigefügten Carminibus des Stadtministeriums und aller Primaner des fürstlichen Lyzeums mit vieler Erbauung am Ufer der Wolga vorlesen hörten.

Sebaldus erhielt diese gedruckte Einweihungspredigt in ebendem Pakete, worin Wilhelmine die Schrift „Vom Tode fürs Vaterland“ erhielt. Sie machte ihm aber nicht sonderliches Vergnügen. Doktor Stauzius hatte in derselben mehr als einmal denen, die Kirchen und Kapellen verachten und den Bau oder die Verschönerung derselben verhindern, mit der ewigen Verdammnis gedrohet. Sebaldus konnte aber an diese Lehre nie denken, ohne in eine Art von Bekümmernis zu geraten, die dem Mißvergnügen nahe war. Dagegen hatte der „Tod fürs Vaterland“ auf Wilhelminen eine ganz entgegenstehende Wirkung, denn er setzte ihren ohnedies zum Romantischen geneigten Geist schnell in Feuer. Sie fühlte Entzückung über die Gedanken des Verfassers: daß auch der Untertan einer Monarchie nicht eine bloße Maschine sei, sondern seinen eigentümlichen Wert als Mensch habe, daß die Liebe fürs Vaterland einer Nation eine große und neue Denkungsart gebe, daß sie eine Nation als ein Muster für andere darstelle. Erhitzt von diesen Ideen, beschloß sie, in dem allgemeinen Kriege, der damals Deutschland verheerte, auch ein Beispiel ihrer Liebe fürs Vaterland zu geben. Da fiel ihr gleich auf der ersten Seite folgende Stelle aufs Herz: „Sollte wohl ein Diener der Religion sich entweihen, sollte er wohl dadurch sein Amt vernachlässigen, wenn er, nachdem er tausendmal gesagt hat: Tut Buße!, auch einmal riefe: Sterbet freudig fürs Vaterland?“ Dieser Aufforderung Genüge zu tun, fand sie edel und groß und eilte, ihren Mann dazu aufzumuntern. Sie las ihm aus der Schrift, die ihr so sehr gefiel, die stärksten Stellen vor und beschloß mit den eben angeführten, an die Prediger gerichteten Worten. Hierauf nahm sie alles zusammen, um ihn zu bewegen, daß er den nächsten Sonntag seiner Gemeine predigen sollte: Sterbet freudig für das Vaterland!

Doch sie fand bei ihrem Mann einen stärkern Widerstand, als sie sich vorgestellt hatte. Sebaldus wußte ihrer feurigen Überredung hundert unerwartete kalte Gründe entgegenzusetzen; denn sein Geist geriet ohne Prophezeiung nicht leicht in Enthusiasmus, und durch Doktor Stauzius' Einweihungspredigt war er gar nicht erwärmt worden. Unter andern meinte er, ein Geistlicher, wenn er glaube, oft genug gerufen zu haben: Tut Buße!, könnte noch eine Menge Wahrheiten predigen, die ihn alle noch nützlicher dünkten als der Tod für das Vaterland. „Und“, setzte er hinzu, „wo ist in unserm unter Krieg und Verheerung seufzenden Deutschland jetzt wohl das Vaterland zu finden? Deutsche fechten gegen Deutsche. Das Kontingent unsers Fürsten ist bei dem einen Heere, und in unserm Ländchen wirbt man für das andere. Zu welcher Partei sollen wir uns schlagen? Wen sollen wir angreifen? Wen sollen wir verteidigen? Für wen sollen wir sterben?“

Aber Wilhelmine hatte nun einmal lebhaft den Gedanken gefaßt, es solle vom Tode fürs Vaterland gepredigt werden, und da ihr Mann durch allgemeine Gründe nicht zu bewegen war, nahm sie zu solchen ihre Zuflucht, die ihn näher angingen. „Wie“, sagte sie, „wird denn nicht in diesem Kriege wider die Franzosen gestritten? Die Deutschen sind echte Deutsche, die auf Türken und Franzosen losgehen! Sie haben mir, mein Lieber, oft von Weissagungen vom nahen Untergange Frankreichs vorgesagt, sollte in der Apokalypse keine Weissagung sein, die den itzigen Krieg angehet? Schlagen Sie doch nach. Wer weiß, ob in diesem Kriege nicht Deutsche das stolze Frankreich erobern sollen? Wenn es Ihnen nun vorbehalten wäre, durch Ihre Predigt zu diesem großen Werke den ersten Anlaß zu geben? Welcher Ruhm für Sie, wenn auch auf Sie und auf Ihre Predigt mit geweissagt wäre? Können Sie der Kraft so vieler Gründe wohl widerstehen? Ich dächte, Sie müßten dadurch determiniert werden!“

Der arme Sebaldus war nun bei allen seinen Schwächen angegriffen, denn Wilhelmine pflegte eben nicht die Apokalypse anzuführen, noch weniger pflegte sie der Franzosen mit widrigen Seitenblicken zu gedenken; und was den zureichenden und determinierenden Grund betraf, waren beide so schlechterdings entgegengesetzter

Meinung, daß weder Sebaldus das Wort zureichend noch Wilhelmine das Wort determinierend jemals in den Mund zu nehmen pflegte. Es geschah also hier, was immer zu geschehen pflegt, nämlich daß die gefällige Freundlichkeit eines Frauenzimmers die besten Gründe einer Mannsperson unkräftig macht.

Sebaldus wählte für den nächsten Sonntag einen schicklichen Text aus der Apokalypse, und da dieses das erstemal war, daß er einen aus diesem von ihm so geliebten Buche auf Kanzel brachte, so hielt er seine Predigt vom Tod fürs Vaterland in einem ihm sonst nicht gewöhnlichen enthusiastischen Feuer und nicht ohne Frucht. Denn beim Herausgehen aus der Kirche sah er auf dem Kirchhofe einen ziemlichen Auflauf und hörte jemand sehr laut reden. Als er näher hinzukam, vernahm er, daß ein im Dorfe liegender preußischer Unteroffizier, der mit in der Kirche gewesen war, zu seiner Predigt eine epanorthotische Nutzanwendung hinzutat, wodurch denn zehn junge, rasche Bauerkerle bewegt wurden, auf der Stelle Dienste zu nehmen.

Dem Sebaldus klopfte hiebei das Herz etwas ängstlich, aber Wilhelmine jubilierte über den glücklichen Erfolg ihres Vorschlags. Sie wendete auf dem Wege aus der Kirche nach Hause alles an, um ihrem Manne ebenso freudige Gesinnungen mitzuteilen. Es würde ihr vielleicht gelungen sein, wenn nicht zwei Briefe, die sie bei ihrer Ankunft zu Hause fanden, ihre Freude etwas niedergeschlagen hätten. Der eine war von einem Professor der Universität, wo ihr ältester Sohn studierte. Er meldete ihnen ohne Umschweife, daß ihr Sohn mit Hinterlassung vieler Schulden davongelaufen sei und daß niemand wisse, wohin. Beide Eltern fuhren bei dieser unvermuteten Nachricht zusammen und zitterten vor dem zweiten Brief, an dessen Aufschrift sie ihres Sohnes

Hand erkannten. Der Sohn meldete darin, ohne von seinen Schulden etwas zu erwähnen, daß er es für einen guten Bürger für schimpflich halte, stillezusitzen, wenn das Vaterland in Not sei; daß die Römer und Griechen in ihrer Jugend Kriegsdienste getan hätten; daß er diesem glorreichen Exempel folgen wolle und daher zur Armee gegangen sei. Zugleich meldete er seinen Eltern, er habe vorderhand einen fremden Namen angenommen und wolle diesen so lange führen, bis er seinem wahren Namen Ehre mache. Sebaldus ward bei dieser Nachricht ganz blaß, und Wilhelmine fiel mit einem lauten Geschrei rücklings aufs Kanapee. Sie besann sich aber bald, daß jetzt Gelegenheit sei, spartanische Gesinnungen zu zeigen, und sagte nach einigen Minuten mit gebrochener Stimme und mit tränenden Augen: „Ich habe ihn dazu geboren!" Sie suchte, so schwer es ihr ward, ihre heldenmütigen Gesinnungen bei sich wieder hervorzuziehen. Bald stellte sie sich die großen Taten vor, die ihr Sohn verrichten würde; bald bedauerte sie nur, daß er seinen Namen verändert hatte, weil sie auf diese Art vor ihr unbemerkt geschehen könnten. Bald hoffte sie wieder, daß er, wenn er etwas Großes verrichtet hätte, gewiß seinen Namen kundtun werde. Doch konnten alle diese heroischen Gesinnungen, mit denen sie sich tröstete und die dem Sebaldus gar keinen Trost gaben, weder ihre mütterliche Zärtlichkeit noch des Sebaldus weise Betrachtungen unterdrücken, die sich den Rest des Tages über beständig dazwischenmischten. Und nun legten sie sich beiderseits in einer solchen Gemütsverfassung schlafen, daß, wenn sie vierundzwanzig Stunden vorher darin gewesen wären, Sebaldus sowenig würde gepredigt haben: Sterbet freudig für das Vaterland!, als Wilhelmine ihn dazu würde haben ermuntern wollen.

Indes erscholl die Nachricht von dieser Predigt und von ihren Folgen bald bis in die fürstliche Residenz. Sebaldus hatte im Konsistorium zwei sehr mächtige Feinde. Zuerst den Präsidenten, zugleich ein Ehrenmitglied verschiedener deutschen und lateinischen Gesellschaften. Er fertigte viele sehr fließende deutsche Reime und viele sehr deutliche lateinische Chronodistichen auf alle am fürstlichen Hofe vorfallenden Galatage, auf alle Landplagen, als Heuschrecken, Hagel, feindliche Einfälle, auf alle Promotionen der ihm untergebenen Konrektoren und Landprediger. Wilhelmine, als eine feine Kennerin, glaubte sich dem falschen Geschmack, der in ihrem Vaterländchen beschützt ward, widersetzen zu müssen. Sie sprach daher bei jeder Gelegenheit von den deutschen Versen des Präsidenten überaus verächtlich, und seine lateinische Chronodistichen wußte sie aus dem „Zuschauer" mit einer Reihe Soldaten zu vergleichen, in welcher einige Riesen zwischen einer Anzahl Zwerge ständen. Nun ist es bekannt, daß alle Dichter sehr empfindlich und die schlechten gemeiniglich die empfindlichsten sind. Es läßt sich also leicht erachten, wie der Präsident es für einen unerhörten Eingriff in die Landesverfassung und die gute Subordination halten mußte, daß eine Landpfarrerfrau sich über die Verse eines Mannes wie er öffentlich aufhalten dürfte, und wie er keine Gelegenheit werde verabsäumet haben, seinen Widerwillen wider den guten Geschmack der Frau den Mann empfinden zu lassen. Der zweite Feind des Sebaldus war der Generalsuperintendent Doktor Stauzius, der ehemalige Dorfpfarrer, der unsern Sebaldus mit Wilhelminen getrauet hatte, der wilde Mann, der so gern vom Obersten Menzel und vom lustigen Treffen zu Roßbach sprach. Er hatte kurz nach Sebaldus' Heirat die von diesem verschmähte Ausgeberin des Präsidenten geheiratet und war dadurch Generalsuperintendent geworden. So wie er am Stande zunahm, wuchs auch sein Eifer für die Orthodoxie, und er ließ sich zum Doktor der Theologie machen, um einen doppelten Beruf zu haben, sich der Orthodoxie alles Fleißes anzunehmen. Er erhielt auch im Lande eine solche Einförmigkeit in der Lehre wie ein Hauptmann in einer wohleingerichteten Kompanie Soldaten, wo jeder Rock so lang als der andere, jeder Zopf so dick als der andere, jede Stiefelette so hoch aufgeknüpft ist als die andere und die sich nie nach ihrem eigenen Willen, sondern bloß nach dem Winke ihrer Obern beweget. Jeder Prediger, der nur den geringsten Geruch von Ketzerei an sich spüren ließ, wurde abgeschafft. Dadurch ward das Ländchen so rein gehalten, daß nur der einzige Sebaldus auf der schwarzen Liste stand. Doktor Stauzius hatte mit ihm noch als Dorfpfarrer schon oft über die Ewigkeit der Höllenstrafen gestritten, die er eifrig behauptete, wogegen Sebaldus, wie wir den Leser schon haben merken lassen, davon zwar ganz menschenfreundliche, aber nicht orthodoxe Begriffe hegte. Seitdem nun Doktor Stauzius Generalsuperintendent geworden war, glaubte er die Lehre von der Ewigkeit der Höllenstrafen noch weniger entbehren zu können. Er merkte beim Antritt seines Amtes bald, daß bei den Kammerjunkern und den fürstlichen Räten mit dem florentinischen Wetterglase, woraus er vormals seinen Bauern Wind und Wetter vorhersagte[1], nicht viel auszurichten wäre. Er legte sich also, um die Hofleute in kirchlicher Zucht zu halten, auf ein recht derbes Gesetzpredigen. Er malte ihnen den höllischen Schwefel-

[1] Siehe „Wilhelmine", S. 105.

pfuhl recht schrecklich und die Martern der Verdammten recht gräßlich vor, wobei er dann mit einem hohlen klagenden Tone das Wort ewig! ewig! ewig! erschallen ließ. So streng und unerbittlich er aber auf der Kanzel gegen die Sünder losdonnerte, so gefällig und nachgebend bezeigte er sich gegen seine Frau, die er aus so vornehmen Händen empfangen hatte, die ihn daher ganz regierte. Unglücklicherweise für Sebaldus war sie auf denselben und auch auf dessen Frau sehr übel zu sprechen, denn sie konnte es ihm noch nicht vergeben, daß er ihre Hand und mit ihr das einträglichere Amt ausgeschlagen hatte, bloß um eine jüngere und schönere Person zu heiraten. Wenn also Doktor Stauzius über Sebaldus nur ein verdrießliches Wort sagte, so setzte sie noch zwei oder drei hinzu und brachte sowohl ihren jetzigen Mann als ihren gewesenen Herrn wider ihn auf. Es war also kein Wunder, daß Sebaldus sehr oft, auch bei den geringfügigsten Vorfällen, nachdrücklichste Verweise aus dem Konsistorium bekam.

Die gegenwärtige Sache hingegen ward zu wichtig befunden, als daß sie mit einem bloßen schriftlichen Verweise hätte können abgemacht werden. Sebaldus ward nach der fürstlichen Residenz gefordert, um in Person vor dem Konsistorium zu erscheinen. Als er nun vor die Schranken trat, sah ihn der Präsident von oben bis unten an, seufzte, machte die Augen zu, hob das Angesicht gen Himmel und hielt ihm in einem feinen, etwas heisern und langgezogenen Tone seinen Unfug vor, daß er von etwas anders als von Buße und Zerknirschung des Herzens gepredigt hätte, welches den symbolischen Büchern schnurstracks zuwider sei. Kaum hatte der sanfte Präsident ausgeredet, als der heftige Generalsuperintendent aufstand. Er schrie mehr, als er sprach, zitterte vor Eifer, ward feuerrot im Gesichte, runzelte seine starken, halb grauen und halb roten Augenbrauen, konnte vor Zorn nicht sprechen und schüttete, als er endlich anfing, in einem hohlen und bellenden Tone so schnell, daß ein Wort das andere jagte, ein gestottertes Anathema über das andere auf den armen Sebaldus aus. Er hielt ihm vor, die zehn angeworbenen Bauerkerle hätten vermutlich in den Stand der Gnade kommen können, da sie aber nun in dem sittenlosen preußischen Lande Atheisten würden, müßten sie ewig verdammt werden. Auch er, Sebaldus, hätte die ewige Verdammnis dadurch verdient, daß er an dem ewigen Wehe von zehn Seelen schuld wäre – und was des Verdammens mehr war.

Sebaldus antwortete bescheiden mit wenig Worten und ließ am Ende seiner Rede einfließen, daß Gott gnädiger wäre als erbitterte Menschen, daß er uns nach der reinen Absicht unsers Herzens, nicht aber nach einem nicht vorhergesehenen Erfolge unserer Handlungen richten werde. Stauzius fuhr ihn mit unbeschreiblicher Wut an: Ob er die Ewigkeit der Höllenstrafen glaube? Sebaldus antwortete ganz gelassen: Er glaube nicht, daß es Menschen gezieme, der Güte Gottes Maß und Ziel zu setzen. „Sie sehen, meine Herren", redete der äußerst aufgebrachte Superintendent die Anwesenden an, „daß dieser gottlose Mann in den Grundlehren des Glaubens irrig ist und schändliche grundstürzende Irrtümer behauptet; ich trage also darauf an, daß er unverzüglich seines Amtes entsetzt werde, damit er die Seelen der ihm anvertrauten Herde nicht ferner in Gefahr bringe." Der Präsident antwortete hierauf mit sanftmütiger Miene: „Es ist zwar wahr, daß Ehrn Nothanker sich eine schwere Verschuldung hat zur Last kommen lassen, doch erfordert die christliche Liebe, daß man in einer so wichtigen Sache, als die Absetzung vom Amte ist, sich nicht übereile. Daher ist meine Meinung, daß dem Fiskal aufgetragen werde, eine in gehöriger Form abgefaßte Klage zu überreichen, welche dem Beklagten mit dem Bedeuten, sie in zwei Tagen zu beantworten, sub poena praeclusi, und daß alsdann in contumaciam wider ihn erkannt werde, zu kommunizieren sei, desgleichen daß derselbe auf nächste Session in vierzehn Tagen beschieden werde, um die alsdann abzufassende Sentenz anzuhören.“ Dieser Meinung fielen alle bei, und Sebaldus verfügte sich mit schwerem Herzen nach Hause.

Die Klage des Fiskals lief in wenig Tagen ein; und weil darin noch mehr auf die Ewigkeit der Höllenstrafen als auf die gehaltene Predigt Rücksicht genommen war, so glaubten Sebaldus und Wilhelmine darin die Feder des Doktor Stauzius zu erkennen. Sebaldus beantwortete sie in den gesetzten zwei Tagen ausführlich, und Wilhelmine fügte noch einige Anmerkungen hinzu, wodurch ihrer Meinung nach die Unschuld ihres Mannes so treffend bewiesen wurde, daß sie glaubte, es ließe sich auch nicht das geringste nur mit einigem Scheine dawider einwenden. Diese Verantwortung schickte Sebaldus sogleich nach der Kanzlei und schwebte indes zwischen Furcht und Hoffnung. An dem angesetzten Tage begab er sich nach der Residenz. Er mußte in dem Vorzimmer der Sessionsstube eine halbe Stunde warten, während das Konsistorium über sein Schicksal ratschlagte. Darauf ward er hineinbeschieden, um die Sentenz anzuhören, welche nach dem gewöhnlichen Eingange folgendermaßen lautete: „Daß Beklagter wegen irriger Lehre und Abweichung von den teuer beschworenen symbolischen Büchern, wobei er aller liebreichen Ermahnungen ohnerachtet verharret, seines Predigt- und Lehramts zu entsetzen und zu bedeuten sei, sich alles fernern Lehrens, Predigens und sonstiger Actuum ministerialium gänzlich zu enthalten, so lieb als ihm sei die Vermeidung fürstlicher Ungnade und zweijähriger Zuchthausstrafe. V. R. W." Es fand keine Appellation statt. Der Konsistorialbote nahm unverzüglich dem guten Sebaldus Kragen und Mantel ab, zugleich ward er ernstlich bedeutet, die Pfarrwohnung sogleich zu räumen, indem die Pfarre bereits vergeben sei, und darauf mit einer väterlichen Ermahnung in Frieden entlassen. Das Konsistorium aber blieb noch versammelt, um den Präsidenten ein lateinisches Chronodistichon auf diesen merkwürdigen, zur Festhaltung der reinen orthodoxen Lehre abzweckenden Actum verlesen zu hören, das er in den vierzehn Tagen seit der letzten Session zustande gebracht hatte.

Sebaldus war so betäubt, daß er alle Besonnenheit verlor. Seine Füße trugen ihn nur mechanischerweise nach Hause. Wilhelmine hatte sich aus zureichenden Gründen von dem Ausgange des Prozesses die beste Hoffnung gemacht. Sie hatte daher in der von ihr selbst gepflanzten Laube neben dem Pfarrhause eine ländliche Abendmahlzeit zugerichtet und ging darauf mit ihren beiden Töchtern ihrem Manne entgegen. Er kam endlich. Noch einige Schritte von ihm entfernt, sah sie schon in seinen wilden, starr auf sie gerichteten Augen einen Teil des über sie schwebenden Unfalls. Er kam näher und sagte ihr in wenig Worten, wie groß ihr Unglück sei. Wilhelmine ward blaß, die Knie zitterten ihr, sie sank zur Erde, und beide Töchter warfen sich weinend auf ihre Mutter. Diese kam erst nach geraumer Zeit wieder zu sich und ward in großer Schwachheit nach Hause gebracht. Alle Vergnügungen, die sich diese kleine Familie bei dem Abendmahle in der Laube nach der Zurückkunft ihres Vaters versprochen hatte, waren dahin. Wilhelmine, vom heftigen Schrecken erschüttert, lag in wenig Stunden in einem starken Fieber. Mariane, ob sie gleich ihr Herzeleid in sich zu verschließen suchte, konnte doch, indem sie ihrer Mutter Handreichungen leistete, ihre nassen Augen nicht verbergen. Die kleine Charlotte winselte unaufhörlich über das Leiden ihrer Mutter. Sebaldus aber, über sein Unglück kaum so sehr niedergeschlagen als über die Härte rachgieriger Menschen bestürzt, saß staunend in der stillen Schwermut, die äußerlich kalt scheint, aber innerlich mit desto größerer Heftigkeit auf die Lebensgeister wütet.

VIERTER ABSCHNITT

Des andern Morgens früh erschien vor Sebaldus' Türe ein Wagen, in welchem Magister Tuffelius, der Informator der Kinder des Generalsuperintendenten, saß. Diese Person war fünf Fuß vier Zoll lang und näherte sich mehr der Magerkeit eines Kandidaten als der Feistigkeit eines Pfründenbesitzers. Sein hageres, bleiches Gesicht war beständig wasserrecht gerichtet, ohne sich herauf- oder herunterzuneigen. Seine Hände, die etwas länger waren, als sie hätten sein sollen, hielt er mehrenteils gerade vor sich weg und bewegte sie wellenförmig wie ein Schwimmender im Wasser. Sein Gang war abgemessen und bedächtlich, als wenn er sich fürchtete, auf etwas zu treten; und wenn er sprach, welches nie ohne Not geschah, war seine Stimme allezeit einen halben Ton höher gestimmet als anderer Leute Stimme und hatte dabei etwas Quäkendes, daß man glaubte, einen Star zu hören. Er ließ sich durch den Bauer, der ihn gefahren hatte, anmelden, stieg nach empfangener Antwort langsam aus dem Wagen und schritt fort, bis er ins Zimmer kam, wo ihn Sebaldus und Mariane empfingen.

Er legte seinen Hut vor seinen Bauch und beide Hände in den Hut, grüßte die Anwesenden mit einem halbtiefen Bücklinge, ohne Haupt und Füße zu bewegen und ohne ein Wort zu sprechen, setzte sich, und nach verschiedenen Hem! Hem! ließ er sich folgendermaßen aus: „Da ich den göttlichen Beruf erhalten habe, die Seelen dieses Dorfs als ein treuer Hirte zu weiden, so wird es dann wohl nötig sein, daß mir dieses Pfarrhaus als meine künftige Wohnung sogleich geräumet werde, sintemal ich entschlossen bin, mein Amt unverzüglich anzutreten und zu dem Ende noch anheute auf meine nächstens zu haltende Antrittspredigt zu studieren." Sebaldus stellte ihm vor, daß es unmöglich sein würde, das Haus zu räumen, um soviel mehr, da seine Frau diese Nacht krank geworden wäre. Tuffelius antwortete sehr trocken: „Die dem Herrn in Person vorgelesene Sentenz enthält deutlich, daß er die Pfarrwohnung sogleich räumen soll, und es muß jeder Christ der Obrigkeit untertan sein, die Gewalt über ihn hat; ich rate also wohlmeinend an, sich zu hüten, daß die Widersetzlichkeit nicht einst zu einem Beispiel müsse angeführt werden, wie die Abweichung von der reinen Lehre auch zuletzt Rebellion wider die Obrigkeit hervorbringt." Sebaldus war durch diese Rede so sehr zum Erstaunen gebracht, daß er den Magister Tuffelius mit starren Augen ansah und stillschwieg. Mariane aber nahm das Wort und sagte mit sanfter und zitternder Stimme: „Wir sind nicht willens, uns zu widersetzen, wir sind auch dazu viel zu schwach, wir verlangen nur so viel Zeit, als nötig ist, um eine andere Wohnung zu suchen; dazu ist ein Tag zu kurz, zudem ist meine Mutter gefährlich krank geworden. Ein Prediger ist Bote des Friedens, er soll Ruhe, Einigkeit und Wohlwollen befördern. Wollten Sie wohl den Anfang Ihres Predigtamts damit machen, daß Sie eine äußerst schwache Kranke aus dem Hause würfen?“ Tuffelius, der mit seinen Augen bisher noch immer unverwandt gerade vor sich weg gesehen hatte, richtete sie in einer mit dem Horizonte parallelen Linie gegen Marianens Antlitz, runzelte die Stirn, zog den Mund ein wenig in die Breite und sagte mit etwas lauterer Stimme und aufgehobener rechten Hand: „Mulier taceat in rebus ecclesiasticis! Meine liebe Jungfer, ich wäre nicht wert, ein vieljähriger Kandidat des heiligen Predigtamts zu sein, wenn ich die Pflichten dieses hochwichtigen Amts nicht wüßte. Die erste Pflicht desselben ist wohl wahrlich, daß in Rücksicht auf geistliche und göttliche Dinge alle irdische und weltliche Dinge uns gar nicht bewegen müssen. Es würde unverantwortlich sein, die armen verirrten Schafe einen Sonntag über ohne Hirten zu lassen, es ist also meine höchste Pflicht, mich ihrer ohne Verzug anzunehmen und sie bald wieder auf den rechten Weg und auf die gute, gesunde Weide der reinen Lehre zu führen, wovon sie vielleicht leider“ (hier seufzte er und tat einen halben Blick auf Sebaldus) „ganz ab- und in den stinkenden Sumpf der Heterodoxie geführet worden.“ Nach vielem Wortwechsel ließ sich Tuffelius endlich mit Mühe bereden, damit zufrieden zu sein, daß ihm vorderhand eine Stube eingeräumet würde. Er begab sich sofort in dieselbe und schrieb einen langen Brief, womit er den Bauer, der ihn gefahren hatte, zurücksendete, legte Lankischens Konkordanz, die er im Koffer mitgebracht hatte, auf den Tisch und fing an, den Faden seiner Anzugspredigt zu spinnen.

Sebaldus, Wilhelmine und Mariane hatten sich immer bloß auf ihr Recht verlassen und sahen nunmehr zu spät ein, daß, so gut eine Sache auch ist, dennoch eine mächtige Protektion zu einem vorteilhaften Ausschlage nie überflüssig sein werde. Wilhelmine erinnerte sich des Hofmarschalls und des Grafen von Nimmer und glaubte, diese bedeutenden Patrone würden sie gewiß nicht verlassen haben, wenn man sie um Hilfe ersucht hätte. Da sie bei der Schwachheit ihres Körpers nichts von der Lebhaftigkeit ihres Geistes verloren hatte, so fing sie an, wieder Hoffnung zu hegen, daß durch mächtige Vorworte vielleicht ihr Schicksal noch könnte geändert werden. Sie beredete endlich ihren Mann, nach der Stadt zu gehen und bei seinen Gönnern Hilfe zu suchen. Man kam ferner überein, die Pfarrwohnung sollte nicht freiwillig geräumet werden, und Wilhelmine wußte viele zureichende Gründe anzuführen, warum keine Gewalt zu befürchten sei. Solange man nur im Besitze wäre, glaubte sie, könnte noch wohl die Absetzung zu hintertreiben sein. Mit solchen Überlegungen beschäftigten sich beide Betrübten bis auf den Abend, da sie sich etwas beruhigt niederlegten. Ebendies tat auch Tuffelius, nachdem er mit lauter Stimme seinen Abendsegen abgelesen und ein Abendlied von zehn Versen gesungen hatte; wir wissen aber nicht genau, ob es „Der Tag hat sich geneiget“ oder „Nun sich der Tag geendet hat“ gewesen sei.

FÜNFTER ABSCHNITT

Den andern Morgen früh mit Aufgange der Sonne ging Sebaldus nach der Stadt. Wilhelminen hatten ihre süßen Hoffnungen eine ruhige Nacht verschafft, wodurch sie merklich gestärkt ward. Sie ließ sich einige Stunden nachher in einen Großvaterstuhl setzen, trank Tee und hielt den Kopf der kleinen Charlotte, die selbst die Nacht sehr unruhig zugebracht hatte und über Hitze und Bangigkeit klagte. Sie wollte sich eben von Marianen etwas aus Wielands „Sympathien“ vorlesen lassen, als Tuffelius unangemeldet in ihr Schlafzimmer trat. Er war im Schlafrocke und hatte eine von seiner eigenen Hand sehr weiß gepuderte Perücke aufgesetzt. „Ich freue mich“, sagte er (nachdem er ihr Friede im Herrn gewünscht hatte), „Sie außer dem Bette und so gesund, stark und munter zu sehen, welches sehr gut ist, indem Sie mir anheute ohne Widerrede das ganze Haus einräumen müssen.“ Wilhelmine, ganz erstaunt, stellte ihm die Unmöglichkeit vor. Tuffelius erwiderte aber: „Es kann kein fernerer Aufschub stattfinden. Auf nächstkünftigen Sonntag wird meine Introduktion vor sich gehen, daher wird der Herr Generalsuperintendent des Sonnabends bei mir abtreten, dazu muß ich in meinem Hause alle nötigen Anstalten machen, zumal da er die Jungfer Ursula Stauziin mit sich bringen wird, mit welcher ich mich in ein christliches Eheverlöbnis eingelassen, so ich Ihnen aus nachbarlicher Freundschaft hiemit will notifiziert haben. Säumen Sie also nicht ferner. Es stehet geschrieben: Bittet, daß eure Flucht nicht geschehe im Winter! – Jetzt sind wir mitten im Sommer, und Sie können also wohl zufrieden sein.“ Hiebei blieb es. Wilhelminens Gründe, Marianens Bitten, Charlottchens Weinen und Ächzen, ob sie sich gleich ihm zu Füßen warf, halfen nichts. Er führte sie säuberlich eine nach der anderen zur Türe hinaus, wo sie zu ihrem nicht geringen Erstaunen vier fürstliche Trabanten, von einem Unteroffizier befehligt, vorfanden. Durch dieselben ließ Tuffelius alles, was im Hause befindlich war, sehr behutsam auf die Straße setzen und gab selbst Achtung, daß nicht das geringste zerbrochen ward.

Es war heller Sonnenschein, da dies geschah, es war daher nicht Tuffelius' Schuld, daß eine Viertelstunde darauf ein starker Regen fiel. Wilhelmine mit ihren

Kindern flüchtete unter einen am Hause gelegenen Schuppen. Alle Bauern waren zusammengelaufen. Sie hätten bei einer anderen Gelegenheit ihrem Pfarrer vielleicht nachdrücklich Hilfe geleistet. Aber der Anblick der fürstlichen Uniform und des blanken Pallasches des Unteroffiziers erinnerte sie ihrer treugehorsamsten Pflicht. Einer kratzte sich den Kopf, der andere schüttelte den Kopf, und so ging einer nach dem anderen weg, bis sie der Regen vollends zerstreute.

Nur ein Bauer, den Sebaldus bei einem gewissen Vergehen, weshalb er ihn hätte zur Kirchenbuße zwingen können, bloß mit einer liebreichen Ermahnung bestraft hatte, ließ sich das Elend zu Herzen gehen. Er führte Wilhelminen mit ihren Kindern in sein Haus und holte mit seinem Knechte ihre Sachen nach, die er bis auf weitere Anordnung wenigstens vor dem Regen sicherstellte.

Sebaldus war unterdes in der Stadt angekommen. Sein erster Gang war zum Hofmarschalle, bei dem er sich melden ließ und auch nach einem halbstündigen Warten vorgelassen ward. Der Hofmarschall war nicht mehr so wie vor einigen zwanzig Jahren, als er Wilhelminen dem Pastor zuführte. Er hatte sich unterdessen mit der schönen Clarisse vermählet. Dies war ein eitles, verschwenderisches, kokettes Ding, bei der er wenig vergnügte Stunden genoß. Sie verpraßte seine Güter, putzte sich den halben Tag und brachte die andere Hälfte mit ihren Liebhabern zu, die sie alle vier Wochen wechselte. Zu ihrem Gemahle kam sie nicht, als wenn sie von ihm Geld zur Bezahlung ihrer Spielschulden zu fordern oder mit ihm zu zanken hatte, und endlich nach einem zehnjährigen Ehestande starb sie im Wochenbette, welches, wie damalige Hofnachrichten bezeugen, dem Hofmarschalle ganz unerwartet kam. Er auf seiner Seite unterließ nie, wie es einem treugehorsamen Hofmarschalle gebühret, mehr als fünfundzwanzig Jahre lang alle Hoffeste feierlich zu begehn und zur Ehre des Fürsten dessen Wein nie zu sparen, sondern alle durchreisende, hochadlige, freiherrliche und gräfliche Laien redlich unter den Tisch zu trinken. Hingegen war er auch freilich von manchen geistlichen Herren, als Äbten, Domherren, Mönchen, Kapitularen, Deutschen Rittern und Malteserrittern, wieder redlich unter den Tisch getrunken worden. So hatte er in den Diensten der gnädigen Landesherrschaft seine Gesundheit und den größten Teil des Vermögens, das ihm die schöne Clarisse noch übriggelassen hatte, zugesetzt, welches ihm ein Recht zu geben schien, für seine treu geleisteten Dienste mit einer ansehnlichen Pension auf Lebenszeit belohnt zu werden. Er hatte damals vor einigen Wochen darum angesucht, statt derselben aber in sehr gnädigen Ausdrücken seinen Abschied mit dem Prädikat als fürstlicher Geheimer Rat erhalten. Seit dieser Zeit bekam er öftere Anfälle von Devotion, die mit den Anfällen vom Steine, vom Chiragra und Podagra abwechselten; und jetzt, da Sebaldus ihm aufwarten wollte, hatte er gerade einen Anfall von Devotion, Chiragra und Podagra zugleich. Er lag auf einer Bergère[1], beide Füße in Flanell gewickelt, und auf einer nebenstehenden Servante[2] von Mahagoniholze lagen Goezens „Todesbetrachtungen auf alle Tage“ und „Der wohlgerüstete Himmelswagen“ nebst den Frankfurter Reichs-Ober-Post-Amts-Zeitungen. Sobald der Schmerz in den Händen und Füßen zu arg ward, ergriff er eins von den Büchern und las überlaut eine Betrachtung oder Gebet über das andere, und um desto heftiger und lauter, je mehr der Schmerz zunahm; sobald er aber nach-

[1] Ein Lehnstuhl mit vorstehendem Sessel, um darauf die Füße zu legen.

[2] Eine Art von kleinem Tische.

ließ, ergriff er die Zeitungen, um sich an den Berichten von den grausamen Metzelungen, welche die Reichsexekutionsarmee unter den preußischen Heeren zuletzt angerichtet hatte, in der Stille das Herz zu laben. Eben beim Zeitungslesen traf ihn Sebaldus an, und dies war für sein Anliegen nicht vorteilhaft. Der Hofmarschall fuhr ihn ziemlich darüber an, daß er nicht Buße gepredigt hätte, anstatt durch seine Predigt eine Armee zu verstärken, wovon, wenn das verwünschte Rekrutieren nicht wäre, schon kein Mann übrig sein müßte. Er hielt ihm dabei eine lange Predigt vom deutschen Vaterlande, die der berühmte Verfasser des deutschen Nationalgeistes und der Reliquien irgendwo auch einmal gehört haben muß, weil man in diesen Büchern wörtlich wiederfindet, was damals der alte podagrische Hofmarschall zum Pastor Sebaldus sagte. Nachdem diese Lektion eine halbe Stunde gedauert hatte, kam er auf Sebaldus' Anliegen zurück, weshalb er ihn an den Konsistorialpräsidenten verwies. Doch versicherte er ihn, als ein alter Hofmann, höflich bei allen Gelegenheiten seiner Protektion und hob seine Hand auf, um an seine Schlafmütze zu greifen; weil er aber vermutlich vergaß, daß er die Hand nicht wohl beugen konnte, empfand er plötzlich einen so empfindlichen Schmerz, daß er ein Sakra ... ausrief, sogleich nach Goezens „Todesbetrachtungen" griff und laut anfing zu lesen: „Betrachtung am 15. Junius."

Sebaldus war durch diesen Besuch wenig getröstet worden. Er suchte seinen Freund Hieronymus auf, hörte aber, derselbe wäre verreiset; er ging daher nach einem Wirtshause, wo er den Rest des Tages blieb. Des andern Morgens früh machte er sich auf nach Rennsdorf, dem Sitze des Grafen von Nimmer, wo er gegen elf Uhr ankam. Diese Zeit, die dem bürgerlichen Teil der menschlichen Gesellschaft beinahe Mittag ist, war für den hochgräflichen Greis kaum Morgen. Seit einer halben Stunde ungefähr hatte er das Bette verlassen, hatte das wichtige Geschäft des Küchenzettels abgefertigt und war jetzt beschäftigt, auf einem weichen Sofa seine Schokolade einzuschlürfen und auf die Verdauung der gestrigen Mahlzeiten zu warten. Sobald sich Sebaldus anmelden ließ, ward er sogleich vorgelassen. Er näherte sich mit wenigstens zwanzig Bücklingen dem hochgräflichen Lager und stammelte etwas einem Komplimente Ähnliches, welches der Graf in eine Frage nach seinem Befinden verdolmetschte und nach verschiedentlichem Räuspern antwortete: „Nicht recht wohl, mein lieber Herr Pastor, mein böser Morgenhusten quält mich alle Tage mehr! Ich kann nichts mehr essen. Gestern habe ich's gewagt, eine Auerhahnpastete zu kosten, die liegt mir heute noch im Magen. Ich bin gar zu schwach. Selbst die Melonen wollen mir nicht bekommen, die Ananas machen mir Blähungen. Ich habe mir heute bloß ein einziges Ragout fin bestellt, ich muß heute fasten, um meinen Magen wiederherzustellen. Aber ist's nicht elend, mein lieber Herr Pastor, wenn man nicht essen kann?" Sebaldus antwortete mit einem tiefen Seufzer: „Jawohl, Ew. Hochgräfliche Gnaden, beinahe ebenso schlimm, als wenn man nichts zu essen hat; ich befürchte beinahe, daß ich in diesem Falle ..." Der Graf fiel ihm ins Wort: „Sie haben recht, lieber Herr Pastor, bald wird man auch gar nichts zu essen haben, der leidige Krieg verderbt alles. Ich habe vorigen Winter recht elend zugebracht. Die Austern kamen sehr unrichtig an. Den ganzen Winter über habe ich aus Preußen kein Birkhuhn gesehen, auch Störe bekommt man nicht mehr daher. Sehn Sie, Herr Pastor, ich bin ein deutscher Patriot, ich kann das französische Essen nicht leiden. Ich kann ihre Consommés à la cardinale, ihre C-les d'agneau frites nicht ausstehen. Lieber Herr Pastor, wir müssen bedenken, daß wir Deutsche sind. Wir können uns zwar die guten französischen Brühen gefallen lassen, aber unsere Speisen selbst müssen echt deutsch sein. Ich weiß, was in allen deutschen Provinzen das Beste ist. Wenige Leute verstehen zum Beispiel hierzulande, was eine pommerische große Muräne dreiviertel Ellen lang oder eine Flunder von der Insel Hela oder ein berlinischer Zander für Dinge sind, die habe ich sonst posttäglich bekommen. Aber jetzt, Herr Pastor, jetzt ist alles aus! Ich habe mir im vorigen März aus Hanau eine kalte Pastete und aus Frankfurt am Main einen gewürzten Schwartenmagen kommen lassen, den haben die preußischen Husaren bei Fulda aufgefangen; welcher Teufel soll denn auch denken, daß die Kerle schon im März aus den Winterquartieren sein werden? Im vorigen Oktober sollte ich Krammetsvögel vom Harze bekommen, die hatten sich die Lucknerischen Husaren wohl schmecken lassen. Im Februar habe ich Fasanen aus Böhmen verschrieben, ja, wenn nicht die Gränitzer bei Wilsdruf gestanden hätten! Die Franzosen machen's nicht besser. Meine westfälischen Schinken und den Champagner, worin ich sie wollte kochen lassen, haben sie im vorigen Monate in Bielefeld geplündert. Da sieht man's klar, daß es ihnen mehr um die westfälischen Schinken als um den Westfälischen Frieden zu tun ist. Ich ließ mir Kaviar aus Königsberg kommen, da haben die Russen die Post bei Köslin angehalten und ihn bei Kohlberg auf die Flotte gebracht. Ich möchte nur wissen, was mein Kaviar auf der Flotte zu tun hätte, ich habe niemals ein Korn davon zu kosten bekommen. Jetzt habe ich aus Sonnenburg Krebse verschrieben, Herr Pastor, dies sind die schönsten Krebse an Größe und Geschmack; aber die werden wohl die Schweden speisen, denn das ‚Frankfurtische Staats-Ristretto' schreibt, sie würden nächstens in Berlin sein. So sind wir allenthalben mit Feinden umgeben, die uns alles wegnehmen. Kein Wunder, wenn wir schon ganz ausgehungert sind!" Indem er das sagte, kam der Kammerdiener und fragte, ob es Seiner Hochgräflichen Gnaden gefällig wäre, das Frühstück zu sich zu nehmen. „Ja", sagte der Graf, „und gebt noch ein Kuvert für den Herrn Pastor. Sie müssen wissen", fuhr er fort, „daß ich meinen Küchenzettel zu Mittage und Abend selbst mache, aber das Frühstück zu wählen, überlasse ich meinem Koche; der sinnet denn, mir jeden Tag etwas Neues zu machen, das ist mir unerwartet und reizt ein wenig den Appetit. Wir wollen einmal sehen, was wir heute zum besten haben. Aha, einen Kapaun, und mit Trüffeln gefüllt – nicht übel, hier haben Sie, Herr Pastor!" Hiemit legte er dem Sebaldus ein Stück vor, und nun ging weiter kein Wort aus seinem Munde, so daß Sebaldus, nachdem er ein paar Bissen verzehrt hatte, Zeit genug bekam, seine und seiner Familie Not vorzutragen. Der Graf schüttelte dabei den Kopf, sagte mit vollem Munde manches Hm und brach endlich aus: „Herr Pastor, ich wüßte nicht, wie ich Ihnen helfen sollte, die Zeiten sind gar zu elend. Ja, wenn die preußischen Einfälle nicht wären! Stellen Sie sich nur vor, daß gestern der Rittmeister, der eine Meile von hier auf Postierung steht, sechzehn Stück Rotwildbret in meinem Holze hat schießen lassen, und noch dazu meistens Ricken. Da möchte man vergehen, jetzt in der Setzzeit." Sebaldus versicherte Seiner Gräflichen Gnaden, daß er von Ihnen keine weitere Unterstützung verlangte als nur Dero hohes Vorwort bei dem Konsistorialpräsidenten, damit er nicht aus der Pfarre geworfen werde. „Ja so", versetzte der Graf, „mein Vorwort wollen Sie haben? Ich bedaure, daß ich Ihnen damit nicht dienen kann, denn ich komme jetzt gar nicht mehr nach der Stadt; sehen Sie, man ißt da gar zu erbärmlich, zumal beim Präsidenten, dem komme ich in meinem Leben nicht wieder. Er hat mir vor einem halben Jahre eine Zwiebelsuppe und darin kleine Nürnberger geräucherte Würste vorgesetzt, ich begreife gar nicht, wie eine menschliche Kreatur sich mit so etwas nähren kann. Nein, Herr Pastor, bleiben Sie heute mittag bei mir, nur auf ein Gericht Gerngesehn, aber das doch besser sein soll als ein Traktament beim Präsidenten." Sebaldus entschuldigte sich damit, daß er heute noch zu Hause sein müsse. „Nun, so bedauere ich, daß ich Sie nicht bei mir sehen kann. Leben Sie wohl, Herr Pastor, meinen Empfehl an die Frau Liebste." Sebaldus stand nach also erhaltenem Abschiede voller Verwirrung auf, machte drei oder vier Bücklinge, griff dem Grafen nach dem Schlafrockzipfel, der ihn aber zurückschlug und dafür den Pastor umarmte, der, ganz verwirrt über diese gräfliche Gnade, wieder Bücklinge vorwärts und rückwärts zu machen anfing, so daß er nicht wußte, wie er zur Türe hinauskam, und da er hinaus war, nicht wußte, ob er freudig oder betrübt sein sollte.

Indes nach kurzer Zeit fing die Betrübnis wieder an, die Oberhand zu gewinnen. Er sah nur allzuwohl ein, daß er itzt alle Hoffnung verloren hätte, von seinen Gönnern einige Hilfe zu erlangen, und wanderte traurig nach Hause. Aber wie groß war sein Entsetzen, da er sein Haus von einem andern eingenommen, seine Familie in einer fremden Hütte, seine Frau und seine jüngste Tochter auf dem Krankenbette und seine älteste Tochter ganz in Tränen zerfließend antraf! Er sank trostlos auf eine Bank nieder, stand nach einigen Minuten auf, umarmte seine Frau und seine Kinder. „Ich bin nicht so glücklich gewesen", sagte er, „bei Menschen einige Hilfe für uns zu finden; wir müssen alle Hilfe von dem allmächtigen Gott erwarten, und der wird die unglückliche Unschuld nicht verlassen."

SECHSTER ABSCHNITT

Wilhelminens Krankheit nahm sehr schnell zu, und bei der kleinen Charlotte, die einige Tage in der äußersten Hitze lag, fingen sich an die Blattern zu zeigen. Der ehrliche Bauer pflegte sie so sehr, als es seine eignen notdürftigen Umstände erlaubten. Er gab ihnen seine einzige Stube ein, und er und Sebaldus schliefen abwechselnd in der Scheune und wachten bei den Kranken; Mariane aber kam ihrer kranken Mutter und Schwester nie von der Seite. Alles, was möglich war, um ihnen Erleichterung zu verschaffen, tat sie, aber leider war nur sehr wenig möglich, denn mit jedem Tage vermehrte sich das Elend. Wilhelmine in der äußersten Entkräftung, Charlottchen mit zusammenfließenden Eiterbeulen überdeckt, keine Arznei, wenig Speise, keinen Freund außer dem ehrlichen Bauer, keine Hoffnung, daß dieser Zustand verbessert werden, keine Aussicht, wie man darin fortleben könne. Schon seit mehrern Wochen hatte die Familie von dem Verkaufe einiger Wäsche und Mobilien gelebt, die der Bauer, wenn er zum Markte fuhr, in der Stadt verhandelte. Es war zu übersehen, daß diese kleine Hilfe nicht lange dauren könnte. Hernach zeigte sich der kommende Winter, keine Nahrung, kein Obdach, das bitterste Elend. „O großer Gott", rief Sebaldus aus, „verdienet eine Abweichung von den symbolischen Büchern, daß eine Familie, welche beständig nach deinen Geboten zu wandeln beflissen gewesen, in den kläglichsten Mangel gestürzt werde!“

Inzwischen beschäftigte das gegenwärtige und vergangene Elend den Geist viel zu sehr, als daß oft an das künftige gedacht werden konnte. Jeder Tag setzte zu der großen Masse des Kummers seinen reichlichen Anteil hinzu. Charlottchens Krankheit stieg schnell bis auf den äußersten Gipfel. Je mehr die Säfte ihres Körpers in die schreckliche Gärung gerieten, welche alle Teile aus der Mischung, worin sie sich einander zusammenhalten und ernähren, in die versetzet, worin sie sich einander zerstören und auflösen, desto mehr nahm ihr zarter Geist an gezwungener Stärke, an tumultuarischer Tätigkeit zu. Phantasien traten an die Stelle der Empfindungen und ein stumpfes Hinbrüten an die Stelle der Ruhe, die Körper und Geist erquickt. Sie geriet endlich einen Tag lang in einen betäubenden Schlummer, woraus sie mit der Heiterkeit einer gesunden Person erwachte. Sie streckte ihre kleinen Hände mit einem zärtlichen Lallen nach dem Bette ihrer schwachen Mutter aus, redete ihren Vater und ihre Schwester an, welche sie seit acht Tagen bei aller zärtlichen Bemühung derselben, ihr zu helfen, nicht gekannt hatte, richtete ihr Haupt auf, forderte ihres Vaters Segen, aber, indem er einen Schritt zu ihr trat, sank sie tot in die Arme ihrer Schwester. Mariane tat einen lauten Schrei, Sebaldus fiel auf den entseelten Körper, die schwache Wilhelmine richtete sich auf, als ob sie ihrer Tochter helfen wollte. Umsonst, sie war dahin. Nun sank Sebaldus in die tiefe Betäubung, die keinen Teil des Elends einzeln empfindet, weil das Ganze die Seele völlig eingenommen hat. Auch Marianens Kräfte reichten nicht zu, so viel Unglück zu ertragen. Sie fiel unter einem Strome von Tränen auf ihr Lager und blieb den ganzen Tag in einer betäubenden Mattigkeit, ohne daß sie imstande war, ihrer kranken Mutter die gewöhnlichen zärtlichen Liebesdienste zu leisten. Wilhelmine aber, welche bisher in der äußersten Entkräftung gelegen hatte, rief alle ihre Lebensgeister hervor, um ihr überschwengliches Elend zu empfinden, denn bei großer Wehmut ist die Wehmut selbst der einzige Genuß. So schwach sie war, fand sie doch Kräfte, bald zu klagen, bald zu seufzen, bald, weil selbst der Anblick der Leiche ihre Zärtlichkeit stärker auf die Lebendigen zog, ihren Mann und ihre Tochter zu trösten. Sie wollte sogar aufstehen, um denen Handreichungen zu leisten, deren Handreichung sie selbst nötig hatte. Aber hier merkte sie, daß ihr Körper schwächer war als ihr Geist, denn nun fiel sie ermattet nieder und konnte nur noch bloß durch Zureden Trost geben. So brachte diese unglückliche Familie eine Nacht und einen Tag zu, ihr Elend ganz zu fühlen und einen sehr kleinen Teil davon durch wechselseitigen Trost zu erleichtern. Am Ende dieses Tages fiel Wilhelmine in eine außerordentliche Ermattung und in ein mit vieler Hitze verknüpftes Fieber. Kaum konnte sie gegen Mitternacht einen unruhigen, unerquickenden Schlaf genießen. Sie brachte den folgenden Tag in einem schmachtenden Zustande hin. Gegen Abend ergriff sie das Fieber mit viel stärkerer Hitze, sie erwachte des andern Morgens bei Sonnenaufgang äußerst entkräftet und empfand etwas, dergleichen sie noch nie empfunden hatte. Sie legte ihre Hand in die Hand ihres Mannes, der nebst Marianen die ganze Nacht über nicht von ihrem Bette gewichen war, und sagte mit schwacher Stimme: „Ich sterbe, ich fühle es. Vergib es mir, lieber Mann, daß mein unbedachtsamer Enthusiasmus, den ich oft genug bereuet habe, die unerwartete Folge gehabt hat, unsere ganze Familie unglücklich zu machen. ‚Der

Tod fürs Vaterland' ist der Vorwand unsers Unglücks; wollte Gott, ich könnte ihn sterben, diesen Tod! Doch, ich würde glauben, fürs Vaterland gestorben zu sein, wenn unser Unglück, von einer empfindsamen Seele nacherzählt, unsere Geistlichen warnen könnte, wegen Verschiedenheit der Lehre nicht die bittere Feindschaft aufeinander zu werfen, die die eigentliche Ursache unsers Unglücks ist. Meine Absicht war gut. Mich und unsere Feinde richte der allmächtige Gott, der das Innerste der Herzen kennet. – Lebe wohl, meine liebe Tochter, lebe so, wie dich deine Eltern gelehret haben, tugendhaft und unsträflich. Gott gebe, daß du deinen Bruder noch einmal glücklich wiedersehest. Ist's möglich, so unterstütze deinen alten Vater, solange er lebt. Gott sei dein Erhalter! Seiner Vorsorge empfehle ich dich – denn leider von Menschen bist du verlassen! Umarme mich!"

Hier entrannen Tränen ihren sich brechenden Augen. Mariane küßte sie auf und drückte ihren Mund auf den Mund ihrer Mutter, deren Haupt in diesem Augenblicke sanft auf ihre linke Schulter sank, und die matten Hände glitten ab, die sie eben um ihre Mariane schlingen wollte. Sie entschlief. Mariane hatte nur noch Kraft, ein wimmerndes Seufzen hören zu lassen, indem sie ihr nochmals den kalten Mund küßte und die mütterlichen Augen zudrückte. Sie fiel stumm zurück, ohne Träne, gleich einem unbeweglichen Bilde. Sebaldus in tränenloser Verzweiflung, stumm und staunend, saß ohne Bewegung, außer daß er seinen düstern Blick von der Leiche seiner kleinen Tochter zu der Leiche seiner Frau wendete. So saßen zwischen zwei geliebten Leichen zwei Lebende, totenähnlich, in stummem Todeskummer. Der einzige Laut, den man hörte, war von dem gutherzigen Bauer, der, auf der Bank am Ofen sitzend, den Kopf an die Wand gelehnt, innerlich schnuckte.

Sie saßen so, und der Mittag war vorbei, ohne daß jemand sich gereget oder etwas zu sich genommen hätte, als ein Mann in einem großen Reiserocke und in einer Reisekappe vor der Türe vom Pferde stieg und in die Stube trat. Es war Hieronymus, den sein Rückweg von einer Geschäftsreise durch dieses Dorf führte und welcher daher seinen alten Freund, den Pastor, hatte besuchen wollen. Er fand aber im Pfarrhause anstatt seines Freundes den Magister Tuffelius und den Superintendenten, die eben abgespeiset hatten und nach Tische bei einem Glase Wein sich noch von alten Geschichten unterhielten, von der Konvention zu Kloster-Seven und von dem Atheismus, der in den brandenburgischen Landen statt der symbolischen Bücher eingeführt werden sollte, und dergleichen mehr. Sie nötigten ihn aufs freundlichste hinein, sobald er aber von ihnen den ganzen Vorgang erfuhr, setzte er sich, alles Nötigens ungeachtet, wieder zu Pferde und ritt nach dem ihm bezeichneten Bauerhause.

Hier fand er den traurigsten Anblick. Das Kind im Sarge, die Mutter erblasset, die Tochter halb ohnmächtig, den Vater vor Schmerz betäubt, den gutherzigen Bauer, der anfing, ihnen Trost zuzusprechen, da er selbst Trost nötig gehabt hätte. Beim Anblicke des Hieronymus ergoß sich das weiche Herz Marianens in einen Tränenstrom. Sie zeigte auf die Leiche ihrer Mutter und Schwester, ihre Blicke sagten mehr als ihre gestammelten Worte. Hieronymus konnte auch nichts als Tränen anstatt Worte hervorbringen. Mariane fiel erschöpft in seinen Armen in Ohnmacht. Er brachte sie mit Hilfe des gutherzigen Bauers wieder zu sich. Nun ging seine Sorge auf Sebaldus, welcher dasaß, starre Blicke auf beide geliebte Leichen geheftet, ohne Empfindung dessen, was um ihn vorging. Auf alles Zureden des Hieronymus ant-

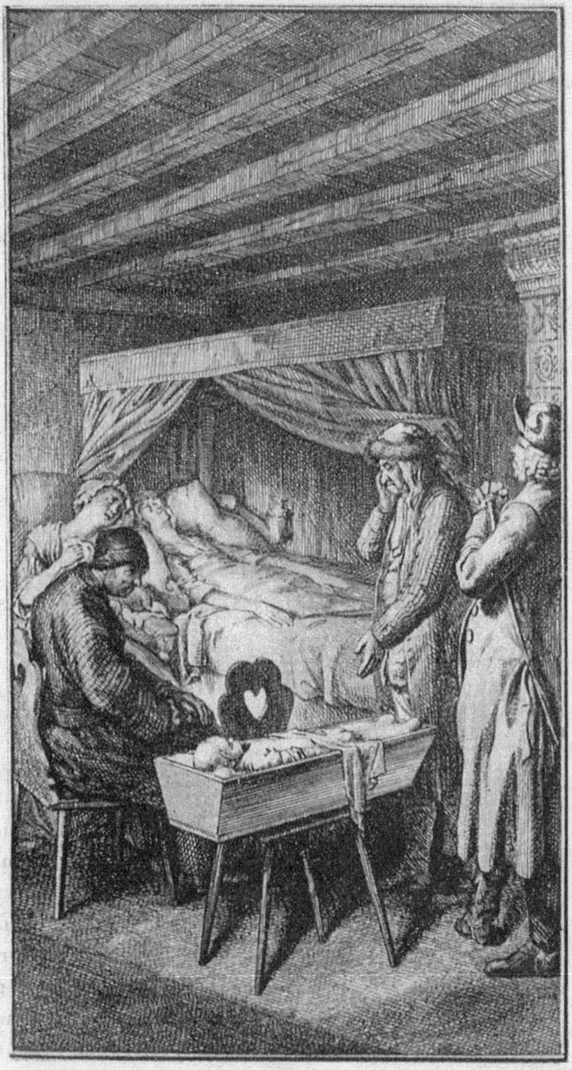

wortete er nur durch abgebrochene Worte, tiefe Seufzer und starre Blicke gen Himmel. Endlich stand er auf, hob beide Hände empor, faltete sie und brach folgendermaßen aus: „Ja, ich habe unrecht, o meine verklärte Wilhelmine, dich zu beklagen, daß du einer Welt voll Elend, voll Betrug, voll Bosheit bist entrissen worden, wo das Laster in güldenem Stücke gehet, wo Tugend und Menschenfreundschaft betteln muß, wo fühllose Priester noch jenseit dieses Lebens ihre Verdammungen ausspenden. Wohl dir, daß du gestorben bist! Zwar betrübt mich dein Abschied jetzt sehr, aber wieviel freudiger wird unsere Zusammenkunft sein, wenn wir uns in dem himmlischen Jerusalem wiedersehen werden, wo kein Verbanntes mehr sein wird, wo wir sehen werden den lautern Strom des lebendigen Wassers, klar wie ein Kristall, wo die, die da siegten an dem Tiere und seinem Bilde und an der Zahl seines Namens, stehen werden und haben Gottes Harfen und singen das Lied Mosis und das Lied des Lämmleins und sprechen: Groß und wundersam sind deine Werke, Herr Gott, Allmächtiger, gerecht und wahrhaftig sind deine Wege, du König der Nationen! Wer sollte dich nicht fürchten, Herr, und deinen Namen verherrlichen, weil du so gnädig bist!"

Mit diesen und andern Worten der Apokalypse suchte Sebaldus Kräfte, sein Leid zu ertragen. Hieronymus ließ ihn in dieser beruhigenden Ekstase, ging zu seinem Mantelsacke, der noch auf dem Pferde lag, holte daraus ein paar gebratene Hühner und unter einem seiner Pistolenhalfter eine geschliffene Flasche Rheinwein hervor, denn er pflegte auf Reisen die Pistolen für seine Feinde und den Wein für seine Freunde bei sich zu führen. Er zog seinen schweren Reiserock aus und bereitete in der Scheune das Mahl, von dem er und der Bauer, ihrer

Traurigkeit ungeachtet, dennoch herzlich aßen, weil beide hungrig waren. Sebaldus und Mariane aber nahmen, auf wiederholtes Zureden, wenigstens so viel zu sich, daß der Körper in den Stand gesetzt ward, die Bekümmernisse der Seele zu ertragen.

Nach der Mahlzeit trug Hieronymus mit dem Bauer Wilhelminens erblaßten Körper und den Sarg der kleinen Tochter in die Scheune, die dem Sebaldus bisher zum Nachtlager und noch kürzlich zum Speisezimmer gedient hatte. Er riet Sebaldus und Marianen, nunmehr ihren Körper zu pflegen, da sie die Toten nicht mehr pflegen könnten. Er versprach, in zwei Tagen wiederzukommen und für Wilhelminens und des Kindes Begräbnis zu sorgen. Zuletzt erbot er sich, alsdann Sebaldus und Marianen mit sich nach der Stadt zu nehmen, wo sie in seinem Hause willkommen sein sollten. Beide nahmen ein so freundschaftliches Anerbieten mit Dank an. Hieronymus bat Vater und Tochter nochmals, ihre Traurigkeit zu mäßigen, gab, als er seinen Reiserock aus der Scheune holte, dem Bauer etwas Geld, um sie besser pflegen zu können, umarmte sie und ritt nach Hause.

SIEBENTER ABSCHNITT

Nach zwei Tagen erschien Hieronymus vor des Bauers Hütte, abermal zu Pferde. Ihm folgten zwei von seinen Kornwagen, leer, nur daß auf einem ein Sarg stand, worin Wilhelminens Leichnam gelegt ward. Unterdes der Bauer mit seinen und Hieronymus' Knechten des Sebaldus sämtliche Mobilien auf die Wagen packte, ging Hieronymus zum Magister Tuffelius, um für die doppelte Beerdigung die Gebühren zu bezahlen. Tuffelius bezeigte über des Sebaldus Unfälle ein christliches Mitleiden, versicherte, er hege gegen denselben gar keine Feindschaft, und um sein verträgliches Gemüt zu zeigen, erbot er sich sogar, der sel. Frau Pastorin eine öffentliche Leichenpredigt zu halten, wenn es dem Herrn Hieronymus beliebte, die Gebühren dafür zu entrichten. Dieser fand es aber nicht nötig, sondern kehrte nach dem Bauerhause zurück, wo er mit Beihilfe des gutherzigen Bauern die Beerdigung beider Leichen besorgte und unmittelbar darauf Sebaldus und Marianen mit sich nach der Stadt nahm.

Sie hielten sich einige Monate in Hieronymus' Hause auf, ohne daß ihnen der geringste Unfall begegnet wäre. Zwar hielt Doktor Stauzius den Sonntag nach ihrer Ankunft eine scharfe Gesetzpredigt über den Spruch: Einen ketzerischen Menschen meide!, worin er sehr deutlich zeigte, daß derjenige, der einen ketzerischen Menschen beherberget, sich seiner Sünden teilhaftig machet, welches er mit 2. Joh. V. 10 bestätigte. Doch hatte er das Mißvergnügen, daß diese Predigt gar nicht auf Sebaldus, sondern auf einen katholischen Zuckerbäcker gedeutet ward, den der Fürst aus Wien hatte kommen lassen. Und da durch Veranlassung dieser Predigt, auf dem eben vorseienden Landtage, die Stände aus diesem Zuckerbäcker ein Landesgravamen machten und Seiner Durchlaucht in Untertänigkeit vorstellten, das süße Konfekt dieses Mannes könne nimmermehr die Bitterkeit der papistischen Lehre versüßen, so bekam Doktor Stauzius noch dazu aus dem Fürstlichen Kabinette einen Verweis, den er zu den Trübsalen rechnete, die der Satan frommen Lehrern erwecket, und den er in Geduld ertrug, bis ihm die am Ende des Landtages zu haltende Predigt Gelegenheit gab, sich wider diejenigen, die den Wächtern Zions ihre Wachsamkeit verweisen, mit doppeltem Nachdrucke zu erklären.

Sebaldus und Mariane hatten die ihnen zugedachte Abkanzelung nicht einmal erfahren und lebten indes sehr ruhig und vergnügt; Mariane beschäftigte sich mit weiblichen Arbeiten und mit dem Unterricht der zwei kleinen Töchter des Hieronymus. Sebaldus aber brachte die meiste Zeit in Hieronymus' Laden zu, um aus alten prophetischen Schriften Kollektaneen zu seinem apokalyptischen Kommentare zu sammeln. Er durfte auch nicht befürchten, daß ihn hier etwa einer von seinen Feinden stören möchte, denn weder der Präsident noch der Generalsuperintendent hatten im Buchladen etwas zu tun. Der erste war ein Genie, und einem Genie steht nicht an, viel zu lesen; der andere erwartete alle Wirkung seiner Predigten von der selig machenden Gnade und hielt also menschliche Gelehrsamkeit für ganz überflüssig.

So zufrieden aber auch die beiden Vertriebenen in dem Hause ihres freundschaftlichen Wirtes waren, so lagen sie ihm doch beständig an, sich nach Stellen für sie zu erkundigen, worin sie ihren Unterhalt erwerben könnten. Kurz darauf fand sich eine solche für Marianen. Denn als Hieronymus wieder in Geschäften verreisete, erfuhr er, daß von einer adeligen Dame eine französische Demoiselle zur Erziehung ihrer beiden Fräulein gesucht ward. Hierzu schlug er Marianen vor, die auch sehr gern einwilligte. „Diese Stelle", sagte Hieronymus, „scheint für Sie vorteilhaft zu sein, aber ich rate Ihnen, nicht Ihren Namen zu führen. Die Dame ist eine weitläuftige Verwandtin des Doktor Stauzius, und ich befürchte, er möchte aus Rachgier Ihnen auch dort üble Dienste leisten. Und ob es gleich heißt, daß Sie zur Erziehung der jungen Fräulein berufen werden, so wird doch, wie ich wohl merke, die Übung im französischen Sprechen das Vornehmste sein, worauf man siehet. Ich habe Sie also als die Tochter eines von den Russen vertriebenen französischen Predigers aus einem Städtchen in der Neumark angekündigt. Dessen Namen müssen Sie nun führen, weil der Name vielleicht nicht wenig beigetragen hat, daß Sie andern Kompetentinnen sind vorgezogen worden.“

Mariane nahm also einen französischen Namen an (ob in en oder in ère oder in on oder in ac, haben wir nicht eigentlich erfahren können) und reisete mit demselben und einem Empfehlungsschreiben des Hieronymus versehen nach dem Gute der Frau von Hohenauf, welches sechzehn Meilen von der fürstlichen Residenzstadt entlegen war.

ZWEITES BUCH

ERSTER ABSCHNITT

Sebaldus hatte seine Mobilien größtenteils verkauft und das daraus gelösete wenige Geld Marianen zur nötigen Einrichtung mitgegeben. Er hatte sich in den Zustand jenes Philosophen versetzt, daß er alles das Seinige bei sich tragen konnte. Nunmehr bestand er darauf, auf irgendeine Art und wo möglich außer der Stadt, in der seine Feinde wohnten, selbst seinen Unterhalt zu verdienen.

Nach einiger Überlegung nahm ihn Hieronymus mit sich, als er nach Leipzig zur Messe reisete, wo er ihm bald bei einigen großen Buchdruckereien die Stelle eines Korrektors verschaffte. Sebaldus mietete eine kleine Dachstube im sechsten Stockwerke und war, obwohl bei dürftigem Auskommen, überaus vergnügt mit seinem Zustande, weil er nur ein Drittel des Tages mit Korrekturen zu tun hatte und die übrige Zeit auf seine apokalyptische Erklärung wenden konnte, die ihm wie ein alter Freund in seinen Widerwärtigkeiten nur noch lieber geworden war.

Ob übrigens Sebaldus zuerst den Herrn Doktor Ernesti oder den Herrn Doktor Crusius besucht habe, wissen wir nicht. Vielleicht hat er bedacht, daß ein armer Korrektor nicht so leicht zu einem vertraulichen Umgange mit solchen Männern gelange und daß es unnütz sei, einen Gelehrten auf eine halbe Viertelstunde zu besuchen, um sein Gesicht zu begaffen, und ist also gar zu Hause geblieben. Ob er jemals Professor Gellerts moralischen Vorlesungen beigewohnt oder jemals mit Magister

Froriep über die symbolischen Bücher oder über die Nunnation der arabischen Nennwörter disputiert habe, läßt sich auch so genau nicht sagen. Ob er in der Nikolaikirche des in Leipzig und dessen sämtlichen Vorstädten berühmten Magisters Matthesius salbungsvolle Predigten wider die Schaubühne mit angehört oder ob er zu ebender Zeit, da sie gehalten wurden, im Kuchengarten des ebenso weit berühmten Händels[1] von Butter triefende Maulschellen und Wetzsteine verzehrt habe, darüber sind gar keine Nachrichten vorhanden.

Es haben sehr ernsthafte Gelehrte behauptet, daß die Wahrheit das Wesen der Geschichte sei. Wir sind weit entfernt, Männern, welche scharf demonstrierte Theorien der Geschichte zusammensetzen können, zu widersprechen; nur unterstehen wir uns, zu mutmaßen, ob man gleich in der Geschichte lauter wahre Begebenheiten erzählen soll, so könne doch der größte Teil derselben füglich unerzählt bleiben. Es sind fünfzigtausend Bände voll Wahrheit über die Geschichte Deutschlands zusammengetragen worden, so daß der schon ein Geschichtskundiger heißt, der nur den fünfzigsten Teil dieser Wahrheiten gelesen hat. Dieser Überfluß von Wahrheit hat manchen braven Deutschen zu dem angenehmen Lügner Voltaire geführet, der uns ein halbes Jahrhundert in wenigen Blättern übersehen läßt, aber dafür auch oft unverantwortlicherweise eine Hildegardis hinsetzt,

[1] So weit berühmt ist dieser Kuchenbäcker nicht als sein Namensvetter, der Musiker. Doch hat Goethe ein Gedicht zu dessen Lobe gesungen, welches aber nicht in seine Werke aufgenommen ist. Es beginnt:

O Händel! dessen Ruhm vom Süd zum Norden reicht,
Vernimm den Päan, der zu deinen Ohren steigt.
Du bäckst, was Gallier und Briten emsig suchen,
Mit schöpfrischem Genie *originale* Kuchen.

wo eine Mathilda stehen sollte, oder die Jahrzahl fünfzig angibt, wo die Jahrzahl sechzig sollte angegeben werden. Der Unterschied zwischen unsern deutschen wahrhaften Geschichtschreibern und den oft lügenhaften Franzosen sowie auch die Erklärung der Ursachen, warum Häberlin und Senkenberg ihren bloßen Auszug der deutschen Geschichte ungleich korpulenter haben werden lassen als Voltaire seine ganze allgemeine Weltgeschichte, bestehen darin: Der gelehrte Deutsche verschweigt dem Leser nichts, was er gewiß weiß, und das ist denn sehr viel, aber er bedenkt oft nicht, was der Leser zu wissen verlange, welches gemeiniglich sehr wenig ist. Hingegen der Franzose, der nur wenig weiß, tut sich auch aufs Wissen nichts zugute, sondern erzählt nur das, was seine Leser etwa zu wissen verlangen könnten, macht sich aber auch kein Bedenken, es ihnen zuweilen mit einer kleinen Brühe von Erdichtung schmackhafter zu machen.

Wir, die wir diese Beispiele vor uns sehen, spiegeln uns an denselben. Wir wissen von Sebaldus' Aufenthalte in Leipzig sehr viele Umstände, welche wir nicht gleich den deutschen Geschichtschreibern samt und sonders erzählen, sondern sie vielmehr mit einiger Verleugnung unterdrücken wollen, weil wir nach reifer Überlegung gefunden haben, unsere Leser würden weder Nutzen noch Vergnügen daraus schöpfen können. Hingegen soll die Wahrheit auch das Wesen dieser Geschichte bleiben, und wir werden daher keineswegs gleich dem leidigen Voltaire Umstände verstellen oder erdichten, um unsere Erzählung interessanter zu machen. Damit man aber nicht etwa glaube, wir wüßten nichts, wenn wir nichts sagen, so wollen wir, um das Gegenteil zu zeigen, aus der großen Menge der vor uns liegenden Nachrichten einige bei Sebaldus' Aufenthalte in Leipzig vorgefallene Abendgespräche mitteilen.

Neben der Dachstube des Sebaldus wohnte ein alter Magister, mit dem er bald bekannt und in kurzem vertraut wurde, weil es sich äußerte, daß derselbe, so wie er, an der Ewigkeit der Höllenstrafen zweifelte. Dieser Mann besaß gründliche Kenntnisse der alten Sprachen und alles dessen, was zur Philologie gehört. Er hatte die alten griechischen Philosophen fleißig gelesen und sie mit den Schriften neuerer Philosophen verglichen, wodurch er sich gute Einsichten in die Philosophie erwarb. Aber weil seinen Kenntnissen der Zuschnitt nach der Mode fehlte und weil er überaus schüchtern und ängstlich war, sobald er mit Menschen reden sollte, so hatte er sich nie getrauet, um ein Amt, selbst nicht um ein Schulamt anzuhalten; man würde es ihm vielleicht auch nicht gegeben haben. Er war daher als Korrektor bei verschiedenen Buchdruckereien grau geworden. Er kannte alle Vorfälle des Verleger- und Autorgewerbes. Denn gleichwie ein Lichtputzer in der Komödie zuweilen einen stummen Staatsminister oder einen Lakaien, der ein paar Worte redet, vorstellen muß, so war auch er, obgleich eigentlich nur ein Korrektor, dennoch von seinem Verleger oft zum Übersetzer, ja wohl gar zum Schreiber einer zuverlässigen Nachricht oder schrift- und vernunftmäßiger Gedanken gebraucht worden.

Einige Tage nach Sebaldus' Ankunft besuchte ihn der Magister, um den Abend bei einer sehr frugalen Abendmahlzeit zu verplaudern. Der Magister fragte, wie ihm Leipzig gefiele. Sebaldus, der nichts für merkwürdig hielt, was nicht einem Buche ähnlich sah, hatte auch in Leipzig nichts als die vielen Buchdruckereien und Buchläden bemerkt. Ihm war gar nicht in die Augen gefallen, ob die Einwohner den Rang oder die Bequemlichkeit liebten, ob sie gesellig oder steif wären, ob die Damen lieber geputzt als schön zu sein suchten, ob die Studenten ein soldatisches oder ein gelehrtes, ein liederliches oder ein galantes Ansehen affektierten, ob die Jungemägde Niedlichkeit und Artigkeit für den ersten Zweck ihres Daseins hielten oder nicht. Ihm war nie in den Sinn gekommen, zu untersuchen, wie etwa die Bauart der Häuser den Zweck der Eigentümer, bei wenigem Platze ihre Wohnungen bequem zu machen, verraten möchte, welchen Beweis des ehemaligen Wohlstandes der Einwohner die vielen schönen Gärten und Gartenhäuser in den Vorstädten darböten und ob daselbst Reichtum und Kenntnis des Schönen mit gleichen Schritten fortgegangen sei. Er hatte sich auf den Straßen nie umgesehen, und es war ihm nie eingefallen, zu erörtern, ob das Homannische Haus oder die Waage schöner gebauet sei, ob am Erker des Romanusschen Hauses mit Rechte zwei übereinanderstehende Säulenordnungen auf einem Kragsteine ruhen oder ob im Großbosischen Garten die fleißige Kunst die schönsten Anlagen der Natur verderbt habe. Den Richterschen, damals den schönsten Garten in den Leipziger Vorstädten, hatte er ebensowenig als die reizende Aussicht aus demselben nach dem Zschocherschen Hölzchen gesehen. Er hatte nie daran gedacht, ins Rosenthal zu gehen, die schöne Gegend hinter Raschwitz war ihm nicht zu Gesichte gekommen, und von den Linkischen, Winklerischen und Richterischen Kabinetten hatte er nicht einmal reden hören. Weil die Ratsbibliothek und die Universitätsbibliothek, die einzigen Gegenstände seiner Neugierde, in der Messe nicht offen waren, so hatte er alle Tage seines Aufenthalts in Leipzig damit zugebracht, von Buchdruckerei zu Buchdruckerei und von Buchhandlung zu Buchhandlung zu wandern. Noch ganz voll von diesen Gegenständen, rief er aus:

„Wie sollte mir Leipzig nicht gefallen, der echte Sitz der Gelehrsamkeit, die wahre Stapelstadt gelehrter

Kenntnisse, welche aus Deutschland hier eingesammelt und von hier aus allen anderen deutschen Provinzen wieder mitgeteilet werden! Hier sieht man die unzählbaren Früchte der Nachtwachen einer großen Anzahl gelehrter Männer, welche, nachdem sie jahrelang ihren Geist durch Lektur mit allen nützlichen Kenntnissen bereichert und durch unermüdetes Nachdenken vervollkommnet haben, nun ihre Schriften der Welt mitteilen und sie dadurch zu erleuchten suchen. Wenn ich die hiesigen unermeßlichen Bücherniederlagen betrachte, wird mir die unausgesetzte Geschäftigkeit der Gelehrten recht ehrwürdig. Ich hätte nie gedacht, daß so viele Bücher in der Welt wären, als ich hier beisammen finde, noch weniger, daß jährlich einige hundert oder tausend hinzukommen."

Magister: Und darüber freuen Sie sich? Ich nicht. Sie kommen mir vor wie ein hungriger Ankömmling an einer reichbesetzten Tafel, der den großen Vorrat von Speisen sieht und schon überschlägt, wie gut er sich mit diesen herrlich aussehenden Nahrungsmitteln füttern wolle. Ich bin einer von den Gästen, die schon oft an dieser Tafel saßen und schon oft hungrig aufstanden. Einige Speisen hatten einen sehr widrigen Hautgout, andere schmeckten angenehm, aber waren äußerst unverdaulich, andere waren nicht gar gekocht, andere verräuchert und andere bloße Schauessen. Endlich blieb ich zu Hause, aß mein Stück Käse und Brot und verwünschte alle Köche.

Sebaldus: Aber ist es nicht ein herrliches Schauspiel, eine so große Menge gelehrter Werke zusammen zu sehen, wodurch doch, durch jedes in seiner Art, die Menschen klüger, gelehrter, weiser, tugendhafter, kurz, besser werden?

Magister: Ein Schauspiel wie manches andere, von

dem uns die Einbildungskraft, ehe wir es sehen, die angenehmsten Vorstellungen macht. Wer wie Sie vom Lande, aus der Einsamkeit kommt, ist sehr geneigt, sich durch jeden ersten Glanz blenden zu lassen und alles für schöner anzusehen, als es ist. Mein lieber Freund, wenn die Gelehrten durch ihre Bücher sonst nichts zu erlangen suchten, als was Sie da sagen, so würden neun Zehnteile der Bücher nie geschrieben werden. Wie die Menschen klüger, weiser und besser werden sollen? Ich wette, daran haben vierzehn Fünfzehnteile der Schriftsteller, deren Werke die Messe zur Messe machen, gar nicht gedacht. Sie haben ganz andere Absichten zu erlangen und ganz andere Bedürfnisse zu befriedigen!

Sebaldus: Welche könnten die sein? Ein Gelehrter hat freilich viele Absichten und Bedürfnisse als Mensch mit anderen Menschen gemein. Was könnte er aber als Gelehrter für ein anderes Bedürfnis haben, als seinen Geist durch alle nützliche Kenntnisse aufzuklären, und, wenn er erleuchteter ist als andere, was folget natürlicher drauf als die Absicht, anderen seine Kenntnisse mitzuteilen, das heißt ein Schriftsteller zu werden?

Magister: Die Folge scheint so natürlich! Gleichwohl muß sie nicht notwendig sein, denn gewiß sehr viele Schriftsteller haben nicht untersucht, ob ihr Geist aufgeklärt genug sei, noch weniger, ob er aufgeklärter sei als der Geist anderer Leute, und gleichwohl sind sie Schriftsteller in bester Form und, wenn Zeitungslob und Eigenlob etwas gilt, große berühmte Schriftsteller. Hingegen haben wir beide, Sie, mein Freund, und ich, von Jugend auf gearbeitet, unsere Kenntnisse zu erweitern und vollkommner zu machen, und ich darf sagen, wir wissen auch, daß wir manche Sachen besser einsehen als manche andere Leute, und gleichwohl dürften wir beide vielleicht nie Schriftsteller werden.

Sebaldus: Ich weiß nicht, was Sie zu tun willens sind. Ich aber, ich muß es mit einiger Schüchternheit gestehen – ich arbeite schon seit vielen Jahren an einem Kommentare über die Apokalypse.

Magister: Über die Apokalypse? Da sind Sie bei mir mehr als jemand im Verdachte, daß nicht allein die von Ihnen vorher angeführten schönen Absichten, sondern einige kleine Nebenabsichten Sie zum Schriftsteller machen?

Sebaldus: Ich bin mir keiner Nebenabsichten bewußt. Welche könnte ich auch haben?

Magister: Ich weiß nicht. Vielleicht ein wenig Ruhmsucht. Sie wollen der Welt gern etwas Neues und Scharfsinniges sagen, denn etwas dem menschlichen Geschlechte Nützliches werden Sie doch schwerlich sagen können. Die Apokalypse ist eine dickschalige Zitrone, woraus so viele hundert Kommentatoren den wenigen Saft schon längst ausgepreßt haben.

Sebaldus: Wenn sie keinen Saft in sich hat, so könnte sie doch vielleicht noch Öl enthalten. Glauben Sie nicht, es würde dem menschlichen Geschlechte wichtig sein, wenn ich zeigte, daß alles, was man bisher über dies seit vielen Jahrhunderten vielen Menschen so wichtig scheinende Buch geschrieben hat, alberne Fratzen sind, voller Unsinn, auf Kosten des gesunden Menschenverstandes, der Religion und der Geschichte gesagt? Wäre es nicht ein Verdienst, soviel Lügen um ihr Ansehen zu bringen, wenn ich auch nur wenig Wahrheit an die Stelle setzen könnte? Und gleichwohl, ohne ruhmredig zu sein, versichere ich, die erfüllten historischen Weissagungen aus der Geschichte anzuzeigen und von einigen wenigen noch unerfüllten solche Mutmaßungen an die Hand zu geben, die selbst Königen und Fürsten nicht gleichgültig sein dürften. Dennoch schätze ich diese meine historische

Entdeckungen sehr gering gegen diejenigen, die etwas beitragen können, den moralischen Zustand des Menschen zu verbessern. Wie, wenn ich nun aus diesem Buche von dem künftigen Zustande der Auserwählten die sichersten Schlüsse ziehen, wenn ich – hier funkelten dem ehrlichen Sebaldus die Augen – aus demselben die Lehre, die Sie wie ich verabscheuen, die Ewigkeit der Höllenstrafen, gänzlich widerlegen und deutlich zeigen könnte, wie in Gottes Haushaltung alle Bestrafung auf Besserung abzielen muß und wird – könnte dies dem menschlichen Geschlechte gleichgültig sein?

Magister: Mein Freund, Sie haben wirklich eine gute Anlage zum Schriftsteller. Sie kommen in Feuer, wenn Sie von Ihrem Buche reden. Doch es scheint mir, indem Sie beweisen wollen, daß die Ruhmsucht nicht der Bewegungsgrund Ihres Schreibens ist, so rühmen Sie sich so sehr, als man sich rühmen kann.

Sebaldus: Den Ruhm, der aus einer wohlgelungenen Ausführung eines nützlichen Unternehmens entspringt, verachte ich gar nicht. Er ist jedem rechtschaffenen Manne angenehm und kann mit der Begierde, der Welt zu nützen, sehr wohl bestehen; und so wird es vermutlich auch wohl mit den Nebenabsichten sein, die Sie andern Schriftstellern schuld geben.

Magister: Nicht völlig ebenso. Die meisten Schriftsteller schreiben, um bekannt zu werden, ein Amt zu erschreiben, einem Patron ein Buch zu dedizieren, einen Freund zu erheben oder einen Feind zu erniedrigen. Ob die Welt von ihren Büchern Nutzen oder Schaden habe, kümmert sie wenig, wenn sie nur ihren Privatendzweck erreichen.

Sebaldus: Den können sie aber nicht erreichen, wenn sie nicht zugleich etwas Nützliches schreiben. Denn es kann doch niemand so unverschämt sein, ein Buch herauszugeben, um etwas Bekanntes oder Langweiliges oder Nichtsbedeutendes zu sagen.

Magister: Das sollte freilich nicht sein! Wie will es aber ein armer Schriftsteller machen, wenn er nichts Neues, Interessantes und Wichtiges zu sagen hat und doch ein Buch schreiben soll. Meinen Sie nicht, daß ein wichtiges und nützliches Buch viel Geschicklichkeit erfordere, daß man sehr viel mehr wissen müsse, als was man sagt, daß man vorher alles nachlesen müsse, was andere bekannte Schriftsteller über diese Materie geschrieben haben, daß man sich aber doch nicht müsse merken lassen, wieviel man gelesen habe, daß man seine ganze Materie wohl überlegen und anordnen müsse und daß zu allem diesem sehr viel Zeit und Arbeit gehöre?

Sebaldus: Allerdings!

Magister: Meinen Sie aber, daß derjenige, der bekannt werden, ein Amt erschreiben, seinem Patron ein Buch dedizieren, seinen Freund erheben oder seinen Feind erniedrigen will, allemal Geschicklichkeit haben werde oder viel Zeit und Arbeit werde anwenden können?

Sebaldus: Nein! Wenn aber dies nicht ist, so muß er auch gar kein Buch schreiben, denn den wahren Hauptzweck des Schriftstellens unwichtigen Nebenzwecken aufzuopfern ist eines wahren Gelehrten ganz unwürdig.

Magister: Ja freilich, eines Gelehrten! Aber ein Schriftsteller kann es im Laufe seines Gewerbes nicht so genau nehmen.

Sebaldus: Ich weiß nicht, wie Sie sprechen. Ein Buchdrucker oder ein Buchhändler mag ein Gewerbe mit Büchern haben, aber ein Schriftsteller ist ein Gelehrter. Der will der Welt nützliche Kenntnisse mitteilen, der will Wahrheit und Weisheit befördern.

Magister: Ihre Einbildungskraft, mein liebster Freund, fliegt noch ziemlich hoch; lassen Sie sich herunter und kommen Sie der Erde näher. Der größte Haufen der Schriftsteller von Profession treibt ein Gewerbe so wie die Tapetenmaler oder die Kunstpfeifer und sieht die wenigen wahren Gelehrten fast ebenso für zudringliche, unzünftige Pfuscher an als jene Handwerker einen Mengs oder Bach. Durch solches Gewerbe und nicht aus Begierde, das menschliche Geschlecht zu erleuchten, entsteht die unsägliche Menge von Büchern, welche Sie so bewundern; denn Leipzig ist freilich seit mehr als hundert Jahren die Stapelstadt der Waren der gelehrten Handwerker.

Sebaldus: Sie haben ein sonderbares Vergnügen daran, Wörter zusammenzusetzen, deren Begriffe offenbar miteinander streiten. Gelehrsamkeit ein Handwerk? Bücherschreiben ein Gewerbe?

Magister: Allerdings, und zwar ein solches Gewerbe, worin jeder den Nutzen so sehr auf seine Seite zu ziehen sucht, als nur möglich ist. Der Autor will gern dem Verleger sowenig Bogen Manuskript als möglich für soviel Geld, als möglich ist, überliefern. Der Verleger will gern so viele Alphabete als möglich so wohlfeil als möglich einhandeln und so teuer als möglich verkaufen. Der Autor will gern sowenig Zeit, Mühe, Überlegung und Geschicklichkeit an sein Buch wenden und doch soviel Ruhm, Belohnung, Beförderung von der Welt einernten als möglich. Zu dem letzten sind leider nur allzuviel Mittel vorhanden!

Sebaldus: Sie sagen mir da so unerhörte Sachen, daß ich vor großem Erstaunen mich fast nicht getraue, ein Wort dagegen einzuwenden, und doch ist mir alles unbegreiflich. Was für Mittel können vorhanden sein, Ruhm und Belohnung durch ein Buch zu erlangen, worin man keine Talente zeigt und worauf man wenig Zeit gewendet hat?

Magister: Ei, sehr viele! Zum Beispiel ein Professor muß Amts wegen ein Kollegium lesen, dazu schreibt er ein besonderes Kompendium der ganzen Wissenschaft. Dies kostet wenig Zeit und Mühe, erfordert auch wenig Talente, und doch gibt's bei den Studenten das Ansehen, als hätte man die Sachen ergründet, und bei der Welt das Ansehen, als könne man ein Buch schreiben.

Sebaldus: Aber die Welt kann doch unmöglich ein bloßes Kompendium einer bekannten Wissenschaft für ein Buch ansehen?

Magister: Die deutsche Welt ist gutwillig, sie hat sich schon sehr viele Kompendienschreiber für Schriftsteller aufdringen lassen. Und es weiß mancher Lehrer noch wirtschaftlicher mit seinem Pfunde zu wuchern! Will das Kompendium nicht Ruhm genug bringen, so läßt man einen Teil des Diskurses oder der Amplifikation des Kompendiums unter einem Modetitel drucken, und dann ist man ein Schriftsteller in bester Form.

Sebaldus: Ja, aber doch sind, meines Erachtens, Studenten und Leser sehr unterschieden.

Magister: Ja freilich, darum werden auch die Stadthistörchen, die Anspielungen auf die Herren Kollegen, die Schwänke, womit die Benevolenz der Herren Kommilitonen kaptiviert werden soll, weggelassen, wenigstens von denen, die Kenntnis der Welt und Lebensart im Munde führen.

Sebaldus: Das ist ganz gut! Aber ich dächte doch, der ganze Ton müßte verändert werden. Ein Lehrer kann voraussetzen, daß er mehr Einsichten habe als seine Zuhörer; deswegen kann er ihnen manches sagen, was er nicht füglich den Lesern sagen darf, weil er vermuten muß, daß darunter viele sein möchten, die ebensoviel und mehr Einsichten haben als er.

Magister: Sehr wenige Professoren denken so fein wie Sie! Ich kenne mehr als einen, der in seinen Schriften seine Leser völlig ebenso im Lehrertone anredet, als ob sie lauter junge Studenten wären.

Sebaldus: Das befremdet mich sehr. Ich wenigstens, wenn ich in dem Falle wäre, würde mir immer vorstellen, daß die erleuchtetsten Leute meiner Zeit meine Leser sein könnten und welche armselige Figur ich gegen sie machen müßte, wenn ich ihnen ganz bekannte Sachen vordozieren wollte, die sie viel besser wüßten! Überhaupt, dächte ich, ein Lehrer in einem Kollegium für junge Leute müsse sich nach dem Verständnisse des Geringsten unter seinen Zuhörern bequemen, hingegen ein Schriftsteller suche hauptsächlich den Verständigsten unter seinen Lesern zu gefallen, daher könne das beste Kollegium nicht leicht ein gutes Buch werden.

Magister: Ei, Sie machen sich die rechten Schwierigkeiten! Wissen Sie hiemit: Was gedruckt werden kann, kann ein Buch werden. Eine Dissertation, eine Prolusion, eine Oration, ein Programma, ein Oster- oder Pfingstanschlag, den ein Schulmann oder Professor amtshalber schreiben muß, ist ja wohl noch weniger ein Buch.

Sebaldus: Ich wenigstens halte die Verfertigung solcher Aufsätze für ein Opus operatum, wobei gewöhnlicherweise mehr die Hand als der Kopf in Bewegung gesetzt wird.

Magister: Oh, man kann ein Schriftsteller von vielen Bänden werden, ohne den Kopf sonderlich anzustrengen! Was denken Sie wohl zum Beispiel von einem Prediger, der seine gehaltene Predigten drucken läßt?

Sebaldus: Wenn meine Gemeinde die meinigen verlangte, würde ich sie sehr gern zu ihrem Gebrauche drucken lassen; denn warum sollte ich ihr nicht schriftlich sagen, was ich ihr mündlich sagte? Aber auch nur bloß für sie sollten meine Predigten gedruckt werden. Ich habe mich in meinen Vorträgen immer besonders nach den Umständen meiner gewöhnlichen Zuhörer gerichtet. Nun würde ich immer denken, die Welt möchte sowenig nutzen können, was ich bloß meiner Gemeinde zu sagen hatte, als das, was ich als Vater meinen Kindern zu ihrem bessern Verhalten einschärfe.

Magister: Vielleicht würde doch die Welt das, was Sie so bescheiden ankündigen, mit mehrerm Nutzen lesen als die Predigten der Herren, welche die ganze Welt für ihre Diözese halten.

Sebaldus: Es kann sein, daß auch etwas Gemeinnütziges darin wäre, aber doch würde das Bändchen, das ich mir der Welt vorzulegen getraute, immer sehr klein sein.

Magister: Das Bändchen? Weder Johann Melchior Goeze noch Johann Andreas Cramer haben mit dem vierzehnten Bande aufgehört.

Sebaldus: Wie? Vierzehn Bände Predigten? Dazu gehört mehr Herz, als ich habe!

Magister: Freilich, Sie haben viel Bedenklichkeiten. Wenn Sie eine Dedikation an einen Patron zu machen hätten und Sie könnten kein Buch schreiben, so dächten Sie auch wohl nicht daran, das erste beste alte Buch wieder drucken zu lassen und es Ihrem Gönner zuzueignen?

Sebaldus: Ich dächte, der Patron würde mir wenig danken, wenn ich ihm anstatt etwas Neues nur etwas Aufgewärmtes vorsetzte.

Magister: Als wenn der Patron nicht zufrieden sein müßte, daß sein Namen vor dem Buche stehet, und als wenn er es auch noch würde lesen wollen! Genug, mancher Journalist wird Ihnen danken, daß Sie durch die neue Herausgabe unserer Literatur einen so großen Dienst geleistet haben! Und Sie können als ein noch wichtigerer Mann erscheinen, wenn Sie dem Buche eine Vorrede vorsetzen, um es durch Ihren Namen der Welt anzupreisen.

Sebaldus: Wenn man aber nicht wirklich sehr berühmt ist, so gehört viel Scharlatanerie dazu, so eine vornehme Miene zu affektieren.

Magister: Ja, wenn Sie Ihren Namen selbst nicht für berühmt halten, so sind Sie auf gutem Wege, ihn nie berühmt zu machen. Ich merke wohl, Sie wollen inkognito arbeiten; damit ist Ihnen auch zu dienen. Da ist mehr als ein Buchhändler, der seinen Autoren aufträgt, was er für verkäuflich hält: Geschichte, Romanen, Mordgeschichten, zuverlässige Nachrichten von Dingen, die man nicht gesehen hat, Beweise von Dingen, die man nicht glaubt, Gedanken von Sachen, die man nicht versteht. Zu solchen Büchern bedarf der Verleger keine Autoren, die einen Namen haben, sondern solche, die nach der Elle arbeiten. Ich kenne einen, der in seinem Hause an einem langen Tische zehn bis zwölf Autoren sitzen hat und jedem sein Pensum fürs Tagelohn abzuarbeiten gibt. Ich leugne es nicht – denn warum sollte ich Armut für Schande halten? –, ich habe auch an diesem langen Tische gesessen. Aber ich merkte bald, daß ich zu diesem Gewerbe nichts taugte, denn ich kann zwar ohne Gedanken eine Korrektur lesen, aber nicht ohne Gedanken Bücher schreiben; und bei solchen Büchern ist immer der am angenehmsten, der am geschwindesten schreibt, auch wenn er am schlechtesten schriebe.

Sebaldus: Am schlechtesten? Da handelt ja der Verleger wider seinen eigenen Vorteil; denn was kann die Welt mit den schlechten Büchern machen!

Magister: Was geht den Verleger die Welt an? Er bringt sein Buch auf die Messe.

Sebaldus: Nun – und durch die Messe kommen die Bücher in die Welt.

Magister: Freilich, nur mit dem Unterschiede, daß sie vorher vertauscht werden und daß also der Verleger am besten daran ist, der die schlechtesten Bücher hat, weil er leicht etwas Bessers bekommt.

Sebaldus: Aber denn müssen doch einigen Buchhändlern die schlechtesten Bücher bleiben, und die bedaure ich.

Magister: Weswegen? Es ist ihnen ja unbenommen, Narren zu suchen, die aus dem schlechtesten Buche klug zu werden denken oder die es um Gottes willen lesen, wie mein alter Konrektor wollte, daß ich die schlechten Prediger hören sollte.

Sebaldus: Nun fängt mir an ein Licht aufzugehen! So könnte es ja wohl der Vorteil der Buchhändler erfordern, zuweilen schlechte Bücher zu verlegen?

Magister: Dies mag wohl sein; wenigstens scheint es nicht, als hätten sie nötig, sich sonderlich darum zu bekümmern, ob die Bücher gut sind oder nicht.

Sebaldus: Ja, wenn wahr ist, was Sie sagen, so würde ich freilich von der Menge der nützlichen Bücher, über deren Dasein ich mich gefreuet habe, alle abziehen müssen, welche die Konvenienz der Schriftsteller und die Laune der Buchhändler zur Welt bringt.

Magister: Und rechnen Sie immer auch den größten Teil der ungeheuer großen Anzahl von Büchern ab, womit Deutschland vermittelst unserer Übersetzungsmanufakturen überschwemmt wird.

Sebaldus: Habe ich recht gehört? Übersetzungsmanufakturen? Was soll denn das bedeuten?

Magister: Manufakturen, in welchen Übersetzungen gemacht werden, das ist ja deutlich.

Sebaldus: Aber Übersetzungen sind ja keine Leinwand oder keine Strümpfe, daß sie auf einem Stuhle gewebt werden könnten.

Magister: Und doch werden sie beinahe ebenso verfertigt, nur daß man wie bei Strümpfen bloß die Hände dazu nötig hat und nicht wie bei der Leinwand auch die Füße. Auch versichere ich Sie, daß keine Lieferung von Hemden und Strümpfen für die Armee genauer bedungen wird und richtiger auf den Tag muß abgeliefert werden als eine Übersetzung aus dem Französischen, denn dies wird in diesen Manufakturen für die gemeinste, aber auch für die gangbarste Ware geachtet.

Sebaldus: Alles, was Sie sagen, scheint mir unerhört. Also gibt es unter den Übersetzungen und unter den Übersetzern auch wohl einen Rang oder Unterschied?

Magister: Allerdings! Ein Übersetzer aus dem Engländischen ist vornehmer als ein Übersetzer aus dem Französischen, weil er seltner ist. Ein Übersetzer aus dem Italienischen läßt sich schon bitten, ehe er zu arbeiten anfängt, und läßt sich nicht allemal den Tag vorschreiben, an dem er abliefern soll. Einen Übersetzer aus dem Spanischen findet man fast gar nicht, daher kömmt es, daß zuweilen Leute aus dieser Sprache übersetzen, die gar nichts davon verstehen. Übersetzer aus dem Lateinischen und Griechischen sind häufig, werden aber gar nicht gesucht, bieten sich daher mehrenteils selbst an. Außerdem gibt's auch Übersetzer, die zeitlebens gar nichts anders tun als übersetzen; Übersetzer, die ihre Übersetzungen in Nebenstunden zur Erholung machen wie Frauenzimmer die Knötchenarbeiten Marly und Filet. Vornehme Übersetzer, diese begleiten ihre Übersetzungen mit einer Vorrede und versichern die Welt, daß das Original sehr gut sei; gelehrte Übersetzer, diese verändern es, begleiten es mit Anmerkungen und versichern, daß es sehr schlecht gewesen, daß sie es aber mit deutschem Fleiße erst vortrefflich gemacht hätten. Es gibt sogar Übersetzer, welche durch Übersetzungen Originalschriftsteller werden. Diese nehmen ein französisches oder engländisches Buch, lassen Anfang und Ende weg, ändern und verbessern das übrige nach Gutdünken, setzen ihren Namen keck auf den Titel und geben das Buch für eigene Arbeit aus. Endlich gibt es solche, die ihre Übersetzungen selbst machen, und solche, die sie von andern machen lassen.

Sebaldus: Sie vergessen, dünkt mich, noch einen wichtigen Unterschied: unter Übersetzern, welche der Sachen und beider Sprachen kundig, und solchen, welche beider unkundig sind. Ich wenigstens glaube einen großen Unterschied dieser Art bei den Übersetzern der Apokalypse bemerkt zu haben.

Magister: Vielleicht mag die Kenntnis der Sachen und Sprachen bei der Apokalypse einen merklichen Unterschied machen, aber bei unsern gewöhnlichen Übersetzungen aus dem Französischen und Engländischen wird so genau darauf nicht geachtet.

Sebaldus: Und doch, dächte ich, müßte besonders der Verleger seines eigenen Nutzens wegen acht darauf haben.

Magister: Keineswegs! Hieran denkt er gemeiniglich gar nicht oder sehr wenig. Hat er etwa drei Alphabete in Großoktav oder in Großquart zu Komplettierung seiner Messe noch nötig, so sucht er unter allen neuen, noch unübersetzten Büchern von drei Alphabeten dasjenige aus, dessen Titel ihm am besten gefällt. Ist sodann ein Arbeiter gefunden (welches eben nicht schwer ist), der noch drei Alphabete bis zur nächsten Messe übernehmen kann, so handeln sie über den armen Franzosen oder Engländer wie zwei Schlächter über einen

Ochsen oder Hammel nach dem Ansehen oder auch nach dem Gewichte. Wer am teuersten verkauft oder am wohlfeilsten eingekauft hat, glaubt, er habe den besten Handel gemacht. Nun schleppt der Übersetzer das Schlachtopfer nach Hause und tötet es entweder selbst oder läßt es durch den zweiten oder dritten Mann töten.

Sebaldus: Durch den zweiten oder dritten Mann? Wie ist das zu verstehen?

Magister: Das ist eben das Manufakturmäßige bei der Sache. Sie müssen wissen, es gibt berühmte Leute, welche die Übersetzungen im großen entreprenieren, wie ein irländischer Lieferant das Pökelfleisch für ein Geschwader, und sie hernach wieder an ihre Unterübersetzer austeilen. Diese Leute erhalten von allen neuen übersetzbaren Büchern in Frankreich, Italien und England die erste Nachricht, wie ein Makler in Amsterdam Nachricht von Ankunft der ostindischen Schiffe in Texel hat. Alle übersetzungsbedürftige Buchhändler wenden sich an sie, und sie kennen wieder jeden ihrer Arbeiter, wozu er zu gebrauchen ist und wie hoch er im Preise stehet. Sie wenden den Fleißigen Arbeit zu, bestrafen die Säumigen mit Entziehung ihrer Protektion, merzen die Fehler der Übersetzungen aus oder bemänteln sie mit ihrem vornehmen Namen, denn mehrenteils sind Unternehmer dieser Art stark im Vorredenschreiben. Sie wissen auch genau, wieviel Fleiß an jede Art der Übersetzung zu wenden nötig ist und welche Mittel anzuwenden sind, damit ihre Übersetzungen allenthalben angepriesen und dem berühmten Manne öffentlich gedanket werde, der die deutsche gelehrte Welt damit hat beglücken wollen.

Sebaldus: Sie wissen, wieviel Fleiß an eine jede Art der Übersetzung zu wenden nötig ist? Gehört denn nicht einerlei Grad von Fleiß zu jeder Übersetzung, wenn sie in ihrer Art gut sein soll?

Magister: Keinesweges! Dies kann nach den Umständen sehr verschieden sein. Zum Beispiel zu theologischen Büchern tut gemeiniglich ein hochwürdiger Herr einem Buchhändler den Vorschlag, sie unter seinem Namen und mit seiner Vorrede übersetzen zu lassen; es versteht sich aber, daß er das Buch nicht selbst übersetzt, sondern er gibt es gegen zwei Dritteile der mit dem Verleger abgeredeten Bezahlung an einen seiner Arbeiter ab. Dieser verdingt es gemeiniglich gegen drei Vierteile dessen, was ihm der hochwürdige Herr gönnen will, an einen dritten, der es zuweilen, wenn die Manufaktur stark gehet, an einen vierten gegen fünfzehn Sechzehnteile dessen, was er bekommt, abläßt. Dieser übersetzt es wirklich, so gut oder schlecht er kann. Bei dicken Beweisen, daß der Messias schon gekommen ist[1], bei biblischen Geschichten in zwölf Bänden, bei voluminösen Dogmatiken, bei Predigten, aus dem Französischen oder Engländischen übersetzt, kann dies ohne Bedenken gewagt werden; denn die Leser solcher Bücher merken nicht, ob irgendwo etwas falsch übersetzt sei; und die theologischen Kunstrichter sind nicht so schlimm, daß sie durch den Namen eines berühmten Vorredners oder durch ein höfliches Schreiben eines Bruders im Herrn nicht sollten zur Duldung und Schonung einer schlechten Übersetzung bewegt werden können. Die Ausgaben der

[1] Kaum kennt jetzt jemand noch: Kidders Beweis, daß der Messias gekommen ist, Stackhousens dicke Dogmatik und biblische Geschichte, Nelsons antideistische Bibel, Doddridgens Paraphrasis des Neuen Testaments in mehrern dicken Bänden; aber sie sind wirklich, so wie viele andere dicke, nun vergessene Bücher aller Art, vor dreißig und mehr Jahren ins Deutsche übersetzt worden, mit stattlichen Vorreden der damaligen rüstigen Übersetzungsunternehmer.

Übersetzungen historischer Werke, Reisebeschreibungen und dergleichen sind meistens das Werk der Buchhändler, die sich dazu einen wohlgebornen oder hochedelgebornen Herrn aussuchen, weil in diesem Fache die Übersetzungsunternehmer nicht so häufig sind als im theologischen Fache. Doch werden solche Übersetzungen gemeiniglich auch an Unterarbeiter ausgeteilt.[1] Diese müssen sich aber schon mehr in acht nehmen, daß sie wenigstens die eigenen Namen richtig übersetzen und die Jahrzahlen recht abschreiben, denn auf solche Sachen lauern unsere historische Rezensenten wie Falken. Dagegen ist auch nicht soviel daran gelegen, ob etwa die Vorstellungen der Begebenheiten und die eingestreuten Reflexionen etwas flüchtig und schielend übertragen wären; auf die Art werden sie der Schreibart einiger deutschen Geschichtschreiber desto ähnlicher, die in ihrer Freunde gelehrten Zeitungen und Journalen gewohnt sind, am lautesten gelobt zu werden! Aber neue Komödien und neue Romane muß meistens der selbst übersetzen, der als Übersetzer bekannt sein will, weil

[1] Wie bekannt, wurden die ersten Bände der allgemeinen Welthistorie, die Biographia Britannica, die Geschichte der Länder und Völker von Amerika und andere aus dem Engländischen und Französischen übersetzte dicke Bücher mancherlei Art von einem hochwürdigen Herrn en entreprise ausgegeben. Seit siebenundzwanzig Jahren, da obiges geschrieben ward, haben sich dergleichen ganz dicke übersetzte Bücher ziemlich aus der deutschen Literatur verloren, indem jetzt von den deutschen gelehrten Handwerkern dickdünne Originale fabriziert werden. Daher gehet auch die Tendenz unserer neuern Büchermacher so mutig auf Originalität! Sind nicht Rittergeschichten, Naturrechte, von dem selbstgesetzten Ich gesetzt, und höchst weise vonvornige Politik und Ästhetik die Wunder unsers Jahrzehents?

diese Bücher allzu vielen Lesern in die Hände kommen; und hier sind die Kunstrichter gleich bei der Hand und lassen sich selten durch einen berühmten Namen vom Tadel abschrecken.

Sebaldus: Ich erstaune immer mehr über das, was Sie da sagen. Es ist mir, als ob Sie von einer andern Welt redeten. Sie können auch unmöglich Deutschland im Sinne haben!

Magister: Sie vielmehr kommen aus einer andern Welt, aus der schönen Welt der Imagination, wo jeder berühmte Mann viel Verdienste hat, wo jeder Schriftsteller zu Untersuchung der Wahrheit schreibt, wo die Vorreden wahre Nachrichten vom Buche enthalten, wo niemals ein Journalist den Verfasser anschwärzt, dem er nicht wohlwill, wo kein beleidigter Schriftsteller Kabalen macht, wo ein Lehrer der Tugend auch allemal tugendhaft und ein Lehrer der Weisheit weise ist. Mein lieber Freund, träumen Sie nicht ferner, so angenehm Sie auch träumen mögen; sehen Sie um sich herum, was in Deutschland vorgeht, und Sie werden finden, was ich Ihnen sage, ist keine Erdichtung.

Sebaldus: Nun, wenn auch jemand einmal so etwas unternähme, so kann doch das Publikum nicht lange in der Verblendung bleiben; und dann wird es mit der Manufaktur bald zu Ende gehen.

Magister: Unser Publikum ist sehr nachsehend, zumal bei dicken Büchern, das heißt bei denjenigen, welche die Übersetzer von Profession am liebsten wählen. Ich versichere Sie, daß wenigstens der dritte Teil der deutschen Bücher auf diese Art fabriziert wird. Denn ich sage nicht zuviel, wenn ich behaupte, daß beinahe die Hälfte der neuen deutschen Bücher Übersetzungen sind, und ich sage gewiß zuwenig, wenn ich nur zwei Drittel der Übersetzungen als Manufakturarbeit ansehe.

Sebaldus: Gott behüte! Die Hälfte unserer neuen Bücher sind Übersetzungen! Was wird denn alles übersetzt?

Magister: Was? Bogen und Alphabete! Um den Inhalt bekümmert sich weder Verleger noch Übersetzer, zum höchsten der Leser, wenn er will und kann.

Sebaldus: Allein da wird denn auch der Leser gemeiniglich sehr unzufrieden sein.

Magister: Ach nicht doch! Die Leser der Übersetzungen sind gutwillige Seelen. Sie haben gegen alles, was schwarz auf weiß gedruckt ist, eine große Ehrerbietung. Und wenn sie auch etwas nicht recht verstehen, so nehmen sie die Schuld selbst auf sich und zählen Übersetzer und Verfasser los. Kein deutscher Leser wird das Unglück einer neuen Übersetzung machen, sowenig als noch ein deutsches Parterre jemals eine neue übersetzte Komödie ausgepfiffen hat.[1]

Sebaldus: Aber wenn auch niemand es merket, so ist's doch einem Gelehrten unanständig, die Gelehrsamkeit bloß zu einem schimpflichen Gewerbe zu machen und die Fortpflanzung der Wahrheit und Tugend ganz aus den Augen zu setzen.

Magister: Seien Sie aus allzu großer Gerechtigkeit nicht ungerecht. Unser Vaterland kann von den Gelehrten nicht mehr fordern, als es um sie verdient. Wo ist das deutsche Land, wo ein deutscher Gelehrter als Gelehrter leben kann? Wo ist es möglich, ohne besonders

[1] Seitdem obiges geschrieben ward, haben auch die deutschen Parterres hin und wieder an Mut so zugenommen, daß es wirklich zuweilen mit einem übersetzten oder originalen Schauspiele bis zum Auspfeifen kam. Ob nicht viel zuwenig und ob immer am rechten Orte gepfiffen worden, kann hier nicht untersucht werden.

glückliche Umstände die Muße zu finden, die ein Schriftsteller braucht, wenn er in seiner Kunst groß werden will?[1] Unser bestes, wünschenswürdigstes Schicksal ist ein Amt, in dessen Erwartung wir verhungern müssen, wenn wir kein Erbteil zuzusetzen haben, und wobei wir, wenn wir es erhalten, vor vieler Amtsarbeit alle Gelehrsamkeit vergessen müssen. Die besten deutschen Schriftsteller haben zuweilen die Muße, die sie zu ihren vortrefflichsten eigenen Werken nötig hatten, durch Übersetzungen kümmerlich verdienen müssen. Es ist leider fast gar kein anderes Mittel da, um einen Gelehrten, der kein Amt hat und kein Amt bekommen kann, vor dem Hunger zu verwahren. – Verlangen Sie nicht mehr, als wir leisten können.

Sebaldus: Dies Bild der deutschen Literatur ist sehr traurig. Aber ich bleibe dennoch dabei: Entwickelung und Verbreitung der Wahrheit ist die Hauptpflicht eines Autors. Ich würde nie daran gedacht haben, einen Kommentar über die Apokalypse zu schreiben, wenn ich nicht geglaubt hätte, unbekannte, nützliche Wahrheiten entdeckt zu haben.

Magister: Die auch trotz Ihrem Kommentar unbekannt bleiben werden. Denn glauben Sie mir, Bengel ist im Besitze des apokalyptischen Reichs, woraus Sie ihn nicht vertreiben werden! Wir haben in Deutschland noch kein Beispiel, daß ein abgesetzter Dorfpfarrer gegen einen Prälaten recht behalten hätte.

[1] Auch hierin hat sich viel verändert. In unserm glücklichern Jahrzehente leben wirklich eine Menge Schriftsteller en hommes de lettres in geschäftiger Muße. Alle freilich werden nicht in ihrer Kunst groß, sogar einige, welche allzu geschwind groß wurden, erschienen in jedem neuen Buche, das sie schrieben, immer kleiner.

Sebaldus: Ich kann über das Schicksal meines Kommentars ruhig sein. Genug, wenn ich die Wahrheit sage, so wie ich sie erkenne und weil es Wahrheit ist, nicht aber deswegen, weil ich mit einem Buchhändler einen Kontrakt gemacht habe, ihm fünfzig Bogen zu liefern. Wohin soll es mit der deutschen Gelehrsamkeit kommen, wenn der größte Teil der Schriftsteller nicht die Beförderung der Gelehrsamkeit, sondern die Beförderung seines Ruhms und Nutzens sucht?

Magister: Und wohin soll es mit der deutschen Gelehrsamkeit kommen, wenn deutsche Gelehrsamkeit in unserm eigenen Vaterlande für schimpflich gehalten wird? Ist's nicht das sicherste Mittel zu darben, wenn man sich auf Kenntnisse legt, welche unsere Mitbürger erleuchten, aber nicht ihren Wollüsten dienen oder ihren Beutel füllen können? Bleibt ein einziges Mittel übrig, dem Gelehrten, der weder Kuppler noch Plusmacher sein will, in der Welt sein Auskommen zu geben? Wenn man uns recht belohnen will, schickt man uns auf eine Universität, wo wir unsere nötigen Einkünfte von dem Wohlwollen einer unwissenden und ungezähmten Jugend suchen müssen; oder man verstößt uns in ein Amt, wozu uns alles, was wir gelernt haben, unnütz ist und wo uns wegen der edlen Empfindsamkeit, welche durch die Wissenschaften in unsern Seelen entwickelt worden, die Ausübung unserer Pflicht oft weit beschwerlicher wird als einem fühllosen Diener der Absichten jedes Gewaltigen im Lande.

Sebaldus: Ich bin ganz außer mir über alles, was ich hören muß! So schlecht sieht es mit der Gelehrsamkeit in Deutschland aus? Wie soll es dann um Wahrheit und Tugend gut stehen, wenn die Herolde derselben, die Gelehrten, nur Eigennutz und Eigenlob suchen? Wie soll unser Vaterland durch die Wissenschaften erleuchtet werden, wenn man sie zu einem niedrigen Gewerbe mißbraucht? Nein, dies ist mir ein unerträglicher Gedanken!

Magister: Geben Sie sich zufrieden! Was ist der deutschen Gelehrsamkeit damit geholfen, wenn ein paar arme Korrektoren eine unruhige Nacht haben! Wir wollen uns die Fehler unserer Literatur nicht verhehlen, aber wir wollen uns auch über das nicht abhärmen, was, ohne die Schuld unserer Gelehrten, nicht anders sein kann; es müßte sich denn in Deutschland mehr ändern, als sich so leicht ändern wird.

Hiermit gab der Magister dem Sebaldus die Hand und wünschte ihm, wohl zu schlafen.

ZWEITER ABSCHNITT

Sebaldus schlief, der Ermahnung des Magisters ungeachtet, sehr unruhig und beseufzte noch am folgenden Tage den unvollkommnen Zustand der deutschen Gelehrsamkeit und das Schicksal der deutschen Gelehrten. Nachmittags ging er zu seinem Freunde Hieronymus, um ihm sein gestriges Gespräch mit dem Magister zu erzählen und ihn zu fragen, ob desselben Nachrichten zuverlässig wären.

„Ich finde", sagte Hieronymus, „daß der Herr Magister von allen diesen Dingen sehr wohl unterrichtet ist; aber warum beunruhigt Sie diese Erzählung so gar sehr?"

Sebaldus: Es kränket mich, daß ich so viel von der Hochachtung ablassen muß, die ich für die deutsche Gelehrsamkeit und für die deutschen Gelehrten hegte. Ich habe beständig einen Mann, der ein Buch schreiben kann, mit Ehrfurcht angesehen, und den ganzen Haufen der Schriftsteller habe ich mir als eine Anzahl einsichtvoller und menschenfreundlicher Leute vorgestellt, die beständig beschäftigt wären, alles, was der menschliche Verstand Edles, Schönes und Wissenswürdiges hervorbringen kann, zu erforschen und es zur Aufklärung des menschlichen Geschlechts in ihren Büchern öffentlich bekanntzumachen. Nun tut's mir weh, daß ich sie bloß als geschäftige Schmierer ansehen soll, die Wahrheit und Einsicht zu einem schimpflichen Gewerbe machen, die mit ihrer Schriftstellerei bloß für sich selbst Ruhm, Nutzen oder Nahrung suchen.

Hieronymus: Und es tut Ihnen um desto weher, weil Sie selbst in die Zahl der Schriftsteller zu treten gedenken! – Nicht wahr? – Aber trösten Sie sich, alle Schriftsteller und Übersetzer sind nicht so beschaffen, wie sie Ihr Magister beschrieben hat. Er hat nur von neun Zehnteilen geredet. Es ist noch das zehnte Zehnteil übrig, nämlich Männer, die es wirklich mit dem Fortgange der Wissenschaften gut meinen, welche der Eitelkeit und den Vergnügungen der Jugend entsagen, um sich gründliche Kenntnisse zu erwerben, und welche Nächte durchwachen, um ihre Nebenmenschen weiser, erleuchteter und gesitteter zu machen. In deren Gesellschaft zu treten dürfen Sie sich nicht schämen.

Sebaldus: Und dieser wäre nur eine so geringe Anzahl? Wenn Sie die Anzahl der nützlichen Bücher so gering machen, wissen Sie wohl, daß Sie sich selbst erniedrigen?

Hieronymus: Wieso?

Sebaldus: Ich habe immer der Buchhandlung vor allen Arten der Handlung den Vorzug gegeben, weil ich glaube, daß durch ihre Vermittelung die gelehrten Kenntnisse unter die Menschen gebracht werden, weil sie nicht blühen kann, als wenn eine gründliche und nützliche Gelehrsamkeit blühet.

Hieronymus: Da haben Sie einen sehr falschen Begriff von der Buchhandlung. Sie stehet nur in rechtem Flore, wenn die Leute sehr dumm sind.

Sebaldus: Wenn die Leute sehr dumm sind? Das kann ich nicht begreifen. Dumme Leute werden ja keine Bücher kaufen.

Hieronymus: Weswegen nicht? Sie kaufen dumme Bücher, und die sind in größerer Anzahl und machen größere Bände aus. Es ist auch viel leichter und bequemer, für dumme Leute zu schreiben und zu verlegen als für kluge. Sehen Sie nur meine Kollegen, die Buchhändler in den katholischen Provinzen, an, größtenteils reichere Leute als alle protestantischen Buchhändler auf der Leipziger Messe. Sie finden in ihren Verzeichnissen schöne Folianten über das Jus canonicum, herrliche Fasten- und Fronleichnamspredigten, derbe Kontroverspredigten wider alle Ketzer, tröstliche Legenden der Heiligen, Gebetbücher und Breviarien in Menge, aber oft kein einziges vernünftiges Buch, das ich, so einfältig auch meine liebe Vaterstadt ist, in meinen Buchladen legen oder Sie, wenn Sie noch so reich wären, in Ihre Bibliothek würden setzen wollen.

Hier ergriff er ein auf seinem Pulte liegendes Bücherverzeichnis eines katholischen Buchhändlers in Augsburg und fragte: Wie gefallen Ihnen die Titel: Laurentii von Schnifis (ord. Capucin.) „Mirantische Mayenpfeife", mit Kupfern; P. Sennenzwickels „Ernstliche Kurzweil für die zenonische Gesellschaft der machiavellischen Staatsklügler, worin das edle Paar Gebrüdrichen Atheismus und Naturalismus samt den Hallerischen Gedichten dem Sileno als Riesenschröcker aufgeopfert werden"; P. Dionysii von Luxemburg verbesserte „Legend der Heiligen" von P. Martin von Cochem; „Der himmlische Gnadenbrunn St. Walburgä"; „Die geistliche Sonnenblum,

d. i. kurze tägliche Besuchungen des allerheiligen Sakraments des Altars"; P. Biners „Mückentanz der Herren Prädicanten zu Zürch um das Licht der katholischen Wahrheit"; Alexii Riederers „Geistliches Seelennetz oder 150 geistreiche Betrachtungen"; Bulffers „Mit kurzen, doch guten Waren handelnder evangelischer Kaufmann oder kurze Sonn- und Feyertagspredigten"; „Der christkatholische goldne Schlüssel, mit welchem die Schatzkammer der zeitlich- und ewigen Güter kann aufgesperrt werden"; Hausingers „Geistliches Frühstück oder auserlesene Sittenlehren". Wollen Sie etwa diese und andere dergleichen schöne Sächelchen mehr kaufen?

Sebaldus: Nein, was sollte ich mit dem unsinnigen Zeuge machen?

Hieronymus: Nicht? Desto schlimmer für den Buchhändler, daß Sie so klug sind! Er mag sich dumme Käufer schaffen, oder er ist verloren.

Sebaldus: Der Buchhandel ist also, wie ich merke, ein so leichtes Geschäft, als es einträglich ist. Dumme Bücher verlegen und sich viel dumme Käufer dazu suchen erfordert ja wahrlich keine große Kunst, denn die dummen Menschen sind unzählig.

Hieronymus: Und doch ist's schwerer, als Sie es sich vorstellen. Vergessen Sie nicht, daß Millionen dumme und kluge Menschen gar keine Bücher brauchen. Das können Sie daraus sehen, daß von den meisten Büchern im deutschen Buchhandel etwa fünfhundert und höchstens bis ein paar tausend Exemplare gedruckt und selten sämtlich verkauft werden, und doch reden an dreißig Millionen Menschen die deutsche Sprache. Und dann muß der Käufer das Buch suchen, nicht das Buch den Käufer. Die dummen Menschen, welche zum Glücke der Buchhändler noch dumme Bücher kaufen wollen, haben jeder ihre eigene Art der Dummheit für sich und suchen nur diese. Glauben Sie mir, der Arten der Dummheiten sind in Deutschland sehr viele – da sogar die gelehrte Klugheit vieler Schriftsteller dumm genug ist! Es gehört also bei dem Buchhändler viel Erfahrung dazu, die rechte Art dummer Bücher zu verlegen und anzuschaffen. Denn fällt er auf die unrechten dummen Bücher, so bleiben auch diese liegen, und er kommt sodann auch mit der Dummheit nicht vorwärts.

Sebaldus: Das gönne ich ihm herzlich! Denn ich behaupte: ein Buchhändler ist nur dazu da, um der Gelehrsamkeit aufzuhelfen, daher sollte er keine andere als gute Bücher drucken und verkaufen.

Hieronymus: Das heißt von dem Buchhändler zuviel gefordert, der sich selten nach dem Geschmacke der Gelehrten, ja selbst nicht nach seinem eigenen richten kann, sondern nach dem Geschmacke des großen Haufens richten muß; und dieser macht es ihm nur allzu leicht, die meisten guten Schriftsteller beinahe ganz zu entbehren.

Sebaldus: Dies tun die Buchhändler freilich, aber sie sollten es nicht tun, sondern sollten billig dem Geschmacke der größten Gelehrten folgen; und ich habe mich schon oft über Sie selbst gewundert, da Sie wissen, was große Gelehrte von Büchern urteilen, und doch schlechte Bücher drucken und verkaufen.

Hieronymus: Mein Freund, der Geschmack großer Gelehrten ist der Geschmack sehr weniger Leute; der Buchhändler aber braucht sehr viele Käufer, wenn er sein Geschäft treiben will. Wenn nun sogar dumme Bücher oft nicht Käufer finden, wieviel mehr wird es den gelehrten und klugen Büchern so gehen, da der gelehrten und klugen Leute offenbar die wenigsten sind? Daher kommt es, daß so oft Autor und Verleger bei dem besten beiderseitigen Willen sich nicht vereinigen können. Jener will den innern Wert seines Buchs verkaufen, dieser bloß eine Wahrscheinlichkeit des Absatzes kaufen. Jener schätzt seinen und seines Buches Wert nach dem Beifalle einiger wenigen Edlen, das heißt derjenigen Freunde, die er für die wenigen Edlen hält. Dieser überlegt, ob es möglich oder wahrscheinlich sei, daß viele nach dem Buche lüstern sein möchten, ohne in Anschlag zu bringen, ob sie gelehrt oder ungelehrt, weise oder einfältig, nach Unterricht oder nach Zeitvertreib begierig sind. Sehen Sie den Tiroler, der dort geschliffene optische Gläser zum Verkaufe herumträgt? Er hat kein Flintglas und keine Dollondsche Fernröhre. Fragen Sie ihn, warum er nicht vorzüglich sich erkundigt, was für Gläser die größten Astronomen verlangen. Er wird antworten: Ich verkaufe meine Gläser, unbekümmert ob man sie in Teleskope setzt, um unbekannte Sterne zu observieren, oder in Perspektive, um einen entfernten Feind zu entdecken oder den Freund, der uns besuchen will, früher zu erblicken, oder in Mikroskope, um im Samentierchen zu unterscheiden, ob der erste Keim des Menschen ein Fisch oder eine Faser ist, oder in Brenngläser, um Flotten oder Tabakspfeifen anzuzünden, oder in Brillen, um feine Schrift zu lesen. Soviel ist gewiß, irgendwozu muß die Ware brauchbar sein, sonst führe ich sie nicht. Doch hat mich die Erfahrung soviel gelehret, daß Brillen stärker abgehen als Teleskope[1],

[1] Daß diese Erfahrung des Tirolers auch schon im vorigen Jahrhunderte richtig befunden worden, zeigt die weise Frau Verlegerin eines höchst wichtigen türkisch geschriebenen Geschlechtregisters, mit dessen Übersetzung und Kommentierung Wilhelm Schickard, Professor zu Tübingen, im Jahre 1628 die orientalische Geschichte aufklären wollte. Schickard glaubte gewiß, sein Buch würde viel Käufer haben, weil es nicht zu den gemeinen, alle Tage vorkommenden Büchern gehörte, sondern er darin den Gelehrten

zumal in meinem Lande, wo viele Leute ein blödes Gesicht haben und sich nur die Exjesuiten auf die Astronomie legen.

Sebaldus: Und dennoch ist's unrichtig, daß die Buchhandlung durch dumme Bücher in Flor kommt, denn Sie können doch nicht leugnen, daß, seitdem die Lektur in Deutschland mehr Mode geworden, die Buchhandlung mehr floriere.

Hieronymus: Das leugne ich gradezu. Zur Zeit der schönen, dicken Postillen, der zentnerschweren Konsultationen, der Arzneibücher in Folio, der Opera omnia, der klassischen Autoren und Kirchenväter in vielen Folianten, der theologischen Bedenken und Leichenpredigten in vielen Bänden, der Labyrinthe der Zeit, der Schaubühnen der Welt war die Buchhandlung im Flore. Was gibt man uns jetzt anstatt dieser wichtigen Werke? Eine Menge kleiner Büchelchen, die aus Hand in Hand gehen, wenig gelesen und wenig gekauft werden, wodurch denn endlich den Lesern die alten Kernbücher anstinken. Sehen Sie, das ist der Vorteil, den wir Buchhändler vom Lesen der Bücher haben.

Sebaldus: Nun, das ist doch zu arg! Wenn man die Bücher nicht lesen soll, was soll man denn damit tun?

Hieronymus: Sie zerreißen oder Wände damit tapezieren.

Sebaldus: Gott behüte, was sagen Sie da!

Hieronymus: Was alle Tage geschiehet. Meine besten

von einer neuen und fremden Materie viel Neues und Fremdes berichten konnte. Aber aus dieser Ursache befürchtete die Frau Verlegerin das Gegenteil. Sie versicherte, aus der Erfahrung zu wissen, daß die Bauerkalender viel häufiger verkauft würden als die astronomischen Ephemeriden, aus denen sie gemacht sind. Siehe Lessings „Beiträge zur Geschichte und Literatur". Erster Beitrag, S. 91.

Kunden sind Schulknaben, Handwerksbursche, Bauern, gute Mütterchen, die beten und singen und die Knäblein und Mägdlein oft mit sich in die Wochenpredigten nehmen, die dann aus Langerweile fleißig die Gebetbücher und Gesangbücher zerreißen. Die Gewürzkrämer machen auch eine wichtige Konsumtion von Büchern; und in diesem Kriege sind viele Streitschriften wider die Ketzer, die mir zur Last lagen, in Patronen verschossen worden.

Sebaldus: Aber es werden doch nicht alle Bücher zerrissen und in Patronen verschossen?

Hieronymus: Freilich nicht! Viele werden zu Pappe eingestampft oder sonst bogenweise verbraucht. Nicht zu rechnen, daß viele Tausende in den Buchläden halbe Jahrhunderte lang liegen.

Sebaldus: Die Bücher müssen doch gelesen werden! Dazu sind sie gedruckt.

Hieronymus: O ja, viele werden gelesen, ehe sie eingestampft werden, doch meist kaum von zehn Lesern. Schon fünf Monate nach einer Messe sind die meisten in derselben erschienenen Bücher vergessen; es müßte denn sein, daß sie erst nach sechs Monaten rezensiert würden. Vorzeiten war es anders, da dachte man lange an alte Bücher, selbst an die schlechten. Damals wurden sie nach vielen Jahren noch in die Hände genommen, weil ihrer sehr viel weniger waren und die damalige Art zu studieren mehr Bücher erforderte. Jetzt wollen unsere klugen Leute selbst denken, dazu braucht man wenig Bücher, und doch drucken wir mehr als sonst. Und vollends bei unsern jungen Leuten, sie mögen nun junge Philosophen oder junge Poeten sein, wird der Verstand und der Genius so früh reif, daß sie gar keine Bücher zu lesen würdigen als ihre eigenen. Wände mit Büchern tapezieren oder, um gelehrter zu reden, große Bibliotheken errichten war zu der Zeit Mode, als die vorhergenannten großen Werke noch verkauft und wahrlich auch gelesen wurden. Jetzt hat die leidige Sucht, Gedichte und kleine Modebücher zu lesen, die großen Bibliotheken und die schwerfällige Art zu studieren, wozu große Bibliotheken nötig waren, ganz aus der Mode gebracht, und seitdem ist eine sehr ergiebige Quelle des Reichtums der Buchhändler verstopft. Wenn auch irgendeine tüchtige Feuersbrunst einem Buchhändler aufhelfen könnte, so wird selten eine verbrannte Bibliothek wieder angeschafft.

Sebaldus: So ist dies das Schicksal der Bücher, der Früchte des Fleißes so vieler verdienstvollen würdigen Gelehrten? Zerrissen, zu Tüten verbraucht oder verbrannt oder eingestampft oder vergessen zu werden? Darüber möchte man Blut weinen.

Hieronymus: Geben Sie sich zufrieden. Wir reden von zwei ganz verschiednen Dingen. Erinnern Sie sich nur aus ihrem Gespräche mit dem Herrn Magister, auf welche Art die marktgängige Bücherware verfertigt wird, so werden Sie finden, daß das meiste davon eigentlich noch ein schlechteres Schicksal verdiente.

Sebaldus: Wenn auch alles wahr wäre, was Sie da sagen, so wünschte ich doch, daß es nicht wahr wäre.

Hieronymus: Ich auch nicht.

Sebaldus: Und doch sagen Sie selbst, daß es Ihr Vorteil erfordere, daß die Welt dumm bleibe.

Hieronymus: Wenn ich als Kaufmann rede, so muß ich freilich wissen, was eigentlich mein Vorteil ist; aber ich liebe meinen Vorteil nicht so sehr, daß ich ihn mit dem Schaden der ganzen Welt erkaufen wollte. Ich liebe die Aufklärung des menschlichen Geschlechts, sie fängt auch an, sich bei uns zu zeigen; allein sie gehet noch mit sehr langsamen Schritten fort. Ich habe den Wirkungen derselben oft mit Vergnügen bis in die Winkel nachgespürt, wohin keine gelehrte Nachricht reicht. Ich merke seit einiger Zeit, daß in meiner Vaterstadt verschiedene schlechte, sonst oft verkaufte Bücher liegenbleiben, und freue mich darüber.

Sebaldus: Ich frage Sie aufs Gewissen, mein lieber Freund, ist nicht ein wenig Selbstlob bei dieser Großmut, deren Sie sich rühmen?

Hieronymus: Mitnichten, denn es ist gar keine Großmut. Ich habe Korrespondenz nach dummern Städten und Provinzen, wo diese schlechten Bücher begierig gekauft werden.

Sebaldus: Wenn nun diese auch einmal klug werden?

Hieronymus: Sehr wohl. Alsdenn bin ich ganz gefaßt, den Buchhandel niederzulegen und bloß beim Kornhandel zu bleiben. Seitdem die physiokratischen Prinzipien aus Frankreich bei uns Mode werden wollen und alles ruft: Fahrt nur viel Korn weg, so werdet ihr viel haben!, ist in meinem Vaterlande und in den benachbarten Gegenden so oft Kornmangel, daß es sich der Mühe belohnt, ein Kornhändler zu sein. Auf allen Fall werden in meinem Vaterlande noch keine Zeuge zu Schlafröcken, noch keine Mützen, Hüte und Strümpfe gemacht, ich kann also noch Manufakturen anlegen. Aber wehe den Buchhändlern in dummen Ländern, wo schon viel Manufakturen sind und wo die Handlung überhäuft ist! Wenn ein solches Land einmal erleuchtet wird, so ist für sie kein Mittel zur Nahrung weiter übrig.

Sebaldus: Aber ich habe doch gehört, daß in England und in Frankreich sich die Buchhändler bei guten Büchern sehr wohl stehen sollen.

Hieronymus: Das kommt daher, weil in Frankreich und in England die Klasse der Schriftsteller der Klasse der Leser entspricht; weil jene schreiben, was diese zu lesen nötig haben und lesen können.

Sebaldus: Ist es denn in Deutschland nicht ebenso?

Hieronymus: Keinesweges. Der Stand der Schriftsteller beziehet sich in Deutschland beinahe bloß auf sich selber oder auf den gelehrten Stand. Sehr selten ist bei uns ein Gelehrter ein Homme de lettres. Ein Gelehrter ist bei uns ein Theologe, ein Jurist, ein Mediziner, ein Philosoph, ein Professor, ein Magister, ein Direktor, ein Rektor, ein Konrektor, ein Subrektor, ein Bakkalaureus, ein Collega infimus, höchstens ein schiefer Belesprit oder ein schwerfälliger Spekulant, welcher glaubt, die Kräfte des menschlichen Geistes ergründet zu haben, wenn er seine Gedichte oder sein gangbares System im Kopfe hat, und die Welt zu kennen glaubt, wenn er sein Studierstübchen oder höchstens die Universität kennt, wo er sich mit seinem bißchen theoretischen Wissen blähen kann, oder den Zirkel seiner fünfzehn Anbeter, wo er seine Launen auskramen darf, wo er für einen großen Mann gehalten wird und sich daher allein darin gefällt. Dieses gelehrte Völkchen von Lehrern und Lernenden, das etwa zwanzigtausend Menschen stark ist, verachtet die übrigen zwanzig Millionen Menschen, die außer ihnen deutsch reden, so herzlich, daß es sich nicht die Mühe nimmt, für sie zu schreiben, und wenn es zuweilen geschieht, so riecht das Werk gemeiniglich dermaßen nach der Lampe[1], daß es niemand anrühren will. Weder in England noch in Frankreich können so sehr platte gelehrte Originale wie hier

[1] Der Verfasser, als ein Deutscher, der sich dessen, was deutsch ist, in nichts schämet, bekennt gern, daß auch dieses Werk von diesem Geruche nicht wenig an sich hat. Er warnet alle Weltleute, nicht zu wagen, es zu lesen.

in Deutschland sich zeigen, ohne allgemein ausgelacht zu werden. Unsere gelehrten Originale werden zwar in den gelehrten Zeitungen, das heißt in der einzigen Welt, wo sie leben, hoch gepriesen, aber die übrige Welt würdigt sie nicht einmal der Ehre, sie auszulachen. Die zwanzig Millionen Ungelehrten vergelten den zwanzigtausend Gelehrten Verachtung mit Vergessenheit; sie wissen kaum, daß sie in der Welt sind. Weil nun fast kein Gelehrter für Ungelehrte schreiben kann und dennoch die ungelehrte Welt so gut ihr Bedürfnis zu lesen hat als die gelehrte, so bleibt das Amt, für Ungelehrte zu schreiben, die nicht Französisch lesen können, endlich den Verfassern der „Insel Felsenburg" und der „Moralischen Wochenblätter", deren Fähigkeiten den Fähigkeiten der Leser, die sie sich gewählt haben, in der Tat viel genauer entsprechen als die Fähigkeiten der größten Gelehrten ihren Lesern, die daher weit mehr gelesen werden als die größten Genien, die sich in ihrer Exzentrizität – von ihnen Größe genannt – so sehr wiegen, daher aber auch ihre Leser nicht um einen Daumbreit höher hinaufheben, sondern vielmehr sehr oft nicht wenig beitragen, daß das Licht der wahren Gelehrten sich nicht auf die Ungelehrten ausbreitet. Daher sind einige Städte bei uns so helle, und ganze Länder liegen in der größten Finsternis.

Sebaldus: Aber die Wissenschaften können nicht allemal so faßlich vorgetragen werden, daß sie der große Haufen begreife. Dadurch würden sie nicht allein nicht erweitert werden, sondern endlich nur in ein seichtes Geschwätz ausarten, das man bei halbem Hinhören schon versteht; aber ihre wichtigsten Wahrheiten würden sie entbehren müssen, weil diese nicht durch flüchtige Lektur, sondern bloß durch ein gründliches Studium gefaßt werden können. Ich erinnere mich, gehört zu haben, daß die Franzosen auf diese Art verschiedenen Wissenschaften geschadet haben, weil sie populär vortragen wollten, was sich nicht populär vortragen läßt. Man würde auch dem Gelehrten alle Begierde nach neuen Entdeckungen nehmen, wenn er nie für den Gelehrten, sondern nur für den Unwissenden schreiben sollte. Es müssen also gelehrte Bücher bloß für Gelehrte geschrieben werden.

Hieronymus: Ganz recht! Nur wenn die Nation durch die Schriften der Gelehrten soll erleuchtet werden, so muß sich die Anzahl der bloß für Gelehrte geschriebenen Bücher zu den für das ganze menschliche Geschlecht geschriebenen verhalten wie die Anzahl der Gelehrten zu dem übrigen menschlichen Geschlechte: ungefähr wie achttausend zu dreißig Millionen. Ich befürchte nur, es wird in Deutschland gerade umgekehrt sein.

Sebaldus: Wenn nun aber in Deutschland die Anzahl der Gelehrten größer ist, die sich fähig finden, durch neue Erfindungen die Grenzen der Wissenschaften zu erweitern, als derjenigen, die sich fähig finden, die schon erfundenen Wahrheiten für das Publikum faßlich zu machen?

Hieronymus: Ich zweifle, daß deshalb die deutschen Gelehrten bloß für Gelehrte schreiben, weil sie viel neue Entdeckungen zu machen hätten. Es sind in Deutschland nach einer gewiß nicht zu starken Berechnung seit hundert Jahren achthundert bis neunhundert Logiken geschrieben worden[1]; vielleicht in dreien oder vieren mag diese Wissenschaft durch einige kleine neue Entdeckungen bereichert sein, die übrigen schreiben sich aus, und

[1] Bloß von 1782 bis 1798 sind in Deutschland vielleicht fünfhundert Bände und Bändchen über die kritische Philosophie geschrieben worden, worüber größtenteils schon im Jahre 1799 der Schleier der Vergessenheit ruhet.

aufs höchste haben sie einige Definitionen verändert oder einige Lehrsätze anders eingekleidet. Das sind dann die neuen Erfindungen, worauf sie stolz tun. Sind solche Entdeckungen wohl der Mühe wert? Und wäre es, wenn so wenig Neues zu entdecken war, nicht besser gewesen, das schon Entdeckte lieber gemeinnützig zu machen? Es kommt mir vor, als ob in Deutschland in den beiden vorigen Jahrhunderten Materialien zu dem großen Gebäude der Wissenschaften gesammlet wurden, die aber in ziemlicher Unordnung untereinander herumlagen, Quadersteine, Backsteine, Dachziegel, Balken, Bretter, Eisenwerk und so weiter. Im vorigen Jahrhunderte war die Beschäftigung der Gelehrten, die Materialien abzusondern und jede Art in zierliche Schichten übereinanderzusetzen. In diesem Jahrhunderte hätten Baumeister kommen sollen, die aus denselben, dem menschlichen Geschlechte zum Besten, Gebäude aufgeführt hätten. Aber jeder deutsche Gelehrte fährt fort, sein Schichtchen Bruchsteine vor sich her dicht aufeinanderzulegen, und nennt es ein Lehrgebäude. Ist jemand so glücklich, auf einem Spaziergange ein paar einzelne Steine zu finden und sie in guter Ordnung zu seinem Häufchen hinzuzufügen, so heißt er ein Erfinder. Der, welcher große Quadersteine in Graben nebeneinanderwälzt, daß sie einem Gebäude zum Fundamente dienen könnten, heißt ein tiefsinniger, gründlicher Mann. So tun unsere sämtlichen Gelehrten nichts, als Materialien in Ordnung bringen oder einen Grund legen. Fängt aber jemand an, aus diesem verschiedenen großen Haufen, der jahrhundertelang dicht übereinandergepackt stand, auf den schon gelegten Grund ein Gebäude zu bauen, so verspottet man ihn als einen seichten Kopf, der Materialien und Grund von andern nimmt und dessen Ordnung voller Lücken ist, und mutet ihm wohl gar zu, das Gebäude abzureißen, um einen neuen ganz dichten Grund zu legen, worauf ein so zusammenhangendes Gebäude zu bauen sei, daß darin gar keine Lücken wären. Man bedenkt nicht, daß weise Baumeister in jedem Gebäude Lücken lassen müssen, damit Licht hineinfalle und Menschen hineingehen können, wogegen in einen dichten Haufen weder Licht noch Wärme dringen und keine menschliche Kreatur zur Wohnung einkehren kann. Unsere deutschen Gelehrten sind sehr bemüht, jede Wissenschaft für sich in ein dichtes oder dunkles Lehrgebäude zu ordnen; aber fast keiner denkt daran, eine jede Wissenschaft auf die übrigen und sie alle zum Besten der menschlichen Gesellschaft anzuwenden.

Sebaldus: Aber ich wiederhole noch einmal, die Wissenschaften würden seicht werden, wenn man nicht fortführe, ihre Theorien zu untersuchen. Wohin soll es endlich mit ihnen kommen, wenn man bloß das, was davon dem gemeinen Haufen faßlich ist, bearbeiten will?

Hieronymus: Und wohin soll es endlich mit der Beförderung der Entwickelung aller Kräfte des Geistes, mit der Erleuchtung des ganzen menschlichen Geschlechts kommen, die der vorzüglichste Zweck der Wissenschaften ist, wenn die Gelehrten bloß für sich und jede Art von Gelehrten besonders für sich in ihrem kleinen Zirkel bleiben und den großen Zirkel der übrigen ganzen Nation ihrer Achtsamkeit unwürdig halten wollen? Es müssen zwar immer einige Gelehrte von Profession vorhanden sein, deren jeder über seine Wissenschaft einzeln nachdenkt und seine Bemerkungen den Gelehrten mitteilet; dies kann aber nicht ausschließend alles ausmachen, was an unsrer Literatur schätzbar ist. Haben denn die Gelehrten gar keine Pflichten gegen das übrige menschliche Geschlecht? Der Bauer besäet das Feld, der

Weber bereitet Zeuge, der Maurer bauet Häuser, der Kaufmann bringet die zur Notwendigkeit und Bequemlichkeit gereichenden Dinge zusammen. Sie tragen jeder durch ihren Fleiß das Ihrige zum gemeinen Besten bei, und auch die Gelehrten werden durch sie genähret, bekleidet, vor den Ungemächlichkeiten des Wetters bewahrt und mit Bequemlichkeiten versehen. Sollten die Gelehrten nun ein Recht haben, ihre Einsichten beständig nur unter sich zu behalten und sie nie dem geschäftigen Teile der Nation für die Wohltaten, die sie täglich von ihm empfangen, mitzuteilen? Dies kann nicht allein dadurch geschehen, wenn sie gewisse gemeinnützige Wahrheiten faßlich vortragen, welche Beschäftigung die meisten deutschen Gelehrten deshalb verachten, weil sie glauben, daß nur mäßige Geschicklichkeit dazu gehöre.[1] Es gibt noch eine höhere Art der Gemeinnützigkeit, wozu Genie, Gelehrsamkeit, Anstrengung aller Geisteskräfte erfordert wird und die man dadurch erreicht, wenn man, wie ich schon gesagt habe, nicht allein jede Wissenschaft für sich selbst, sondern auch in Absicht auf alle andern und alle in Absicht auf die menschliche Gesellschaft betrachtet und anwendet. Hierin fehlen die meisten deutschen Schriftsteller, die ihre Wissenschaft zwar aus dem Grunde verstehen, aber sie bloß allein für

[1] Daß hierin, seitdem dieses zuerst geschrieben ward, in Deutschland viel verbessert worden, ist sehr zu rühmen. Aber doch ist zu beklagen, daß im ganzen unsere Schriftsteller noch immer am liebsten auf einseitige Spekulationimaginationen ausgehen und die Leser nicht kennen, für die sie schreiben. Es ist daher auch unsere deutsche Literatur den Bedürfnissen deutscher Leser bei weitem nicht angemessen genug, hat daher immer noch auf die dreißig Millionen Menschen, welche deutsch reden, viel weniger Einfluß, als sie haben sollte.

sich und nie in dem Zusammenhange der übrigen Wissenschaften und nie in Absicht auf den Nutzen des menschlichen Geschlechts betrachten. Ein Kriminalist ist ein grundgelehrter Mann, wenn er alle Ausgaben der peinlichen Halsgerichtsordnung mit ihren Kommentarien durchgelesen und verglichen hat und genau zu bestimmen weiß, in welchem Falle und im wievieltsten Grade man zur Tortur schreiten soll. Er hält den für einen schwachen Kopf, der noch erst untersuchen will, ob ein Erforschungsmittel der Wahrheit, das im Heiligen Römischen Reiche schon vor mehr als zweihundert Jahren durch Gesetze vorgeschrieben worden, unzulänglich, ja gar unmenschlich sein könne. Ein Lehrer des deutschen Kirchenrechts wird mit größester Belesenheit beweisen, daß im Heiligen Römischen Reiche nur zwei Religionen existieren dürfen und wie reichsgesetzwidrig es sei, wenn derjenige, der keiner dieser beiden Religionen beifällt, nicht sogleich des deutschen Vaterlandes verwiesen werde. Laß den friedfertigen Gottesgelehrten, laß den menschenfreundlichen Philosophen, laß den einsichtvollen Politiker dawider auftreten und versichern, wahre Religion, Wohl des Menschen und Wohl des Staats erfordere, daß man niemand dogmatischer Lehren wegen verdamme und keinen Ketzer, sobald er ein guter Bürger ist, aus dem Lande jage; er wird sie bloß bedauern, daß sie in der Kenntnis des deutschen Kirchenrechts so unwissend sind. Und wollten sie sich auf die gesunde Vernunft berufen, so wird er vollends voll Verachtung antworten, das deutsche Kirchenrecht sowenig als das deutsche Staatsrecht müsse nach der Vernunft beurteilt werden, sondern es gelte das Herkommen. Ebenso sammelt der Geschichtschreiber eine Menge geschehener Dinge ohne Wahl und Absicht, ohne sie durch Philosophie, Politik oder Kenntnis des Menschen zu erläutern; und der Philologe gibt klassische Autoren heraus, weil er Lesearten sammeln und Varianten berichtigen will, ohne ein einzig Mal seine Leser auf den Geist der alten Schriftsteller, auf den Zweck, warum sie geschrieben haben, zu führen. Wenn ich nicht gewohnt wäre, weder im guten noch im bösen von Gottesgelehrten zu reden, so würde ich die anführen, die mit ihren Nebengottesgelehrten beständig Dogmatik, Exegese und Polemik wechseln, ohne jemals zu überlegen, welchen Einfluß Dogmatik, Exegese und Polemik auf die Verbesserung des menschlichen Geistes haben könne und wie sie sich gegen Geschichte, Philosophie und Politik verhalten. Wenn jemals die deutschen Schriftsteller anfangen, die Wissenschaften aus solchen und ähnlichen Augenpunkten zu betrachten, so werden sie sie mit glücklicherm Erfolge unserm Geiste interessant machen als durch trockne Kompendien, leere Spekulationen und absichtlose Kompilationen; sie werden für Gelehrte schreiben und doch den Lesern aus allen Ständen interessant werden. Selbst durch dieses Interesse werden sie alle Arten von Lesern zum Studieren wissenschaftlicher Kenntnisse ermuntern: die Wissenschaften werden sich in mehrere Stände ausbreiten, und gelehrte Schriftsteller werden den mehr erleuchteten Lesern faßlich schreiben können, ohne der seichten Denkungsart des großen Haufens zu Gefallen eine unrechtverstandene Popularität zu affektieren.

Sebaldus: Ich finde, daß Sie vollkommen recht haben. Ich kenne keinen höhern Nutzen der Wissenschaften als die Erleuchtung des menschlichen Geschlechts. Aber hiezu haben gewiß vortreffliche deutsche Schriftsteller auch das Ihrige beigetragen; ich darf nur aus dem Fache, das ich kenne, Sie an die würdigen Gottesgelehrten unsers Vaterlandes erinnern, die sich mit glücklichem Erfolge

bemühten, Dogmatik, Exegese und Polemik nach dem Nutzen und dem Schaden, den sie dem menschlichen Geschlechte bringen können, zu betrachten.

Hieronymus: Ich habe Ihnen schon gesagt, daß ich von keinem Gottesgelehrten urteilen will. Ich verehre die großen Schriftsteller aller Art, welche Geist genug haben, mehrere Wissenschaften zugleich zu überschauen, und die, von philosophischen und menschenfreundlichen Absichten belebt, das wahre Verhältnis einer jeden zur allgemeinen Erkenntnis zu bestimmen suchen. Deutschland hat deren einige, sie sind vortrefflich, aber in sehr geringer Anzahl. Die meisten deutschen Schriftsteller, voll pedantischen Stolzes, pflegen gewöhnlich den Teil der Wissenschaften für den wichtigsten auszugeben, den sie kennen oder lehren, er mag nun klein, unbeträchtlich, ja wohl gar schädlich sein; und ihnen deucht, um zu meinem vorigen Gleichnisse zurückzukommen, der kleine Haufen, woran sie sammeln und wo sie Stein über Stein aufstapeln und herzählen, sei wichtiger und nützlicher als das größte Gebäude, worin Menschen wohnen.

Sebaldus: Mein Freund, Sie sind wirklich ungerecht gegen die deutschen Gelehrten, und, nehmen Sie es mir nicht übel, fast muß ich glauben, dies komme von Ihrer ungelehrten Erziehung her. Sie selbst haben die Tiefen der Gelehrsamkeit nicht erforschet und wissen also auch nicht, wie ein wahrer Gelehrter eigentlich beschaffen ist. Ein Gelehrter sieht alle Gegenstände der menschlichen Erkenntnis in einem weit hellern Lichte als ein Ungelehrter und kann daher von ihrem Werte und Unwerte besser urteilen; er wird nie die Wissenschaft, in der er arbeitet, höher achten, als sie es wert ist, oder deshalb die andern Wissenschaften, wenn sie wichtiger sind, vernachlässigen. Die Wissenschaften, mein lieber Herr Hieronymus, sind durch ein allgemeines Band verbunden, und wer bloß die seinige schätzen wollte und die anderen nicht, würde so töricht handeln, daß sich dies von keinem echten Gelehrten vermuten läßt. Lernen Sie die Gelehrten besser kennen und urteilen Sie nicht zu geschwind darüber.

Hieronymus: Haben Sie den Meßkatalog von dieser Messe schon gelesen?

Sebaldus: Wie kommen Sie darauf? Nein, noch nicht.

Hieronymus: Wir wollen versuchen, daraus die Beschaffenheit der neuen deutschen Bücher zu beurteilen. Lassen Sie uns einmal zusammenrechnen, wieviel Bücher über jede Art der Wissenschaften herausgekommen sind, und hernach darüber Betrachtungen anstellen.

Sebaldus: Sehr gern. Dies wird Sie am besten widerlegen. Wahre Gelehrte sehen allemal, das lasse ich mir nicht ausreden, auf dasjenige, was dem Ganzen vorteilhaft ist, nicht was ihnen insbesondere gefällt.

Sie fingen also an, den Meßkatalog durchzusehen, und fanden 350 Übersetzungen[1] aus verschiedenen Sprachen, 65 neue Stücke von Journalen, 40 Kompendien und Lesebücher, 74 Dissertationen und Programmen, 53 Bände Predigten, 67 theologische Bücher von allerhand Art, aber nur 9 juristische, weil die Anweisungen zum Reichsprozesse und zum Kriminalprozesse schon oben unter den Kompendien gerechnet werden, 23 medizinische Bücher, 16 Wochenblätter, 5 Geschichtbücher, 37 diplomatische Bände, 27 Romanen, meistens in Er-

[1] Diejenigen, denen etwa die Anzahl der Übersetzungen und Journale verhältnismäßig allzu stark dünken sollte, müssen bedenken, daß es eine Michaelmesse war. Denn wenn auch einige Schriftsteller im Sommer spazierengehen, so arbeiten doch Übersetzer und Journalisten im Sommer und Winter mit gleicher Tätigkeit fort.

furt, Dresden und Regensburg gedruckt, 31 Gedichte, 3 mathematische Bücher, 10 ökonomische Werke, 1 physikalisches und 15 aus der Naturhistorie. Hingegen fanden sie nur zwei ein paar Monate vor der Messe erschienene Bücher, worin die Wissenschaften in ihrer Verbindung und im Verhältnisse auf die Menschheit betrachtet wurden; und von diesen hatten schon verschiedene gelehrte Zeitungen voll Verachtung versichert, daß ihre Verfasser seichte Köpfe wären, ohne gründliche Einsichten in die Wissenschaften, welche bloß durch eine gute Schreibart bei dem gelehrten Pöbel Beifall erschlichen hätten; denn eine gute Schreibart ist solchen gelehrten Herren nur ein sehr geringes Verdienst.

Hieronymus ging in ein Nebenzimmer, um diese Zeitungsstücke zu suchen; weil er aber dabei etwas verweilte, hatte Sebaldus eiligst dreizehn Titel von neuen Büchern über die Apokalypse, die er sich beim Durchsehen des Katalogs heimlich mit dem Nagel gezeichnet hatte, auf einem Zettel ausgezogen, womit er dem Hieronymus entgegenkam und ihn sehr angelegentlich bat, ihm diese Bücher zu leihen. Der gefällige Hieronymus fing gleich an zu suchen, und kaum hatte er sie herbeigeholt, als Sebaldus, des bisherigen Gesprächs ganz uneingedenk, sie unter den Arm nahm und damit nach Hause eilte, um eins nach dem anderen durchzulesen.

Den dritten Tag brachte er diese Bücher seinem Freunde zurück und nahm sich unterweges vor, zwar dafür zu danken, aber ihm doch den Kopf zurechtzusetzen wegen seiner irrigen Meinung, daß die deutschen Gelehrten nur für ihre Lieblingsspekulationen und sonst für nichts Sinn hätten; allein er fand zu seinem Mißvergnügen, daß der gute Hieronymus bereits abgereiset war, und mußte also sowohl seinen Dank als seine Ermahnung bei sich behalten.

Inzwischen konnte Sebaldus die Gespräche mit seinen beiden Freunden gar nicht vergessen. Er sollte zufolge derselben beinahe die ganze Vorstellung ändern, die er sich vom Zwecke des gelehrten Lebens und vom Zustande der deutschen Schriftstellerei gemacht hatte, sollte glauben, der größte Teil der Schriftsteller von Profession wäre nicht, gleich ihm selbst, bloß um die Ausbreitung der Wahrheit besorgt. Dies war ihm so unerträglich, daß es ihm beständig im Sinn lag, daher er mit jedem davon redete, der ihm vorkam. Besonders geriet er an einen seiner Nebenkorrektoren, der es als eine Versorgung ansah, bis zu dem Posten eines Übersetzers fortzuschreiten, und auch so glücklich gewesen war, wir wissen nicht, ob von einer Paraphrase übers Neue Testament in einigen Foliobänden oder von einer antideistischen Bibel in einigen Quartbänden, die einem Übersetzungsunternehmer in Bausch und Bogen waren verdungen worden, durch die vierte Hand ein halbes Alphabet zum Übersetzen zu erhalten. Durch das Vergnügen, seine Handschrift gedruckt zu sehen, fand er sich um einen Zoll größer als ein gemeiner Korrektor und konnte nicht umhin, diese Größe seinen Nebenkorrektor Sebaldus fühlen zu lassen. Es befremdete ihn nicht wenig, daß dieser von dem Geschäfte eines Übersetzers mit der äußersten Verachtung sprach; daher entstand zwischen ihnen ein ziemlich lebhafter Wortwechsel, welcher endlich heftig ward, da sie, ich weiß nicht wie, auch auf die Apokalypse gerieten, wovon der Korrektor die rechtgläubigen bengelisch-crusianischen Begriffe hatte. Er erstaunte schon gar sehr darüber, daß Sebaldus die Apokalypse für eine Wiederholung der Geschichte Frankreichs ausgab, anstatt sie für eine Weissagung auf die christliche Kirche zu erklären; aber er geriet in Wut, da er vernahm, daß Sebaldus aus der Einrichtung des himmlischen Jerusalems die Endlichkeit der Höllenstrafen behaupten wollte. Voll Abscheu über solche Ketzerei lief er sogleich zu verschiedenen Buchdruckern, die ihm und Sebaldus die meisten Bogen zu korrigieren gaben. Er klagte ihnen nicht etwa Sebaldus' unrichtige Erklärungen der Apokalypse, welches vielleicht nicht viel Eindruck gemacht haben würde, sondern daß Sebaldus gegen jedermann die Übersetzungsmanufakturen als einen der Gelehrsamkeit nachteiligen Mißbrauch verdammte und daß er bei dieser Gelegenheit von den Buchdruckern und Verlegern, die mit Übersetzungen ein nützliches Gewerbe treiben, nicht mit der gebührenden Ehrfurcht gesprochen habe. Als nun Sebaldus wieder bei seinen gebietenden Herren erschien, fand er die Mienen kalt, die Stirnen gerunzelt, und darauf folgten dann Klagen über die schlechten Zeiten, weshalb jetzt weniger gedruckt würde, daher man ihm weniger Korrekturen geben könne. In kurzem bekam er in der Tat gar keine mehr; und weil sein rachsüchtiger Kollege ihn als einen Menschen, der die Endlichkeit der Höllenstrafen glaubte, an solchen Örtern abgemalt hatte, wo dieser Vorwurf mehr Eindruck machte als bei Buchdruckern, so empfand er bald, daß jedermann sich vor ihm scheute. Er ward endlich genötigt, die Dachstube, wo er so vergnügt gewesen war, mit einem Keller in der Vorstadt zu vertauschen, worin ihn ein armer Mann aufnahm, den er zur Zeit seines Wohlstandes als Markthelfer bei einem Buchhändler angebracht hatte. Dieser Mann und sein gewesener Nachbar, der Magister, waren nun seine einzigen Freunde, deren Guttaten gerade hinreichten, ihm das Leben zu erhalten.

Eines Tages, den er ungegessen zugebracht hatte, war

er gegen Abend zu seinem Freunde, dem Magister, gegangen, der sehr gern sein dürftiges Einkommen mit ihm teilte und seinem Geiste durch freundschaftliche und lehrreiche Gespräche die Tätigkeit wiedergab, die das Elend zu vernichten pflegt. Er kam, zwar als es schon dunkel ward, doch beizeiten nach seinem Keller zurück, weil der Torgroschen ein Kapital war, das er zu sparen nötig hatte. Er war schon in den finstern Gang getreten, der zu seiner Schlafstätte führte, als er in einiger Entfernung sich etwas regen sah und bei näherer Untersuchung einen Menschen in einem Winkel sitzend fand.

Sebaldus hielt ihn für einen Dieb, und ob er sich gleich etwas entsetzte, so sagte er doch ganz kalt:

„Freund, wenn du etwas zu stehlen suchst, so bist du hier an den unrechten Ort gekommen."

„Ach, mein lieber Herr", antwortete eine unbekannte Stimme, „ich bin kein Räuber, verraten Sie einen Unglücklichen nicht."

„Nein, Freund", sagte Sebaldus, „ein Mensch, der selbst elend ist, ist nicht grausam." Und hiemit ging er in die schon geöffnete Kellerstube, schlug Licht an (denn sein Wirt, der Markthelfer, war noch nicht zu Hause) und erblickte einen jungen Menschen, wohlgestaltet, aber totenblaß. Sebaldus bot ihm die Hand, führte ihn hinein, hieß ihn gutes Mutes sein und fragte, wie er hieherkäme.

„Ich habe", sagte der Jüngling, „studiert; aber bei einer unglücklichen Schwärmerei auf einem Dorfe, welche die Jugend Lustbarkeit nennt, in einer Stunde, wo ich meiner Sinne nicht mächtig war, habe ich mich zum Soldaten anwerben lassen. Die Reue folgte auf diesen Schritt nur allzubald. Ich wußte, daß mein Vater Vermögen hat, meine Loskaufung zu bezahlen. Er ist Generalsuperintendent in ***."

„Wie? In***? Und er heißt?“

„Stauzius.“

„Ich kenne Ihren Vater“, sagte Sebaldus sehr gelassen, „und Sie sollen hier einen sichern Aufenthalt haben, bis Sie an Ihren Vater schreiben können.“

„Das ist schon geschehen. Er antwortete mir, daß er morgen vormittag mit der Landkutsche hier eintreffen werde. Ich sollte aber schon morgen früh mit einem Rekrutentransporte abgehen. Ich war außer mir vor Furcht, daß alsdann meines Vaters Hilfe zu spät kommen möchte, und da die Schildwacht auf einen Augenblick nicht aufmerksam genug war, entsprang ich im Dunkeln und dachte, in diesem Winkel unentdeckt zu bleiben. Was ich morgen tun soll, weiß ich nicht; denn mein Vater ist ein strenger und harter Mann, und ich fürchte mich beinahe so sehr, ihm unter die Augen zu treten als meinen Werbern.“

„Fürchten Sie sich nicht, er wird väterliche Gesinnungen haben. Ich bin auch Vater; wenn ihn auch fremdes Unglück nicht rührt, wird das Unglück eines Sohnes ihn rühren. Ich will Ihren Vater aufsuchen, wenn ich nur einigermaßen weiß, wo ich ihn treffe.“

„Er ist leicht zu finden, er wird im ‚Blauen Hechte‘ abtreten, wo Sie nur nach dem Passagier fragen dürfen, der mit der jenaischen Landkutsche angekommen ist.“

Unter diesem Gespräche kam der Hauswirt, der ehrliche Markthelfer, nach Hause. Ob er sich gleich vor den Soldaten sehr fürchtete, so ließ er sich doch durch natürliches Mitleid und durch Sebaldus' Zureden bewegen, den Fremden aufzunehmen, und stand ihm einen Anteil an dem gemeinschaftlichen Strohlager zu.

Des andern Morgens ging Sebaldus beizeiten nach dem „Blauen Hechte“ und ward sogleich in das Zimmer des Fremden geführt, den er suchte. Die Kleidung des Sebaldus und die Hagerkeit seines Gesichts zeigte, daß er ein Sohn des Elendes war; und Stauzius, den das Bewußtsein eigener Wichtigkeit niemals verließ, konnte sich nichts anders vorstellen, als Sebaldus, vom Elende niedergedrückt, wolle eine reinere Orthodoxie angeloben und sich zu anderweiter Beförderung empfehlen. Weil er aber noch nicht geneigt war, einem alten Gegner seiner Meinungen so geschwind zu vergeben, daß dessen Grundsätze vernünftiger gewesen als die seinigen, so fuhr er ihn beim ersten Anblicke an:

„Ist es nicht entsetzlich, daß einen die Bettler überlaufen, wenn man kaum aus dem Wagen gestiegen ist? Was will Er, Freund? Denke Er nur nicht, daß ich Ihm glauben werde, wenn Er mir etwas vom Widerrufe seiner grundstürzenden Irrtümer vorschwatzen will; das sind lauter leere Worte. Er ist viel zu lange in Finsternis gewandelt, als daß man von Ihm eine aufrichtige Besserung hoffen könnte. Wir wollen bei uns keine Wölfe in Schafskleidern haben; ich möchte einem Menschen, der einmal so verdammliche Grundsätze gehabt hat, nicht einmal einen Küsterdienst anvertrauen. Was will Er also von mir? Ich kann Ihm nicht helfen."

Sebaldus antwortete sehr gelassen:

„Ich komme nicht meinetwegen, ich kenne Sie und mich zu genau, als daß ich von Ihnen Hilfe erwarten sollte."

„Und doch", sagte Stauzius, der den Sebaldus von oben bis unten ansah und in diesem Augenblicke auf seine Leibesgestalt ein Projekt baute, „und doch könnte ich Ihm vielleicht einige Hilfe angedeihen lassen! Er ist in elenden Umständen, das sehe ich, im geistlichen Stande ist nichts für Ihn zu tun, was will Er also anfangen? Höre Er an, werde Er Soldat; zwar ist Er nicht mehr jung, aber Er ist beinahe sechs Fuß lang, und man wird's daher nicht so genau mit dem Alter nehmen. Kann Er ja die Strapazen nicht ausstehen, so wird Er ins Lazarett gebracht, und da ist Er versorgt. Lasse Er sich also anwerben, es finden sich gewiß Leute, die Ihm ein gutes Handgeld geben werden."

Sebaldus sagte lächelnd: „Es war eine Zeit, wo es mir sehr übelgenommen ward, daß ich Leuten geraten hatte, in den Krieg zu gehen."

„Ja, das war etwas anders, an heiliger Stätte schickte sich dies nicht. Aber jetzt..."

„Soll ich an Ihres Sohnes Stelle vielleicht Soldat werden?"

„An meines Sohnes Stelle? Was weiß Er von meinem Sohne?"

„Ich weiß, daß Ihr Sohn sich hat anwerben lassen, daß er gestern abend aus der Wache entsprungen ist, daß ich ihn bei mir aufgenommen habe und daß ich bloß zu Ihnen gekommen bin, um Ihnen zu melden, daß er bei mir in sichrer Verwahrung bleiben soll, bis Sie sein Schicksal werden können zu verbessern suchen. Ich verlange von Ihnen keinen Dank dafür, weil ich gegen einen Menschen Mitleid empfand und es ihm bloß deshalb nicht versagen wollte, weil er Ihr Sohn war. Wollen Sie noch, daß ich mich für ihn soll anwerben lassen? Wenn dies das einzige Mittel wäre, Sie und Ihren Sohn glücklich zu machen, so wäre es in dem Elende, worin ich schmachte, nur ein geringes Opfer."

Stauzius war ganz erstaunt und versetzte stammelnd, daß Sebaldus – wirklich sehr gütig wäre; und nun folgte eine Unterredung, deren Schluß war, daß der junge Stauzius so lange bei Sebaldus bleiben sollte, bis der Vater seine Loslassung bewirkt hätte.

Nun ging Sebaldus nach Hause, den Jüngling zu trösten. Aber er hatte kaum Zeit, das Vorgegangene zu erzählen, als ein Kommando Soldaten in die Stube stürzte und beide auf die Hauptwache schleppte, wo sie den ehrlichen Markthelfer schon fanden.

Stauzius erfuhr diesen Vorfall sehr bald und dachte ihn sogleich zu seinem Vorteile anzuwenden. Es war ihm rechter Ernst gewesen, seinen Feind Sebaldus oder den Markthelfer anstatt seines Sohnes anzuwerben und dadurch desselben Loslassung um einen desto wohlfeilern Preis zu bewirken. Er fand aber sehr bald, daß die Loslassung des jungen Stauzius jetzt weit mehr Schwierigkeiten habe als vorher, da der Hauptmann gar nicht geneigt war, anstatt eines Rekruten, den er losgeben sollte, sich einen vorschlagen zu lassen, den er auch schon in seiner Gewalt hatte.

In diesem Zustande blieben die Sachen einige Tage, in denen Sebaldus alles, was Elend und Kummer Schreckliches haben kann, ausstehen mußte. Ohne Nahrung, ohne Lager, war er den ganzen Tag dem Lärmen und dem Spotte roher Soldaten ausgesetzt, und innerlich nagte ihn der Kummer, daß dadurch sein Wohltäter, der Markthelfer, auch unglücklich geworden war. Mit diesen traurigen Gedanken beschäftigte er sich eines Tages, als der Unteroffizier, der ehemals durch seine Predigt zehn Rekruten erhalten hatte, in die Wache trat, um sich nach einem Arrestanten zu erkundigen. Er erblickte unter andern den Sebaldus, lief auf ihn zu, drückte ihm treuherzig die Hand und fragte, wie er hieherkäme. Sebaldus erzählte es kürzlich. Der Unteroffizier schwor mit einem kräftigen Fluche, daß ein so rechtschaffener Mann nicht länger im Gefängnisse bleiben sollte, ging stehenden Fußes zu seinem Major, der das Bataillon kommandierte, und in weniger als einer Stunde kam er zurück, befreite sowohl Sebaldus als den Markthelfer und führte den erstern sogleich mit sich zum Major.

Dieser war ein Mann in seinem siebenundfünfzigsten Jahre, der seit seiner ersten Jugend Soldat gewesen und von unten auf gedienet hatte. Er war brav wie sein Degen, aber seine moralischen Grundsätze würden, wenn man sie nach Millers Einleitung in die Mosheimische „Sittenlehre“ oder nach sonst irgendeiner theoretischen Moral hätte prüfen wollen, freilich sehr unzusammenhängend und widersprechend erfunden worden sein. Er glaubte die Unsterblichkeit der Seele nicht und bekümmerte sich doch sehr wenig um die Fortdauer seines Lebens, sondern setzte es sehr oft ohne sonderliche Notwendigkeit in Gefahr. Er war eben nicht sehr religiös und auch eben nicht ein Lobredner des geistlichen Standes; dennoch aber ehrte und beschützte er ihn vor allen andern. Er ging selten in die Kirche, aber seine Soldaten hielt er sehr streng dazu an. Er schwor und fluchte sehr oft, aber kein Subaltern durfte fluchen, wenn er es hörte. Er war aus Temperament keusch; aber auf einen jungen Soldaten, von dem er wußte, daß er sich niemals in ein Mädchen verliebt hatte, ließ er beständig achtgeben, weil er sich nicht viel Gutes zu ihm versah. Sein Versprechen, wenn er es einmal gegeben hatte, war unwiderruflich; gleichwohl widersprach er seiner eignen Meinung schnell, sobald er merkte, er könnte geirret haben. Er beleidigte kein Kind, aber, beleidigt, war er äußerst rachgierig aus dem Grundsatze: ein braver Mann müsse nichts auf sich sitzen lassen.

Als Sebaldus vor ihm erschien, nahm er ihn bei der Hand und dankte ihm für die zehn schönen Rekruten, die er durch seine geistreiche Predigt dem Bataillon verschafft hätte. Als ihm aber Sebaldus in der Folge des Gesprächs erzählte, welche traurige Folgen diese Predigt für ihn und seine Familie gehabt habe, geriet er in ein tiefes Nachsinnen, worin er den Sebaldus von Zeit zu

Zeit anblickte, und als dieser fortfuhr zu erzählen, daß der Superintendent Stauzius, der Vater des arretierten Rekruten, die eigentliche Ursache seines Unglücks sei, sprang er auf und rief mit einem kräftigen Schwure aus:

„Wohl mir, daß ich den alten Schurken in meiner Gewalt habe! Solange ich in Feindes Lande bin, habe ich noch keinen Menschen gepeinigt, aber, Herr, den Bösewicht will ich peinigen. Der Sohn soll ewig Soldat bleiben, und den alten Bärenhäuter will ich krumm schießen lassen, bis er alles Unrecht ersetzt, das er einem so braven Manne wie Er, Herr Magister, getan hat!"

Hier rief er den Unteroffizier herein: „Hör Er", sagte er, „den Augenblick arretiere Er den fremden Superintendenten im ‚Blauen Hechte', der Kerl ist ein Spion, er ist . . .", hier schloß ihm der Zorn den Mund.

Der Unteroffizier, der einen Teil von Stauzius' Geschichte wußte, strich sich den Bart und sagte lächelnd, er wäre eben unten im Hause.

„Gut, so laß Er den Schurken gleich heraufkommen", rief der Major.

Sebaldus bat, gehört zu werden, und ließ nicht ab, zu bitten, daß er den Superintendenten wenigstens nur jetzt, in dieser Gemütsverfassung, nicht sehen möchte. Der Major ließ sich bewegen und rief zur Tür hinaus, der Superintendent sollte warten.

Sebaldus fing nun an, dem Major weitläuftig vorzustellen, daß ihm mit dem Unglücke der beiden Stauze gar nicht gedient sei, daß er die Rettung des Sohnes wünsche und dem Vater von Herzen vergebe, weil Religion und Moral ihm verböten, Rache zu hegen, daß . . ."

„Zum tausend Element, Herr", rief der Major, „lasse Er sich von der Religion verbieten, was Er will, mir soll sie nimmer verbieten, daß ich einen Schurken bestrafe und einem ehrlichen Manne Recht verschaffe, wenn ich zu beiden die Gewalt in Händen habe."

„Sie wollen gerecht gegen meinen Feind sein, Herr Major, sein Sie es auch gegen mich. Was sollen tugendhafte Leute von mir denken, wenn ich eine so grausame Rache an meinem Feinde nehme?"

„Was sie denken werden? Herr, daß Er recht hat! Der alte Bösewicht hat Ihn nicht allein von Haus und Hof gebracht, er ist auch am Tode Seiner Frau schuld, er hat Seine Kinder unglücklich gemacht. Herr, ich habe nie Frau oder Kinder gehabt, aber, straf mich Gott, hätt ich sie, so würd ich sie lieben wie meine Seele, und wer mich darum brächte, den haßte ich bis in den Tod und wollte ihm den Degen durch die Rippen jagen, sobald ich ihn vor mir hätte."

„Aber wollten ihm doch nicht durch einen andern hinterrücks einen Dolch in die Seite stoßen lassen?"

„Herr, Herr! – Wofür sieht Er mich an? Ich selbst sehe meinem Feinde das Weiße im Auge und lass' ihn dann sich verteidigen, wenn er kann."

„Mein Freund, Herr Major, ist ja wehrlos! Wäre es Ihnen anständig, einem verteidigungslosen Manne den Dolch ins Herz zu stoßen? Würde es mir anständig sein? Mein Stand verbietet mir, Unrecht mit dem Schwerte zu rächen; meine Religion gebietet mir, es zu vergeben und Böses mit Gutem zu vergelten. Ich wäre nicht wert, Friede und Versöhnung gepredigt zu haben, wenn ich durch Sie mich an meinem Feinde rächen wollte, da er ohne Verteidigung in Ihrer Gewalt ist, wenn sich diese schreckliche Rache bis auf einen unschuldigen Jüngling erstrecken sollte, der mich nie beleidigt hat, noch mehr, der mein Gastfreund ist, der in meiner elenden Schlafstelle Schutz und Zuflucht gesucht hat. – Nein, Herr Major, erniedrigen Sie mich nicht so sehr! Lassen Sie den jungen Menschen frei. Lassen Sie mich an dem Vater die viel edlere Rache nehmen, ihm zu zeigen, daß der, den er beleidigt hat, sein wahrer Freund ist. Seine Bestrafung überlassen Sie seinem eigenen Gewissen, das in niemand schläft, der eine böse Tat begangen hat."

„Blitz und Hagel! Daß ein Pfaffe nobler denken soll als ein Soldat! – Herr, Er hat recht!" (Hier wischte er ein paar Tränen ab, die ihm über seine grauen Augenwimper tröpfelten.) „Der junge Kerl soll los. Aber der Kapitän wird ihn nicht umsonst losgeben, das will ich auch nicht. Ich will ihn dem Hauptmanne bezahlen, aber Ihm, Herr Magister, soll der Vater das Lösegeld geben; ich schenke Ihm den Rekruten zwar, aber ich will das Lösegeld bestimmen."

Sebaldus mochte einwenden, was er wollte, der Major schritt nach der Türe zu und rief den Superintendenten hinein.

Stauzius, der eben mit Schrecken die Wendung der Sache vernahm, war vor Angst halb außer sich und trat in der Stellung eines armen Sünders hinein. Der Major sah ihn von oben bis unten an und sagte: „Sein Sohn, Herr, ist ein Deserteur und muß hangen oder sechsunddreißigmal Spießruten laufen. Einem so schlechten Kerl zu Gefallen, wie Er ist, Herr Superintendent, oder was Er sonst sein mag, würde ich ihn zwar nimmermehr losgeben; aber hier steht ein ehrlicher Mann, auf dessen Fürbitte soll Seinem Sohne nicht allein die Strafe erlassen sein, sondern Er soll ihn auch loshaben, wenn Er tausend Taler für ihn bezahlt."

Stauzius, halb erfreut, halb bestürzt, stellte stammelnd vor, daß eine so starke Summe nicht möglich wäre.

„Herr, räsoniere Er nicht. Der Kerl hat elf Zoll, Er soll tausend Taler geben, und zwar keine Bernburger; oder

Sein Sohn soll Gassen laufen, und Ihn will ich hinstecken lassen, wo Ihn Sonne und Mond nicht bescheint, weil Er ein Schurke ist und dieser Herr Magister hier ein ehrlicher Mann, den Er ums Amt gebracht hat, und räsoniere Er kein Wort weiter."

Stauzius wußte sich vor Schrecken nicht zu fassen; seine Frau hatte ihm eingebunden, ihr nicht eher vor die Augen zu kommen, bis er ihren einzigen Sohn mitbrächte, und der Präsident, der für den jungen Menschen eine beinahe väterliche Zärtlichkeit hegte, hatte ihm zu dessen Befreiung eine ansehnliche Summe in Golde mitgegeben, wodurch seinem eigenen Geize die Ranzion sehr erleichtert ward. Er bequemte sich also und zahlte in 77 Stück alten Louisdoren, das Stück zu 13 Rthlr. gerechnet, das ganze Lösegeld auf den Tisch.

Der Major nahm es an und überreichte es dem Sebaldus, der während der ganzen Unterhandlung, ob er gleich einigemal zu reden versucht hatte, von dem Major nie war zum Worte gelassen worden. „Dies soll", sagte er, „eine kleine Ersetzung des Schadens sein, den der Kerl Ihm zugefügt hat."

„Herr Major", sagte Sebaldus, „Sie haben mir den jungen Menschen geschenkt. Schenken Sie mir ihn ganz, nämlich mit der Freiheit, ihn wieder zu verschenken. Er hat Schutz in meiner Wohnstätte gesucht, diesen Schutz kann ich ihm nicht verkaufen, ohne geradezu wider meine Denkungsart zu handeln. Was mir dieser Herr kann zuwider getan haben, habe ich ihm längst vergeben. Er hat gesucht für die Reinigkeit der Lehre zu wachen, ich muß noch weit mehr bemüht sein, für die Reinigkeit meiner Handlungen zu sorgen. Hier, Herr Generalsuperintendent, nehmen Sie das Geld zurück."

Stauzius stand da wie ein Knabe, dem ein Gast einen Leckerbissen in den Mund stecken will, der Mund läuft voll Wasser, aber er trauet sich nicht, ihn aufzutun, aus Furcht vor dem Präzeptor, der es verboten hat. Er sah den Major mit furchtsamen Augen an, der ihn mit einem grimmigen Blicke abschreckte.

Sebaldus hörte indes nicht auf, bei dem Major ernstlich anzuhalten, der endlich dem Sebaldus auf die Achsel schlug und sagte: „Nun, tue Er, was Er will. Ich möchte gern böse sein, wenn ich nur könnte."

Sebaldus gab dem Stauzius das Geld, der es begierig in die Tasche schob und den Sebaldus mit einem Eifer umarmte, der genugsam zeigte, daß ihm sein Geld nicht weniger lieb war als sein Sohn. Er nannte ihn seinen Erretter, er bat ihn sehr demütig um Verzeihung, er versicherte, daß er auf ewig dankbar sein werde, daß er erkenne, wie großmütig Sebaldus handele, da er ihm ohne Rache vergebe, die er gänzlich in seiner Gewalt gehabt hätte, da er nicht einmal die Ranzion seines Sohnes annehmen wolle.

„Genug hievon!" fiel ihm Sebaldus in die Rede. „Gott vergibt ohne Sühnopfer und Lösegeld, und wer Gott fürchtet, wird ihm nachzuahmen suchen. Wenn Sie erkennen, daß Sie mir unrecht getan haben, so bin ich gänzlich befriedigt."

Stauzius versicherte aufs heiligste, er erkenne dies, aber es sei nicht genug, er verspreche ihm, seinen Schaden tätig zu ersetzen, und wenn er wieder nach Hause zurückkommen wolle, werde er ihm sobald als möglich eine gute Versorgung zu verschaffen suchen.

Sebaldus dankte für seinen guten Willen, aber verbat ihn.

Der Major sagte, es sei unnötig, denn er wolle dem Sebaldus die erste vakante Feldpredigerstelle und wo möglich bei seinem eignen Bataillon verschaffen, bis dahin nehme er die Sorge für dessen Unterhalt auf sich.

Unter diesen Gesprächen trat der junge Stauz in das Zimmer, welchen der Major frei erklärte und ihn seinem Vater übergab, der nicht eher mit Bitten nachließ, als bis ihm Sebaldus in den „Blauen Hecht" zum Mittagsmahle nachfolgte.

VIERTER ABSCHNITT

Hier genoß Sebaldus das süße Vergnügen, von seinem Feinde verdienten Dank einzuernten. Vater und Sohn überhäuften ihn mit Liebkosungen. Jener wiederholte mit Eifer den Vorschlag zu einer guten Versorgung und beteuerte, er wolle alles Ansehen dazu anwenden, das er im Fürstentume hätte. Der Sohn unterstützte diesen Vorschlag, so daß Sebaldus endlich anfing, zu wanken und sich eine ruhige Beförderung in seinem Vaterlande als eine wünschenswürdige Sache vorzustellen.

Er befragte den Major über diesen Vorschlag und wunderte sich nicht wenig, daß dieser gar nicht dazustimmen wollte. Da er die Ehrlichkeit aller Menschen nach seiner eignen beurteilte, so konnte er gar nicht begreifen, daß der Major gegen des Superintendenten Aufrichtigkeit soviel Argwohn hegte. Er hielt dies für ein allzuweit getriebenes Mißtrauen und befestigte sich immer mehr in seinem Vorhaben, durch eine Predigerstelle in seinem Vaterlande Ruhe zu suchen.

Als der Major sah, daß sein Entschluß, der Einladung des Stauzius zu folgen, fest gefaßt war, so wollte er ihm nicht ferner hinderlich sein. Er ließ den alten Stauzius zu sich kommen und band ihm aufs allerernstlichste ein, sein Versprechen zu halten. Er bedeutete ihn, daß er dem Sebaldus einen Brief an den Obersten, der jetzt in der fürstlichen Residenz kommandierte, mitgegeben hätte, um diesen Offizier, seinen vertrauten Freund, zu bitten, den Sebaldus zu beschützen und jeden, der sich unterstehen würde, ihn zu verfolgen, aufs empfindlichste zu bestrafen. Stauzius versprach mehr, als er vorher versprochen hatte, und versicherte, noch mehr zu leisten.

Als Sebaldus vom Major Abschied nahm, empfing er von ihm, außer dem obengedachten Schreiben an den Obersten, noch ein Empfehlungsschreiben an einen seiner vertrauten Freunde in Berlin. Er versicherte, wenn Sebaldus einmal nach Berlin kommen sollte, werde ihn dieser Freund auf Vorzeigung des Briefes freundschaftlich aufnehmen, und bei demselben würde er auch beständig Nachricht von des Majors Aufenthalt bekommen können. Er gebot ihm, von diesem Briefe Gebrauch zu machen, wenn, wie er noch immer befürchtete, Stauzius sein Versprechen nicht halten sollte, und gelobte ihm mit den heiligsten Schwüren seinen Beistand, sobald er desselben benötigt sei und nur Nachricht davon geben wolle.

Was den Major gegen den guten Generalsuperintendenten so gar sehr mißtrauisch gemacht habe, ist schwer zu sagen. Vermutlich war es dessen Physiognomie. Ob aber insbesondere ein weit gegen das Ende der Nase vor sich gehendes Nasläppchen[1] oder eine spitze Stirn oder eine eingekerbte Oberlefze oder grünlichte Zähne oder ein hörbarer Atem oder nur überhaupt sein superintendentenmäßiges Ansehen[2] daran schuld gewesen, würde der berühmte Herr Lavater am sichersten berichten können, wenn er den Generalsuperintendenten Stauzius gesehen hätte.

[1] Man s. Lavaters „Kleine Physiognomik", II. T., S. 117 u. folg.

[2] Siehe ebendaselbst, S. 36.

Der Erfolg schien indes, wenigstens anfänglich, das Mißtrauen des Majors gar nicht zu rechtfertigen. Stauzius nahm den Sebaldus mit sich in die fürstliche Residenzstadt zurück. Er hätte ihn in sein Haus aufgenommen, aber Sebaldus wollte nirgend als bei seinem Freunde Hieronymus abtreten. Inzwischen erwies ihm Stauzius alle mögliche Höflichkeiten, und er ward von demselben sowohl als von dem Präsidenten nicht selten zu Gaste geladen; sonderlich nachdem der fremde Oberste, dem er sein Empfehlungsschreiben überreicht hatte, sich öffentlich für seinen Beschützer erklärt und ihn dem Präsidenten zu einer baldigen Wiederbeförderung ausdrücklich empfohlen hatte. Auch ward er wirklich in den nächsten drei Monaten zu zwei im Lande vakant gewordenen Pfarren vorgeschlagen. Nur war unglücklicherweise auf die eine schon vorher einem andern die Anwartschaft gegeben worden, und die andere hielt der Präsident für nicht einträglich genug, obgleich Sebaldus meinte, sie sei einträglicher als seine verlassene Pfarre. Der Generalsuperintendent widerlegte ihm dies und gab ihm zu verstehen, daß man einem solchen Manne eine Spezialsuperintendentur zu geben gedächte. Nun waren zwar alle Spezialsuperintendenten des Fürstentums in der Blüte ihrer Jahre, befanden sich wohl an Fleisch und Knochen, aßen und tranken gut und studierten wenig, so daß man freilich auf eine Vakanz in kurzem nicht gewiß rechnen konnte. Da aber doch ein Schlagfluß den Gesundesten befallen kann und ein hitziges Fieber auch keinen Spezialsuperintendenten verschont, so war es nicht offenbar unmöglich, daß Sebaldus, obgleich beinahe sechzig Jahre alt und vom Mangel und Kummer etwas gebeugt, eine solche Stelle vor seinem Ende noch unvermutet erhalten könnte.

Sebaldus ließ sich indes, bis zur Erfüllung dieser Hoffnung, die Zeit gar nicht lang werden, da er bei seinem Freunde Hieronymus aufs freundschaftlichste aufgenommen war. Weil er in dessen Laden immer bekannter ward, so fing er an, bei dessen oftmaligen Reisen verschiedenes für ihn zu besorgen. Wenn hingegen sein Freund zugegen war, hatte er völlige Muße, an seinem Kommentare über die Apokalypse zu arbeiten, worin er sich so vertiefte, daß er die Hoffnung zu einer Pfarre vielleicht ganz vergessen haben würde, wenn sie Stauzius nicht erneuert hätte, sooft er ihn zu Gaste bat.

Inzwischen war in den ersten Monaten des folgenden Jahres der allgemeine Frieden geschlossen worden, welchem zufolge der fremde Oberste mit seinen Truppen wegging. Diese Veränderung brachte eine große Veränderung in den Herzen und auf den Gesichtern vieler Leute in dem kleinen Fürstentume hervor. Insbesondere schienen der Präsident und der Generalsuperintendent den ehrlichen Sebaldus nicht mehr so genau zu kennen als vorher. Sie ließen ihn nicht mehr zu sich bitten. Wenn er sich bei dem erstern anmeldete, so sagte der Bediente schon an der Türe, daß Seine Exzellenz Mittagsruhe hielten oder daß Sie eben Geschäfte hätten oder daß Sie heute niemand sprächen. Wenn er den letztern zu sprechen verlangte, so kamen, nachdem er eine halbe Stunde in dem Visitenzimmer gewartet hatte, Seine hochwürdige Magnifizenz zwar im Schlafrocke, mit oder ohne Perücke, zum Vorscheine und vergaßen auch niemals, beim Weggehen ihn Ihrer Gewogenheit zu versichern; aber obgleich verschiedene Vakanzen vorfielen, dachte doch niemand mehr daran, den guten Sebaldus vorzuschlagen.

Endlich ward nach ein paar Monaten eine Predigerstelle in einem benachbarten kleinen Städtchen offen, die Sebaldus unter andern deshalb gern gehabt hätte, weil Hieronymus den dasigen Viehmarkt zu besuchen pflegte und er sich ein großes Vergnügen dabei vorstellte, seinen einzigen Freund jährlich zweimal zu sehen und in seinem Hause aufzunehmen. Er wagte es also, dem Generalsuperintendenten abermal aufzuwarten und zum ersten Male sich selbst um eine Stelle zu melden.

Stauzius warf die Sache nicht ganz weg; aber nach einigem Ha und Hem fing er an, dem Sebaldus vorzustellen: er würde selbst einsehen, wie nötig es wäre, wenn von seiner wirklichen Beförderung die Rede sein sollte, das gegebene Ärgernis dadurch zu heben, daß er vor dem Konsistorium seine irrige Meinungen, besonders von der Ewigkeit der Höllenstrafen, widerriefe, auch sich wegen der höchstwichtigen Lehre von der Genugtuung dem Sinne der symbolischen Bücher gemäß erkläre, indem er sich mit Betrübnis erinnere, in Leipzig darüber von ihm eine höchst bedenkliche Äußerung gehört zu haben.

Sebaldus sagte mit Erstaunen: er wundere sich über diese Zumutung, werde aber um keines zeitlichen Vorteils willen die einmal erkannte Wahrheit verleugnen.

Stauzius verwies ihm in nicht völlig sanftem Tone seine Hartnäckigkeit, gebot ihm, von seiner ketzerischen Lehre abzustehen, und erinnerte ihn zuletzt, indem er durch einen Griff an seine violettne Mütze das Zeichen zum Abschiede gab, mit trocknem Amtsgesichte: daß jetzt die Zeit nicht mehr wäre, da man durch feindliche Gewalt in den Weinberg des Herrn einzudringen suchen müsse. Gottlob, es sei jetzt Frieden!

Als Sebaldus seinem Freunde Hieronymus diesen Vorgang erzählte, fand dieser bestätigt, was er schon längst befürchtet hatte, nämlich daß für den Sebaldus in dem Fürstentume weiter keine Beförderung zu hoffen sei.

Nach einigen Tagen erfuhr man, daß der Präsident einem Fiskale aufgegeben habe, den Sebaldus fiskalisch anzuklagen, weil er im Kriege für fremde Truppen Rekruten geworben, zehen wirklich aus dem Lande geschafft und den Sohn des Generalsuperintendenten für Geld habe loslassen wollen.

Sebaldus lachte über eine so ungereimte Anklage und konnte nicht es erwarten, sich vor Gerichte zu stellen, um durch bloße Erzählung der Wahrheit seine Feinde zu beschämen.

Hieronymus aber versicherte ihn, vermöge seiner Erfahrung in Welthändeln: daß derjenige, der wissentlich eine falsche Anklage tue, nicht durch die Wahrheit beschämet werde; daß man einen mächtigen Mann alsdann am meisten fürchten müsse, wenn er offenbar ungerecht anklage, und daß bei einem fiskalischen Prozesse nie etwas zu gewinnen, sehr oft aber viel zu verlieren sei.

Nachdem beide den wahren Zustand der Sachen reiflich überlegt hatten, so kamen sie überein, daß des Sebaldus mächtige Feinde ihn im Lande nicht dulden würden, daher es für ihn jetzt sicherer sein möchte, abzuziehen als sich mit Gewalt wegtreiben zu lassen.

Das Empfehlungsschreiben des Majors nach Berlin ward also hervorgesucht. Hieronymus stellte seinem Freunde eine Summe Geldes zu, welche er aus den bei ihm zurückgelassenen Mobilien gelöset zu haben versicherte, die aber Sebaldus' Erwartung so sehr übertraf, daß er vermutete und es sich merken ließ, sein Freund habe auch hier freundschaftlich gehandelt.

Die Post nach Berlin war bestellt. Sebaldus, weil er noch nicht wußte, wie lange sein Aufenthalt in Berlin dauern könne, nahm nur in einem kleinen Koffer das Allernotwendigste mit sich. Das übrige nebst seinem Kommentare über die Apokalypse, der schon zu ein paar hundert Heften angewachsen sein mochte, ließ er bei seinem Freunde Hieronymus stehen.

Nun setzte er sich, nach zärtlichem Abschiede, auf den Postwagen und trat seine Reise an.

In der zweiten Nacht ward der Wagen, unweit der brandenburgischen Grenze, in einem Walde unvermutet von Räubern überfallen, dergleichen damals nach eben geschlossenem Frieden mehrere herumschwärmten. Sie schlugen den Postillon auf der Stelle tot, und Sebaldus, der einzige Passagier, empfing einen Schlag auf den Kopf, wovon er betäubt zur Erden fiel. Als er wieder zu sich kam, war die Sonne aufgegangen, der Postillon lag tot ausgestreckt, der Postwagen war beraubt und sein eigner Koffer gänzlich ausgeleert. Seine Kleider hatten ihm die Räuber gelassen, vermutlich weil deren schlechtes Ansehen sie nicht in Versuchung führen konnte, und er fand auch in einer Tasche noch etwas kleines Geld. Sein Rekommandationsbrief war aber weg, welches ihn zwar bestürzt machte; doch tröstete er sich dadurch etwas, daß er so klug gewesen, seinen Kommentar über die Apokalypse zurückzulassen, welcher sonst auch der größten Gefahr, verlorenzugehen, würde ausgesetzt gewesen sein. Er suchte aus dem Walde herauszukommen und folgte der ersten Landstraße, die er fand, ohne zu wissen, wohin sie ihn führte.

DRITTES BUCH

ERSTER ABSCHNITT

Sobald Mariane nebst ihrem französischen Namen auf dem Wohnsitz des Herrn von Hohenauf anlangte, war die gute französische Aussprache der erste Gegenstand der Untersuchung. Die gnädige Frau konnte sehr füglich darüber urteilen, weil sie selbst mit einem angenehm gemischten halb thüringischen, halb wetterauischen Akzente Französisch sprach. Sie erklärte nach einer viertelstündigen Unterredung, daß Marianens Aussprache ohne Tadel sei, und fragte ihren Gemahl, ob sich nicht gleich die Aussprache einer gebornen Französin von der Aussprache einer Deutschen durch ein gewisses je ne sais quoi unterscheide, welches dieser mit einem deutlichen „Allerdings!" bekräftigte, da ihn seine Gemahlin schon seit den ersten Tagen ihrer Vermählung gewöhnt hatte, alles, was sie mit einem gewissen Tone fragte, sogleich zu bejahen.

Nun schritt die gnädige Frau zur Instruktion der künftigen Hofmeisterin ihrer Kinder. Der Hauptpunkt war, daß sie beständig französisch und niemals deutsch mit ihnen sprechen und die Kinder anweisen sollte, sich als Personen von Stande zu betragen und jederzeit artige Manieren zu haben. Hierauf ward gefragt, ob sie Gelegenheit gehabt habe, öfter Personen von Stande zu sehen und ihr Betragen zu beobachten. Mariane, ob sie gleich hier eine Französin vorstellte, hatte doch das zuversichtliche Bejahen noch nicht gelernt, welches schon oft sowohl mancher französischen Hofmeisterin und Kammerjungfer als manchem französischen Kammerdiener und Projektmacher aus der Not geholfen hat; sie bekannte daher mit Erröten, sie sei selten in dem Falle gewesen.

„Desto schlimmer“, sagte der Herr von Hohenauf, „denn bei der Erziehung vornehmer Kinder ist das notwendigste, ihnen standesmäßige Manieren beizubringen. Zum Glücke kann Sie dem Mangel abhelfen, Mamsell, wenn Sie fleißig auf meine Gemahlin achthat, denn die ist ein vollkommenes Muster standesmäßiger Aufführung.“

Die Frau von Hohenauf neigte ihr mit starken Knochen versehenes Vorderhaupt nachlässig auf die rechte Schulter, blinzelte mit ihren grauen, rotunterlaufenen Augen, lächelte über ein Paar vorwärts geworfene Lippen und sagte:

„Sie sind sehr gütig, Herr von Hohenauf; aber wahr ist's, daß ich immer die décence in meinem Betragen zu beobachten suche, die Personen vom Stande eigen ist. Hiernach, Mamsell, muß Sie meine Fräulein auch bilden, damit sie sich niemals vergessen, sondern beständig vor Augen haben, wer sie sind. Dies muß Sie selbst auch niemals aus den Augen lassen, sondern bedenken, daß Sie in meinen Fräulein Personen von Stande vor sich hat. Sie muß ihnen beständig mit Nachsicht begegnen, ihnen niemals befehlen, noch weniger gegen sie strenge oder unfreundlich sein, wenn sie auch ein wenig Lebhaftigkeit zeigen, denn Jugend hat keine Tugend. Es ist genug, wenn sie nur die décence und ihre Geburt nie vergessen. Nächstdem kann Sie ihnen oft gute französische Bücher geben, daß sich der Geist aufklärt. Wir lassen deshalb monatlich den ‚Mercure de France‘ kommen, darin stehen die neuesten énigmes und logogriphes, wie sie am Hofe zu Versailles eben gänge und gäbe sind; auch schöne poésies fugitives, darüber müssen die Fräulein urteilen lernen, damit sie, wenn künftig ihr amant ihnen ein Madrigal à Silvie mit einem galanten envoy zusenden wird, die finesse davon einsehen und mit esprit antworten können. Auch sind im ‚Mercure' Nachrichten von den neuesten opéras comiques und von den neuesten almanachs, modes und chansons, dadurch lernen sie loben, was jetzt in Paris du bon ton ist. Hauptsächlich aber muß Sie gute Romanen mit ihnen lesen, als ‚Hippolyte Comte de Douglas', die ‚Mémoires d'une dame de qualité qui ne s'est point retirée du monde', die ‚Lettres d'une réligieuse portugaise' und so weiter, damit die Fräulein beizeiten lernen, wie eine affaire de cœur geführt wird, und damit sie die grace plus belle que la beauté sich eigen machen, durch die unser Geschlecht über das männliche einen so sichern Sieg zu erhalten weiß."

Hier minaudierte sie aus dem rechten Augenwinkel, in Ermanglung einer andern Mannsperson, auf ihren Gemahl, der, dadurch beherzt gemacht, sein Wort auch dazugeben wollte und sagte: „Imgleichen Gellerts Fabeln könnten auch wohl mit den Kindern gelesen werden."

„Ja", versetzte die gnädige Frau mit trübem Blicke und etwas gerümpfter Nase, „Gellerts Fabeln gehen allenfalls an, aber andere deutsche Bücher müssen die Fräulein nicht lesen, denn das deutsche Zeug nützt ihnen nichts, wenn sie nach Hofe kommen. Picard, mein homme de chambre, sagt immer, es ist kein brin von bon ton darin, und das ist auch wirklich wahr. Es klingt alles so deutsch, wahrhaftig, ich bekomme vapeurs, wenn ich nur die gotischen Buchstaben sehe."

Marianen war alles, was ihr gesagt ward, so unerhört, daß sie sich dünkte in einer ganz neuen Welt zu sein. Sie verstand von dieser Rede nicht den dritten Teil, zumal da sie von einer etwas stämmigen deutschen Dame in dem nachlässigen Tone einer Petite-maîtresse dahingelallt ward, versprach aber doch mehrere Gelehrigkeit, als sie sich vorderhand noch selbst zutraute. Ebenso hörte sie, ohne ein Wort dawider einzuwenden, die Anordnung ihres häuslichen Lebens an. Man sagte ihr nämlich, daß sie in Nebenstunden für die gnädige Frau und die beiden Fräulein Putz machen und der Kammerjungfer helfen müsse Kleider garnieren. Man gab ihr zu verstehn, daß man erwarte, sie werde helfen den Tisch anordnen, wenn große Gesellschaft da wäre, und, wenn die Jungemagd viel zu tun hätte, auch darnach sehen, daß die Schränke gebohnt und der Staub von den porzellanen Aufsätzen abgewischt werde. Zuletzt erfuhr sie, daß sie zwar der Fräulein wegen die Gnade haben sollte, an die hochadelige Tafel gezogen zu werden, wenn die Herrschaft allein sei; wäre aber Gesellschaft da, so würde sie sich selbst bescheiden, mit den übrigen Domestiken höhern Rangs zu essen.

Dies waren sämtlich Personen, die nützliche Talente besaßen, feine Sitten hatten und die Welt kannten. Sie bestanden in dem französischen Friseur der gnädigen Frau, in dem Gerichtsaktuar, der zu gleicher Zeit das Amt eines Tafeldeckers wahrnahm, in der Kammerjungfer der gnädigen Frau, welche in den Kohlgärten vor Leipzig in der Schule der artigen Lebensart gewesen war, in der Ausgeberin, welche bei einem Hauptmanne die Ökonomie gelernt hatte, dem sie drei Kampagnen durch als Köchin gefolgt war, in einem ausgedienten Fahnenschmiede, der im Hause ehrenhalber der Stallmeister des gnädigen Herrn tituliert ward, und in einem armen, vater- und mutterlosen Verwandten, welcher als Fahnenjunker von einem Regimente bloß deswegen war weggejagt worden, weil er in der Schlacht bei Roßbach zuerst sich umgekehrt hatte, da denn ein Teil des Regiments der Fahne nachgeeilt war.

Dieser Herr Vetter ward auch, wie Mariane, zur Tafel gezogen, wenn keine Gesellschaft vorhanden war. Dagegen ließ er sich gefallen, allerhand kleine Dienste zu leisten, zum Beispiel den Stuhl wegzurücken, wenn seine gnädige Tante aufstand, den Pfropfenzieher zu holen, wenn sein gnädiger Oheim trinken, oder die Pfeife zu stopfen, wenn er nach Tische rauchen wollte, laut zu lachen, wenn er einen Schwank erzählte, und augenblicklich stillzuschweigen, sobald sie durch eine gerunzelte Stirne zu erkennen gab, daß sie keinen Gefallen daran hätte. Er mußte auf jede Frage sogleich eine Antwort bereit haben und, wenn die Antwort mißfiel, sich nicht verdrießen lassen, daß ihm Stillschweigen geboten oder vom Tische aufzustehen befohlen ward, durfte auch nicht sauer aussehen, wenn er wieder erschien. Kurz, er hatte den Posten manches Kammerjunkers an manchen fürstlichen Höfen; einen Posten, der seines äußerlichen Glanzes wegen von denen, die ihn nicht haben können, so oft gewünscht und von denen, die ihn bekleiden, so oft vermaledeiet wird; einen Posten, für den, ob er gleich in Deutschland allenthalben besetzt ist, doch in der an Konversationsausdrücken armen deutschen Sprache noch keine besondere Benennung zu finden ist und für den die in der Konversationssprache so reichen Franzosen und Engländer noch keine bessere Benennung haben finden können, als daß sie die Inhaber desselben Schlangen- und Krötenesser[1] nennen.

[1] Avaleurs de couleuvres — toad-eaters.

Es ist leicht zu erachten, da der Herr Vetter, ein junger Herr von guter Familie, sich gegen das hochadelige Paar so gefällig zu betragen hatte, wie sehr man von Marianen ebensoviel, wo nicht mehr Gefälligkeit verlangte und wie hart dies ihr anfänglich vorkommen mußte, einer Person, seit ihrer ersten Kindheit so glücklich unabhängig, daß sie von nichts als von ihrer eigenen Vernunft und von der Vernunft und der Liebe zärtlicher Eltern regiert worden war. Das unschätzbare Glück der Unabhängigkeit ist durch keine andere Vorteile zu ersetzen. Man mag von dem mächtigsten, von dem reichsten Manne, ja selbst von seinem eigenen Freunde abhangen, so fühlt man die Fesseln, sie mögen noch so weit losgelassen und noch so schön geschmückt sein. Wem das Schicksal die Unabhängigkeit versagt, der mache sich gefaßt, einigen der Rechte eines frei gebornen Menschen zu entsagen. Er lerne vergessen, was er am eifrigsten wünscht, nach dem trachten, was ihm verächtlich ist, Fröhlichkeit seines Herzens verbeißen und bei nagendem Kummer ein heiteres Gesicht annehmen. Ist seine Seele zu stark und sein Herz zu empfindlich, als daß er, sooft es verlangt wird, fremden Irrtum eigener Überzeugung vorziehen könne, so kämpfe er den bittern Kampf, über seinen eigenen Verstand zu siegen.

Diesen Kampf hatte Mariane zu bestehen, mit allem, was er Herbes und für den menschlichen Geist Erniedrigendes hat. Sie sah sich jetzt in einem Zustande, den bloß das Wohlwollen ihrer Obern erträglich machen konnte, und nahm sich ernstlich vor, solange es höhere Pflichten erlaubten, sich in allen Dingen ohne Widerrede nach dem Willen der Frau von Hohenauf zu richten und sogar, wenn es möglich wäre, ihren Wünschen zuvorzukommen. Dies war nun freilich ein schwer auszuführendes Unternehmen, denn die Frau von Hohenauf war sehr auffahrend, sehr eigensinnig und sehr ungleich in ihrem Betragen. Auf ihren Adel äußerst stolz, schien sie alle Personen bürgerlichen Standes für Geschöpfe von einer andern Gattung zu halten, welche sie beständig den großen Abstand fühlen ließ, der zwischen ihr und ihnen bleiben müsse.

Und dennoch stammte sie selbst aus bürgerlichem Stande. Ihr Vater, namens Säugling, war ein reicher Pachter gewesen, und ihr Bruder war ehemals ein Tuchhändler in einer Handelsstadt und erwarb nachher im Kriege durch Lieferung an die Armeen ein sehr großes Vermögen. Dieses bürgerlichen Ursprungs aber war sie nie eingedenk. Vielmehr ging ihr ganzes Tun und Lassen dahin, das Ansehen einer Dame von Stande zu erlangen und der Familie ihres Gemahls, die seit länger als hundert Jahren auf ihren angeerbten Gütern Kohl gepflanzt hatte, einen neuen Glanz zu geben. Wäre es nur irgend wahrscheinlich gewesen, daß sie an einem deutschen fürstlichen Hofe hätte können zur Cour gelassen werden, aus deren Atmosphäre höchstbilligerweise alle Personen ausgeschlossen sind, die keine Ahnen aufzuweisen haben, und wäre ihr Gemahl nur irgend zu etwas anderm geschickt gewesen, als auf die Jagd zu gehen, zu trinken und alle Anordnungen seiner Gemahlin zu bewundern, so hätte sie nicht eher geruhet, bis er sich mit ihr nach Hofe begeben. Hätte sie einen Sohn gehabt, so würde sie ihn zu einem adeligen Amte erzogen haben, und sollte es auch nur eine Fähnrichsstelle gewesen sein. Da sie aber bloß Töchter hatte, so ging sie damit um, ihnen eine so galante Erziehung zu geben, daß sie durch ihr Vermögen und ihre Reize Grafen, Minister oder Generale fesseln könnten, durch welche vorteilhafte

Vermählungen sie noch hoffte, am Hofe und vielleicht im ganzen Lande in hohes Ansehen zu kommen: die größte Glückseligkeit, die sie sich in ihrer Einbildung vorstellen konnte!

Mariane war nun das Werkzeug, wodurch beide junge Fräulein zu so wichtigen Absichten geschickt gemacht werden sollten. Hiezu war nötig, mit fertigen Lippen von nichts und über nichts französisch zu plappern; alle Vorteile des Putzes ihrem Körper gemäß so zu gebrauchen, damit er, es sei im nachlässigen Nachtkleide oder in der sittsamen Roberonde oder in der prächtigen Galarobe mit ausgespreizetem Panier und schwimmender Schleppe, Augen und Herzen der Kavaliere an sich ziehen müßte; den Verstand aber hauptsächlich zu der wichtigen Untersuchung zu bilden, ob die eroberten Herzen behalten oder ob sie, nachdem damit eine Zeitlang wie mit einem Balle gespielet worden, in den Winkel geworfen werden sollten. Sobald sie dies alles verstanden, so hatten sie die hauptsächlichsten Wissenschaften gelernt, welche ihre Mutter jeder jungen Dame nötig hielt, die in großen Gesellschaften glänzen will.

Im Grunde schien Mariane zur Lehrerin so wichtiger Dinge nicht eben geschickt zu sein. Nach ihrem schlichten, gesunden Verstande glaubte sie, der Vorzug eines Frauenzimmers bestehe vielmehr darin, daß sie gut als daß sie schön und galant sei. Obgleich selbst sehr wohlgebildet, hatte sie doch niemals Wert darauf gesetzt, vielleicht weil ihr noch nie eine Mannsperson gesagt hatte, sie sei schön. Zum Putze hatte sie zwar, ohne es zu wissen, eine natürliche Geschicklichkeit, indem ihr alles sehr wohl anstand, was sie selbst anlegte oder für andere wählte, welches den Friseur Picard bewog, sie für eine wirkliche Französin zu halten; aber sie hatte den Putz noch niemals gebraucht, um Absichten damit zu erreichen. Sie kannte die Reize der großen Welt nicht und verlangte auch nicht, sie zu kennen, denn ihre mäßigen Wünsche waren bisher sehr leicht befriediget worden. Ihr höchster Wunsch war vorher, die Liebe ihrer Eltern zu verdienen, und jetzt, ihre Pflicht zu erfüllen.

Wenn Mariane eine schlechte Lehrerin war, so waren die beiden Fräulein ebenso schlechte Schülerinnen, denn sie hatten zum vornehmen Leben gar keine Anlage. Sie waren ein paar gute Landmädchen mit roten Backen, die vor Gesundheit strotzten. Auf dem Hofe herumzuspringen oder des Abends die blökenden Herden eintreiben zu sehen war ein Fest für sie. Im leichten Röckchen und im glatten Nachthäubchen mit himmelblauem Bande umsteckt gefielen sie sich besser als in dem reichen Anzuge eines stoffenen Schnürkleides mit Pompons besetzt. Wenn Picard seine ganze Kunst an ihren Köpfen beweisen wollte, ward ihnen die Zeit lang; sie gähnten oder sprangen auf und liefen ein paarmal in der Stube herum oder haschten einen Schmetterling, der eben zum Fenster hereingeflogen war. Wenn ihre Mutter, wie es oft geschah, Assembleen hielt, wo in dem schön erleuchteten großen Saale der wohlgeputzte benachbarte Adel mit dem ernsten Geschäfte, die Zeit zu töten, an zwanzig Spieltischen beschäftigt war, schlich sich die älteste Fräulein, Adelheid, oft in den Garten, die untergehende Abendsonne zu betrachten, den Nachtigallen zuzuhören oder den Duft der Nachtviolen und des Jasmins einzuziehen. Sie hatten beide keinen glänzenden Verstand, wenn es glänzender Verstand heißt, über alle Gegenstände vorschnell und mit Selbstgenügsamkeit ein Redespiel zu halten, noch lebhaften Witz, wenn es lebhafter Witz heißt, Gründe mit Einfällen beantworten und mit Hohngelächter diejenigen aufziehen, die verständiger sind als wir. Aber sie hatten den gesunden Verstand, der sich mit Bescheidenheit und mit Lehrbegierde wohl verträgt, und so viel Anteil an Witz und Scharfsinn, als nötig ist, Gegenstände im Gespräche anschaulicher darzustellen. Von dem Stolze ihrer Mutter, der sich auf Verachtung anderer gründete, besaßen sie gar nichts. Sie empfanden die Vorzüge ihres Standes bloß alsdann, wenn sie dadurch Gelegenheit hatten, wohlzutun, Almosen auszuteilen oder einem Bedienten, der etwas versehen hatte, bei ihren Eltern Vergebung zu erbitten.

Durch so ähnliche Gemütsart entstand bei der Lehrerin und den Schülerinnen sehr bald eine wechselseitige Zuneigung. Diese Übereinstimmung machte auch das mütterliche Verbot ganz unnötig, daß den Fräulein nicht strenge begegnet werden sollte; aber überhaupt nahm ihre Erziehung eine Wendung, die den Absichten der Frau von Hohenauf nicht völlig gemäß schien. In den Lehrstunden war anstatt vom adeligen Stande, von der décence und von artigen Manieren vielmehr sehr oft die Rede von den Pflichten gegen Gott und die Nebenmenschen. Anstatt zu lehren, wie ein Schminkpflästerchen mit Koketterie zu legen oder wie eine affaire de cœur am rechten Ende einzufädeln sei, worin die gute Mariane ohnedies sehr unwissend war, suchte sie den Kindern vielmehr einzuprägen, daß sie ihren Geist mit nützlichen Kenntnissen auszieren und ihr Herz der Wohltätigkeit und der Menschenliebe beständig offen erhalten müßten. Die „Lettres d'une réligieuse portugaise" wurden daher sehr bald von Basedows „Elementarbuch" und „Hippolyte Comte de Douglas" von Reimarus' „Natürlicher Religion" verdränget.

Hieraus ist leicht abzunehmen, daß anstatt der gebotenen französischen sehr oft die verbotene deutsche Lektur insgeheim werde überhandgenommen haben. Mariane besaß viel zuwenig monde, um einzusehen, daß jungen deutschen Damen die deutsche Sprache ganz unnötig ist. Sie hatte noch keinen Begriff davon, daß man, um standesmäßig zu leben, in seinem eigenen Vaterlande fremde werden müsse. Wie konnte es auch anders sein? Die große Welt kannte sie sowenig als die jungen Fräulein, welche sie unterrichten sollte; sie glaubte treuherzigerweise, man lebe nur, um selbst besser zu werden und um andere Menschen glücklicher zu machen. In solchen spießbürgerlichen Grillen wollte sie auch ihre Fräulein erziehen; daher war der Schaden eben so groß nicht, wenn sie auch Deutsch mit denselben las, indem sie doch die französische Lektur nicht avec gout zu wählen wußte. Sie las lieber „L'ami de ceux qui n'en ont point" als „Les égaréments de l'esprit et du cœur" und lieber „Memnon, histoire orientale" als die „Lettres de Ninon Lenclos" oder den „Almanach de toilette". Mit diesem Geschmacke stimmte der Geschmack der jungen Fräulein nur allzusehr überein; denn wenn diese im „Mercure de France" blätterten, so überschlugen sie meistens alle pièces fugitives, chansons, énigmes, logogriphes und présentations und verweilten sich bei einem „Conte moral" von Marmontel oder la Dixmerie, die damals einzeln im „Mercure" zu erscheinen pflegten, oder suchten einen zuweilen eingerückten trait de bienfaisance auf.

In diesem allen fand sich noch sehr wenig du bon ton, welches doch die Hauptsache war, wozu die Frau von Hohenauf ihre Fräulein wollte angeführt wissen. Es ist also leicht zu erachten, daß sie mit einer so bürgerlichen Erziehung schwerlich zufrieden sein konnte. Schon in den ersten vier Wochen schien es beinahe, daß sie ihre neue französische Mamsell sehr bald wieder abschaffen würde, denn sie gab derselben bei aller Gelegenheit bittere Verweise und tadelte alle ihre Anordnungen. Die Fräulein schienen ihr blöder, seit sie bei Marianen waren, hatten gar keine bonne grace, hatten gar keinen esprit, antworteten zu langsam und zu kurz, wenn man sie fragte; ungefragt plauderten sie sehr selten, wußten ihre Reverenz nicht abzumessen und beugten die Knie tief gegen einen Verwalter oder homme d'affaires, wo ein Kopfneigen oder ein nachlässiger Knicks im Vorbeigehen hinlänglich gewesen wäre.

Außer andern Erfordernissen, die Marianen mangelten, um eine gute französische Mamsell zu sein, fehlte es ihr freilich auch an der den französischen Hofmeisterinnen so gewöhnlichen Politik, allen Leidenschaften der hochadeligen Mutter zu schmeicheln, alles dreifach zu loben, was die Mutter an den Kindern lobt, ihren eignen oder fremden Witz die Kinder auswendig lernen zu lassen und sie zu gewöhnen, denselben mit dreister Naseweisheit in Gesellschaft an Mann zu bringen, wodurch denn jedermann, der zu leben weiß, über die frühzeitigen Gaben der Kinder erstaunt, der Mutter über das kleine Wunderwerk, das sie unter ihrem Herzen getragen hat, ein verbindliches Kompliment macht und auch nicht vergißt, der Mamsell im besten zu gedenken.

Hiervon wußte Mariane gar nichts. Sie war vielmehr beim Antritte ihres Amts so unerfahren, daß sie ihren Fräulein eine anständige Bescheidenheit anpries, eine gar nicht glänzende Eigenschaft, welche die Frau von Hohenauf höchstens von ihren Bedienten forderte. Sie würde also Marianen sehr bald überdrüssig geworden sein ohne einen kleinen Umstand, wovon in keinem der Systeme der Pädagogik[1], in welchen noch ein Kapitel

[1] Ungelehrten Vätern und Müttern zugute sei hier angemerkt, daß die Gelehrten mit diesem griechischen Worte die Kunst der Erziehung andeuten. Diese feierliche Benennung wird gebraucht, seitdem die Gelehrten diese Kunst

von französischen Mamsellen befindlich ist, ein einziges Wörtchen angetroffen wird.

Mariane hatte von Jugend auf eine große Sorgfalt für ihre eigne Person getragen und hielt sich überaus reinlich in Kleidung und Wäsche. Sie besaß die natürliche Gabe, allen weiblichen Putz sogleich nach dessen Bestandteilen zu übersehen, also auch ihn nachzumachen, nach ihrem Geschmacke zu verbessern und neuen zu erfinden. Dieses Talent kam ihr jetzt sehr wohl zustatten. Wenn ihre Fräulein besonders fleißig und gehorsam waren, so belohnte sie ihren Fleiß mit einem nach neuer Mode gesteckten Kopfzeuge oder anderm Frauenzimmerputze, den sie so zu wählen wußte, daß dadurch derselben natürliche gute Leibesgestalt mehr erhoben und in kurzer Zeit ihr ganzer alter Putz mit neuem nach dem besten Geschmacke verwechselt wurde. Den scharfsinnigen Augen der Frau von Hohenauf entging eine so wichtige Veränderung nicht, sondern gereichte ihr vielmehr zu so großem Wohlgefallen, daß sie Marianen wegen ihrer Geschicklichkeit im Putzmachen den Vorwitz, die Seelen ihrer Fräulein bilden zu wollen, zu vergeben anfing. Doch die Gunst ward noch größer, als, durch so glücklichen Erfolg aufgemuntert, Mariane es wagte, für die Frau von Hohenauf selbst zu arbeiten, die bisher ihren sämtlichen Putz aus der ersten Quelle, aus Paris, verschrieben hatte. Sie brachte eine comète aux zéphyrs[1] zustande, die in der nächsten Assemblee ein

in verschiedene Systeme gebracht haben, deren jedes — gleich den philosophischen Systemen — für sich sehr genau zusammenhängt und dem andern schnurstracks widerspricht.

[1] Unmodischen Lesern und Leserinnen sei kund, daß dies eine Art eines kleinen Kopfzeuges ist, das, glaubwürdigen Nachrichten zufolge, im Winter 1772/1773 allgemein ge-

großes Aufsehen unter den Damen machte, weil Frau von Hohenauf wenigstens um sechs Jahr jünger aussah. Man kann leicht denken, daß dies wichtige Verdienst Marianens Talente zur Erziehungskunst in ein völlig neues Licht setzte. Man füge hinzu, daß Mariane die Fräulein, die vorher in ihrer Kleidung etwas nachlässig, ja zuweilen unreinlich gewesen waren, durch ihr eigenes Beispiel zu der Frauenzimmern so anständigen Nettigkeit im Anzuge gewöhnte. Man füge hinzu, daß sie die jugendliche Wildheit der Fräulein, die an das, was wohlanständig ist, vorher noch nie gedacht hatten, durch kleine leutselige Erinnerungen bis zu der kindlichen Freimütigkeit mäßigte, die mit Bescheidenheit und Sanftmut sehr wohl bestehen kann. Man füge endlich noch hinzu, daß die Fräulein wenigstens in ihrer Mutter Gegenwart beständig französisch redeten und in ihrer Fertigkeit in dieser Sprache sichtlich zunahmen; und man wird begreifen, daß die Frau von Hohenauf im zweiten Monate mit ihrer französischen Mamsell weit zufriedener war als im ersten. Wenn sie ja an den Fräulein etwas fand, das sie für bas und bourgeois hielt, so nahm sie sich die Mühe, ihnen selbst darüber einen Verweis zu geben. Sie setzte zuweilen die nachsichtsvolle Anmerkung hinzu, daß man freilich von ihrer Mamsell nicht alles fordern könnte, weil sie nicht de qualité sei,

tragen ward. Es ist zu hoffen, außer den Buchgelehrten werde jedermann in Deutschland wissen, daß ein Komete ein kleiner Kopfputz war, unter welchem ganz frisierte Haare getragen wurden. Aux zéphyrs aber ward dieser Komete benannt, weil daran hinterwärts gewisse haarigte Zieraten (von der Art, die in der Putzmachersprache chenilles oder Raupen heißt) frei herunterhingen, womit die angenehmen Zephyren sehr leicht spielen konnten, wenn sie nur im Winter geweht hätten.

wodurch sie in gedrungener Kürze zugleich Marianen tadelte und ihren eigenen Vorzügen ein verbindliches Kompliment machte.

DRITTER ABSCHNITT

Im dritten Monate von Marianens Aufenthalte bei der Frau von Hohenauf bekam diese einen Besuch von ihrem Neffen, dem Sohne des Tuchhändlers Säugling. Die Bedienten wurden befehligt, ihn Ew. Gnaden zu nennen, und sie stellte ihn allem benachbarten Adel unter dem Namen des Herrn von Säugling vor. Dieser junge Mensch war mit seinen Universitätsstudien halb fertig, denn er hatte schon zwei Jahre auf einer Universität zugebracht, und es kam nur noch darauf an, daß er ein oder zwei Jahre auf einer andern zubrächte, wohin ihn sein Vater den künftigen Frühling mit einem neuen Hofmeister senden wollte, den er für ihn selbst ausgesucht hatte. Der Sohn hatte den Plan gemacht, sich mit Genehmhaltung seines Vaters den Winter über auf seiner Tante Gute aufzuhalten. Weil sie von Adel war und mit dem benachbarten Adel viel Umgang hielt, der wie sie den Aufenthalt auf dem Lande nicht mit ländlichen Vergnügungen zubrachte, sondern nach städtischer Etikette, mit Besuchen, Gastmahlen, Assembleen, Spielpartien und Bällen, so glaubte er, hier Kenntnis der großen Welt zu erlangen und alles, was sich vom Schulstaube noch etwa an ihm finden möchte, rein abzuschütteln.

Dieses Schulstaubes konnte nicht so gar viel sein, denn er hatte, als ein reicher Jüngling, sich nicht auf Brotstudien gelegt und noch weniger sich mit den alten Sprachen und mit trocknen wissenschaftlichen Lehrgebäuden beschäftigt, sondern seine Studien waren angenehm und bestanden in Kollegien über die belles lettres und in fleißigem Lesen aller deutschen Poeten, sonderlich derjenigen, die Freude, Wein und Liebe besungen haben. Überdies hatte er Französisch, Engländisch und Italienisch gelernt und war in den Dichtern und besten Kritikern, welche in diesen Sprachen schrieben, nicht unbelesen.

Er hatte sehr viel Gedichte an Phyllis und Doris gemacht, und dies blieb noch beständig, nebst der Sorge für seinen Anzug, seine vornehmste Beschäftigung. Dabei hielt er sehr viel von seiner eignen kleinen Person, die daher auch beständig geputzt, geschniegelt und auf vier Nadeln gezogen war. Es konnte nicht fehlen, daß er dadurch sich selbst sehr wohl gefiel; nächst diesem aber war sein hauptsächlichstes Augenmerk, dem Frauenzimmer zu gefallen, daher er möglichst alle Gesellschaften vermied, die bloß aus Mannspersonen bestanden. In vermischten Gesellschaften saß er allemal einem Frauenzimmer zur Seite und, wenn er wählen konnte, allemal bei der, die den sanftesten Blick hatte. Er bewunderte, um Bekanntschaft zu machen, ihre Arbeit, die sie eben verfertigte, lobte ihr wohlgestecktes demi-ajusté[1] und

[1] Weil zu vermuten ist, daß eher Buchgelehrte als gens du bon ton dieses Werk lesen werden, so müssen, wegen der Unwissenheit der erstern, hier schon einige Wörter erklärt werden, die sonst jedermann versteht, dès qu'il entre dans le monde. Ein bonnet en demi-ajusté ist ein Kopfzeug, unter dem eine Dame halb frisiert sein muß. Ein assassin ist nichts als ein Schönpflästerchen, das aber seiner Größe wegen, wenn ein gemeines Schönfleckchen verwundet, gar wohl totschlagen kann. Ein postillon d'amour ist eine große Brustschleife von Band, welche weder Pferd noch Horn hat. Eine respectueuse ist eine Bedeckung des Busens mit Spitzen, Filet und anderm durchsichtigen Zeuge, die vermutlich den Namen davon führt, weil sie nicht Ehrfurcht veranlaßt.

sagte ihr über einen assassin tausend artige Sachen. Von da ging er unvermerkt zum Erforschen ihres Verstandes über. Er sagte ihr mit sanft lispelnder Stimme, er sehe die kleinen Amorn und Amoretten auf ihrem postillon auf- und niedersteigen und sich unter den Falten ihrer respectueuse verbergen oder andere dergleichen niedliche Imaginatiönchen. Wenn er nun merkte, daß sie Verstand und Geschmack genug hatte, mit seinen lieblichen Empfindungen zu sympathisieren, so fing er gemeiniglich an zu stammeln, sah etwas schafmäßig aus und langte sodann aus seiner Tasche einige von seinen Gedichten, die er ihr vorlas, wobei er von Zeit zu Zeit mit seitwärts schielenden Augen die Wirkung seiner Geistesfrucht zu erforschen suchte. Erhielt er ein ruhiges Gehör und durch einen lächelnden Mund und ein sanftes Kopfneigen gütigen Beifall, so hatte er ein vergnügtes Tagewerk gehabt. Empfing er aber eine laute Bewunderung, bat man sich eine Abschrift des Gedichts aus oder bemerkte er gar, daß der Busen seiner Zuhörerin sich zu einem Seufzer emporhob oder daß sie aus blauen Augen (denen er, als seinem eigenen schmachtenden Charakter am gemäßesten, vor allen andern den Vorzug gab) einen empfindsamen Blick auf ihn schießen ließ, so zerfloß er in sanften Empfindungen, überließ sich ganz einer zerschmelzenden Zärtlichkeit und war von dem Augenblick an der Sklave der Schönheit, die so gut zu empfinden wußte, was er gedacht hatte. Er holte alsdann aus der Begeisterung ihrer Augen Stoff zu neuen Gedichten, und je mehr ihm diese gefielen, desto mehr gefiel ihm die Schöne, die sie veranlaßt hatte und an die sie gemeiniglich gerichtet wurden.

Doch so zärtlich seine Liebe war, pflegte sie nicht allzulange zu dauren. Nicht als ob er unbeständig gewesen wäre, sondern weil der Gegenstand seiner Zärtlichkeit gewöhnlich nach einiger Zeit seine Gedichte nicht mehr so feurig verlangte und wohl gar unvermerkt das Vorlesen zu vermeiden suchte. Sobald er dies merkte, ward er sehr traurig, klagte den Wäldern und den Fluren sein Leiden, tröstete sich aber, wenn ihm ein zärtliches Liedchen über die Untreue seiner Chloris gelang, und fand gemeiniglich um diese Zeit eine andere Zuhörerin, mit der ebenderselbe Roman von vorn an gespielt ward.

Dieser kleine Mann schien freilich denjenigen, die seine zuckersüßen Empfindungen nicht ganz nachempfinden konnten, etwas ungeschmackt[1], aber sonst war er das unschädlichste Geschöpfchen unter der Sonne. Er tat nie etwas Böses, war nachgebend, gefällig, mitleidig und gutherzig, beleidigte kein Kind, und, beleidigt, war er nie geneigt, sich zu rächen; kurz, er war aller guten Eigenschaften fähig, zu denen nicht notwendig Stärke des Geistes erfordert wird. Wenn es wahr ist, daß durch die Poesie das Herz ihrer Liebhaber weich wird, so war sie es vermutlich, die sein Gemüt so breiweich gemacht hatte, daß es einer herzhaften Tat oder einer kraftvollen Entschließung sowenig im guten als im bösen fähig war. Seine lebhafteste Empfindung war immer die Begierde, seine Gedichte, und besonders vom Frauenzimmer gelobt

[1] Wir haben im Deutschen für das französische „absurde" das Wort abgeschmackt, für „fade", insofern es von Speisen gebraucht wird, haben wir unschmackhaft, dies Wort aber wird nicht wohl zu brauchen sein, wenn der Begriff des französischen auf Geistesbeschaffenheit angewendet wird. Man kann nicht füglich sagen ein unschmackhafter Mensch. Daher möchte es wohl dienlich sein, das Wort ungeschmackt zu brauchen. Adelung, in seinem Wörterbuche, ist der Meinung, man müsse schreiben und sprechen ungeschmack. So wichtig auch sonst dessen Autorität ist, so wäre doch zu zweifeln, daß ihm jemand hierin beifallen möchte.

zu sehen. Dieser Absicht wegen war sein Kleid immer nach der neuesten Mode geschnitten, sein seidner Strumpf milchweiß und seine Spitzenmanschetten kaffeebraun gewaschen, dieser Absicht wegen sagte er zuerst seinen Nachbarn und Nachbarinnen verbindliche Dinge vor, war gefällig, nachgebend, kam jedermann mit Höflichkeit zuvor und pries mit gleicher Behendigkeit bei den modischen Schönen das Putzwerk, bei den Tugendhaften die Tugend und bei den Witzigen den Witz. War er aber gleichwohl so unglücklich, seine Absicht nicht zu erlangen, so war er viel zu bescheiden, um jemand anders als den stillen Wänden sein Leid zu klagen, und viel zu gutherzig, um diejenigen, denen seine Gedichte nicht gefielen, zu hassen. Sobald er nur wirklich merkte, daß jemand seine Gedichte beschwerlich waren, so drang er sie ihm nie auf. Wenn er daher zur Last fiel, geschah es sicherlich ohne sein Wissen; denn seine Absicht war allemal, Vergnügen und Zufriedenheit, die er in so großem Maße in sich selbst fand, durch seine Gedichte auch um sich herum zu verbreiten.

VIERTER ABSCHNITT

Ein Kenner der Verdienste des schönen Geschlechts, so wie Säugling, mußte Marianen unter den übrigen im Hause vorhandenen Frauenzimmern sehr bald vorteilhaft unterscheiden, zumal da sie, gleich ihrer Mutter Wilhelmine, bei schwarzen Haaren die schönsten hellblauen Augen hatte. Es war keine von den andern weiblichen Personen mit ihr nur in Vergleichung zu stellen, denn die Frau von Hohenauf hatte große graue Augen mit langhaarigten Augenbramen; das Kammermädchen besaß ein Paar flachgeschlitzte Augen, aus deren Winkeln beständig ein Paar matte rotgelbe Augäpfel liebäugelten; die beiden Fräulein waren noch allzu jung, und die übrigen weiblichen Geschöpfe waren unter der Notiz eines feinen Mannes wie Säugling. Hierzu kam, daß bei der ersten Unterredung Mariane untrügliche Kennzeichen ihres guten Geschmacks merken ließ, wodurch Säugling Herz bekam, ihr ein Gedicht vorzulesen, welches Mariane mit so großem Beifalle anhörte und dessen Schönheiten so fein hervorzusuchen wußte, daß unser Männchen vor Entzücken außer sich war.

Dies veranlaßte eine nähere Bekanntschaft, in der Säugling bald Marianens vor der Frau von Hohenauf bisher so geheimgehaltene Bibliothek von guten deutschen Büchern entdeckte. Er erstaunte nicht wenig, eine Französin so aufmerksam auf die deutsche Literatur zu finden. Da er gewohnt war, alles, was er sah, auf seine kleine Person zurückzuführen, so fiel er schnell darauf, wie möglich es sei (wenn er, wie er zuverlässig hoffte, unter den besten Dichtern Deutschlands einen Platz verdienen würde), daß sein Ruhm auch außer Deutschland sich ausbreiten, daß seine Gedichte ins Französische übersetzt und von den Damen an allen Höfen Europens gelesen werden könnten. Er wußte es Marianen Dank, daß sie zuerst eine so schmeichelhafte Hoffnung in seiner Seele erreget hatte, und dies zog das Band der angefangenen Bekanntschaft noch fester zusammen.

Mariane auf ihrer Seite sah ihn auch gern, denn er war ein feiner und bescheidener junger Mensch, der sie mit Poesie, wozu ihr die Neigung mit der Muttermilch war eingeflößt worden, angenehm unterhielt. Außerdem war er die erste Mannsperson, die ihr gesagt hatte, daß sie schön sei und daß ihre blauen Augen mit sanfter, herzrührender Kraft wirkten; und auch ein sittsames und ganz philosophisches Frauenzimmer wird eine solche

Nachricht aufs höchste mit einem kleinen Verweise bestrafen.

Die Kenner wollen bemerkt haben, die erste Vereinigung zwischen jungen Personen zweierlei Geschlechts bleibe selten lange so, wie sie war, und trenne sich entweder bald oder pflege nicht allein beständig unvermerkt fortzurücken, sondern auch zuweilen, durch einen ganz kleinen Umstand, mit einem so starken Sprunge fortzuschreiten, daß diejenigen, denen das verborgene Ding, das menschliche Herz, nicht genau bekannt ist, glauben möchten, es geschehe durch eine Art von Zauberei. Dies war der Fall mit Säuglingen und Marianen, die bei einer unvermuteten und dem Anscheine nach ganz geringen Veranlassung von einer bloßen Bekanntschaft und wechselseitigen Hochachtung zur Freundschaft und beinahe zu mehr als Freundschaft übergingen.

Es fiel in den Wintermonaten der Geburtstag der Frau von Hohenauf ein. Mariane hatte im Sinne, eine gewisse Absicht durchzusetzen, womit einige Schwierigkeiten verknüpft waren; dies brachte sie, zum erstenmal in ihrem Leben, auf den Gedanken, ihren Zweck durch einen Umweg zu erreichen. Sie sann deshalb ein kleines Fest aus, womit dieser Geburtstag sollte gefeiert werden, und teilte ihre Gedanken Säuglingen als einem Poeten mit, der ganz entzückt darüber war, einen Anlaß zu haben, seine Talente im Drama zu zeigen, da er bisher nichts als kleine Liederchen gedichtet hatte. Er machte einen Plan zu einem mythologisch-historischen Schäferspiele von drei Personen, der Marianens Beifall erhielt. Hierauf waren alle insgeheim sehr geschäftig: Säugling, sein Spiel in Verse zu bringen, die Kinder, sie zu lernen, und Mariane, für Fräulein Adelheid die Tracht einer Nymphe und für die jüngste Fräulein und den kleinen Sohn des Predigers im Dorfe Schäferkleider zu verfertigen.

Am Tage des Geburtsfestes war die Gesellschaft sehr glänzend, denn es waren die Standespersonen aus der ganzen umliegenden Gegend zusammengebeten. Nach der Mittagstafel wurden sie unter einem andern Vorwande in das Orangeriehaus geführet und durch eine Symphonie überrascht, indem sich der Schauplatz öffnete. Er stellte entweder die elysäischen Felder oder die hesperischen Gärten vor und bestand aus acht großen, blühenden und früchtetragenden Pomeranzenbäumen, die Hinterwand aber war von dem Gärtner mit Wintergrün und Blumenkränzen zusammengesetzt. Die Kinder traten auf, an deren Putze Mariane ihren ganzen Geschmack und an deren Köpfen Picard seine ganze Kunst erschöpft hatte. Dies machte, daß das Spiel den Beifall der Frau von Hohenauf erhielt, wozu auch nicht wenig beitragen mochte, daß sie darin als eine Göttin und ihr Geburtstag als ein Götterfest vorgestellt war.

Die ganze Gesellschaft erteilte einen lauten Beifall; und da die Kinder nach Endigung des Spiels in ihrem Anzuge vom Theater herabstiegen, wurden sie von jedermann und auch von der Frau von Hohenauf mit Liebkosungen überhäuft. So wie sie alle Dinge aus ihrem eigenen Gesichtspunkte betrachtete, so konnte sie nicht genug bewundern, wie natürlich der Schäferhabit dem kleinen Predigersohne stände; aber sie fand, daß ebendiese Art von Kleidung ihr jüngstes Fräulein verstelle, ob sie gleich, mit einem gnädigen Kopfneigen gegen Marianen, bemerkte, die Arbeit daran wäre sehr artig. Fräulein Adelheid hingegen, in ihrer von Zindel und Flittern glänzenden Nymphentracht, hatte ihren ganzen Beifall. Sie umarmte sie und spielte mit ihren über den Busen gelegten falschen Locken, die ihr prinzessinnenmäßig vorkamen.

„Dieser majestätische Anzug schickt sich besser für ein

Fräulein deines Standes“, sagte sie, „als das Schäferkleid deiner Schwester.“

Die kleine Adelheid, die ihrer Schwester den leichten fliegenden Anzug und die natürlich herabfallenden Lokken beneidet hatte, schlug die Augen nieder und durfte nicht widersprechen.

„Nicht wahr, mein Kind“, fuhr die Mutter fort, „nicht wahr, ein Schmuck von Juwelen würde dir besser stehen als dieser schlechte Blumenkranz?“

„Ach nein, gnädige Mama, er würde doch nicht so schön riechen als die Blumen.“

„Einfältiges Kind! Was ist Geruch gegen Glanz? Du hast gespielt wie ein Engel, ich muß dich dafür belohnen. Eine Zitternadel . . .“

Hier erinnerte sich die kleine Adelheid einer Rolle, die ihr, außer der von Säuglingen aufgeschriebenen, von Marianen mündlich aufgetragen war.

Es hatte ein armer Pachter eines Bauerguts auf des Herrn von Hohenauf Wildbahn geschossen. Der Jäger hatte ihm das Gewehr weggenommen. Seit sechs Wochen lag er im Gefängnisse, und man machte ihm den Prozeß, um ihn an die Karre schmieden zu lassen. Indes der Wirt und Versorger des Hauses fehlte, schmachteten seine Frau und fünf Kinder im Elende. Die gutherzige Mariane hatte ihnen, so gut sie konnte, beigestanden. Sie hätte auch längst gern für den armen Gefangenen eine Vorbitte eingelegt, aber sie empfand, daß sie es ohne Hoffnung des Erfolgs wagen würde. Sie hatte daher zuerst darauf gedacht, dieses Fest anzustellen, um dabei durch Fräulein Adelheid, den Liebling ihrer Mutter, die Loslassung des Gefangenen zu bewirken, wenn ihre Eltern, durch das Vergnügen des Festes in gute Laune gebracht, geneigter sein möchten, ihr Herz dem Mitleide zu öffnen.

Fräulein Adelheid hatte also kaum gehört, daß sie für ihr Spielen belohnt werden sollte, so ergriff sie diese Gelegenheit begierig, fiel ihrer Mutter zu Füßen und rief aus:

„Ach, gnädige Mama, wenn Sie mich belohnen wollen, so lassen Sie mich selbst die Belohnung wählen. Geruhen Sie, mir eine einzige Bitte zu gewähren, schlagen Sie mir nicht ab, was ich Sie bitten will."

„Was verlangst du, mein Kind? Ich kann dir nichts abschlagen."

„Oh, meine gnädige Mama, so erbarmen Sie sich einer armen Frau und fünf Kinder, alle noch viel kleiner, viel unerzogener als ich und die ihren Vater so nötig haben. Bitten Sie den gnädigen Papa, daß er den armen Jakob loslasse, der im Gefängnisse liegt; geben Sie das Geld für die Zitternadel, die Sie mir zugedacht haben, seiner armen Frau und Kindern."

„Fräulein", sagte die Frau von Hohenauf mit einem Angesichte voll kalten Ernstes[1], „was geht mich und dich das Diebsgesindel an?"

„Ach, gnädige Mama, wenn Sie sehen sollten, wie elend die Leute sind, wie sie an allem Mangel leiden, was wir im Überflusse haben, wie sie frieren, wie sie hungern, wie drei von den Kindern auf elendem Strohe krank liegen."

„Mädchen, woher kannst du dies wissen?"

„Ach, ich habe es gesehen, liebste, beste Mama, ich habe es selbst gesehen."

„Gesehen? Ich erstaune ganz; wie kommst du mit dem Lumpenpacke zusammen? Gleich gestehe es mir, ich will es wissen!"

[1] Die deutsche Sprache, an Konversationsausdrücken sehr arm, hat kein eigentliches Wort für Sostenutezza, und doch ist an vielen gnädigen und nichtgnädigen deutschen Herren und Damen die Sostenutezza eine der gewöhnlichsten Eigenschaften.

Fräulein Adelheid, stammelnd, blickte Marianen an, die ihre Augen niederschlug. Die Frau von Hohenauf wiederholte ihren Befehl, und das Fräulein berichtete:

„Ach, meine Mamsell hat mich hingeführt. Sie glauben nicht, gnädige Mama, wie gut sie ist, sie hat die armen Leute schon seit sechs Wochen erhalten, daß sie nicht vor Hunger und Frost umgekommen sind. Ach, ich habe auch gern mein ganzes Spargeld hingegeben, mehr konnte ich nicht, aber Sie, gnädige Mama, können mehr, Sie können die Kinder glücklich machen, wenn Sie den Vater loslassen."

„So, Mademoiselle", sagte Frau von Hohenauf, indem sie Marianen mit selbstgefälliger Würde über die linke Achsel ansah, „Sie führt meine Fräulein in schöne Gesellschaft, um Lebensart und monde zu lernen."

„Ach, gnädige Mama ..."

„Schweig still, das verstehst du nicht. Es sind Diebe, die deines Vaters Forsten bestohlen haben, sie müssen hart gestraft werden, damit sich das andere Gesindel daran spiegele."

„Ach, der arme Jakob verspricht Besserung, er will künftig lieber hungern als Wild schießen. Aber, gnädige Mama, die Kinder, die armen kleinen Kinder hatten nichts zu essen."

„Schweig! Um solch Lumpengesindel mußt du dich nicht bekümmern."

„Ach, liebste Mama", rief Fräulein Adelheid schluchzend, „es sind Gottes Geschöpfe, Menschen wie wir – und unglücklich!"

„Fí, Fräulein, ist das auch eine von den schönen Lehren, die dir deine Mamsell gibt? Menschen wie du? Du bist von Stande, die Bauern nicht, sage mir kein Wort mehr hievon."

„Ach, gnädige Mama, sie bauen ja das Getreide, das wir essen. – Mein Großpapa ist ja auch ein Pachter gewesen, erbarmen Sie sich – Großpapa ist ja auch wohl arm gewesen, ehe er reich ward."

Eine derbe Ohrfeige von der Hand der in äußerste Wut gesetzten Mutter unterbrach das gute Kind. Bisher war dies wichtige genealogische Geheimnis jedermann, soviel wie immer möglich, verborgen worden; und hier ward es öffentlich, in einer großen Gesellschaft von turnier- und stiftsfähigem Adel beiderlei Geschlechts ausgeplaudert! Dies war freilich ein niederschlagender Vorfall, zumal da in dem Gesichte mancher Umstehenden, denen das Bewußtsein von sechzehn reinen Quartieren ein gut Gewissen gab, einige Mienen ein wenig Schadenfreude über diese Demütigung einer mesallierten Familie erkennen zu geben schienen.

Die Frau von Hohenauf wollte noch einige Minuten Kontenance halten und fragte das Fräulein mit zorniger Miene, wer ihr solch dummes Zeug in den Kopf gesetzt hätte.

Das Kind konnte auf wiederholtes Befragen nicht leugnen, es von ihrer Mamsell gehört zu haben. Dies brachte die Frau von Hohenauf aufs neue in Wut. Sie befahl Marianen, ihr den Augenblick aus den Augen zu gehen, stieß ihre Tochter von sich und würde ihr vielleicht nochmals übel begegnet haben, wenn sie nicht die umstehenden Damen in Schutz genommen und der Frau von Hohenauf durch allerhand Gründe zugeredet hätten, dem Kinde ein unbedachtsames Wort zu vergeben und, einem so vergnügten Tage zu Gefallen, vielmehr ihre Bitte zu gewähren. Aber die Frau von Hohenauf ward durch diese Vorstellungen sehr wenig besänftigt, ob sie gleich sich zwingen und mit verbissenen Lippen höfliche Antworten geben mußte.

Endlich wendete sich die Gräfin von ***, die unter den Vorbitterinnen sich am geschäftigsten erwiesen hatte, an den Herrn von Hohenauf, der bei der ganzen Szene sich noch nicht getrauet hatte, ein Wort zu äußern. Sie bat ihn, dem Geburtsfeste seiner Gemahlin zu Ehren, den Gefangenen loszulassen.

Der Herr von Hohenauf, mit eiskaltem Schweiße vor der Stirne, konnte mehr nicht als ein gestammeltes „In der Tat ... meine gnädige Gräfin ...“ hervorbringen. Es war ihm wirklich gleich unmöglich, einer so vornehmen Dame eine so kleine Bitte abzuschlagen als wider den ausdrücklich erklärten Willen seiner Gemahlin etwas zu tun.

Die Gräfin, die ihren Mann sogleich übersah, wendete sich abermal an die Frau von Hohenauf, nahm sie bei der Hand und sagte mit liebreizender Miene: „Die Göttinnen können nicht Rache halten, sondern lieben die Vergebung. Kein Götterfest kann ohne Wohltun vollbracht werden. Ich fordere den Gefangenen von Ihnen als ein Dessert bei der Abendtafel; wollen Sie uns ohne Dessert lassen nach Hause fahren?“

Die Frau von Hohenauf hatte unter diesen Reden Zeit gehabt, sich zu besinnen, was der Anstand erfordere; sagte also mit gezwungen verbindlicher Miene: „Sie verlangen von mir eine Sache, wider die ich gar nichts einzuwenden habe, sondern die bloß von dem Herrn von Hohenauf abhängt. Der ist Erb-, Lehns- und Gerichtsherr.“

„Nun, mein gnädiger Herr von Hohenauf“, sagte die Gräfin, indem sie sich zu ihm wendete, „habe ich eine Fehlbitte getan?“

Dieser, mit einem Male seit einer halben Viertelstunde wieder tief frische Luft schöpfend, machte einen sehr tiefen Reverenz und murmelte einige Worte her, die, obgleich unverständlich, doch nichts anders als seine Einwilligung bedeuten konnten.

Sobald die Gräfin davon gewiß war, so riß sie Säuglingen, der über dem großen Lärmen voll Todesangst dagestanden hatte, den Hut aus den Händen, warf einige Karolinen hinein und gab ihn ihm zurück. Dieser, erfreut über den Wink, ahmte ihr nach und ging mit dem Hute in der Hand zu allen anwesenden Gästen, in der ehrenvollen Beschäftigung, für bedürftige Unglückliche eine Beisteuer zu sammeln, schämte sich auch nicht, aus Freuden über den glücklichen Ausgang einer Sache, über die ihm von Anfange an das Herz geklopft hatte, manche Träne fließen zu lassen, worin ihm die Gräfin und noch mehrere schöne Augen Gesellschaft leisteten. Indem dieses geschah, führte die Gräfin die zitternde Adelheid zur völligen Versöhnung in ihrer Mutter Umarmung und erhielt auch, mit einiger Mühe, für Marianen die Erlaubnis, wieder zu erscheinen und durch Küssung des Rocks der Frau von Hohenauf um Vergebung zu bitten, daß sie menschlich gedacht hatte.

Die Gesellschaft ging darauf in den großen Saal, um sich zum Spiele zu setzen. Säugling aber, der sich ein viel süßeres Vergnügen vorbehielt, schlich nach dem Hinterhofe, ließ einen Wagen anspannen, erlösete den ganz betäubten Jakob aus dem Gefängnisse, führte ihn selbst wieder zu seiner bisher verlassenen Familie und schüttete die ansehnliche Summe, die er für sie gesammelt hatte, in den Schoß der Hausmutter aus, die bei so vielem Glücke, das auf so viel Unglück so schnell folgte, vor Freuden verstummte. Er genoß die Wollust, das Haus des Elends und des Klagens in ein Haus der Freude verwandelt zu sehen, genoß den stammelnden Dank des Hausvaters und der Hausmutter, empfand den Druck der kleinen Hände der Kinder, die vor Freude weinend an seine beiden Seiten hingen, und neigte sich liebreich zu den lallenden kleinen Kranken, die, von ihren Eltern ermuntert, aus dem Strohlager ihre matten Hände emporzuheben suchten, um ihrem Wohltäter zu danken.

Er hätte sehr gern Marianen mitgenommen, um sie diese süße Szene, die Frucht ihrer menschenfreundlichen Anlage, mit genießen zu lassen, wenn er nicht die Denkungsart seiner Tante allzu genau gekannt hätte. Er hatte ein für schöne Handlungen empfindliches Herz, und obgleich seine kleine Eigenliebe nicht ermangelte, ihm darüber ein Kompliment zu machen, daß dieser Endzweck durch sein Drama erreichet worden, so war er doch durch Marianens großmütige Gesinnungen, deren ganzes Verdienst um die unglückliche Familie er jetzt erst in seinem völligen Umfange erfahren hatte, äußerst gerührt. Er stieg bei seiner Zurückkunft sogleich in ihrem Zimmer ab, und nachdem er ihr von seiner kurzen Fahrt Bericht erstattet hatte, ließ er seiner warmen Empfindung freien Lauf, er pries sie als die Ehre ihres Geschlechts, als die schönste Seele, welche ihrer Tugend wegen das glücklichste Schicksal verdiente.

Mariane, voll von dem heitern Vergnügen des edelmütigen Wohltuns, aber von allem Dünkel entfernt, sagte: „Loben Sie mich einer Kleinigkeit wegen nicht allzusehr! Ich habe nur eine sehr gemeine Pflicht beobachtet; denn Sie werden doch nicht glauben, daß eine weibliche Seele solcher Empfindungen weniger fähig sei, die billig ein jeder Mensch haben sollte."

Indem sie dieses sagte, warf sie, ohne es selbst zu wissen, auf Säuglingen einen Blick, der seine ganze Seele traf, einen Blick, wovon diejenigen, die er jemals traf, versichern, daß er tief empfunden werde, aber daß sich seine Wirkung nicht beschreiben lasse. Professor Stiebritz, der Wolffische Philosoph, würde ihn vielleicht folgendermaßen definiert haben: Es sei ein Blick gewesen, wodurch auf einmal Säuglings symbolische Kenntnis von Marianens Vollkommenheiten anschauend geworden sei. Soviel ist gewiß, daß von diesem Augenblicke an mit seiner Hochachtung für Marianen eine wahre Freundschaft verknüpft ward. Wenn nun, wie man sagt, die Freundschaft zwischen Personen zweierlei Geschlechts sehr bald einen viel zärtlichern Namen zu verdienen pflegt, so ging in diesem Augenblicke in Säuglings Herzen eine Veränderung vor, deren ganze Wichtigkeit er erst in der Folge spürte.

FÜNFTER ABSCHNITT

Wenig Tage darauf brachte Säugling ein Gedicht auf die Errettung des armen Pachters zustande, welches an Marianen gerichtet und worin ihr Lob sehr klüglich mit dem seinigen verbunden war. Mariane las dieses Gedicht mit Wohlgefallen, denn es wehte darin eine in Säuglings Liedern sonst ungewohnte Wärme der Empfindung, womit ihr Herz innig sympathisierte. Auch ihr Lob las sie mit geheimem Vergnügen. Wenn es einem jungen Frauenzimmer überhaupt leicht zu vergeben ist, daß sie sich von einem ganz artigen und witzigen jungen Menschen nicht ungern loben läßt, wieviel eher war ihr hier zu verzeihen, da sie fühlte, daß sie mit Wahrheit und über eine aus der unbescholtensten Neigung fließende Tat gelobt wurde?

Dies war der Anfang einer nähern Bekanntschaft zwischen beiden. Sie gingen oft, bei den ersten heitern Blicken der Sonne nach dem Winter, im Garten spazieren. Säugling las ihr seine Gedichte vor, hörte mit innerer Zufriedenheit ihren Beifall und ließ sich auch ihre Verbesserungen sehr wohl gefallen, welche sie ihm mit so großer Bescheidenheit als feiner Empfindung zuweilen an die Hand gab. Kurz, er betrachtete sie als eine Muse, die ihn zu neuem Schwunge seiner Gedichte begeistern konnte, sie ihn als einen angenehmen Gesellschafter, der sie ihrer Neigung nach mit Lektur und Gesprächen angenehm zu unterhalten wußte.

Anfänglich hatten beide bei ihrem vertrauten Umgange keine andere Absicht als diese. Da Säugling aber Marianen täglich sah und täglich an ihrer Person und an ihrem Geiste neue Schönheiten entdeckte, so verlor er sich endlich in Bewunderung. Er empfand, er wußte nicht was, und betrug sich dabei, er wußte nicht wie, daher er in seinem Wesen trübsinnig und ängstlich ward. Als nun Mariane, der wahren Ursach unwissend, ihn darüber zuweilen in einem Anfalle von lustiger Laune ein wenig aufzuziehen pflegte, so geriet er in noch größere Verlegenheit und trauete sich nicht, nur ein Wörtchen von seinen innigen Gefühlen zu sagen. Er nahm seine Zuflucht zur Dichtkunst und ließ in die Gedichte, die er Marianen vorlas oder sie selbst lesen ließ, unvermerkt ganz kleine Züge seiner Empfindung einfließen, aber mit vieler Zurückhaltung, wie ein furchtsamer Mensch, schüchterner Poet und bescheidener Liebhaber. Mariane fühlte keine von allen diesen feinen Anspielungen. Säugling wußte nicht, was er beginnen sollte, ward noch ängstlicher in seinem Betragen, verehrte Marianen stillschweigend, kam allem ihrem Begehren aufs dienstwilligste zuvor, hielt sich sehr belohnt, wenn er einen lächelnden Blick von ihr erhielt, und in Ermangelung dessen war es schon Seligkeit, wenn er sie nur sehen und mit schweigender Zärtlichkeit aus ihren Augen die Nahrung seines Daseins ziehen konnte.

Es ist leicht zu erachten, daß er alle Gelegenheiten, in Marianens Gesellschaft zu sein, werde mit Sorgfalt aufgesucht haben; aber auch dabei mußte er sehr behutsam zu Werke gehen. Die Gesinnungen der Frau von Hohenauf waren ihm so genau bekannt, daß er schon bei dem Gedanken zitterte, sie möchte von seiner Zuneigung zu Marianen etwas merken.

Mariane war ohnedies seit dem unglücklichen Geburtsfeste noch in Ungnade, ob ihr gleich die Frau von Hohenauf dem Anscheine nach vergeben hatte. Es halfen keine reichen Garnituren, womit sie die Kleider der gnädigen Frau schmückte, kein neuer Kopfputz, nach dem letzten Geschmacke gesteckt, nicht dreifache Manschetten von den feinsten Netzchen, die ihre kunstreiche Hand mit Blumen von Kammertuch unterlegt und mit fünferlei Pointstichen durchbrochen hatte. So angenehm auch diese Opfer waren, wodurch der Zorn der Frau von Hohenauf sollte versöhnt werden, so schienen doch Marianens Sünden fast in die Klasse der unvergeblichen zu gehören: sie hatte den Fräulein nicht nur die bürgerliche Herkunft ihrer Mutter entdeckt, sondern sie sogar mehr zu guten Menschen als zu Putzdamen erziehen wollen.

Daher war die Frau von Hohenauf seit der Zeit gegen Marianen mehr als gewöhnlich zurückhaltend und wiederholte öfter noch die weisen Lehren, gute Romane zu lesen und den Fräulein das air allemand abzugewöhnen. Daß Mariane sich unterstehen könnte, den Fräulein deutsche Bücher in die Hände zu geben, wäre der Frau von Hohenauf gar nicht in den Sinn gekommen. Unglücklicherweise aber traf sie einst Fräulein Adelheid, welche aus der „Bestimmung des Menschen“ ihrer Hofmeisterin die „Menschlichen Erwartungen“[1] vorlas. Die

[1] Nach der Ausgabe Leipzig 1768, S. 119.

Frau von Hohenauf, die durchaus nicht wollte, daß ihre Töchter andere Erwartungen haben sollten, als geputzt, bewundert, angebetet, reiche und galante Frauen und womöglich Hofdamen zu werden, konfiszierte augenblicklich das Buch, schon als deutsch. Nachdem sie aber eine halbe Viertelstunde lang den Inhalt untersucht hatte, warf sie es mit großem Ungestüme in den Kamin, als höchstverderblich für alle Fräulein, die in der großen Welt ihr Glück machen wollen.

Von diesem Augenblicke an war das Vertrauen der Frau von Hohenauf zu Marianen so sehr vermindert, daß es jedermann wahrnahm. Nun glich dieses vornehme Haus vollkommen einem Hofe, wo dem, der in Ungnade fällt, von allen Hofleuten der Rücken zugekehret wird; daher vermieden alle Hausgenossen Marianen, und auch Säugling mußte aus Furcht, Aufsehen zu erwecken, oft die besten Gelegenheiten vorbeigehen lassen, sich mit ihr zu unterhalten. Dieser Zwang ward ihm in kurzem sehr peinlich, und wenn er sich nicht noch durch Versmachen hätte Luft schaffen können, würde seine ohnedies eben nicht starke Seele von der Beklemmung zusammengedrückt worden sein. Seine Liebe zu Marianen fing an, durch die Hindernisse noch inniger zu werden, und sie zu verschweigen ward ihm nach und nach unerträglich; daher nahm er sich vor, so bald als möglich das Stillschweigen zu brechen.

An einem heitern Maitage ging Mariane nach dem Mittagsessen in den Garten. Säugling folgte ihr von weitem, und als er so weit vom Hause entfernt war, daß er nicht bemerkt zu werden glaubte, eilte er ihr nach, um sie einzuholen. Sein Herz klopfte ihm über dem mutigen Vorhaben, ihr seine so lange verschwiegene Liebe zu offenbaren; je näher er ihr kam, desto mehr goß sich ein zärtliches Schaudern durch alle seine Glieder, und da er sie endlich erreichte und sie stehenblieb, um ihn zu bewillkommen, sah er starr in ihre hellblauen Augen, die Zunge stammelte, der Atem fehlte ihm, und nach einem Stillschweigen von anderthalb Minuten sagte er endlich:

„Es ist heute wirklich recht sehr schönes Wetter."

„Die Bemerkung ist eines so witzigen Kopfes recht sehr würdig!" sagte Mariane lächelnd. „Sie hatten in der Tat das Ansehen, als ob Sie mir etwas Wichtigeres sagen wollten."

Säugling, durch diese Antwort niedergeschlagen, sah sie abermal starr an und schwieg einige Minuten lang stille.

„Aber wie kommt es", fuhr Mariane fort, „daß Sie heute eine so tragische Physiognomie annehmen? Sehen Sie, wie alles um Sie herum erfreut ist, diese blaue Veilchen, wie sie hervorsprossen und angenehmen Duft verbreiten." Hier pflückte sie einige Veilchen und überreichte sie ihm. Säugling nahm den Strauß an, betrachtete ihn und seufzte.

„Wie sind doch die schönen Geister so nachsinnend! Mich dünkt, ich sehe es an Ihren Augen, daß Sie denken:

Ich sah den jungen Mai,
Seine Silberglocken
Hingen um den Schlaf.
Als er vom Himmel fuhr,
Blühten alle Wipfel;
Als er den Boden trat,
Ließ er Violen und Hyazinthen im Fußtritt zurück."[1]

Säugling schlug die Augen auf und antwortete: „Ach nein, meine Seele ist zu voll, um die Schönheiten der Natur zu empfinden."

[1] Ramlers lyrische Gedichte. Berlin 1772, S. 266.

„Ausgenommen die Schönheit des Wetters?"

„Spotten Sie meiner nicht. Bloß weil ich meine innigsten Gedanken mich nicht zu sagen getrauete, sagte ich etwas ganz Gemeines. – Ach, Mariane, Sie haben recht, ich hätte Ihnen etwas viel Wichtigeres zu sagen ..."

„Nun, so sagen Sie doch an!"

„Sehen Sie diese Veilchen, sie sind klein, aber verbreiten süßen Duft. Die allgewaltige Kraft der Sonne lockt sie aus der Erde hervor, ohne sie würden sie weder blühen noch duften. Ach, meine Mariane, ich bin dieses Veilchen, Sie sind meine Sonne!"

Mariane errötete, und nachdem sie eine halbe Minute lang Luft geschöpft hatte, sagte sie mit niedergeschlagenen Augen: „Sie haben mich für meinen kleinen Scherz doppelt bezahlt; ich werde mich hüten müssen, wieder zu scherzen."

„O schönste Mariane, suchen Sie nicht Scherz aus einer Sache zu machen, die mir so ernsthaft ist. Schon lange hat Sie mein Herz stillschweigend angebetet, aber nun kann ich nicht mehr schweigen. Ich muß Ihnen sagen, was ich für Sie empfinde, daß ich Ihre Schönheit, Ihre Tugend verehre – darf ich es sagen –, daß ich Sie liebe, daß ich nie aufhören werde, Sie zu lieben, daß ich ..."

„Nein! Wahrlich! Sie machen, daß ich mich wegbegeben muß." Sie trat einen Schritt zurück.

„Grausame! So können Sie mich verlassen? Nein, zu Ihren Füßen wiederhole ich Ihnen, daß Sie meine ganze Seele liebt, daß ich ewig ..."

„Ich bitte Sie, stehen Sie auf!"

„Nein! Ich stehe nicht auf, bis Sie mein Schicksal bestimmen, bis Sie mir sagen, ob ich hoffen darf, von Ihnen wiedergeliebt zu werden."

„Ich bitte Sie noch mal, stehen Sie auf. Was soll man von uns denken, wenn jemand dieses Weges kommt. Sie wissen, daß ich Sie beständig geschätzt habe, so wie Sie es auch verdienen – aber Sie wissen auch selbst, unsere beiderseitige Lage ist so beschaffen, daß zwischen uns keine nähere Verbindung stattfinden kann."

„Warum nicht? Warum nicht? Lassen Sie mich nur in Ihr Herz sehen, lassen Sie mich erfahren, ob es mich wiederliebt, und alle Schwierigkeiten verschwinden. – Sagen Sie, schönste Mariane, ich beschwöre Sie, ob Sie mich hassen können?"

„Stehen Sie doch nur auf! – Ich habe Sie nie gehasset."

„Wie könnten Sie auch mich hassen, da ich Sie aufs innigste liebe! Aber darf ich für die reinste, für die zärtlichste Liebe von Ihnen Gegenliebe hoffen?" Hier küßte er ihr voll Inbrunst die Hand.

Mariane errötete abermals. „Ich bitte Sie, dringen Sie nicht ferner in mich!"

„Lassen Sie mich mein Schicksal erfahren. Darf ich hoffen, so bin ich der glücklichste Sterbliche. Fragen Sie Ihr Herz, lassen Sie mich dessen Empfindungen wissen. Sie seufzen? Wie glücklich wäre ich ..."

„Dringen Sie nicht ferner in mich. – Mein Herz hat Sie beständig geschätzt, aber ..."

„O wie glücklich bin ich! Sie lieben mich, Schönste!" Hier küßte er abermal ihre Hand. Mariane zog die Hand zurück und richtete ihn auf.

„Ich bitte Sie, stehen Sie auf und geben Sie nicht einer wilden Leidenschaft Gehör. In der Hitze derselben denken Sie, was Sie vielleicht bei kälterer Überlegung ..."

„Wie, ich sollte untreu, ich sollte unbeständig werden? Nein, meine Schönste! Bestätigen Sie mir nur, daß ich Ihre Liebe hoffen darf, und meine Liebe wird nicht wanken, es mag auch geschehen, was da wolle. Die Liebe wird mich lehren, den äußersten Gefahren zu trotzen."

„Warum wollen Sie aber sich und mich den äußersten

Gefahren bloßgeben? Unterdrücken Sie lieber eine Leidenschaft, die Sie und mich nicht glücklich machen kann. Ich will aufrichtig mit Ihnen reden. Mein Herz hat Sie nie gehasset. Sie haben viel liebenswürdige Eigenschaften, die ich hochschätzen muß, aber ich wiederhole es nochmals, geben Sie der Vernunft Gehör und bedenken Sie, daß unüberwindliche Schwierigkeiten ..."

„Oh, meine Schönste, der Liebe sind keine Schwierigkeiten unüberwindlich. Lieben Sie mich nur ..."

„Wir wollen lieber die Schwierigkeiten vermeiden, als sie zu überwinden suchen. Ich schätze Sie aufrichtig hoch, damit sein Sie zufrieden. Ich werde beständig Ihre wahre Freundin sein, aber ..."

Indem sie dieses sagte, trat wider alles Vermuten hinter einer geschnittenen Hecke die Frau von Hohenauf hervor, die, seit der letzten Entdeckung von Marianens deutscher Lektur mißtrauisch, beständig alle ihre Schritte beobachtet hatte. Sie schalt ihren Neffen heftig aus wegen seiner niederträchtigen Neigung gegen ein gemeines Mädchen. Der armen Mariane aber machte sie die bittersten Vorwürfe, daß sie einen jungen Menschen von Stande verführen wollte, welchen Ausdruck sie oft wiederholte. Sie verbot ihr aufs nachdrücklichste, ihren Neffen je wieder allein zu sehen, und ließ sie auch von der Zeit an nicht einen Augenblick aus den Augen.

Indes würde ihr freilich diese genaue Aufsicht auf zwei Liebende bald sehr beschwerlich geworden sein, wenn nicht zwei Tage darauf Herr Rambold, der Hofmeister, den der alte Säugling seinem Sohne sendete, angelanget wäre. Sie säumte also nicht, sondern schickte beide nach ein paar Tagen auf die Universität, wohin sie bestimmt waren, und empfahl dem Hofmeister, auf Säuglings Aufführung ein wachsames Auge zu haben.

Der verliebte Säugling war trostlos. Seine Seele zerschmolz in Zärtlichkeit, aber war auch von Zärtlichkeit so voll, daß kein einziger Gedanke, wie es möglich sein sollte, Marianen vor seiner Abreise zu sehen, darin Platz finden konnte. Je mehr er daran dachte, desto unmöglicher schien es ihm. Ihm fiel keines von den sinnreichen Mitteln ein, welche die Romanenschreiber unserer lehrbegierigen Jugend so freigebig an die Hand geben, zum Beispiel auf einer Strickleiter ins Fenster zu kriechen; sich in einen Kasten sperren und zu ihr bringen zu lassen; sich einen doppelten Schlüssel zu verschaffen, um ihre Türe zu öffnen; ja nicht einmal die einfältigen auch außer Romanen so oft ausgeübten Mittel, das Kammermädchen zu bestechen oder unter dem Fenster der Schönen hin und her zu spazieren und so lange zu husten oder zu pfeifen, bis sie am Fenster erscheine. Da ihm also gar kein Anschlag in den Sinn kommen wollte, so mußte er mit schwerem Herzen abreisen, ohne von seiner Geliebten Abschied zu nehmen.

Als er an den Ort seiner Bestimmung anlangte, nahm seine Traurigkeit sehr zu. Er wendete sich zu seiner gewöhnlichen Zuflucht, der Dichtkunst, und schrieb eine Heroide unter dem Namen des Leander an die Hero, worin er seinen ganzen zärtlichen Schmerz über die Abwesenheit seiner Geliebten auszudrücken suchte. Nachdem er damit meist fertig war, fiel ihm plötzlich der Gedanken ein, daß er nicht die geringste Hoffnung habe, diese Epistel seiner Geliebten in die Hände zu bringen. Er ging mit dem Papiere in der Hand in seinem Zimmer so tiefsinnig auf und nieder spazieren, daß er seinen Hofmeister nicht eher erblickte, als bis derselbe vor ihm stand, ihm das Papier aus der Hand nahm und es lächelnd durchlas.

Säugling sank vor Schrecken beinahe nieder, weil er für sich und seine Geliebte aus dieser Entdeckung die schlimmsten Folgen fürchtete. Glücklicherweise für ihn gehörte Rambold nicht zu den mürrischen Hofmeistern, die ihrer untergebenen Jugend alles Vergnügen versagen. Vielmehr hatte er sehr politisch berechnet, daß ein junger reicher Patrizier nur ein oder zwei Jahre auf Universitäten von seiner Aufsicht abhange, hingegen hernach viel länger – weil Väter sterblich sind und so weiter – seines Vermögens genießen und seinem Hofmeister eine kleine bewiesene Gefälligkeit reichlich vergelten könne. Anstatt also Säuglingen zu schelten, zog er ihn bloß wegen seiner zuckersüßen Empfindungen ein wenig auf, denn er war ein witziger Kopf, der in den verschiedenen Stationen seines Lebens die Seele aller Kotterien, Schmäuse und Trinkgesellschaften gewesen war. Endlich, um Säuglingen, der noch immer in großer Verlegenheit dastand, gänzlich zu beruhigen, versprach er ihm treuherzig, er wolle es selbst seine Sorge sein lassen, die zärtliche Epistel in Marianens Hände zu bringen. Er sagte ihm auch, daß er dies durch Hilfe des Kammermädchens der Frau von Hohenauf bewerkstelligen werde; denn er hatte mit derselben während seines zweitägigen Aufenthalts auf dem Gute des Herrn von Hohenauf eine so vertraute Bekanntschaft gemacht, daß er ihr eine solche Verrichtung gar wohl glaubte auftragen zu können.

Unterdes befand sich Mariane in großer Unruhe. Säuglings Zuneigung zu ihr hatte schon lange vorher, ehe er sie gestand, ihrer weiblichen Scharfsichtigkeit nicht entgehen können. Sie hatte Wohlgefallen daran gehegt, nur als an der bloßen Höflichkeitsbezeugung eines artigen jungen Menschen, ohne zu denken, daß diese sich jemals in eine feurige Liebe verwandeln oder daß diese Liebe Eindruck auf sie machen könne. Als er nach seiner Liebeserklärung zugleich in demselben Augenblicke von ihr getrennet ward, fand sie zwar ihr Herz tief verwundet, glaubte aber, daß dies von ihrer beleidigten Empfindlichkeit und vom Widerwillen gegen die Härte der Frau von Hohenauf herrühre. Nur nach Säuglings Abreise, da sie in der Heftigkeit ihrer Leidenschaft sich vorstellte, daß sie ihn nie wiedersehen würde, merkte sie erstlich, vor sich selbst errötend, wie sehr sie ihn liebte. Bald war sie zornig, daß er nicht von ihr Abschied genommen hatte, bald entschuldigte sie ihn mit dem Gedanken, wie untröstlich er selber sein müsse; und dieses Bild ihrer Einbildungskraft selbst machte ihn ihrem Herzen liebenswürdiger. Jeden Ort, wo sie ihn gesehen hatte, besuchte sie mit einer zärtlichen Schwermut, und des Nachts stand sein geliebtes Bild beständig vor ihren Augen.

Einst ergriff sie von ungefähr die „Lettres d'une réligieuse portugaise", die sie auf Befehl so oft ihren Fräulein ganz ruhig vorgelesen hatte. Sie erstaunte darüber, daß ihr jetzt die Bilder so belebt, die Klagen so herzrührend, die Empfindnisse so tief aus der Seele herausgezogen schienen, welches alles sie vorher gar nicht bemerkt hatte. So sehr wahr ist es, daß Bücher voll verliebter Empfindungen, die auf den Weisen und Gleichgültigen wenig Eindruck machen, in ein junges unerfahrnes Herz, das den ersten Eindrücken dieser gefährlichen Leidenschaft offensteht, das süße Gift weit tiefer hineinflößen als selbst die Reden des Geliebten. Die erhitzte Einbildungskraft, mit ihren eigenen Geschöpfen nach Belieben spielend, stellt die Empfindnisse viel reiner und inniger vor, als sie in der wirklichen Welt sein können, in der sie mit hundert ganz gemeinen gleichgültigen Umständen vermischt und dadurch gemildert werden.

Nun wurden die Briefe der portugiesischen Nonne Marianens tägliche Lektur. Sie wünschte, daß ihr Säugling solche Briefe voll Liebe und Beständigkeit schreiben möchte als der Ritter v. C., und sie gelobte sich selbst, ihm mit ebensoviel Inbrunst und Sehnsucht zu antworten als dessen Geliebte. In einem Briefwechsel dieser Art sah sie eine so anmutige Beschäftigung voraus, daß sie die Zeit nicht erwarten konnte, bis er seinen Anfang nehmen würde. Es waren schon einige Wochen verlaufen, und sie hatte schon alle zärtliche Gründe erschöpft, um das Stillschweigen ihres Geliebten zu entschuldigen, als ihr das Kammermädchen Säuglings Heroide, mit einem prosaischen Briefe begleitet, übergab, worin er alles ausgedrückt hatte, was er bei ihrer beiderseitigen Trennung empfand, und sie beschwor, ihn wenigstens schriftlich wissen zu lassen, daß sie gegen seine Zärtlichkeit nicht unempfindlich sei, wozu er ihr das Kammermädchen als ein sicheres Werkzeug empfahl.

Die verliebte Mariane las beide Sendschreiben mit heftiger Begierde und überlas sie fünf- oder sechsmal mit noch innigerm Vergnügen. Als sie sich aber niedersetzen wollte, um sie zu beantworten, durchdrang sie die unaussprechliche Empfindung eines wohlgezogenen Frauenzimmers, die immer mit gewissenhafter Strenge ihre Pflichten beobachtet und noch nie einen Schritt getan hat, den sie hätte verhehlen dürfen. Errötend erschrak sie vor sich selbst. Ob ihr gleich in den süßen Vorstellungen ihrer Einbildungskraft oft der Wunsch entfahren war, die Feder ansetzen zu können, um ihre innersten Neigungen auszudrücken, so sank sie ihr doch nun aus der Hand, und je öfter sie es versuchte, desto mehr verlor sie den Mut, es zu wagen. Auch half es nichts, daß das Kammermädchen mehrmals erinnerte, ihr auf den Brief eine Antwort zu geben. Im Gegenteile, da das dienstwillige Mädchen, welcher die feinen Skrupel, die Marianens Gemüt beunruhigten, in ihrem Leben

nie in den Sinn gekommen waren, die ganze Sache sehr auf die leichte Achsel nahm, so mußte dies noch widrigere Wirkung tun, indem Marianens Zartgefühl dadurch die Sache von einer Seite zu betrachten anfing, von der sie bald den Blick wegwandte, aus Furcht, allzusehr darüber nachzudenken.

SECHSTER ABSCHNITT

Säugling war von allem Troste verlassen, als er erfuhr, daß Mariane weder seine Poesie noch seine Prose einer Antwort würdigen wolle. Er hielt sich für den unglücklichsten unter allen Menschen und wußte, da seine Dichtkunst die erwartete Hilfe nicht leistete, jetzt bloß zu bittern Tränen seine Zuflucht zu nehmen. Rambold hingegen, der bei weniger Zärtlichkeit etwas mehr Erfahrung besaß und dem das Kammermädchen auch in ihrem Antwortschreiben einen gewissen Wink gegeben hatte, tat keck den Vorschlag, daß Säugling in seiner Gesellschaft insgeheim nach dem Gute der Frau von Hohenauf reiten und Marianen besuchen sollte. Säugling erschrak vor diesem Gedanken, sowohl wegen dessen Folgen als wegen der Beschwerlichkeit eines Ritts von fünf Meilen. Allein Rambold wußte diese Bedenklichkeiten mit seinem gewöhnlichen Witze lächerlich zu machen, so daß Säugling anfing, diesen Vorschlag nur von der angenehmen Seite zu betrachten, und darinwilligte.

Sie ritten also an einem schönen Sommermorgen aus, und Säugling, über seinen eigenen Mut erstaunt, kam sich, nachdem er eine Meile zurückgelegt hatte und die Beschwerlichkeiten der Reise zu empfinden anfing, als ein anderer Leander vor, der durch die Gefahr der wilden Wellen zu seiner geliebten Hero eilte. Sie langten des Abends sehr ermüdet auf einem Vorwerke an, das etwa zweihundert Schritte von dem Dorfe entlegen war. Des andern Morgens sehr früh ermannte sich Säugling, seiner Müdigkeit ungeachtet, und wanderte mit Rambold nach dem herrschaftlichen Garten, in den sie durch eine von dem schlauen Kammermädchen geöffnete Hintertür traten. Sie führte Säuglingen ferner nach einer etwas abgelegenen grünen Laube, wo Mariane, in der Meinung, ganz allein zu sein, mit süßer Schwermut Säuglings Heroide las.

Mariane tat einen lauten Schrei, als sie ihn erblickte, und wollte forteilen. Ihre Füße versagten ihr aber glücklicherweise diesen Dienst, denn der zitternde Säugling war selbst in so großer Verlegenheit, daß er schwerlich Besonnenheit genug gehabt haben würde, sie zurückzuhalten. Er stand mit herunterhängenden Händen wie ein stummes Bild da, und es währte einige Minuten, ehe er mit stammelnder Zunge eine Entschuldigung seiner Verwegenheit vorbrachte. Da er in Marianens Augen keinen Zorn wahrnahm, so faßte er das Herz, sich ihr zu Füßen zu werfen, ihr nochmals die ganze Innigkeit seiner Liebe zu entdecken und sie um Gegenliebe anzuflehen. Mariane wollte noch zurückhalten, aber sie konnte ihrer innern Zärtlichkeit selbst nicht Widerstand tun und entdeckte, unter sanftem Erröten, alles, was sie für ihn fühlte. Säugling glaubte in den dritten Himmel versetzt zu sein, dankte ihr mit den herzrührendsten Ausdrücken, und beide schworen sich unverbrüchliche Treue und Zärtlichkeit.

Sie hatten sich so viel zu sagen, daß einige Stunden vergingen, ehe sie voneinander schieden. Die Wollust dieser Unterredung war zu groß, als daß nicht noch mehrere gleich geheime Zusammenkünfte auf diese hätten folgen sollen, in denen beide Liebenden ihre Herzen aufs genaueste miteinander vereinigten und den süßesten Reiz in dem Versprechen fanden, alles Widerstandes ungeachtet sich ewig zu lieben.

Indes hatte die Frau von Hohenauf insgeheim erfahren, daß Mariane täglich sehr früh aufstände, in den Garten ginge und sich daselbst einige Stunden aufhielte. Sie schlich ihr eines Tages nach, ohne die wahre Ursache nur im geringsten zu vermuten, und behorchte das verliebte Paar, als sie eben in der zärtlichsten Unterredung waren. Sie kam außer sich vor heftiger Wut, fuhr wie eine Furie auf die arme Mariane los, belegte sie mit den schimpflichsten Namen, stieß sie aus der Laube weg; und indem sie dem ganz erschrockenen Säugling, der wie eine unbewegliche Bildsäule dastand, zuschrie, ihr nimmermehr wieder vor die Augen zu kommen, schleppte sie die halbtote Mariane nach dem Hause zu.

Säugling stand noch einige Zeit in zitternder Untätigkeit, bis er sich endlich besann, es werde am besten sein, wegzugehen. Er fand aber zu seinem großen Erschrekken die Hintertür des Gartens verschlossen. Rambold, der sich mit dem Kammermädchen in einem etwa fünfzig Schritte von der Laube entfernten ziemlich dichten Gebüsche befand, vielleicht um ihr ein Kapitel aus dem vierten Bande der „Insel Felsenburg“ zu erklären, war bei dem ersten Lärmen davongelaufen und hatte in der Eil die Türe hinter sich zugeschlagen. So sah sich der arme Säugling allein und eingeschlossen und wußte nicht, was vor Angst beginnen. Er konnte keinen Ausgang finden; denn über die Mauer zu steigen, ob sie gleich nicht sehr hoch war, war für ihn eine unmögliche Sache; er fing also an zu zittern, als wäre er in der Gewalt seines ärgsten Feindes. Nachdem er aber eine Viertelstunde im Garten in der Irre gelaufen war, fiel ihm endlich ein, daß die große Gartentüre offen sein möchte. Sie war es wirklich, und er ging, ohne von jemand bemerkt zu werden, mit Zittern und Zagen durch den Hof und durch das Haus auf die freie Straße des Dorfs.

Nun eilte er mit verdoppelten Schritten nach dem Vorwerke, wo er die Pferde schon gesattelt und Rambolden seiner erwartend antraf. Sie setzten sich sogleich zu Pferde, Säugling in der größten Traurigkeit, die durch Rambolds Lustigkeit und Schrauberei nicht zu mildern war. Sie brachten auf der Zurückreise zwei Tage zu, demungeachtet legte sich Säugling sogleich bei der Ankunft ins Bette, um sich teils von einem Fieber heilen zu lassen, welches die Gemütsbewegung, teils von einigen andern kleinen Beschwerlichkeiten auszuruhen, welche ein Ritt von fünf Meilen seinem zarten Körper zugezogen hatte.

Der unglücklichen Mariane ward von der Frau von Hohenauf mit der äußersten Härte begegnet. Keine Entschuldigung ward angenommen, die schimpflichsten Vorwürfe wurden nicht gesparet. Ohne die Furcht, daß Säugling durch ihr Unglück noch näher mit ihr verbunden werden möchte, wäre sie sogleich auf die Straße geworfen worden. Sie ward also eingesperrt, bis sich eine Gelegenheit fände, sie gänzlich wegzuschaffen.

Die Frau von Hohenauf besann sich, daß die Gräfin von *** bei ihrer Anwesenheit im Diskurse beiläufig geäußert hatte, sie wünschte eine Person von guter Aufführung und von Talenten um sich zu haben, die ihr Gesellschaft leisten und ihr vorlesen könnte. Die Gräfin, obgleich aus einem der ältesten Geschlechte und unter der Pracht und den Lustbarkeiten des Hofes erzogen, schätzte Verdienst mehr als Adel und die Schönheiten der Natur und eine in der Stille wohlverbrachte Zeit mehr als glänzenden Pomp. Dies war den Neigungen der

Frau von Hohenauf so schnurgerade zuwider, daß zuweilen zwischen ihnen einiger Wortwechsel darüber entstanden war; daher die letztere die erstere – wie es immer zu geschehen pflegt, wenn ein Tor gegen einen Klugen unrecht hat – herzlich zu hassen anfing, ob sie gleich freilich dem Wohlstande gemäß eine Dame von diesem Range äußerlich mit den größten Freundschaftsbezeugungen überhäufte.

„Ha", sagte die Frau von Hohenauf, „für diesen Zieraffen wird die schöne Mariane eine würdige Gesellschaft sein." Hierzu kam, daß die Güter der Gräfin an fünfundzwanzig Meilen entfernt lagen, indem sie zur Zeit des Geburtsfestes, nur um eine Verwandtin zu besuchen, in diese Gegend gekommen war. Die Frau von Hohenauf schrieb also an die Gräfin und trug ihr Marianen zur Gesellschafterin an, doch ohne die wahre Ursache dieses Vorschlags im geringsten zu erwähnen. Die Gräfin, welche sich Marianens Betragen gegen den armen Pachter noch mit Vergnügen erinnerte, antwortete nach Wunsche.

Nun trat die Frau von Hohenauf in Marianens Gefängnis, zwang sich zu einer Freundlichkeit, die ihr gar nicht von Herzen ging, stellte ihr die unverdiente Gnade vor, daß sie ihr, anstatt sie zu strafen, einen so guten Platz verschafft habe. Sie versicherte zugleich, sie wolle alles Vergangene vergessen, verlangte aber auch von Marianen das Versprechen, alle Verbindung mit Säuglingen aufzuheben, ja ihm nie ihren Aufenthalt zu melden.

Mariane, die einige Wochen in großer Verlegenheit über ihr jetziges und künftiges Schicksal zugebracht hatte, war sehr erfreut, daß es eine so glückliche Wendung nahm. Sie hatte die vortrefflichen Gesinnungen der Gräfin bei derselben Anwesenheit kennenlernen und sah also sehr wohl ein, daß der Vorfall mit Säuglingen derselben Zutrauen zu ihr mindern könnte. Sie versprach daher mehr, als verlangt wurde, nämlich niemand, wer es auch sei, das geringste von der Sache zu entdecken; ja sie versprach sich selbst, wenn sie von Säugling nichts mehr hörte, ihn ganz zu vergessen, und hoffte dadurch wieder so ruhig zu werden als vormals, ehe sie die Wirkungen dieser unglücklichen Liebe erfuhr.

Um jedermann den Ort ihres künftigen Aufenthalts zu verbergen, ward sie des Nachts mit Postpferden nach einer nicht weit von den Gütern der Gräfin gelegenen Stadt gebracht, wo ein Wagen der Gräfin auf sie wartete, um sie abzuholen.

VIERTES BUCH

ERSTER ABSCHNITT

Sebaldus wanderte auf der von ungefähr gefundenen Landstraße, ohne zu wissen wohin. Er war schon ein paar Meilen einsam fortgegangen, als er von weitem einen Fußgänger erblickte, den er einzuholen suchte. Er verdoppelte seine Schritte und sah nun einen Mann, gekleidet in einen grauen Rock von feinem Tuche, eine runde ungepuderte Perücke auf dem Kopfe, einen kleinen Bündel an einem Stabe auf der Schulter tragend, der mit heller Stimme das Lied: „Wachet auf, ruft uns die Stimme“ sang. Sebaldus, ein Freund des Singens geistlicher Lieder, zumal gewisser enthusiastischer Melodien, gesellte sich zu dem Manne und summete halblaut eine extemporierte Baßpartie zu dem Liede.

Nach dessen Endigung grüßten sich die beiden Wanderer, und Sebaldus fragte den Fremden, wohin der Weg führe, auf dem sie gingen.

„Nach Wustermark“, sagte der Fremde, „wo ich Nachtlager zu halten und den andern Morgen nach Berlin zu gehen gesonnen bin.“

Sebaldus freute sich, daß er auf dem rechten Wege war; denn ob er gleich nach dem Verluste seiner Empfehlungsbriefe nicht wußte, was er in Berlin machen sollte, so wußte er doch ebensowenig, was er an irgendeinem andern Orte in der Welt hätte machen sollen.

Er bat also den Fremden um Erlaubnis, in seiner Gesellschaft zu gehen, und erzählte ihm den Unfall, den er auf dem Postwagen gehabt hatte.

Jener kreuzte und segnete sich über diese Begebenheit und lobte seine eigene Vorsicht, daß er lieber zu Fuße gegangen sei, da die Wege nach dem Frieden so unsicher wären. „Nicht eben“, setzte er hinzu, „als ob ich viel Geld bei mir hätte. Ich bin zufrieden, wenn ich reich bin im Heilande. Aber der Herr hat doch meine Überlegung gesegnet.“

Sebaldus versetzte: „Ich habe an dergleichen Vorsicht nicht gedacht, denn ich hatte noch keinen Begriff davon, daß ein Mensch seinen Nebenmenschen mit kaltem Blute anfallen und berauben könnte.“

„Ach, mein lieber Bruder, die arme menschliche Natur ist ganz verderbt. Wenn wir nicht durch die Gnade ergriffen werden, so sind wir in grundlosem, unerforschlichem, tiefem Verderbnisse!“

„Ei, mein Freund, von den Lastern einiger Bösewichter kann man nicht auf die Natur der Menschen überhaupt schließen. Wir sind von Natur nicht geneigt, wie die wilden Tiere uns anzufallen, sondern in Gesellschaft zu leben und uns zu unterstützen.“

„Ach, wir armen Menschen! Wie könnten wir uns unterstützen, wenn uns die Gnade nicht unterstützte? Wie könnten wir etwas Gutes wirken, wenn es die alleinwirkende Gnade nicht wirkte?“

„Freilich, wir haben alles durch die göttliche Gnade, sie wirkt aber nicht wie der Keil auf den Klotz. Gott hat die Kräfte zum Guten in uns selbst gelegt, hat uns Verstand und Willen, Neigungen und Leidenschaften gegeben, hat Würde und Güte in die menschliche Natur gelegt, damit wir zum Guten tätig sein sollen und können.“

„O welch ein Selbstbetrug, mein lieber Bruder!“ rief der Fremde mit einem tiefen Seufzer aus. „Wenn wir Gott wohlgefällig werden wollen, so müssen wir nichts als lauter Elend und Unwürdigkeit an uns sehen.

Wollt ihr zu Jesu Herden,
So müßt ihr gottlos werden!
Das heißt, ihr müßt die Sünden
Erkennen und empfinden,

wie ein teurer Knecht Gottes singet.[1] Wir müssen an der Gnade hangen, die Gnade alles wirken lassen, der Gnade alles zuschreiben; dann wird die Gnade in uns erst recht groß, wenn wir recht klein, recht unwürdig werden.

Wenn wir uns mit den Siechen
Ins Lazarett verkriechen!"

Sebaldus zuckte die Achseln und sagte: „Dies sind gesalbte Schälle ohne Sinn, die nur einer verderbten Einbildungskraft heilig scheinen. Wir besitzen Kräfte zum Guten. Wer dies leugnen wollte, würde Gottes Schöpfung schänden, der uns so viel Vollkommenheiten gegeben hat. Ohne den Einfluß einer übernatürlich wirkenden Gnade können wir Tugenden und edle Taten ausüben. Oder sind etwa Wohlwollen, Menschenliebe, Freundschaft, Großmut, Mitleiden, Dankbarkeit nicht Tugenden?"

„Scheintugenden, mein lieber Bruder, weltliche ehrbare Scheintugenden. Mit solchem Bettlermantel will der unwiedergeborne Mensch den Aussatz seiner von Grund aus verderbten Natur bedecken! Mit diesen sogenannten Tugenden aber kann man auf ewig in den Schwefelpfuhl geworfen werden, aus welchem keine Erlösung ist! Wenn Tugenden nicht aus der Gnade entspringen, so sind sie geschminkte Laster zu nennen."

„Wozu soll man so seltsame Benennungen erdenken? Ich vergebe zum Beispiel den Räubern, die mich beraubt haben, ich wünsche ihre Besserung. Dies ist sowenig die

[1] Woltersdorfs sämtliche neue Lieder. Berlin 1768, S. 37.

Wirkung einer übernatürlichen Gnade, daß es vielleicht bloß die Wirkung meines Alters oder Temperaments ist. Ist dies aber deshalb Gott nicht gefällig? Ist es ein Laster?"

„Wenn es nicht aus Herzlichkeit zu dem blutigen Versöhner geschieht, so ist es nichts als ein weltliches Tugendbild, eine nachgemachte Frömmigkeit, wobei man ewig verlorengehen kann!"

„Sprechen Sie doch nicht so! Hiermit kann man alten Mütterchen allenfalls eine Furcht einjagen, aber man beweiset nichts. Ich habe über diese Sachen reiflich nachgedacht und finde, daß weder eine blutige Versöhnung noch eine ewige Verdammnis mit den erhabenen Begriffen zusammenstimmen, die wir von Gott haben müssen, sobald wir den Begriff Gott denken wollen."

„Ja, ja, so geht es! Je mehr die Menschen alles durch ihre bloße Vernunft einsehen wollen, desto weniger erkennen sie die ihnen angeborne Blindheit und Finsternis. Mir fällt hierbei ein, was ein lieber Sohn des Heilandes sagt[1]: ‚Es ist unvermeidlich, daß Seelen, die sich nicht so ganz in das evangelische Wesen verloren haben, daß sie ihren Bissen Brot, den sie in den Mund stecken, gleichsam in dem Heilande verzehren, und denen das im Namen Jesu auf den Abtritt gehen noch ein Geheimnis ist, in allerhand Bedenklichkeiten verfallen; aber die Gnaden- und Bundesleute verstehen sich auf halbe Worte und wissen die Teilung des Tempels des Heiligen Geistes in allen Ein- und Ausgängen ohne Kopfzerbrechen zu machen.'"

Sebaldus starrete den Fremden an, ohne ein Wort zu sagen. Dieser glaubte vielleicht, er verstumme aus Bewunderung oder Entzückung; er fuhr also fort:

[1] Der Pietist hatte diese Worte buchstäblich aus den „Büdingischen Sammlungen", 8. St., S. 257, genommen.

„Ach, Lieber! Laß dich von der alleinwirkenden Gnade ergreifen! Laß dich von der Kraft des Bundesblutes anfassen. Bete herzlich um die Wiedergeburt. Bete, daß du bald zum Durchbruche kommen mögest. Bete, bete, ich will mit dir beten, lieber Bruder!"

Sebaldus sagte sehr kalt:

„Ich pflege das Vaterunser zu beten; darin steht nichts vom Durchbruche, nichts vom Bundesblute, nichts von der Wiedergeburt oder von der alleinwirkenden Gnade."

Der Pietist schlug die Hände über sein Haupt zusammen und rief aus:

„Welcher Unglauben! Welche fleischliche Sicherheit! O betrüge dich nicht, Mensch! Die Ewigkeit wird kommen! Qual ohne Ende für den Sünder!"

Sebaldus geriet in Eifer und fing an, die Ewigkeit der Höllenstrafen mit den besten ihm beiwohnenden Gründen zu widerlegen, aber der Pietist, der sich von jeher auf inneres Gefühl, nie aber auf Gründe eingelassen hatte, antwortete nichts, sondern schlug nochmals die Hände zusammen, hob die Augen gen Himmel und fing an, so laut er konnte, nachfolgendes Lied[1] zu singen:

[1] Der Leser glaube nicht etwa, daß ein solches Lied zum Behufe dieses Gesprächs erdichtet worden. Er darf auch nicht glauben, daß es etwa ein unbedeutender Schwärmer für den Winkel eines fanatischen Konventikels verfertigt habe. Nein! Dies Lied steht Seite 792 eines in vielen evangelisch-lutherischen Kirchen der Kurmark eingeführten Gesangbuchs, betitelt: „Geistliche und liebliche Lieder, welche der Geist des Glaubens durch Doktor M. Luther, Joh. Hermann, Paul Gerhard und andere seiner Werkzeuge in den vorigen und itzigen Zeiten gedichtet und die bisher in den Kirchen und Schulen der Königl. Preuß. und Kurf.

„Zu spät ist's zu erfahren, was Höll' und
Ewigkeit.
Ach, willst du's darauf sparen, tu's nicht,
heut ist's noch Zeit.
Bekehre dich von Herzen, daß du der Qual
entgehst;
denk, dann gibt es nicht Scherzen, wenn du
vorm Richter stehst.

Der dir das Urteil fället, das Leben rund
abspricht,
zum Teufel dich gesellet des ew'gen Tods
Gericht.
O Zeter! Ach! Weh! Jammer! Welch Heulen
wird da sein,
wenn in die Marterkammer der Henker
schleppt hinein.

Dahin, wo keine Reue, kein Klagen helfen
kann,
die Marter geht aufs neue nach tausend
Jahren an!
Da ist kein Glied so kleine, das nicht sein
Leiden hat;
der Leib, der fühlt das seine, die Seel' auch
früh und spat.

Brandenb. Lande bekannt" und so weiter, herausgegeben von Johann Porst, Königl. Preuß. Konsistorialrat, Probst und Inspektor zu Berlin. Gedruckt zu Berlin, in Langduodez. – Unter mehrern Gemeinden entstanden im Jahre 1781 die größten Bewegungen, als man anstatt dieses schlechten Gesangbuchs ein vernünftigeres und folglich besseres einführen wollte.

In großer Furcht und Schrecken, in finstrer
Dunkelheit,
wird die Verdammten decken, Angst, Grauen,
Traurigkeit;
die Zähne werden klappen für Frost und
großer Hitz
und werden blindlings tappen nach einem
frischen Sitz.

Sie werden ewig fallen ins Loch, das keinen
Grund,
und aufeinanderprallen zusammen in den
Schlund,
sich beißen, fressen, nagen, sich fluchen,
lästern stets,
der Tod wird sie recht plagen, ohn Ende: Seht,
so geht's!

So geht es den Verfluchten in ihrem Höllenloch,
den Schlemmern und Verruchten, ach, glaubet's,
glaubet's doch.
Wollt ihr daran noch zweifeln? So wahr ist's,
so wahr Gott,
ihr fahret zu den Teufeln, wo ihr das halt't für
Spott!"

Dies Lied sang Sebaldus nicht mit, vielmehr zeigte er unter Absingung desselben sichtbare Kennzeichen der Ungeduld. Nach dessen Endigung geriet er einige Minuten lang in ein tiefes Nachsinnen und fragte endlich seinen Mitwanderer:

„Sind Sie denn also ein Wiedergeborner?"

„Ja", antwortete er mit sehr sanfter Stimme, „das bin ich durch Gottes Gnade. Vor drei Jahren, den 11. September, nachmittags um 5 Uhr, hatte ich zuerst das selige, innere Gefühl der Gnade, die bei mir zum Durchbruche kam; seitdem habe ich an der Gnade beständig gehangen, bin nie der Gnade satt geworden."

„Also glauben Sie doch gewiß, ewig selig zu werden?"

„Ach ja! Dessen bin ich gewiß:

Denn ich will stets ein Bienelein
Auf des Lammes Wunden sein
Und fahren so in'n Himmel 'nein."

„So! Und werden ewige Freude haben und werden ganz geruhig zusehen[1], wie Millionen ihrer Nebenmenschen sich beißen, fressen, nagen, sich fluchen und lästern, wie der Tod sie recht plagt ohne Ende. Welcher Greuel! Können Menschen ihre Nebenmenschen so verdammen und können mit Wohlgefallen von ihrer Verdammung ein feierliches Lied singen!"

Der Pietist lächelte und sagte mit sanfter Stimme: „Da sieht man den natürlichen Menschen! Ich verdamme sie ja nicht, sondern" (er lächelte nochmals) „die Bibel verdammet sie. Da steht es deutlich."

Sebaldus fuhr sehr heftig heraus: „Nein, das steht nicht in der Bibel, und wenn es darin stände, so wäre sie nicht Gottes Wort. Ich möchte lieber ein Atheist sein, als solche abscheuliche Begriffe von Gott haben, daß er uns das Leben rund abspricht, daß er uns dem Teufel zugesellet, daß er uns durch Henker in Marterkammern schleppen läßt, wo keine Reue, keine Klage helfen

[1] Manchem eifrigen Gottesgelehrten mag es wohl nicht so anstößig sein als dem ehrlichen Sebaldus, daß die Seligen im Himmel die ewige Qual der Verdammten ganz geruhig, ohne Mitleid ansehen sollen. Zum Beispiel in M. Cyriacus Höfers „Kurzem und richtigem Himmelsweg", wie ein Kind in vierundzwanzig Stunden lernen kann, wie es soll der

kann. – Entsetzlich! Von ihm so zu denken, dem Vater des Lebens, dem Geber alles Guten!"

Sebaldus war in großen Eifer geraten; er brach plötzlich ab, wie der gute Mann gemeiniglich tat, sobald er an sich ungewöhnliche Heftigkeit bemerkte, denn er pflegte alsdann zu überlegen, ob er sich auch vergangen oder zuviel geredet habe.

Der Pietist bewegte den Zeigefinger seiner rechten Hand zweimal auf und nieder und sagte sanftmütiglich: „Lieber Bruder, ich beweine deinen erschrecklichen Unglauben! Und kannst noch in ungöttlichen Eifer geraten! Hier läßt sich der Unterschied des Standes der Natur und der Gnade sichtbar spüren. Wer in der Gnade steht, der ist so ruhig, der erträgt alles, der erduldet alles, stellet alles Gott anheim."

Höllen entgehen und ewig selig werden, in 735 Fragen und Antworten, einem Katechismus, der im Kurfürstentume Sachsen und vielleicht auch in andern Provinzen in vielen Schulen zur Unterweisung der Jugend gebraucht wird und der noch im Jahre 1797 zu Leipzig mit gnädigstem Privilegium gedruckt worden, findet man Seite 97 folgende Fragen und Antworten:

„Wenn du welche der Deinen würdest in der Hölle sehen, würde dir die Marter zu Herzen gehen, oder würde sie dir nicht zu Herzen gehen?"

Antwort: „Sie würde mir nicht zu Herzen gehen."

„Warum wird sie dir nicht zu Herzen gehen?"

Antwort: „Weil alsdann mein Willen mit dem Willen Gottes übereinstimmen wird."

Solange wir noch solche Ungereimtheiten durch unsere Katechismen in den Schulen lehren, dürfen wir Voltairen nicht anklagen, der einem Kapuziner die Worte in den Mund legt:

Et moi prédestiné,
Je rirai bien quand vous serez damné.

Indem er dies sagte, sprangen Räuber, von welchen damals die ganze Gegend wimmelte, aus einem dicken Gebüsche und fielen mit blanken Säbeln die Reisenden an. Sebaldus gab mit dem ruhigen Bewußtsein, daß er sich nicht wehren könnte, das wenige Silbergeld her, das ihm übriggeblieben war. Der Pietist hingegen war unter den Händen der Räuber totenblaß, bezeigte sich sehr ungebärdig, wälzte sich auf die Erde, suchte seine Uhr zu verbergen, empfing aber darüber verschiedene Stöße und Schläge, alle seine Taschen wurden demungeachtet ausgeleert. Man nahm ihm auch sein feines Kleid, und dem einen Räuber gelüstete endlich nach seinen ganz neuen Stiefeln. Er mußte, alles Weigerns ungeachtet, sich auf die Erde setzen, um sie auszuziehen. Unterdes entstand ein Geräusch im Busche, und ein Hund schlug an, hierüber wurden die Räuber flüchtig. – Der Pietist sprang auf und schrie aus Leibeskräften: „Halt, Diebe! Halt, Diebe!“ Als aber niemand erschien, setzte er sich mit dem Stiefel in der Hand abermals unter einen Baum, um recht herzlich auf die Straßenräuber zu fluchen.[1] Zugleich sagte er, indem er dem Sebaldus im Stiefel ein geheimes Täschchen zeigte, worin er sein Gold

[1] Er soll, wie verschiedene Nachrichten bezeugen, den frommen Wunsch hinzugetan haben, daß ihnen, wenn das eiskalte Fieber ihre Glieder zerrüttete, weder bittre Essenz noch Kirchengebet helfen möchten; welchen Wunsch der Verfasser des Gedichts „Wilhelmine“, der, nach Art der Dichter, wegen der genauen Bestimmung der Zeiten und Personen wohl die ungedruckten Urkunden nicht eben mag nachgeschlagen haben, dem Sebaldus beilegt (s. „Wilhelmine“, S. 97). Es ist aber um so unwahrscheinlicher, daß Sebaldus einen solchen Wunsch sollte getan haben, da aus sichern Nachrichten erhellet, er sei der Meinung gewesen, daß das Kirchengebet überhaupt keine Krankheiten lindere.

verwahret hatte: „Sehen Sie nun, wie der Herr die Gottlosen mit Blindheit schlägt. Ist nicht dies Gold durch ein Wunder gerettet worden?“ Hier zog er seinen Stiefel an und stand auf.

Sebaldus versetzte: „Ich finde wirklich, der Stand der Natur und der Gnade ist unterschieden, so wie Sie bemerkten. Ich natürlicher Mensch kann den Verlust meines Geldes ruhig ertragen. Es waren freilich nur wenige Groschen, aber auch mein letzter Heller ist weg. Ihnen ist noch weit mehr übriggeblieben, als ich vorher hatte. Ei, ei, ein Wiedergeborner sollte wenigstens nicht fluchen!“

Der Pietist ward feuerrot und stotterte: „Die Bösewichter verdienen den Fluch, weil sie Menschen wie wilde Tiere anfallen, da wir uns einander unterstützen sollten, wie Sie vorhin ganz richtig sagten. Ach, und das wenige Gold hat der Herr nicht meinetwegen mir so wunderlich erhalten, sondern um notleidender Brüder und Schwestern willen, für die ich es von christlichen Seelen gesammelt habe. Wiewohl ich jetzt selbst notleidend bin.“

Er hatte nicht ganz unrecht, denn er stand im bloßen Hemde da, indes ein ziemlich starker Regen zu fallen anfing. Sebaldus zog ungebeten seinen alten Überrock aus und überreichte ihm denselben.

„Nehmen Sie“, sagte er, „es ist freilich ein geschminktes Laster, Ihnen diesen alten Kittel anzubieten. Aber der Regen fällt allzu stark, als daß wir jetzt feine Distinktionen machen könnten.“

Der Pietist nahm den Überrock stillschweigend an; und weil beide Wanderer vielleicht über das Vorgefallene nachzudenken für gut fanden, so schwiegen sie auch den übrigen Teil des Weges, bis sie gegen Abend in Wustermark ankamen.

Es scheint, der Pietist war einer von den angesehenen Männern des Konventikels, deren Heiligkeitsgeruch sich gemeiniglich zehn bis zwölf Meilen in die Runde ausbreitet, die daher auf ihren Reisen im Hause jedes Bruders und jeder Schwester ebenso zuversichtlich einsprechen als ein wandernder Mönch in ein am Ende seiner Tagereise liegendes Kloster. Unser Mann hatte Wustermark deswegen zum Nachtlager erwählt, weil daselbst eine fromme, wohlhabende Bauerwitwe wohnte, in deren Haus er auch sogleich ging und den Sebaldus in der Dorfschenke unter allerhand Gesindel seinem Schicksale überließ.

Bei den Frömmlingen männlichen Geschlechts ist mit heißem Eifer für fromme Übungen sehr oft eine große Hartherzigkeit verknüpft, seltener bei denen von weiblichem Geschlechte. Die Bäuerin hörte von ihrem Gaste kaum, daß er noch einen Reisegefährten habe, welcher gleich ihm von Räubern geplündert worden, so kam sie in die Schenke, um den Sebaldus zu sich einzuladen. Sie trug auf, was ihr Haus vermochte, und die Wanderer erquickten sich.

Nach Tische fing der Pietist die Betstunde an, womit die reisenden Heiligen gemeiniglich ihre Zeche zu bezahlen pflegen. Sebaldus, ob er gleich eine dürre Dogmatik und eine störrische Polemik haßte, war doch ein Freund herzlicher Andacht. Er war daher sehr erbaut von der stillen Aufmerksamkeit der Bäuerin und ihrer Kinder. Sogar auch der Vortrag seines Reisegefährten war ihm weniger zuwider, als er erwartet hatte; denn dieser besaß vollkommen die Biegsamkeit, womit Leute seiner Art sich bestreben, bei denjenigen, die sie nicht bekehren können, wenigstens eine gute Meinung von sich zu hinterlassen. Er vermied daher sehr weislich alle Punkte, worüber etwa Sebaldus anderer Meinung sein konnte, und hielt sich bei asketischen Betrachtungen auf, welche der Bauerfamilie begreiflich und seinem Reisegefährten nicht zuwider waren, so daß sich jedermann sehr zufrieden zur Ruhe legte.

Morgens sehr früh, nach eingenommenem reichlichen Frühstücke, dankten sie ihrer Wohltäterin und setzten ihren Weg weiter fort. Sebaldus genoß den schönen Sonnenaufgang, sang ein fröhliches Morgenlied und war so innig vergnügt, daß er weder an seinen mißlichen Zustand noch an den Zweck seiner Reise dachte, bis sein Gefährte selbst das Gespräch auf Berlin brachte, wohin sie gingen. Denn er beseufzte mit auf die linke Achsel gesenktem Haupte und gen Himmel erhobenen Augen das Elend dieser großen Stadt und versicherte, daß daselbst die Religion ein Gespötte sei, niemand in die Kirche gehe, Rotten und Ketzereien regierten und ein jeder rechtschaffener Christ verachtet werde. Er beklagte recht geflissentlich seinen Reisegefährten als einen Fremdling, der sich nicht in den besten Umständen befinde und in dieser Stadt voll Unglaubens und Irrgläubigkeit ganz gewiß werde umkommen müssen.

„Ich habe“, sagte Sebaldus, „bessere Hoffnung. Ich weiß aus der Erfahrung, daß die Liebe des Nächsten sehr wohl mit den Gesinnungen bestehen kann, welche von vielen Leuten als Unglauben gebrandmarkt werden.“

„Nein! Nein!“ rief der Pietist mit erhabener Stimme. „Wo Glauben ist, da ist auch Liebe! Die findet man aber in dieser Stadt, ja in diesem ganzen Lande gar nicht. Da herrscht lauter Eigennutz und Betrug, da gehen alle Laster im Schwange, da ist die Ruchlosigkeit aufs höchste gestiegen, da ist alle christliche Liebe erloschen.“ Er sagte dieses so dreist und versicherte so fest, daß es eine weltbekannte Sache sei und daß er Berlin genau kenne, weil er sich oft da aufgehalten habe; daß endlich Sebaldus anfing, darüber nachdenkend zu werden.

„Ich gestehe", sagte er nach einiger Überlegung, „wenn die Einwohner dieser Stadt, ja dieses ganzen Landes Ihrer Beschreibung gleichen, so muß es ein wahres Unglück sein, unter ihnen zu wohnen. Aber", fuhr er nach einigem Staunen[1] fort, „sollten Menschen, die so gesinnet sind, wohl in Gesellschaft leben können? Sollte ein Staat wohl in kurzer Zeit blühend werden können, der lauter solche Bürger enthielte? Und doch soll, nach allgemeiner Versicherung, der preußische Staat nur seit Menschengedenken sehr blühend geworden sein; besonders soll ja Berlin am Wohlstande seit dreißig Jahren sichtlich zugenommen haben."

Der Pietist, welcher den Sinn dieser Rede nicht fassen konnte, sagte mit dummer Gleichgültigkeit: „Was hat das Zeitliche mit dem Himmlischen zu tun? Die Kinder dieser Welt sind immer klüger als die Kinder des Lichts! Glauben Sie mir gewiß, es gibt in dieser großen Stadt, wenige fromme Seelen ausgenommen, die noch ihren Heiland liebhaben, nichts als böse Atheisten, die keinen Gott, keinen Teufel und keine Hölle glauben."

„Ei nun", sagte Sebaldus, „wenn diese Leute keinen Gott glauben, so glaube ich einen und weiß, daß er keinem seiner Geschöpfe mehr Elend auflegen wird, als es tragen kann."

[1] Haller hat schon das Wort Staunen für das französische „rêver" gebraucht. Wir haben kein anderes Wort dafür; denn Nachsinnen sagt zuviel, und In-Gedanken-Stehen ist weitschweifig.

Sie waren unter dergleichen Gesprächen durch Spandau gegangen und kamen unvermerkt bei Charlottenburg an. Sebaldus erblickte mit Vergnügen jenseit der Spree, im königlichen Garten, die lange Allee dichtbelaubter Kastanienbäume, worunter einige einzelne Spaziergänger auf und ab wandelten. Er blieb auf der Brücke stehen, um noch einmal darnach zurückzuschauen. Das Schloß hingegen ließ er liegen, ohne daß ihm auch nur eingefallen wäre, zu fragen, was für ein großes Gebäude dies sei. So sehr ward er von den Schönheiten der Natur gerührt, und so wenig aufmerksam war er auf alle Pracht der Kunst.

Je weiter sie in den berlinischen Tiergarten kamen, desto mehr ward Sebaldus entzückt. Es war in der Nacht ein starker Regen gefallen, welcher den Sand, womit die Natur in diesen Gegenden so freigebig gewesen ist, zum Stehen gebracht und den Staub von den Baumblättern abgewaschen hatte, den tausend Frauenzimmerschleppen nebst einer verhältnismäßigen Anzahl von Wagenrädern und Pferdefüßen bei trockenem Wetter im Tiergarten zu erregen pflegen. Den Vormittag hatte sich das Wetter aufgeklärt, und der Bäume mannigfaltiges Grün ward durch den heitern Sonnenschein und durch die völlig reine Luft noch mehr erhoben.

Die Wanderer sahen die glückliche Mischung dunkler Fichten mit schlanken Ulmen, hellgrünen, weißrindigen Birken und freundlichen Akazien, denen hundertjährige majestätische Eichen zum Hintergrunde dienen. Melancholische Gänge von dichtem Lärchenholze und von düstern Eiben führen auf grüne Säle, mit Statuen geziert und mit Hecken von jungen Eichen und von immergrünem Nadelholze umkränzt. Sie traten in Gänge, beschattet von Linden und breitbelaubten Platanusbäumen, hinter welchen dichte Gebüsche von Erlen und Espen die feuchten Gründe anfüllen; neben ihnen der dichtere Wald, wo einsam der sokratische Ahorn wächst und die Pappel und der Masholder, wo die weit sich ausbreitende Buche ihre gestreckten Äste wiegt und der Tannenfichten schlanke und gerade Stämme ihre erhabene Krone einzeln himmelan strecken. Der frische Geruch des Nadelholzes, vom Regen ausgelockt, und balsamische Lindenblüte erquickten die Wanderer; die Aussicht begrenzte der benachbarte Spreestrom und die aufgespannten Segel der auf ihm hinabgleitenden Schiffe.

So kamen sie endlich gegen drei Uhr auf den Platz bei den Zelten, den gewöhnlich sonntags nachmittags eine Menge Spaziergänger anfüllt. Zwar war noch nicht die modische sechste Stunde da, welche in dem Zirkel des Tiergartens die schöne Welt zusammenbringt, um zu sehen und gesehen zu werden. Die Exzellenzen und die gnädigen Damen hatten sich eben zur Tafel gesetzt. Die Kenner im Essen haueten noch an den reichgewürzten Frikasseen, schmeckten die zusammenkonzentrierten Säfte der feinen Ragouts in Schüsseln, mit Asa foetida gerieben, und zogen im voraus das Fumet des raren Wildes in sich, das ihrer Zähne wartete. Die reichen Kapitalisten waren eben vom Burgunder und sechsundzwanziger Rheinweine gesättigt und begannen, den Peter Semeyns, Syrakuser, Rivesaltes und Capwein beim Desserte aus kleinen Gläsern zu schlürfen. Die schönen Damen bürgerliches Standes schickten sich an, zu Kaffeevisiten zu fahren, und ordneten die Geschichte des Tages, so wie sie zu erzählen wäre, in ihrem Kopfe zusammen; und die französische Kolonie war noch in der Vesperpredigt.

Kurz, es war drei Uhr und also von der schönen Welt noch wenig zu sehen; hingegen wimmelte der Platz von den glücklichen Söhnen der Erde, welche alle Sorgen der Woche am Sonntage völlig vergessen und sich und ihr Leben bei einem Spaziergange und bei einem geringen Labetrunke herzlich genießen. Arbeiter auf Weberstühlen und in Schmiedeessen füllten die Zelte an und ließen ihren Groschen unter lautem Gelächter aufgehen oder steckten ernsthaftiglich über das gemeine Beste ihre Köpfe zusammen, weissagten neue Auflagen und fällten Urteile über Gerüchte von bevorstehenden Kriegen.

Der Zirkel, der nach drei Stunden der Schauplatz der Schönen vornehmen Standes sein sollte, war jetzt im Besitze des gemeinen Mannes, im besten Anputze und voll fröhlichen Mutes. Da war mancher gesunder Jüngling im neugewendeten Rocke und mit goldner Troddel am Hute köstlich geputzt, neben ihm in silberbebrämter Mütze seine rotbäckige Liebste, die zur Feier dieses ihm längst versprochenen Spazierganges ihre sämtlichen sechs Röcke übereinandergezogen und die neuen kalmankenen Schuhe nicht vergessen hatte. Hinter ihnen, das Bild der ehelichen Verträglichkeit, ein ehrlicher Handwerksmann, der seinen jüngsten Knaben im langen Rocke auf dem Arme trug, indes die Mutter ihres Mannes Stock in der rechten Hand führte, zur Linken ihre fünfzehnjährige Tochter in der Schönheit der Jugend, mit niedergeschlagenen Augen, unter der emporstehenden Haube sanft hervorblickend. Die große Allee von der Stadt her war bedeckt von Spaziergängern zu Fuße und zu Pferde, und einige Wagen brachten bis ans Tor wohlbeleibte Tanten und bürgerlich erzogene Nichten, die nur die Reize eines angenehmen Spazierganges suchten und auf wohlfrisierte Köpfe und Aufsätze nach der neusten Mode achtzuhaben nicht waren gewöhnt worden.

Sebaldus' Stirn erheiterte sich bei dem Anblicke so vieler vergnügten Leute. Des Pietisten Stirn aber runzelte sich vor geistlichem Verdrusse. „Siehe da", rief er aus, „siehe da, die Kinder Belials, wie sie den Lüsten des Fleisches nachziehen! Wie sie den Weg der Sünden gehen, reiten und fahren! Immer gerade in den höllischen Schwefelpfuhl hinein!"

„Behüte Gott!" sagte Sebaldus. „Ich finde nichts Sündliches darin, daß diese Leute den herrlichen Tag genießen, den uns Gott gibt; soweit ich sehen kann, ist ihr Vergnügen sehr unschuldig."

„Oh, wie sündlich", sagte der Pietist mit entflammten Augen, „das ist eben des Teufels Lockspeise, wenn er uns mit dem weltlichen Vergnügen ankörnen kann. Ein recht echtes Gnadenkind soll kein anderes Vergnügen haben, als sein eignes Elend zu kennen und zu fühlen, was es heißt, ein armer Sünder zu sein."

Sebaldus, dem diese gesalbten Weidsprüche nicht gefielen, antwortete nichts, würde auch nicht zum Worte gekommen sein; denn der Pietist, den die Herzlichkeit zum Heilande ergriffen hatte, begann, die Vorübergehenden zu ermahnen, ihnen die Abscheulichkeit des Spaziergehens an einem schönen Sonntage vorzustellen und dafür das Seitenhöhlchen anzupreisen, worin sie recht selige Spaziergänge halten könnten.

Einige gingen vorbei, beinahe ohne ihn zu hören, andere gafften ihn an, ohne zu wissen, was sie aus ihm machen sollten, andere schüttelten den Kopf. Endlich versammelte sich doch allerhand Pöbel, welcher schrie und lärmte und vom Tollhause zu reden anfing, ja einige hoben Erdklöße auf und warfen sie über ihn weg.

Sebaldus fürchtete jetzt, der Auftritt möchte ernsthafter werden, und suchte seinen Reisegefährten von seinem Vornehmen abzuhalten, diesen aber hatte der geringe Anschein, eine Art von Märtyrer zu werden, den Kopf angeflammt; er erhob seine Stimme noch mehr, um den Vorübergehenden ein Wort ans Herz zu legen.

Endlich geriet er an einen Menschen, der nach seinem braunen Rocke und rund um den Kopf herum abgeschnittenen Haaren nichts anders als ein Schlächter oder Gerber sein konnte. „Mein Freund", redete er ihn an, „Er gehet, um sich die Zeit zu vertreiben. Oh, wenn Er wüßte, wie wohl dem ist,

> Der da seine Stunden
> In den Wunden
> Des geschlacht'ten Lamms verbringt."

„Herr", sagte der Kerl mit starren Augen, „was kann mir das helfen? Ich bin vorigen Sonntag im ‚Lamme' gewesen, aber das Bier war sauer." Und damit ging er fort. Der umstehende Pöbel schlug ein Gelächter auf und verließ unsre Reisenden. Der Pietist verstummte.

Die Enthusiasten pflegen in der Hitze ihres Eifers gewöhnlicherweise einen Kotregen und allenfalls auch einige Faustschläge nicht zu achten, wenn es ihnen nur gelingt, Aufmerksamkeit zu erregen. Werden sie aber trocknerweise ausgelacht und niemand bleibt bei ihnen stehen, so kühlet sich der Eifer ab, und sie begnügen sich allenfalls, zwischen den Zähnen murmelnd, die dem Worte ungehorsamen Weltkinder dem Teufel zu übergeben.

So war es auch hier. Der Pietist schwieg mürrisch still, und Sebaldus, da sie indes ins Tor traten und Unter den Linden fortgingen, genoß die Schönheit dieser Allee, sog den Blütenduft ein und freute sich über die fröhlichen Gesichter, die ihm allenthalben entgegenkamen.

Sie gingen einige Straßen stillschweigend fort und bei einer Kirche vorbei, worin sie noch predigen hörten.

„Siehe da", rief der Pietist aus, „wie leer der Weg zum Gotteshause ist, und wie angefüllt war der Weg zu den Häusern des Teufels! Oh, wie ist doch alle Gottesfurcht, alle Liebe zum Heilande in dieser großen Stadt ganz ausgetilget! Wie wandelt doch jedermann im Pfade der Ruchlosigkeit, läuft dem Teufel gerade in den Rachen und stürzt sich in das ewige Verderben!"

Sebaldus schaute ungeduldig einigemal rechts und links um sich.

„O Stadt", fuhr der Pietist fort, „die du bist wie Sodom und Gomorrha, wie bald wird Gott seinen feurigen Schwefelregen über dich ergießen! Und dies wäre schon lange geschehen, wenn nicht wenige Gerechte noch in dir wären, um derentwillen dich der Herr schonet! Ja, mein Freund!" (Hier fing er an zu weinen.) „Es gibt hier einige erwählte Seelen, die bis über den Kopf in den Wunden des Lammes sitzen, die zu einem Pünktlein, zu einem Stäublein, zu einem Nichts geworden sind und sich nur in das blutige Lamm verliebt haben, diese halten noch die verworfene Stadt, daß sie nicht fällt."

Indem er dieses sagte, blieb er plötzlich an einer Ecke stehen, zog des Sebaldus alten Überrock aus und gab ihn zurück. Sebaldus bat ihn, denselben so lange zu behalten, als er ihn brauchte. „Nein", sagte er, „ich trete nunmehr bei einem lieben Bruder ab. Wie wird dem sein, wenn er an meiner Nacktheit siehet, was ich um des Heilandes willen gelitten habe! Er wird dann tun, soviel ihn der Heiland heißt." Hier drückte er dem Sebaldus die Hand, wünschte ihm den Segen des Herrn, verließ ihn, klopfte an ein vierzig Schritte davon entferntes großes, wohlgebautes Haus und ging, nachdem es geöffnet worden, hinein.

Sebaldus stand noch an der Ecke mit dem Überrocke auf dem Arme, und nachdem er denselben angezogen hatte, befand er sich an einem sehr heißen Nachmittage nichts besser. Er ging voller Gedanken die Straße wieder herunter, die er gekommen war, und da er an die Kirche kam, so trat er hinein, weil er nichts Bessers zu tun wußte.

Er fand die Kirche wider Vermuten so gestopft voll, daß es ihm einige Mühe kostete, sich bis dahin durchzudrängen, wo er den Prediger deutlich verstehen konnte. Dies war ein junger Kandidat voll zierlichen Anstandes, der eine erbauliche Rede von der wahren christlichen Liebe beinahe zu Ende gebracht hatte und jetzt eben bei der Nutzanwendung war. Das Herz des guten Sebaldus erweiterte sich wieder, da er die vielen schönen Lehren des Predigers und die Aufmerksamkeit der zahlreichen Zuhörer betrachtete; und die finstere Vorstellung von Berlin, welche seines Reisegefährten Bericht bei ihm verursacht hatte, fing an, in seinem Geiste sich etwas aufzuheitern.

VIERTER ABSCHNITT

Indes war der Gottesdienst geendigt. Alle Zuhörer verließen die Kirche, und Sebaldus mit ihnen. Nun fiel ihm wieder ein, daß er nicht wußte, wohin er gehen sollte, indem er keinen Pfennig in seiner Tasche hatte und in dieser weitläufigen Stadt ganz unbekannt war.

Er begann darüber verschiedene traurige Betrachtungen zu machen, als eben der Kandidat vorüberging, welcher gepredigt hatte. Sein volles und rundes Gesicht, auf welchem die frühe Jugend blühte, war in eine weißgepuderte, in sanften Locken herabwallende Perücke gehüllt. Er dankte mit süßer, selbstgefälliger Miene und mit langsamem Kopfneigen rechts und links den gemeinen Leuten, die seinen steifgestärkten Kragen und den auf seinem Rücken schwimmenden Mantel grüßten, den er zuweilen mit der linken Hand zierlich aufnahm, indes er, mit dem Hute in der rechten Hand, den Laien für ihren Gruß eine Art von Segen zu erteilen schien.

Er trat in ein nicht weit entlegenes Haus, und in Sebaldus' Geiste stieg plötzlich der gute Gedanke oder, nach gelehrter Exegese zu reden, die Offenbarung auf, daß er sich in seiner gegenwärtigen Bekümmernis am besten an den Jüngling wenden könnte, welcher so fein von der christlichen Liebe gepredigt hatte. Er klopfte also an die Türe an.

Diese öffnete ein ältlicher Mann, wie sich nachher auswies, der Vater des Kandidaten, ein ehrlicher, guter Krämer, der in den Abendstunden und Sonntagsnachmittagen gern Erbauungsschriften las, die er nicht ganz verstand. Er war daher in des hochtrabenden Ömler, in des mystischen Trescho, in des wortreichen Tiede Schriften sehr belesen und galt deshalb bei seinen Nachbarn für einen gelehrten Mann.

Das Herz hüpfte dem ehrlichen Krämer, als Sebaldus nach dem Prediger fragte, von welchem er eben die schöne Predigt von der Liebe gehört habe. „Es ist mein Sohn", rief er freudig aus, „treten Sie doch näher, mein lieber Herr", und damit führte er ihn in die Stube.

Sebaldus fand den Kandidaten unter den Händen seiner über die erste Predigt ihres Sohnes noch entzückten Mutter, die ihm eben einen leichten Schlafrock angezogen und eine weiße Mütze aufgesetzt hatte und noch beschäftigt war, ihm den gelehrten Schweiß von der Stirne zu wischen.

Sebaldus redete ihn an: Seine Predigt mache ihm Mut, sich bei seiner jetzigen Verlegenheit an ihn zu wenden. Er sei selbst ein Prediger, obgleich seines Amts entsetzt. Er habe zweimal durch Räuber seinen letzten Heller nebst seinen Empfehlungsbriefen verloren. Er bitte ihn nur um Obdach und um guten Rat, wie er notdürftig sein Brot verdienen könne.

Der Kandidat fragte ihn mit sehr weiser Miene: Warum er sei entsetzet worden?

Sebaldus glaubte, dem Berichte seines gewesenen Reisegefährten zufolge, er werde sich am besten empfehlen, wenn er sich als einen Heterodoxen angebe. Er gestand also ohne Umstände, daß er wegen Abweichungen von den symbolischen Büchern sein Amt verloren habe.

„Abweichungen!" rief der alte Krämer. „Oh, wenn Sie doch das schöne Büchlein gelesen hätten, das wir neulich hier hatten. Fritz, wo war's doch gedruckt, in Nürnberg, oder in Jena? Da würden Sie haben lesen können, wie der liebe Mann die Abweicher abführt, 's ist 'n gelehrter Mann, wahrlich 'n gelehrter Mann, er würde Sie verachten, wenn er Sie kennte. Der Mann hält was auf Orthodoxie."

Er hätte noch weit mehr geplaudert, aber der Kandidat, der es ungern sah, daß sein ungelehrter Vater geschwinder antworten wollte als er, rief mit pathetischer Stimme: „Es tut mir sehr leid, daß Sie nicht besser auf die symbolischen Bücher gehalten haben. Hierzulande schwören wir leider zwar nicht darauf, sie sind aber doch ein Pactum, und pacta sunt servanda. – Und worin", fuhr er mit aufgeworfenem Unterkinne fort, „worin fanden Sie denn für so nötig, von den symbolischen Büchern abzugehen?"

Sebaldus, etwas kleinlaut, antwortete: „In der Lehre von der Ewigkeit der Höllenstrafen."

Der Kandidat schlug seine Hände über seine weiße Mütze zusammen und rief aus: „Wie ist es möglich, daß jemand an einer so göttlichen Lehre zweifeln kann?

Haben Sie denn den ersten Teil meiner Predigt nicht gehört?“

„Nein“, sagte Sebaldus, „weil ich erst gegen das Ende derselben kam.“

„Das tut mir leid“, sagte der Kandidat, „denn ich habe darin bewiesen, die wahre christliche Liebe erfordere, daß man alle diejenigen, welche nicht den wahren evangelischen, seligmachenden Glauben haben, durch alle nur mögliche Mittel zu demselben zurückzubringen suche, eben deshalb, damit man ihre Seelen rette und sie nicht ewig verdammet würden.“

Er würde seine ganze Predigt wiederholt haben, wenn nicht der Vater in großem Eifer aufgefahren wäre: „Wie, keine ewige Höllenstrafen? Das wäre schön, wenn mein Nachbar an der Ecke gegenüber nicht sollte ewig verdammt werden! Er, der das Predigtamt verachtet, der in gar keine Kirche gehet, der mir einen Prozeß an den Hals geworfen, der ihn gewonnen hat, der gottlose Mann, der Atheist, der Separatist!“

Sebaldus wollte sich verteidigen; aber der Krämer nahm ihn beim Arme und schob ihn höflich zur Türe hinaus.

Sebaldus war sehr betreten, weil er aber sah, wie äußerst notwendig es sei, sich an irgend jemand zu wenden, so ging er zum Nachbar gegenüber, von dem er bessere Gesinnungen hoffte, weil er nicht so orthodox sein sollte als der Krämer.

Er fand einen Mann von blassem, sanftmütigem Ansehen in einem simpeln grauen Rocke und einer baumwollenen Perücke an seinem Pulte sitzend, der einen Posten in sein Hauptbuch trug.

Sebaldus erzählte ihm, was in des Nachbars Hause vorgefallen war, und wiederholte seine Bitte um einen guten Rat.

Der Separatist sagte mit schwacher und sanfter Stimme: „Ich wundere mich nicht über meines Nachbars unchristliche Rede, denn er hat den Geist nicht, der das Leben gibt. Freilich sind die symbolischen Bücher eine Erfindung des Teufels, so wie der ganze geistliche Stand. Ein jeder wahrer Christ ist ein Hoherpriester. Die Geistlichen haben die Welt von jeher verführt; und da Er, mein Freund, von dem Stande ist, so gehe Er in Gottes Namen, wohin Er will, ich habe nichts mit Ihm zu schaffen."

Sebaldus klopfte noch an einigen Türen an, wo man ihn als einen gemeinen Bettler abwies.

Endlich geriet er in ein Gelag, wo vier lockere Brüder zwischen acht Flaschen saßen und sämtlich vom Weine glüheten. Sie hatten schon dreimal ihren gewöhnlichen Zirkel von schlüpfrigen Wortspielen und abgeschmackten Spöttereien durchgegangen, hatten schon dreimal sich gekitzelt, über das zu lachen, was nicht lächerlich ist, und waren eben im Begriffe, trotz der Dünste des Weins, womit sie ihre hirnlosen Köpfe anfeuerten, in ein allgemeines Gähnen zu geraten. Der Zufall führte ihnen den Sebaldus zu, dem sie gleich ansahen, daß er sehr leicht aufzuzäumen sein würde. Der Witzigste unter ihnen, nachdem er den andern einen Wink gegeben hatte, nahm den Sebaldus, der eben wieder aus der Türe zurücktreten wollte, mit freundlicher Miene bei der Hand, ließ ihn niedersitzen und fragte dem guten Manne, dessen Herz gewöhnlicherweise auf seiner Zunge saß, sehr bald seine Geschichte ab und erfuhr auch von ihm seine Neigung zur Apokalypse, der er den lautesten Beifall zu geben schien, indes seine Gefährten im innern Munde lachten. Er bedauerte nun mit scheinheiliger Miene den Sebaldus wegen seiner vielen erlittenen Unglücksfälle und fragte ihn, wie er sie habe so geduldig ertragen können.

„Unvermeidliches Unglück zu ertragen wird dem leicht, der die Hoffnung jenes Lebens ...“

Hier konnte sich einer der Gäste, der dem Sebaldus gegenübersaß und ihn schon lange, den Kopf auf beide Ellenbogen gestützt, angegafft hatte, nicht länger halten, sondern schlug über jenes Leben eine laute Lache auf.

„Du alter Narr“, rief er, „du wirst ebensowohl in Nichts verwandelt werden als ich und wir alle, drum laß uns noch eins trinken. Denn“ (er sang)

„Unser Leben währet kurz,
Es vergeht geschwinde.“

Hiermit schenkte er ein volles Glas ein und brachte es dem Sebaldus. „Da, trink mit, auf der babylonischen Hure Gesundheit!“ Alle vier brachen in ein Pferdegelächter aus; und Sebaldus, der jetzt erst merkte, in was für Gesellschaft er war, ließ sich durch kein Zureden aufhalten, sondern eilte zur Türe hinaus und schöpfte nicht eher wieder frische Luft, bis er auf der Straße war.

Er empfand den ehrlichen Unwillen eines verständigen Mannes, wenn er merkt, daß er einer Gesellschaft von Narren zum Schauspiele dienen soll. Hiezu kam die Bekümmernis über seine nun mehrmals fehlgeschlagene Hoffnung, sich die ersten Bedürfnisse des Lebens zu schaffen.

Er wollte eben in laute Klagen ausbrechen, als ihm sein gewesener Reisegefährte begegnete. Dieser war in einen guten tuchenen Rock gekleidet, ging mit niedergeschlagenen Augen ernsthaft einher, in Gesellschaft eines braunen, von der Sonne verbrannten Menschen von widriger Miene, der in Reisekleidern und mit einem Hirschfänger umgürtet war. Er würde den Sebaldus nicht

angesehen haben, wenn dieser ihn nicht bei der Hand genommen und ihn also angeredet hätte:

„Ach! Sie haben wohl recht, daß in dieser Stadt alle christliche Liebe erloschen ist. Aus den Häusern weiset man mich weg, und auf der Straße bin ich unter hundert Menschen, die bei mir vorbei ihren Vergnügungen oder Geschäften nacheilen, ebenso einsam als in einer Wüste. Der Tag fängt an sich zu neigen, und ich weiß noch nicht, wo ich ein Obdach finden soll. Großer Gott, was soll aus mir werden?"

„Ja freilich", sagte der Pietist, „wo die seligmachende Gnade nicht ist, da ist keine Liebe, aber ein Christ muß doch nicht verzagen. Wissen Sie was, wenn es dunkler wird, so gesellen Sie sich zu den Nachtwächtern und gehen mit ihnen auf eine Hauptwache, da können Sie schlafen. Morgen früh wird sich wohl etwas finden. Leben Sie wohl, ich muß eilen."

Sebaldus wollte ihn noch aufhalten, aber er riß sich los; denn er sollte einem jungen Herrn noch heute unverzüglich Geld verschaffen, und das Pfand war sehr sicher.

Sebaldus, von aller Hilfe verlassen, irrte noch einige Stunden fast ohne Besinnung auf den Straßen herum. Er hatte seit dem frühen Morgen noch nichts gegessen, war äußerst ermüdet von der Reise, sein Herz vom Gram zerrissen; seine Glieder ermatteten, alle Hoffnung verließ ihn, und er sank, als es jetzt dunkler ward, beinahe ohne es selbst zu wissen, unter dem Bogengange der Stechbahn in einen Winkel trostlos nieder. Hier lag er unter den traurigsten Betrachtungen. Bald fiel ihm die Hartherzigkeit des Stauzius und des Präsidenten ein, die ihm in seinem Vaterlande nicht einmal die Luft gegönnet hatten, bald ging ihm die Gleichgültigkeit der Einwohner Berlins ans Herz, die auf das Elend eines Nebenmenschen so wenig achthatten. Die Standhaftigkeit, die ihm sonst sein ruhiges Temperament gewährte, hatte ihn ganz verlassen. Er stieß laute Seufzer und die bittersten Klagen aus. Er erregte dadurch die Aufmerksamkeit vieler Vorübergehenden, die von Gastereien oder Spaziergängen zurückkamen. Einige sagten: „Da liegt ein Mensch!", andere: „Was muß das für ein Mensch sein?", andere warfen ihm ein paar Dreier zu, die einen Mann, dessen Gesinnungen das Elend noch nicht ganz hatte erniedrigen können, demütigten, ohne ihm zu helfen.

Endlich, da es schon ganz dunkel war, ging ein Mann mit einer Laterne in der Hand vorüber, eben als Sebaldus einen tiefen Seufzer ausstieß und in unzusammenhangende Klagen ausbrach. Der Mann leuchtete ihm mit der Laterne gerade ins Gesicht und fragte, was er begehre.

„Ha", sagte Sebaldus mit starren Augen, „ich möchte wohl einen mitleidigen Menschen sehen, denn in dieser Stadt kann eine menschliche Kreatur auf der Straße verschmachten, indes in allen Häusern Wohlleben und Freude herrschet."

Der Vorübergehende fragte weiter und erfuhr in wenig Worten, wer Sebaldus sei und die fehlgeschlagenen Versuche dieses Tages.

„Sie haben sich, mein Freund", sagte der Mann mit der Laterne lächelnd, „nur an allzu reiche Leute gewendet. Ein wohlhabender Mann kennt das wahre Bedürfnis eines Unglücklichen nicht recht, wirft ihm aufs höchste einen Dreier oder Pfennig zu und geht weg. Königen können am besten Könige und Armen am besten Arme helfen. Stehen Sie auf!" Er hob ihn auf und führte ihn mit sich.

Dieser Mann war Schulmeister in einer von den Freischulen für arme Kinder, die eine rechtschaffne Patriotin[1] aus Liebe zu guten Handlungen zuerst angelegt hat und die bisher durch die Mildtätigkeit von Menschenfreunden unterhalten wurden. Er hatte bei einer sauern Arbeit ungefähr das notwendigste Auskommen. Seine Frau und einzige Tochter halfen arbeiten, um sich zu erhalten. Er stellte ihnen bei seiner Zuhausekunft den Sebaldus vor, der mit herzlicher Gastfreundschaft empfangen ward. Sie erquickten ihn mit einer frugalen Abendmahlzeit, und hernach ward ihm, in einer Art von Abschlage auf dem Boden, ein Lager von frischem Strohe angewiesen, zu dessen Verbesserung sowohl der Alte als das gute Mädchen jeder ein Stück Bette hergab.

FÜNFTER ABSCHNITT

Sebaldus wachte erst gegen acht Uhr auf, sehr gestärkt durch die Ruhe, und fand schon seinen Wohltäter bei seinen Schülern, dessen Frau beim Seidewickeln und die Tochter bei einem Nährahmen beschäftigt. Er fing sogleich ungebeten an, seinem Wohltäter in seiner Schularbeit zu helfen. Nach dem Mittagsessen dankte er ihm von ganzem Herzen für seine gastfreie Aufnahme und fügte die Bitte hinzu, daß er ihm Anleitung geben möchte, selbst sein Brot zu verdienen.

„Was meinen Sie zu verstehen", antwortete der Schulmeister, „das hier in Berlin brauchbar wäre und das Sie lehren oder ausüben könnten?"

[1] Die sel. Feldmarschallin von Spaen setzte zuerst ein Kapital zu einer Freischule aus, die im Jahre 1699 eröffnet ward. Auch die folgenden Freischulen sind bloß durch Vermächtnisse und freiwillige Beiträge edelmütiger Wohltäter bestanden. Im Jahre 1797 wurden in denselben 1567 Kinder umsonst unterrichtet.

„Ich habe gedacht", sagte Sebaldus, „da doch in dieser großen Residenz die wichtigsten Landes- und Regierungsangelegenheiten, Kriegsanschläge, Handlungs- und Nahrungsgeschäfte und so weiter vorkommen müssen und da keine von diesen Sachen ohne Philosophie geführet werden kann, so würde ich am besten mein Auskommen finden, wenn ich Unterricht in der Philosophie gäbe. Wenn ich auch nicht an die Großen käme, so muß doch ein jeder Bürger vernünftig zu leben suchen, und dies kann ich nach den neuesten und gründlichsten Grundsätzen des Herrn Doktor Crusius lehren. Ich kann aus der Thelematologie aufs unwiderleglichste die Ethik, die natürliche Moraltheologie, das Recht der Natur und die allgemeine Klugheitslehre herleiten. Denen, die nicht so tief eindringen wollen, kann ich einen halbjährigen Kursus über Wüstemanns Einleitung in die Philosophie des Herrn Doktor Crusius halten."

„Wer ist der Crusius, und wer ist der Wüstemann?"

„Wie! Herr Doktor Crusius ist ein weltberühmter Mann, den alle Gelehrte aus einem Munde preisen, der die Thelematologie erfunden hat, der sich dem Wolffischen Fatalismus entgegengesetzt hat; dessen Schriften müssen ja wohl alle Gelehrte in Berlin sich zum täglichen Studium machen."

„Vielleicht! Ich bin kein Gelehrter, doch bin ich in vielen Häusern in Berlin bekannt, ich war drei Jahre Schreiber bei einem Mitgliede der Akademie der Wissenschaften, zwei Jahre Bedienter bei einem Minister und anderthalb Jahre Küster bei einem sehr gelehrten Prediger, der mir alle seine Manuskripte vorlas, und doch habe ich den Namen Crusius in meinem Leben nicht nennen hören. Und wie hieß der andere?"

„Magister Wüstemann. Dieser hat die freilich etwas weitläuftigen Schriften des Herrn Doktors in einen kurzen Begriff gebracht. Ich dächte, er müßte auswärts ebenso berühmt sein als Wichmann, Reinhard, Schmid, Pezold, die des Herrn Doktors lateinische Schriften, den Ungelehrten zum Besten, ins Deutsche übersetzten. Zudem wird, wie ich höre, in Leipzig und in Wittenberg über seine Einleitung gelesen."

„Ich habe schon mehrmal bemerkt, daß Leute, die auf Universitäten für sehr berühmt gehalten werden, in Berlin keinem Menschen bekannt sind. Ich glaube überhaupt nicht, daß Sie in Berlin durch Philosophie Ihr Glück machen können. Da hilft Gunst und Protektion, tiefes Beugen und langes Warten oft mehr als das beste System. Was haben Sie sonst studiert? Womit haben Sie sich außer der Philosophie am meisten beschäftigt?"

„Ich habe meine Nebenstunden hauptsächlich zur Verfertigung eines Kommentars über die Apokalypse angewendet. Ich habe ihn bei einem Freunde niedergelegt. Mir fällt eben ein, ich könnte ihn kommen lassen; denn, unter uns gesagt, ich beweise darin, daß der König von Preußen in kurzem ansehnliche Provinzen erhalten wird nebst vielen andern wichtigen und nützlichen Dingen."

„Mein lieber Freund, die Apokalypse ist in Berlin noch weniger in gutem Geruche als die Philosophie. Wollten Sie weissagen, so mußten Sie vor drei oder vier Jahren kommen, als wir noch Krieg hatten, denn da galten noch die Weissagungen etwas. Und doch ist die Frage, ob nicht Pfannenstiel der Leinweber weit über Sie gewesen sein würde, welcher nicht allein die Schlacht bei Zorndorf auf den Tag vorhersagte, da sie wirklich geschah, sondern auch, was noch mehr war, den Gesang, der den darauffolgenden Sonntag in der Kirche gesungen werden sollte. Nein, mit Weissagungen kommen wir nun in Berlin nicht mehr fort. Verstehen Sie nichts anders? Können Sie Französisch, können Sie rechnen, können Sie tanzen, können Sie den Hunden den Tollwurm schneiden? Dies sind Künste, die ihren Mann ernähren."

„Von alledem verstehe ich nichts", sagte Sebaldus ganz kleinmütig. „Ich verstehe zwar noch etwas, aber das wird mich auch zu nichts führen, da man in Berlin sogar mit der Philosophie nicht fortkommt. Ich kann ein wenig auf dem Klaviere spielen, aber was kann mir das nützen?"

„Halt, mein Freund, damit kommen wir weiter als mit allem andern. Diese Geschicklichkeit wird Ihnen nicht reichliches, aber doch notdürftiges Brot geben. Sie werden auch Noten schreiben können. Mit diesen beiden Künsten habe ich mich selbst über zwei Jahre erhalten."

Sebaldus ward also zu einem Musiker von der untern Klasse umgeschaffen. Er unterwies gemeiner Leute Kinder auf dem Klaviere, und für vornehmere schrieb er Noten. Er ward hierdurch zu seinem großen Vergnügen in gar kurzer Zeit in den Stand gesetzt, seinem Wohltäter und vertrauten Freunde nicht ferner beschwerlich zu fallen, ob er gleich fortfuhr, bei ihm zu wohnen.

Es waren schon ein paar Monate in Zufriedenheit und ohne merkwürdige Vorfälle verflossen, als eines Tages dem Sebaldus von einem gewissen Herrn F. einige Musikalien zum Abschreiben zugeschickt wurden. Er ward auf diesen Namen sehr aufmerksam, weil er glaubte, ihn irgendwo gehört zu haben. Nach näherer Erkundigung erfuhr er, daß dieser Mann bei einem Grafen Hofmeister gewesen, von dem er noch eine ansehnliche Pension erhalte. Nun besann er sich, daß das Rekommandationsschreiben des Majors in Leipzig an einen Mann dieses Namens gerichtet gewesen wäre, an welches er, seitdem es verloren war, nie gedacht hatte. Um diesen Mann näher kennenzulernen, überbrachte er seine Abschriften selbst, gab sich zu erkennen und ward von Herrn F. mit der größten Freundschaft aufgenommen. Noch mehr, er erfuhr von ihm, daß der Major, durch Wunden zum Dienste untüchtig, in Berlin von einem Gnadengehalte lebe.

Er sah denselben noch an ebendem Tage in Gesellschaft des Herrn F. und ward von ihm mit herzlichem Händedrucke empfangen. Der Major biß die Zähne zusammen, als er hörte, wie treulos Stauzius nach dem Abmarsche des Obersten gegen seinen Freund gehandelt habe, und erbot sich auf die treuherzigste Weise, ihm durch Vorsprache noch eine Feldpredigerstelle zu verschaffen, bis dahin aber sein Gehalt mit ihm zu teilen. Sebaldus, obgleich über diese großmütigen Anträge gerührt, verbat sie doch. Das unabhängige Leben fing an, ihm zu gefallen, und gewohnt, wenig zu bedürfen, erwarb er mit seiner Arbeit mehr, als er zu seinem Unterhalte nötig hatte.

Mit Mühe ließ er sich bereden, bei dem Herrn F. eine bequemere Wohnung einzunehmen und desselben Tischgenosse zu werden, weil derselbe, seitdem er Witwer war und seine Kinder verloren hatte, in der Einsamkeit einen Gesellschafter zu haben wünschte.

SECHSTER ABSCHNITT

Einsmal, nach dem Mittagsessen, verlangte Herr F. vom Sebaldus die ausführliche Erzählung seiner Schicksale. Als sie geendigt war, gingen sie, weil es einer von den schönen Herbsttagen war, die unter diesem Himmelsstriche oft den Sommertagen weit vorzuziehen sind, nach dem Weidendamme. Sebaldus war über die Schönheit dieses Spaziergangs entzückt. Mitten in einer bewohnten weitläufigen Stadt erblickte er eine große grünende Wiese, umkränzt mit Weiden, hoch und belaubt, wie sonst nur Ulmen und Linden zu sein pflegen[1]; dieser ländlichen Szene gegenüber Gärten und Gartenhäuser, Werke der Kunst, ohne Pracht, aber anmutig, und zwischen beiden Aussichten den Spreestrom, von Schwänen bewohnt. Er genoß ganz das Vergnügen des reizenden Anblicks; er wollte es seinem Gesellschafter mitteilen, aber nun ward er erst gewahr, daß derselbe in tiefen Gedanken einherging und, anstatt auf seine Ausrufungen zu antworten, einigemal tief seufzte.

„Was fehlt Ihnen?" fragte ihn Sebaldus. „Sie scheinen ganz tiefsinnig zu sein."

„Ihre Geschichte", antwortete Herr F., „bringt mir das ganze finstere Gemälde der Intoleranz und der Priestergewalt lebhaft wieder zu Gemüte. Ich bin selbst ein Opfer derselben gewesen. Ich habe erfahren, was es heiße, seine gesunde Vernunft unter den Gehorsam vorgeschriebener symbolischer Bücher gefangenzunehmen; ich habe erfahren, welchen bequemen Vorwand solche Vorschriften herrschsüchtigen und eigennützigen Geistlichen darbieten, um ihre Absichten in der Stille auszuführen; ich habe erfahren, wie bitter der Haß ist, den sie augenblicklich gegen jeden erregen, den sie einer Abweichung zeihen können. Und das wird ihnen leicht, solange sie das Volk in der Meinung zu erhalten wissen, daß solche Vorschriften unwiderruflich feststehen bleiben müssen."

Sebaldus war begierig, diese Geschichte zu hören, und Herr F. erzählte sie folgendermaßen:

[1] Im Jahre 1772 ist ein Teil dieser Wiese bebauet worden, aber wenigstens ein kleiner Teil der schönen Weidenbäume sind glücklicherweise stehengeblieben, von denen der Naturkundige Schreber sagt, daß er sie von solcher Höhe und Schönheit auf seinen Reisen noch nirgend gesehen habe.

„Ich war in meinen jüngern Jahren dritter Diakon an der Kirche einer Stadt eines kleinen Fürstentums. Ich lebte vergnügt, ich hatte Freunde. Der Superintendent war ein ganz feiner Mann, auch nicht fremd in verschiedenen Arten der Gelehrsamkeit. Wir unterredeten uns oft von Verbesserung der Mängel der Religion, denn ob er gleich nichts dazu beizutragen Lust hatte, so mochte er doch gern unter vier Augen davon sprechen. Er freute sich, daß ich selbst dächte. Ich durfte ihm meine Zweifel vortragen; und da ich oft mit seinen Beantwortungen zufrieden war, gewann er mich lieb. Die Hauptneigung dieses alten Mannes war die Naturgeschichte, und zwar hauptsächlich die Nomenklatur und Klassifikation derselben, welches nun freilich eben nicht meine Neigung war. Er wollte mich belohnen, indem er mich zum Mitgliede einer Gesellschaft aufnehmen ließ, welche er mit dem Bürgermeister, dem Konrektor und dem Apotheker errichtet hatte. Diese sammelten Insekten, Vögel, Steine, Versteinerungen, Mineralien, tauschten mit benachbarten Liebhabern, brachten Kabinette zusammen, ordneten sie bald nach diesem, bald nach jenem Systeme, lasen sich lange Abhandlungen darüber vor, wozu der Superintendent die Theologie lieh und keinen Insektenflügel, keine Vogelklaue oder Quarzdruse ohne erbauliche Nutzanwendung ließ. Dies war alles ganz gut, nur für mich ein wenig langweilig. Ich fing also nach einiger Zeit an, seltener in die Gesellschaft zu kommen, und vermied, soviel ich konnte, auf die Insektenjagd zu gehen. Hierüber bekam ich einen Verweis vom Superintendenten, denn so freundschaftlich er war, hatte er doch den kleinen Fehler, daß er sich derer ganz bemächtigte, die er in Affektion genommen hatte. Er ordnete ihre Studien an, er bestellte ihr Hauswesen, er erdachte Vergnügungen für sie und hatte für alles weise Gründe anzuführen, denen man nicht widersprechen durfte. Ich konnte mir also nicht merken lassen, daß Sammlereien und Klassifikationstabellen, wie er sie liebte, für mich sehr wenig Reiz hatten, sonderlich wenn dabei bloß die Augen und das Gedächtnis, keineswegs aber der Verstand beschäftigt ist. Hingegen mußte ich geduldig zuhören, wenn er mir als eine väterliche Weisung einprägte, daß Spekulation den Geist nicht bessere, daß man bei tiefsinnigen Untersuchungen über Raum und Zeit ein Deist bleiben könne, daß hingegen durch Walpurgers ‚Kosmotheologische Betrachtungen'[1] schon mancher Freigeist bekehret worden sei. Er stichelte mit solchen Worten zugleich auf den Umgang, den ich mit einem jungen Offizier angefangen hatte, einem Jünglinge von guten Gaben und guten Gesinnungen, der, obgleich ein wackerer Soldat, gleichwohl die Wissenschaften liebte und sich, gleich mir, gern mit philosophischen und moralischen Untersuchungen beschäftigte. Dieser Umgang hatte auf keine Weise den Beifall des Superintendenten; denn weil ihm ein sehr hoher Begriff von der Würde des geistlichen Standes beiwohnte, so wollte er, daß ein Geistlicher nur mit seinen Amtsbrüdern oder mit andern alten ernsthaften, angesehenen Männern umgehen sollte. Er verlangte, jeder Schritt eines Geistlichen solle verraten, daß er zu den Lehrern des menschlichen Geschlechts gehöre; er verlangte, daß er vor allem vermeiden solle, sich auf irgendeine Art zu kompromittieren; daß er sich beständig bedächtig anstellen und sogar auf der Straße langsamer gehen solle als die Laien. Ich war freilich anderer Meinung. Ich bildete mir ein, es wäre sehr nützlich, wenn ein Geistlicher sich im Umgange nicht auf Personen seines Stan-

[1] Ein Buch in vier dicken Quartbänden.

des einschränke, sondern auch öfters mit Weltleuten umginge; ich glaubte, er würde dadurch ein gewisses steifes Wesen ablegen, das man von der Universität und aus dem Kandidatenstande mitbringt; er würde, wenn er die mannigfaltigen Einsichten und Verdienste von Personen anderer Stände oft vor Augen hätte, sich den Lehrerton abgewöhnen, der bei verständigen Leuten den Prediger nie ehrwürdiger macht, oft aber wohl zur Zurückhaltung und zum Kaltsinne Anlaß gibt; er würde, wenn er sich der Sitten, der Beschäftigungen, der Vergnügungen anderer Menschen nicht schämte, weit eher ihr Zutrauen erhalten, würde sie genauer kennen und folglich auch ihren Gemütszustand besser beurteilen lernen, als wenn er bloß mit Leuten umginge, die mit ihm aus ebendem steifen Kompendium der theologischen Moral räsonieren, worin nicht selten Dinge als ausgemachte Wahrheiten behauptet werden, die oft ein einziger Blick in die Natur des Menschen und in den Lauf der Welt widerlegt.

Dies waren die Vorteile, die ich mir von der Freundschaft mit dem jungen Offiziere versprach und von den ausgesuchten Gesellschaften, in die er mich zuweilen führte. Indessen brachte dieser mein sogenannter weltlicher Umgang mir bei dem Superintendenten großen Nachteil. Sowie ich den Zirkel überschritt, den er mir angewiesen hatte, ward er gegen mich kälter und feierlicher, und sowenig er sich gegen mich deutlich erklärte, konnte ich doch merken, daß seine Zuneignug abgenommen hatte.

Mein Unstern trieb mich endlich, ein Buch zu schreiben, worin ich mich über gewisse dogmatische und moralische Materien freimütig erklärte, worüber ich lange und reiflich nachgedacht hatte. Dies machte im Städtchen Aufsehen. Weder der Superintendent noch meine übrigen Kollegen nebst ihren Vorfahren seit drei Generationen hatten jemal ein Buch geschrieben. Man hielt mich also für naseweis, daß ich, der jüngste Diakon, hierin eine Neuerung machte. Selbst der Superintendent billigte diesen Schritt nicht, besonders war ihm die dreiste Art sehr mißfällig, womit ich verjährte Vorurteile angegriffen hatte. Vergebens erinnerte ich ihn, daß dieses zum Teile ebendie Sätze wären, die ich aus seinem eigenen Munde gehört hatte und über deren Richtigkeit wir in unsern Unterredungen übereingekommen wären.

‚Das war ganz etwas anders', versetzte er etwas erhitzt. ‚Dergleichen Sachen kann man wohl unter vier Augen untersuchen, aber man muß sie nicht öffentlich sagen. Und Sie am wenigsten, als ein Prediger, hätten sich hierüber so positiv erklären sollen. Wir müssen uns dem Urteile des gemeinen Haufens nicht bloßstellen; er erschrickt über ungewohnte Wahrheiten, und wir verlieren das Zutrauen, das wir zu seiner Besserung anwenden könnten. Wenn ein Prediger Zweifel über dogmatische Sätze hat, so ist's am besten, daß er sie ganz verschweige; aufs höchste kann er lateinisch darüber schreiben, für gelehrte Theologen, die davon so viel in die Welt können kommen lassen, als sie nötig finden.'

Vergebens stellte ich ihm vor, wie nötig es sei, den großen Haufen über gewisse Wahrheiten zu belehren; vergebens bemerkte ich, daß viele Zweifel deshalb nicht unbekannt blieben, wenn auch die Gottesgelehrten davon schwiegen, indem sie den sogenannten Weltleuten aus andern Büchern und durch Unterhaltungen mit denkenden Köpfen schon längst bekannt und ebendarum näher beleuchtet und erörtert werden müßten, damit ihre Wirkung nicht noch nachteiliger werden möge. Ich ging noch weiter; ich wollte ihm zeigen, daß ich aus nötiger Klugheit noch verschiedene Gedanken verschwiegen hätte, die ich öffentlich bekanntzumachen noch nicht für ratsam hielte. Ich entdeckte ihm einige, sie gefielen ihm nicht, er wollte mich widerlegen, ich suchte mich zu verteidigen, und was das schlimmste war, ich hatte recht. Er ward hitzig, nahm ein saures Amtsgesicht an, tat einen Machtspruch und brach das Gespräch ab.

Der gute alte Mann sah es zwar ganz gern, wenn andere insoweit frei dachten, als er sich selbst das Ziel gesteckt hatte; aber denjenigen, der nur einen Schritt weiter gehen wollte, verachtete und haßte er noch mehr als den, der alles beim alten ließ. Er hat es mir nachher nie vergeben, daß ich hatte weiter sehen wollen als er. Nun war ferner auf keine Freundschaft mit ihm zu rechnen. Er mißbilligte öffentlich mein Buch, um sich zugleich selbst desto kräftiger vor dem Verdacht der Heterodoxie zu sichern, und machte dadurch meinen Kollegen mehr Mut, die schon längst den jungen gelehrten Diakon mit scheelen Augen angesehen hatten. Man vermied mich, man lud mich ferner nicht zu den gewöhnlichen Zusammenkünften ein, und ich blieb ganz einzeln mit meinem Freunde, dem Offiziere.

Ich hatte nur ein sehr kümmerliches Auskommen. Man weiß, wie schlecht überhaupt die festgesetzte Geldeinnahme der Prediger ist. Ihr hauptsächlicher Unterhalt beruht auf zufälligen Einkünften, besonders auf dem Beichtgelde. Zu der Zeit, da die Laien glaubten, daß sie bloß von dem Priester durch Beichte und Absolution die Vergebung der Sünden erhalten könnten, wendeten sie auf eine so nötige Ware freilich schon ein Erkleckliches. Nachdem man ihnen aber in Schriften und von den Kanzeln so nachdrücklich eingeprägt hat, ohne wahre Besserung des Herzens habe die Absolution gar keine Kraft, so merkt die große Menge, welche nie willens gewesen ist, sich zu bessern, daß sie ihr Geld für eine leere Zeremonie ausgebe, und verlangt also die Absolution viel seltner und bezahlt sie viel kärglicher. Da nun folglich hierauf wenig mehr zu rechnen war, so konnten wohlgesinnte gelehrte Prediger, die nur ihre Pflichten zu erfüllen suchten, ganz ruhig darben; aber ökonomische Prediger, die ihr Amt als eine Art von Pachtung betrachteten, welche aufs beste zu benutzen wäre, sahen sich zu einer ganz andern Art von Industrie genötigt. Sie gingen in die Häuser, machten sich ihren Pfarrkindern notwendig, erkundigten sich nach ihrem Hauswesen, erforschten ihre Zwistigkeiten, um sie zu schlichten, und gewannen durch fromme Unterredungen das Zutrauen der reichen Bürgerweiber. Da nun die Kirchkinder merkten, daß der Pfarrer etwas fürs Geld tat, so bezahlten sie ihn auch reichlicher, der gelegentlichen Braten, Kuchen, Zuckerhüte, Magenmorsellen und anderer Geschenke nicht zu gedenken. Ohne dergleichen Priesterkünste wird ein ehrenfester Bürgerssohn, der im geistlichen Stande nur ein gemächliches Leben sucht und sonst als ein Pächter oder als ein Krämer auch sein gutes Auskommen hätte haben können, es schwerlich der Mühe wert finden, ein Prediger zu sein. Meine Kollegen übten diese Künste in ihrem ganzen Umfange aus und hatten auch vollkommen Muße dazu, weil sie weder durch Studieren noch durch Nachdenken davon abgehalten wurden – Dinge, womit ich die meiste Zeit zubrachte, die mir von meinen ordentlichen Amtsgeschäften übrigblieb.

Ich würde den drückenden Mangel noch gern ertragen haben, weil ich mich von Jugend auf gewöhnt hatte, wenig zu bedürfen. Aber ich hatte mich in ein junges, schönes und verständiges Frauenzimmer verliebt, die nicht das geringste Vermögen besaß. Die größte Glückseligkeit meines Lebens hing von dieser Verbindung ab, welche bei meinem geringen Einkommen unmöglich schien. Bloß um dies Hindernis zu heben, wünschte ich eine Verbesserung meiner Umstände, aber mit dem Verluste der Freundschaft des Superintendenten war alle Hoffnung dazu in meiner jetzigen Lage verschwunden. Ich hätte mir nicht zu raten gewußt, wenn mir nicht mein Freund, der junge Offizier, eine einträgliche Pfarre in einem benachbarten Fürstentume verschafft hätte.

Ich nahm sie ohne Bedenken an. Während des Gnadenjahres heiratete ich meine Braut und träumte von weiter nichts als von Glück und Vergnügen, indes an dem Orte meines künftigen Aufenthaltes sich ein Wetter wider mich zusammenzog. Ein anderer Prediger hatte sich große Hoffnung zu meiner Stelle gemacht und konnte mir nicht verzeihen, daß alle seine Bewerbungen fruchtlos gewesen waren. Er breitete gräßliche Gerüchte von meiner Heterodoxie aus und berief sich auf mein gedrucktes Buch, wo sie schwarz auf weiß zu lesen stände. Die Schneider und die Schornsteinfeger in meiner Diözese lasen eine philosophische Abhandlung, die nicht für sie geschrieben war, und fanden Ketzerei über Ketzerei darin.

Als ich also mein Amt antreten wollte, fand ich meine ganze Gemeinde wider mich eingenommen; die Leute auf der Gasse gafften mich als ein Wundertier an und drängten sich vor mein Haus, um den neuangekommenen Ketzer zu sehen. Zugleich erfuhr ich alsdann erst, daß in diesem Fürstentume ein paar symbolische Bücher mehr als in jenem andern müßten beschworen werden und daß die Prediger in dieser Stadt sich auf eine besondere Formulam committendi voll abgeschmackter Schuldistinktionen müßten verpflichten lassen, in welche noch (weil mein Gegner bei Leuten von Ansehen ebensowenig müßig gewesen war als bei dem Pöbel) wider meine besondere Ketzereien drei spitzfindige und verfängliche Klauseln wären einverleibt worden, die ich zu unterschreiben hätte, ehe ich mein Amt anträte.

Ich war wie vom Blitze gerührt. Es war sehr hart, etwas zu beschwören und zu unterschreiben, das ich nicht glaubte; und gleichwohl, wenn ich es nicht tat, brachte ich mich selbst an den Bettelstab und stürzte meine Frau ins äußerste Elend, die seit einigen Monaten schwanger war und die ich wie meine Seele liebte.

Mein Entschluß mußte kurz gefaßt werden, denn man hielt auf mich, ob ich mich weigern würde. Ich war in der ängstlichsten Verlegenheit, welche ich aus Zärtlichkeit meiner geliebten Gattin zu verbergen suchte. Ich ging den folgenden Morgen mit Aufgange der Sonne zum Tore hinaus, um meinen Gedanken nachzuhängen, und folgte der Landstraße, die mich an einen Wald führte. In demselben hatte ich eine Zeitlang herumgeirret, als mir unvermutet ein hagerer, blasser Mensch entgegenlief, dem die Verzweiflung an der Stirn geschrieben war. Er hielt mir einen starken Knüttel vors Gesicht und forderte mit einem schrecklichen Fluche mein Geld oder mein Leben. Ich war erschrocken und wehrlos, gab ihm also meinen Beutel, der, von einigen Talern kleiner Münze schwer, mehr wert schien, als er es war. Der Räuber sah ihn starr an und rief: ‚Nein! Das ist zuviel!‘ Er band den Beutel auf, wollte etwas herausnehmen, aber die Hand zitterte ihm. Er warf den Knüttel weg, fiel vor mir auf die Knie, hielt mir den Beutel vor und schrie laut:

‚Ich kann nicht! Ich kann nicht! Nein, lieber Herr, ich bin kein Straßenräuber! Ich bin ein unglücklicher Vater.

Geben Sie mir selbst nur so viel, daß meine Frau und meine armen Kinder nicht noch heute Hungers sterben!'

Ich rief voll Entsetzen: ,Nimm, Freund! Ich bin arm, aber nicht so arm als du!' Indem hörte ich in der Nähe einen weiblichen Schrei. Eine Frau mit einem vierteljährigen Kinde im Mantel schleppte sich zu uns, drei kleine Kinder in Lumpen folgten ihr. ,Mann! Was willst du machen!' schrie sie und sank halb tot zu meinen Füßen.

,Dich und deine Kinder nicht vor meinen Augen verschmachten sehen!' rief er mit wildem Tone.

Ich suchte diese Leute zu besänftigen. Ich setzte mich zu ihnen nieder, fragte, wie sie hieherkämen und was dies alles bedeuten solle.

,Lieber Herr', sagte der Mann, nachdem er ein wenig Atem geschöpft hatte, ,ich bin ein Baumwollenweber. Ich wohnte in einem Flecken in Böhmen und hatte sonst mein gutes Auskommen, aber unser Gutsherr war ein harter Mann; er wollte uns nicht Gott nach unserm Glauben dienen lassen, wir sollten in die Messe gehen, und wir hielten dies wider unser Gewissen. Ich will mich aufmachen, sagte ich, und in ein protestantisches Land gehen, wo ich Gewissensfreiheit habe. Ich flüchtete; ich kam bis in eine Stadt einige Meilen von hier, ich ward wohl aufgenommen und konnte frei in die Kirche gehen. Doch es ist nicht genug, in die Kirche zu gehen, man muß auch Frau und Kinder ernähren. Ich fing also an, mit Mühe einen Stuhl zurechtzubringen, und webte Kotonade. Dieses Zeug war dort bisher noch unbekannt gewesen; es fand viele Käufer, sobald es bekannt wurde. Plötzlich ward ich auf das Rathaus gerufen und bekam Befehl, meine Arbeit einzustellen. Ich fragte erstaunt: Weswegen? – Weil Ihr ein Pfuscher seid, rief der Altmeister der Raschmacher, welches die stärkste Zunft in der Stadt ist, weil Ihr keinen Lehrbrief vorzeigen könnt und weil Ihr kein Meisterstück gemacht habt. – In Böhmen, erwiderte ich, gibt man keine Lehrbriefe, sondern es kann weben, wer will und was er will; und was das Meisterstück anbetrifft, so seht meine Ware an, ob sie nicht so gut ist als irgend Kotonade sein kann. – Ebendieses Zeug sollt Ihr gar nicht machen; es ist verboten, sagte ein Ratsherr sehr ernsthaft. – Weswegen? sagte ich, noch mehr erstaunt. – Weil es nicht der Vorschrift gemäß ist, weil es der Grundverfassung der Stadt zuwider sein würde. Schon vor langen Jahren haben die Gewerke Streit miteinander gehabt, und da ist durch ein Gesetz festgesetzt worden, was für Zeuge und wer sie machen soll: die Leinweber Leinwand, die Tuchmacher Tuch und die Raschmacher Rasch. – Aber, lieber Gott, rief ich, was kann ich dafür, daß derjenige, der das Gesetz machte, alle möglichen Zeuge in Leinwand, Tuch und Rasch abteilte und nicht daran dachte, es könne auch Zeug in der Welt geben, das aus Leinen und Baumwolle gewebt wird. – Kurzum, hieß es, Euer Gesuch ist wider alle gute Polizei, laßt ab, das neue Zeug zu machen, das wir nicht dulden wollen, oder man wird Euch Ernst weisen.

Ich mußte aber fortarbeiten, wenn ich leben wollte; und so kamen des andern Tages die Altmeister, schlugen meinen Stuhl auseinander und brachten ihn mit allem meinem Werkzeuge aufs Rathaus. – Ich schrie über Gewalt. – Hat man Euch nicht genug gewarnt? sagte der Ratsherr frostig. – Aber, lieber Gott! Ich muß ja Hungers sterben, wenn ich nicht arbeiten soll. – Wer sagt denn, sprach der Ratsherr mit weiser Miene, daß Ihr nicht arbeiten sollt? Ihr sollt nur nicht solches Zeug machen, das wir hier bei uns nicht leiden wollen; es sind ja sonst Handwerke genug. – Aber, lieber Herr, sagte ich, die werden auch zünftig sein und werden mich nicht aufnehmen, und denn habe ich einmal nichts anders gelernt als Kotonade weben. – Ich merke wohl, Ihr seid widerspenstig; seht zu, ob man Euch sonstwo dulden will, bei uns werden wir Euretwegen die Gesetze nicht ändern. – Dies war mein Abschied.

Ich mußte also mit meiner Familie fort. Gestern abend kamen wir bei der benachbarten Stadt an, wo man uns nicht einlassen wollte, weil wir keinen Paß hatten. Ich besaß keinen Heller mehr, wir alle hatten den ganzen Tag nichts gegessen. Wir mußten in diesem Walde unter einem Baume bleiben, die Kinder schrien bis nach Mitternacht um Brot. Ich war außer mir, daß ich ihnen nichts geben konnte. Nach ein paar Stunden unruhigen Schlummers erwachte ich vor Sonnenaufgange; ich betrachtete meine unglückliche Frau und Kinder und sah sie voll Entsetzen alle in diesem Walde verschmachten. Ich erblickte von fern einen einzelnen wohlgekleideten Menschen. Die Verzweiflung gab mir einen bösen Rat. – Ich stutzte einen Augenblick beim ersten Schritte; aber der Anblick meiner schmachtenden Kinder brachte mich aufs neue in Wut. – Und wenn er sich wehrt und deiner mächtig wird? dacht ich. – Ei nun, so mag man mich gefangennehmen; aber dann wird man doch meine Frau und Kinder im Spitale versorgen müssen. Ich stürzte wie ein Unsinniger auf Sie zu. Aber Sie wehrten sich nicht, Sie gaben mir ruhig, und mehr, als ich für die jetzige Not brauchte. War's nicht abscheulich, den Mann zu berauben, der mir gutwillig würde gegeben haben? Ich bin in Ihren Händen, machen Sie mit mir, was Sie wollen, aber retten Sie meine unglückliche Frau und Kinder!'

Ich war äußerst gerührt. Ich ließ den unglücklichen Leuten, was im Beutel war, und eilte fort, um mich ihrem Danke zu entziehen.

Mein Gott, dachte ich, dieser arme Mann leidet auch, weil die Vorfahren ein Symbolum für die Weber erdacht und alle Zeuge, die man weben soll, auf Tuch, Rasch und Leinwand eingeschränkt haben! Und dieser übelverstandnen Formalie wegen sollen seine vier armen Kinder Hungers sterben? Er ist in Verzweiflung geraten. Natürlich! Das zahmste Tier wird wütend, wenn es seine Jungen darben sieht! – Und ich, der ich auch Vater bin, soll ich mich in Gefahr setzen, die Meinigen darben zu sehen? Oder soll ich ... ja, ich will unterschreiben, was man fordert. Die Erhaltung meiner selbst und der Meinigen ist die erste Pflicht, der alle andern weichen müssen, die damit in Kollision kommen. Kann ich den Lauf der Welt ändern? Die Könige und die Priester haben den Erdkreis unter sich geteilt, so daß nichts mehr übrig ist. Auf dem Flecke, auf dem ich atme, regiert jemand; wohin ich mich wenden könnte, wird ein anderer regieren. Sowenig ich für mich unabhängig bestehen, ohne Regenten sein oder mir Regenten und Regierungsform nach meinem Gefallen einrichten kann, ebensowenig kann ich für mich allein, mit meiner besondern Religion leben. Jede Religionspartei, die Gewalt hatte, zog einen Zaun um sich; habe ich nicht ihr Schibboleth, so heißt es noch Menschenliebe, wenn sie mich bloß ausstößt. Ich kann ihretwegen in die ganze weite Welt laufen; aber wohin ich trete, bin ich im Zaune einer andern, die mich wieder ausstößt. Wohl denn! Ich will bleiben, wo ich bin, und dulden, was ich nicht ändern kann.

Mit diesen Gedanken kehrte ich zurück, unterschrieb, ohne die Augen aufzutun, und trat mein Amt an. Meine Pfarrkinder, die mich predigen und Beichte sitzen und Kranke trösten sahen so wie meine Vorfahren, wurden bald mit mir versöhnt und wunderten sich selbst, wie sie mich für einen so garstigen Ketzer hätten halten können. Aber nicht so meine Gegner, welche, ob sie gleich vorderhand stillschwiegen, nur auf eine Gelegenheit lauerten, mir den empfindlichsten Stoß zu versetzen. Ich gab sie ihnen selbst an die Hand, durch einige Abhandlungen ohne meinen Namen, die ich in ein Wochenblatt einrücken ließ. Mein Superintendent entdeckte bald, daß weder die Rechtfertigung noch die Wiedergeburt, noch die Erbsünde, noch der tätige Gehorsam, noch die Homousie an der Stelle standen, wohin er sie gesetzt wissen wollte. Ich wurde vor eine meinetwegen niedergesetzte Kommission zitiert. Man begegnete mir im voraus als einem teuflischen Ketzer, man verlangte Erklärung mit Ja oder Nein, ob ich den symbolischen Büchern, quia, beifiele oder nicht. Ich verteidigte mich und brachte die Kommissarien noch mehr in Harnisch, denn sie hatten einen bloßen Widerruf und Abbitte von mir erwartet. Kurz, meine Absetzung war vorher schon unwiderruflich beschlossen, und ich hätte vielleicht mein Leben als ein Übeltäter in einem Kerker endigen oder mein Brot erbetteln müssen, wenn nicht mein edelmütiger Freund, der junge Offizier, sich abermals meiner angenommen und mir eine Hofmeisterstelle bei einem jungen Reichsgrafen verschafft hätte. Ich bin mit meinem Grafen durch ganz Europa gereiset. Ich habe gesehen, daß allenthalben, sogar in dem aufgeklärten Großbritannien, Aberglauben und Priestergewalt sich der Erleuchtung des menschlichen Geschlechts mit unüberwindlicher Macht entgegensetzen, daß allenthalben Dummköpfe, die eingeführten Lehren und Gebräuchen folgen, laut sprechen und herrschen und daß weise Leute, welche Mißbräuche einsehen und ihnen abhelfen könnten, nicht laut sprechen wollen oder dürfen. Nachdem mein Graf volljährig geworden, bin ich nun ganz unabhängig und danke Gott, mich in einer Lage zu finden, in der ich meine Gedanken nicht ferner verhehlen noch meine Ausdrücke auf Schrauben setzen darf."

„Jawohl", sagte Sebaldus, „das ist die große Glückseligkeit, die man in Berlin genießet. Hier ist das wahre Land der Freiheit, wo jedermann seine Gedanken sagen darf, wo man niemand verketzert, wo christliche Liebe und Erleuchtung in gleichem Maße herrschen."

„Ei! Sie haben ja von Berlin eine sehr gute Meinung", sagte Herr F. lächelnd. „Freilich, wer so wie Sie und ich kein Amt sucht und nicht von der Meinung des Publikums abhangen darf, kann in Berlin denken und sagen, was er will; mit demjenigen aber, dem es nicht so ganz gleichgültig ist, wie man seine Religionsmeinungen beurteilt, ist es eine ganz andere Sache. Die Regierung begünstigt die Freiheit zu denken, besonders in Religionssachen; wir haben auch einige sehr würdige Geistliche, welche nicht Untersuchungen wichtiger Wahrheiten zu Ketzerei machen; aber das Publikum ist nicht völlig so tolerant. Die Einwohner von Berlin sind sowenig als die Einwohner irgendeiner andern Stadt geneigt, Neuerungen in der Lehre zu begünstigen."

„Das sollte ich kaum denken, wenigstens stehen sie auswärts in einem ganz andern Rufe. Man glaubt vielmehr, Berlin sei voll von Atheisten, Deisten, Naturalisten und wer weiß von was für -isten mehr. Man glaubt, jeder dürfe sich daselbst in Religionssachen erlauben, was er wolle. Ich selbst, ob ich gleich nicht lange in Berlin bin, habe zuweilen zufälligerweise Reden gehört, die man an vielen andern Orten nicht so frei hätte führen dürfen, ohne öffentliche Ahndung zu befürchten."

„Nein! Öffentliche Ahndung hier freilich nicht. Unsere Regierung hat schon seit langen Jahren klüglich eingesehen, daß man die Meinungen der Menschen von Religionssachen deshalb nicht bessert, wenn man sie einschränkt und ahndet, sondern daß man vielmehr dadurch jede Torheit eines Eiferers oder Schwärmers zu einer wichtigen Sache macht. Sie verfolgt niemand wegen Meinungen, weshalb auch gute und schlechte Meinungen in Berlin überhaupt nicht so viel Aufsehen machen als an andern Orten. Daher kommt es, daß in dieser Hinsicht die Menschen sich hier mehr so zeigen, wie sie sind, und daß es der Heuchler weniger gibt. Sie können in Berlin vielleicht unter spekulativen Gelehrten einige gefunden haben, welche die Offenbarung für unnötig halten, und unter lockern Weltleuten auch wohl viele, die alle Religion verachten. Aber Leute von solchen Grundsätzen werden Sie unter Gelehrten und unter Weltleuten allenthalben, obgleich nur verborgen, finden. Allein auch in Berlin machen sie gewiß verhältnismäßig eine geringe Anzahl aus, wenigstens wer solche Meinungen an sich merken läßt, wird deswegen weder hochgeschätzt noch geliebt. Der berlinische Pöbel ist noch ebenso beschaffen als der, welcher im Jahre 1747, nachdem er Süßmilchs erbauliche Predigt wider die Freigeister gehört hatte, dem bekannten Edelmann die Fenster einwarf. Und den Pöbel ungerechnet, sind auch unsere gute berlinische Bürger überhaupt zu nichts weniger als zu so freien Meinungen geneigt. Ich wollte wohl Bürge für sie sein, daß sie auch nicht die geringste Heterodoxie verschlukken würden, sie müßten sie denn etwa mit gutem Herzen für Orthodoxie halten."

„Das dächte ich doch nicht. Sie müssen neuen Meinungen nicht ganz abgeneigt sein; wenigstens haben die Versuche, durch Gebrauch der Vernunft die Vorurteile in der Religion wegzuräumen, bisher noch in Berlin den größten Beifall erhalten."

„Ja, vergleichungsweise, weil sie an vielen andern Orten ganz und gar nicht geduldet werden. Aber wenige

Schriftsteller und ihre wenigen Freunde verlieren sich unter den vielen tausend Einwohnern. Wenn diese je von der Dogmatik abgehen oder irgendworin über die Schnur hauen sollten, so möchte es gewiß minder von der Seite der Vernunft als von der Seite der erhitzten Einbildungskraft[1] geschehen. Seit dem Anfange dieses Jahrhunderts hatten wir Inspirierte, welche weissagten und Wunder taten, und haben noch einige dergleichen. Keine große Stadt in Deutschland hat so viel Schwärmer gehabt als Berlin; und jetzt, wenn ich doch den allgemeinen Charakter der Bürger von Berlin mit einem Worte bezeichnen sollte, so würde ich eher sagen, sie wären pietistisch als heterodox."

„Pietistisch?" rief Sebaldus voll Erstaunen. „Die Bürger von Berlin pietistisch!"

„Ja, ja!" versetzte Herr F. „Pietistisch oder orthodox von der pietistischen Seite; denn Sie wissen, es sind noch nicht fünfzig Jahre, daß große Streitigkeiten zwischen der orthodoxen Orthodoxie und zwischen der pietistischen Orthodoxie geführet wurden, und zu der letztern hat sich ein großer Teil der Einwohner von Berlin schon damals und in der Folge geneigt. Woher wäre sonst der große Beifall entstanden, den nebst Leuten wie Spener und Schade auch Fuhrmann, Schulz, Woltersdorf und andere nacheinander gehabt haben?"

„Sie reden von vergangenen Zeiten, seitdem aber hat sich wohl in Berlin vieles gar sehr abgeändert."

[1] Berlin ist vielleicht die einzige Stadt in der Welt, wo man auf den Einfall geraten ist, in Versen zu predigen. Verschiedene Prediger versuchten dies zu verschiedenen Zeiten mit Beifall der Zuhörer, bis endlich durch einen ausdrücklichen Befehl des Oberkonsistoriums das Predigen in Versen verboten ward.

„In gedruckten Schriften ist die Veränderung geschwinder und allgemeiner gewesen als in den Gemütern der Einwohner. Diese sind in Absicht auf Religionsgesinnungen noch beinahe ebendas, was sie vor vierzig Jahren waren. Ich habe sogar bemerkt, daß sich ihre dogmatischen Gesinnungen nach den Gegenden der Stadt, wo sie wohnen, modifizieren. In der alten guten Stadt Berlin findet man noch alte Gewohnheiten und auch alte Dogmatik.

Die Pfarrkinder der uralten Pfarrkirche zu Sankt Nikolai, am Molkenmarkte und in der Stralauer Straße bis zur Paddengasse hinauf halten am meisten auf reine Orthodoxie. Ich versichere Sie, daß daselbst noch ehrenfeste Bürger über Erbsünde und Wiedergeburt disputieren, desgleichen haben die Gärtner und Viehmäster in den berlinischen Vorstädten noch alle löbliche Anlage, auf einen Ketzer mit Fäusten loszuschlagen. In Kölln, in der Gegend des Schlosses, möchten noch am ersten die Freigeister anzutreffen sein. In dieser Gegend schrieb der Propst Reinbeck im Haudenschen Buchladen auf der Schloßfreiheit seine ‚Betrachtungen über die Augspurgische Konfession', welche zuerst in den Damm, welchen Eifer und verjährtes Vorurteil gegen die menschliche Vernunft für die Orthodoxie aufgeworfen hatten, ein kleines Loch machten, das hernach so sehr erweitert worden ist. Die Nachbarschaft des Hofes trägt auch wohl etwas bei, daß die Leute hier freier denken. Man komme aber nur in die bürgerlichen Gegenden der Fischerstraße und Lappstraße, und man wird die Neigung für die Orthodoxie viel stärker finden; ja ich vermute, daß sie bei den Gerbern, Pergamentmachern und Seifensiedern in Neukölln bis zum Eifer steigt. In den dumpfigen Gassen des Werders wohnen die Separatisten, welche Gott einsam dienen; in den höher gelegenen die stillen Gichtelianer[1], die ruhige Beschaulichkeit lieben und unerkannt wohltun. Schon um die Gegend der Hospitalkirche zu Sankt Gertraud zeigen sich die Herrnhuter; und weiterhin, in den folgenden breiten und hellen Straßen der Friedrichsstadt, fangen auch die Religionsgesinnungen der Einwohner immer mehr an, luftiger und geistiger zu werden. Pietisten, die in Gefühlen und innigen Empfindungen ihre Religion suchen, und Schwärmer von allen Gattungen finden sich hier, so daß der innere Trieb der Raschmacher und Wollkämmer oft in Erbauungsstunden und Weissagungen ausbricht. Die Dorotheenstadt wird zum Teile von Reformierten und Franzosen bewohnt. Jedoch in allen Gegenden der Stadt ist eine andere Gattung Leute verbreitet, die ich oft in Gesellschaften angetroffen habe, denen man es anmerkt, daß sie niemals weder Orthodoxie noch Heterodoxie untersucht haben, bei denen es hingegen feststeht, daß alles darin bleiben soll, wie es war. Es gibt unter ihnen sogar deliierte Weltleute, welche scherzen, Karten spielen, mit Frauenzimmern tändeln und doch die Nase rümpfen können, wenn sich die geringste Ketzerei spüren läßt."

„Dies sollte mir herzlich leid tun", sagte Sebaldus, „denn wenn solcher Leute in Berlin viele sind, so kömmt mir Ihre Nachricht nur allzu glaubwürdig vor, daß hier die Erleuchtung und die Freiheit zu denken noch nicht so groß ist, als ich mir vorgestellt habe. Ich fand immer, daß diejenigen, die aus Trägheit und Nachlässigkeit die Wahrheit nicht suchen wollen, die Selbstdenker am mei-

[1] Diese harmlose Religionspartei unterscheidet sich rühmlich durch sehr ansehnliche Almosen (zuweilen von einigen tausend Talern), die sie gibt, und zwar mehrenteils so unbekannterweise, daß man die Geber nur mutmaßen kann.

sten hassen, weil sie sich sonst ihrer Trägheit und Nachlässigkeit schämen müßten. Immer ist mir aber selbst derjenige viel ehrwürdiger gewesen, der durch Liebe zur Untersuchung der Wahrheit auf Irrtümer verfällt, als derjenige, der sie gar nicht untersuchen mag."

„In diesen Gesinnungen", antwortete Herr F., „werden viele Einwohner Berlins nicht mit Ihnen übereinstimmen, und vielleicht nicht einmal alle berlinische Geistliche."

SIEBENTER ABSCHNITT

Während solcher Unterredungen hatten sie sich unvermerkt von ihrem Spaziergange linker Hand geschlagen und waren in die Lindenallee geraten, wo sie sich ziemlich ermüdet auf eine Bank niedersetzten, an deren anderm Ende ein Prediger mit einem Kandidaten in tiefem Gespräche saß.

„Es müssen doch noch einige andere Ursachen sein", sagte der Kandidat, „warum die Freidenkerei so sehr in Berlin überhandgenommen hat. Üppigkeit und Wollust gehen in andern großen Städten auch im Schwange, aber man sieht da nicht soviel öffentliche Freidenker."

„Freilich", versetzte der Prediger, „unsere schöne heterodoxe Herren, welche die Religion so menschlich machen wollen und dabei die Würde unseres Standes ganz aus der Acht lassen, sind am meisten schuld daran. Sie wollen den Freidenkern nachgeben, sie wollen sie gewinnen. Als ob es sich für uns schickte, mit Leuten solches Gelichters Wortwechsel zu führen! Man muß ihnen kurz und nachdrücklich den Text lesen, man muß ihnen das Maul stopfen, man muß sich bei ihnen in der Ehrfurcht zu erhalten wissen, die sie uns schuldig sind."

„Das ist wahr. Nur ist es zu beklagen, daß diese Leute für alle ehrwürdige Sachen und besonders für den Predigerstand nicht die gehörige Ehrfurcht hegen."

„Daran sind wieder die neumodischen Theologen schuld! Sie benehmen sich selbst die Mittel, womit man die Laien im Zaume halten sollte. Sie schwatzen viel vom Nutzen des Predigtamts und vergessen darüber das Wesen des Predigtamts. Sie selbst geben sich als die nützlichen Leute an" (hier verbreitete sich ein mildes ironisches Lächeln dicht unter seinem breiten Schiffhute), „die der Staat verordnet hat, Weisheit und Tugend zu lehren. Eine rechte Würde! Weisheit und Tugend dünkt sich jetzt jeder Wochenblättler oder Romanschreiber zu lehren! Damit werden wir eine feine Ehrfurcht von Laien fordern können! Aber wenn wir, so wie es recht ist, darauf bestehen, daß unser Beruf ein göttlicher Beruf ist, daß die Ordination, die wir empfangen haben, nicht eine leere Zeremonie ist, sondern daß sie uns zu Nachfolgern der Apostel, zu Boten Gottes, zu Handhabern seiner Geheimnisse macht, daß sie uns das Amt der Schlüssel überträgt, so wird unser Orden bald wieder zu seiner vorigen Würde gelangen, und dann wird auch natürlicherweise die Religion mehr geschätzt werden. Unsre feinen Lehrer der Rechtschaffenheit hingegen haben eine so große Begierde, nützlich zu sein, daß sie darüber sich und ihren Orden und damit die Religion selbst vergessen."

„Es ist wahr", sagte der Kandidat, indem er den Kopf schüttelte, „es scheint mir auch fast, daß die Protestanten aus unüberlegter Furcht vor einer päpstischen Hierarchie den geistlichen Stand andern Ständen allzu gleich machen."

„Oh, ein wenig Papsttum wäre uns sehr nötig, oder wir werden nie wieder Glaubenseinigkeit und Glaubensreinigkeit erlangen. Ich kann es Luthern und Melanchthon nicht vergeben, daß sie die Hierarchie ganz aufgehoben und auf die Vorzüge des geistlichen Standes so wenig geachtet haben. Daraus ist dann endlich der ganze Verfall des Christentums entstanden. Wer gibt wohl darauf Achtung, was ein elender Prediger sagt? Hingegen wenn ein Erzbischof spricht, so müssen die Freigeister schweigen. Man sieht es ja: an den protestantischen Orten, wo den Geistlichen ein Schatten von Autorität übrig ist, wird auch die Religion geachtet. Ich wollte unsern Freidenkern raten, einem Senior in Hamburg oder einem Präpositus in Mecklenburg oder einem Superintendenten in Sachsen oder einer theologischen Fakultät in Greifswald oder in Gießen in die Hände zu fallen; da würde ihnen ein kurzer Prozeß gemacht werden. Aber mit uns armen berlinischen Predigern können sie bald fertig werden: wir haben keine Würde mehr, wir verdienen keine Ehrfurcht mehr, wir haben sie uns selbst vergeben, da wir vernünfteln und beweisen wollen, anstatt daß wir solchen Leuten imponieren, daß wir ihnen den Daumen aufs Auge drücken sollten."

„Ach", rief der Kandidat mit einem Seufzer aus, „seitdem ich mich dem geistlichen Stande gewidmet habe, habe ich schon oft beklagt, daß dies nicht mehr so recht angehen will. Nun muß man schon aus der Not eine Tugend machen, muß die Zweifel der Gegner kennenlernen, muß sich auf Widerlegungen und Beweise gefaßt machen..."

„Damit", fiel ihm der Prediger ins Wort, „werden Sie nicht weit kommen. Die Laien müssen glauben, was ihnen an Gottes Statt gesagt wird, und ihre Zweifel unterdrücken. Darauf muß man dringen! Die Dogmatik ist ein statutarisches Recht, dem gehorsamet werden muß, wenn man es auch gar nicht bis aufs Recht der

Natur zurückführen kann. Zuletzt würde bei dem Vernünfteln doch nichts herauskommen! Ich wiederhole nochmals, dem Laien muß und soll man nicht erklären und beweisen, sondern er muß glauben. Es kommt hier gar nicht auf die Vernunft, sondern auf die Bibel, auf eine übernatürliche Offenbarung an. Hier muß man nur nicht schmeicheln, sondern die menschliche Vernunft in ihrer Ohnmacht zeigen, ihr aber keinesweges, wie unsere treffliche Tugendprediger tun, ein Recht in Glaubenssachen zugestehen."

Herr F. hörte dieses Gespräch stillschweigend an, das Gesicht auf seinen Stock gestützt. Sebaldus aber ward dabei unruhig und rückte sich auf der Bank hin und her, so daß er unvermerkt dem Prediger näher kam.

Dieser fuhr fort: „Und unsere neumodische Theologen, unsere Erleuchter der Welt, die so viel untersuchen, vernünfteln, philosophieren, wie wenig haben sie ausgerichtet! Wie müssen sie sich krümmen und winden! Sie philosophieren Sätze aus der Dogmatik weg und lassen doch die Folgen dieser Sätze stehen; sie brauchen Wörter in mancherlei Verstande, sie verwickeln sich in ihre eignen Schlingen, sie sind aufs äußerste inkonsequent..."

Sebaldus fiel ihm schnell in die Rede: „Und wenn sie denn nun inkonsequent wären? Wer den Mut hat, wenigstens einzelne Vorurteile zu bestreiten, aber viele andere damit verbundene nicht bestreiten mag oder darf, kann wohl zuweilen seiner Ehrlichkeit und Einsicht unbeschadet inkonsequent sein oder scheinen. Die Verbesserer der Religion mögen immerhin ein zerrissenes Buch sein, das weder Titel noch Register hat und in welchem hin und wieder Blätter fehlen; aber auf den vorhandenen Blättern stehen nötige, nützliche, vortreffliche Sachen. Ich will diese Blätter ohne Zusammenhang lieber haben als Meenens ‚Beweis der Ewigkeit der Höllenstrafen‘, und wenn dies Buch noch so komplett wäre!“

Der Prediger, mit stierem Blicke und verlängertem Angesichte, schaute dem Sebaldus gerade ins Gesicht, zog seinen Hut langsam ab und sagte, sich gegen ihn neigend, mit dem Tone steifer Würde:

„Sie sind also, wie ich merke, ein Gönner der neuern heterodoxen Theologen. Sie werden vermutlich alles, was dahin gehört, wohl überlegt haben, denn Herren Ihrer Art handeln ja niemals unüberlegt. Sagen Sie mir also doch, was für ein Christentum wir bekommen möchten, wenn diese Herren so fortfahren, wie sie angefangen haben?“

„Ei nun“, versetzte Sebaldus, „es könnte wohl ein sehr christliches Christentum werden.“

„Christlich? Ein heidnisches Christentum wird es werden. Hören Sie wohl? Heidnisch ist der wahre Name!“

„Mag es doch heißen, wie es will; das menschliche Geschlecht wird durch eine Benennung weder glücklich noch unglücklich.“

„So? Wenn Sie denn also meinen, so mögen die Herren immer auf den Naturalismus fortarbeiten; Indifferentisten sind sie ohnehin schon. Auf die Art könnten sie ziemlich fortschreiten. Zum Glücke aber“, setzte er mit weiser Miene hinzu, „sind sie seichte Köpfe, die sich in kurzem vor sich selbst scheuen und so wie in ihrer Philosophie auch in ihrer Theologie auf dem halben Wege stehenbleiben.“

„Wenn es der Weg zur Wahrheit ist, so besteht meines Erachtens schon kein geringes Verdienst darin, bis auf den halben Weg zu kommen. Dieser Weg ist so steil und ungebahnt, daß der eine früh und der andere spät ermüden kann. Ein jeder gehe so weit es ihm seine Kräfte erlauben. Auch derjenige, der nur einen einzigen Schritt fortgeht, auch derjenige, der nur eine ganz kleine Strecke durch seinen Fleiß zu bahnen sucht, ist mir ehrwürdig. Aber der nicht, welcher aus Stolz den Weg gar nicht antreten will, welcher aus Trägheit, um nicht einen Schritt weiter zu gehen, die Falschheit, die vor den Füßen liegt, für Wahrheit ausgibt."

„Also", rief der Prediger mit einem spöttischen Lächeln aus, „wollen Sie erst neue Wege zur Wahrheit bahnen? Sie kommen zu spät, lieber Herr! Der Weg ist schon ganz gebahnt, er heißt die Bibel. Und dabei haben uns unsere Vorfahren einen ganz untrüglichen Wegweiser gesetzt, der heißt die symbolischen Bücher. Die haben Sie freilich vermutlicherweise nicht gelesen, denn die Herren Selbstdenker pflegen nicht sehr belesen zu sein. Wenn Sie mich zuweilen besuchen wollen, so können Sie sich näher belehren. Ich will Ihnen unsere ältere Theologen zu lesen geben, denn die werden Ihnen wohl gänzlich unbekannt sein. Sie werden darin zu Ihrer Verwunderung alle Streitfragen längst erörtert, alle Zweifel längst bestimmt und alle die neuen Meinungen, worauf sich die neuen Heterodoxen soviel zugute tun, längst widerlegt finden. Leben Sie wohl, mein lieber Herr! – Ich wohne in der ... Straße."

Hiermit stand er auf, das süße Lächeln der Selbstzufriedenheit auf seinen Lippen. Die andern standen gleichfalls auf, und jeder ging seinen Weg.

ACHTER ABSCHNITT

Nach einer kurzen Pause sagte Sebaldus: „Hätte ich doch nimmermehr gedacht, daß man auf diese Art in Berlin von den symbolischen Büchern reden würde. Ein un-

S. 93. u. folgg.

trüglicher Wegweiser! Ich dächte, kein vernünftiger Mensch würde blindlings einem Wegweiser folgen, den man vor mehr als zweihundert Jahren gesetzt hat. Er würde bedenken, durch wie viele Vorfälle entweder der Wegweiser seit zweihundert Jahren könne verrückt oder der Weg könne geändert worden sein. Wenn man die offenbare Trüglichkeit überlegt, so muß man sich sehr wundern, daß die Menschen so großes Verlangen bezeigen, sich nach Lehrformeln, Synodalschlüssen und symbolischen Büchern zu richten."

„Die Menschen ein Verlangen?" rief Herr F. aus. „Dies glaube ich ebensowenig, als daß die Menschen ein Verlangen haben, sich an der Nase herumführen zu lassen. Aber diejenigen, welche die Menschen unvermerkt beherrschen wollen, drehen ihnen gern wächserne Nasen an, weil dadurch ihr Endzweck am besten erreicht wird. Glauben Sie denn, daß der Mann, der jetzt soviel von symbolischen Büchern redete, ihnen ebenso strenge anhängt, als er verlangt, daß ihnen andere anhangen sollen?"

„Dies muß ich dahingestellt sein lassen, weil ich den Mann nicht genug kenne."

„Ich lasse es auch dahingestellt sein. Ich kenne aber nicht wenig Geistliche von hohem Sinne, die vielleicht auch Heterodoxe würden, wenn dadurch Ruhm oder ansehnliche Ämter zu erlangen ständen. Wenn sie aber sehen, daß andere schon durch Heterodoxien großen Ruhm erworben haben, wenn sie dagegen bei sich nicht Geschicklichkeit und Mut genug spüren, noch wichtigere Neuerungen zu wagen, so ekelt ihnen davor, Heterodoxe vom zweiten oder dritten Range zu sein. Sie ergreifen daher die viel bequemere und sicherere Partei, stellen sich an die Spitze der Orthodoxen ihrer Stadt oder ihrer Provinz und brauchen die Lebhaftigkeit des

Geistes, wodurch sie Ketzereien hätten anstiften können, um sich Ketzereien zu widersetzen. Sich auf die ältern Theologen und auf die symbolischen Bücher als auf unwidersprechliche Grundgesetze zu berufen ist schon eine so abgenutzte politische Maxime dieser Leute, daß die Klügern unter ihnen bereits auf ganz andere Mittel denken, um den Ruhm, der durch neue Heterodoxien nicht zu erhalten stand, durch eine neue Orthodoxie von ihrer eignen Schöpfung zu erlangen. Denn wenn diese Herren sich für noch so altorthodox ausgeben, so ist doch gemeiniglich die Art, wie sie orthodox sein wollen, sehr neu."

„Dies kann wohl nicht anders sein", erwiderte Sebaldus, „denn je mehr ich den Gang bedenke, welchen der menschliche Verstand in seiner Entwicklung von jeher genommen hat, desto unmöglicher scheint es mir, daß alles so bleiben sollte, wie es vor zweihundert Jahren gewesen ist, und für desto ungereimter muß es halten, daß man durch Vorschriften von irgendeiner Art die Veränderungen der Meinungen und ihren Fortgang hindern will. Die symbolischen Bücher waren sehr gut für die Beschaffenheit der Zeit und der Umstände, da sie gemacht wurden. Regierungsart, Wissenschaften und Sitten haben sich seitdem merklich geändert. Wenn nun die symbolischen Bücher unveränderliche Gesetze sein sollten, so würden wir endlich eine Theologie bekommen, die sich für die Zeit, worin wir leben, auf keine Weise schickte."

„Sie haben ganz recht. Wenn unsere Theologen die symbolischen Bücher des sechzehnten Jahrhunderts zur beständigen Norm des Glaubens annehmen, so handeln sie gerade, als wenn unsere Schneider die steifen Kragen, kurzen Mäntel und weiten, mit Pelz bebrämten Röcke ebendieses Jahrhunderts zur beständigen Norm der

Kleidertracht festsetzen wollten. Die Erfahrung lehret uns, daß die Meinungen sich nicht minder verändern als die Kleidertrachten. Es geht daher auch den symbolischen Büchern ebenso wie der Kleidung der Geistlichen. Als jene geschrieben wurden, enthielten sie bloß die allgemein angenommenen Meinungen der damaligen Glieder der lutherischen Kirche, so wie die damalige Kleidung der Geistlichen dem Schnitte nach die Kleidung aller gelehrten Leute und der schwarzen Farbe nach die Farbe war, worin jeder angesehene Mann feierlich erschien. Da aber die Kleidermoden sich änderten, blieben die Geistlichen immer vierzig oder fünfzig Jahre darin zurück, so wie noch oft in der Literatur und Philosophie. Endlich änderte sich die Welt so sehr, daß der Schnitt des Glaubens und der Kleidung, der zu Luthers Zeiten allen guten Leuten gemein war, das Symbolum eines besondern Standes blieb. Und dennoch befürchte ich, es geht noch in anderer Rücksicht der Konformität mit den symbolischen Büchern wie den Ärmeln und den Mänteln der Geistlichen. Obgleich jene immer Orthodoxie heißt und diese immer schwarz bleiben, so haben sie doch beide, sonderlich seit fünfzig Jahren, viele kleine, aber wesentliche Abweichungen erlitten. Glauben Sie mir, ein guter alter orthodoxer Dorfpastor, der seit Buddeus' Zeiten weder in der Gelehrsamkeit noch in den Rockschößen und Perücken an Veränderungen gedacht hat, möchte wohl bei aller Konformität von einem jungen orthodoxen Diakon itziger Zeit, der vier Jahre lang in den adeligen Häusern Hofmeister gewesen ist, ebenso stark in der Kleidertracht als in der Glaubenslehre verschieden sein."

Sebaldus sagte lächelnd: „Es dünkt mich doch fast, die geistliche Dogmatik habe seit meiner Jugend mehrere Veränderungen erlitten als die Kleidertracht der Geistlichen. Ich dächte, sie gingen noch ebenso wie vor vierzig Jahren in schwarzen Röcken und in Kragen und Mänteln."

„Ebenso? Ich dächte nicht! Sie haben nur auf jene Veränderung mehr achtgegeben als auf diese, welche ebenso merklich ist. Ja, sie entstand oft aus Begierde, sich von andern Glaubensgenossen zu unterscheiden; und dann ward sie sogar ein Stück der Kirchengeschichte."

„Sie scherzen. Wie kann die Glaubenslehre auf die Kleidertracht einen Einfluß haben! Außerdem siehet ja in der ganzen protestantischen Kirche eine Priesterkleidung der andern ähnlich."

„Keinesweges! Der steife Wolkenkragen in Hamburg, Braunschweig, Breslau, Leipzig und das feine Überschlägelchen anderer Länder, die enge Summarie in Mecklenburg und Holstein, der weite Priesterrock in Sachsen und Anhalt, der Mantel in Brandenburg, das sammetne Kalottchen, das der Danziger Prediger auf seine Perücke nähet, sind wesentliche Unterschiede der Kleidung protestantischer Geistlichen, haben, wie alle Dinge in der Welt, ihren zureichenden Grund" (determinierenden Grund, dachte Sebaldus heimlich bei sich), „und vielleicht oft zunächst in der Lehre. Hier habe ich eben in der Tasche eine ungedruckte Handschrift, betitelt: ‚Historische Versuche über Berlin', die mir ein Freund mitgeteilt hat. Ich will Ihnen daraus etwas weniges von der Geschichte der Hüte und Mäntel der berlinischen Geistlichkeit vorlesen. Vielleicht merken Sie daraus, daß die Eingeweihten aller Orden Zeichen haben, die den Augen der Profanen entgehen."

Sie setzten sich abermals auf eine Bank, und Herr F. las wie folget:

„Philipp Jakob Spener, ein gutmütiger, redlicher

Mann, bescheiden und friedliebend in einem Zeitalter voll theologischen Stolzes und theologischer Zänkerei, der gern alle dogmatische Spitzfindigkeiten vermieden hätte, der sie zwar nach dem Genius seines Zeitalters nicht vermeiden konnte, aber vorzüglich auf die Rechtschaffenheit und auf die Lauterkeit des Herzens drang, befliß sich nicht, in seiner Kleidung etwas Sonderliches zu haben. Sein ehrwürdiges Haupt[1], von welchem sein silberweißes Haar in natürlichen Locken hinabfiel, wärmte ein kleines Kalottchen; und sein weitgefalteter Mantel (die damals gewöhnliche Tracht der Gelehrten, welche noch bis in das erste Vierteil dieses Jahrhunderts alle Schüler in Berlin trugen) hing, als eine brauchbare Bedeckung, ungekünstelt über Schultern und Arme herab. Bald nach seiner Zeit gelüstete einen Teil der berlinischen Geistlichkeit nach dem modischen Putze der spanischen Perücken[2], welche sie auf den Häuptern der Edelknaben und der Geheimen Räte an dem prunkvollen Hofe unsers guten Königs Friedrich I. gesehen hatten. Obgleich beim Regierungsantritte König Friedrich Wilhelms meist alle Leute die großen Perücken ablegten, so mochten doch selbst die pietistischen Prediger diese so oft abgekanzelte und nebst den Fontangen der Frauenzimmer vom Einblasen des leidigen Teufels hergeleitete Kopfzierde ferner nicht verschmähen. Vermutlich der Gravität wegen; denn nunmehr begannen sie, gleich den Leuten, die ihre Denkzettel breit und die Säume an ihren Kleidern groß machten[3], in ihrer Kleidung sich geflissentlich von andern Menschen zu unterscheiden[4]. Sie setzten an ihre Kragen einen breiten

[1] Fig. 1.
[2] Fig. 2.
[3] Matth. XXIII, 5.
[4] Fig. 2.

Saum. Ein großer, nur zweimal aufgestutzter Schiffhut beschattete vorn und hinten ihr Haupt, und in den Mantel wickelten sie den Unterleib dermaßen ein, daß die Füße gar wenig Raum übrigbehielten; daher auch derjenige unter ihnen, der von Natur nicht bedächtig war, einen bedächtigen Gang annehmen mußte. Da um diese Zeit unsere ganze lutherische Geistlichkeit sich von der hamburgischen Orthodoxie der polternden Mayer und Neumeister zum sanftern Pietismus neigte, so ward dieser eben beschriebene Anzug sehr bald das Merkzeichen eines jeden lutherischen Pfarrers. Denn die Reformierten, dem Hofe näher, wollten sich nicht so sehr wie jene von der gewöhnlichen Kleidung abwenden. Sie behielten den dreimal aufgestutzten Hut bei; und den Mantel[1], dessen viele pedantische Falten sie unvermerklich verminderten, schlugen sie von den Schultern zurück und hoben ihn im Gehen mit der linken Hand zierlich auf, so daß sie mit mehrerm Anstande fortschreiten konnten. Nach einiger Zeit fingen sie an, den Mantel[2], den sie mit der linken Hand emporgehalten hatten, zu mehrerer Bequemlichkeit ganz auf den linken Arm zu legen. Unter den Lutheranern, welche schon längst den schmalern Mantel und die freiern Füße der Reformierten mit heimlichem Neide mochten angesehen haben, wagte es zuerst ein Mann, in großen Dingen klein und in kleinen Dingen groß, den Mantel[3] um den Leib zu schlagen und mit freien Füßen einherzutreten, worin er bald viele Nachahmer bekam. Es wäre zu weitläufig, zu erzählen, welche Widersprüche jede von diesen Veränderungen leiden mußte, wie oft man aus

[1] Fig. 3.
[2] Fig. 4.
[3] Fig. 5.

der veränderten Art, den Mantel zu tragen, auf eine Neuerung in der Lehre geschlossen hat und wie oft eine Neuerung in der Lehre unbemerkt durchgegangen ist, weil der Neuerling den Mantel noch nach der alten Art trug. Genug, die alte symbolische Reinigkeit des Manteltragens bekam einen noch größern Fleck, da einige Kryptokalvinisten sich unterstanden, den Mantel nach Art der Reformierten auf den Arm zu legen, ob sie ihn schon, um sich jenen nicht ganz gleich zu stellen, auf dem rechten Arme trugen[1]. In kurzem ward dieser kleine Unterschied der Konfessionen auch nicht mehr beobachtet. Die Mäntel wurden ohne irgendeine Regel rechts oder links getragen, wie es jedem einfiel. Und nun konnte man einen lutherischen Prediger von einem reformierten desto weniger auf der Straße unterscheiden, da eben zu der Zeit einige unsrer Geistlichen sich unterfingen, den ehrbaren Schiffhut, das bisherige Schibboleth eines berlinischen lutherischen Geistlichen, mit dem dreieckigen Hute zu vertauschen, den nebst allen Einwohnern Berlins auch die reformierten Geistlichen trugen. So vielem Widerspruche auch dies Unternehmen anfangs ausgesetzt war[2], so ging es doch ohne weitere

[1] Fig. 6.

[2] Unter andern fanden in einer gewissen Kirche, in welcher wechselsweise lutherisch und reformiert gepredigt ward, beide Gemeinden Ursache, sich über diese Neuerung zu beklagen. Es war bisher die Gewohnheit gewesen, daß der Prediger, ehe er in die Sakristei trat, außen neben der Tür derselben seinen Hut anhängte, woraus die Zuhörer gleich abnehmen konnten, an welcher Konfession die Reihe wäre. Nachdem aber der Hut seine symbolische Kraft verloren hatte, so konnten die irregemachten Kirchkinder nunmehr weiter an keinem Kennzeichen unterscheiden, ob die Predigt, die sie hörten, lutherisch oder reformiert sei.

Ahndung durch. Denn nunmehr war die Zeit gekommen, da die Unordnung und Lauigkeit in der Lehre, die sich schon lange in die Herzen eingeschlichen hatte, auch an den Kleidern sichtbar werden sollte. Vorzeiten hatten sich die Lutherischen und Reformierten soviel wie möglich voneinander abgesondert, auch wohl – eine Folge des Eifers für eines jeden Symbolum – weidlich miteinander gehadert, nicht weniger – eine Folge des Haders – einander herzlich gehasset; nunmehr aber, da sich ihre Geistlichen auch nicht einmal mehr der Kleidung nach voneinander unterschieden, war fast gar nicht mehr die Frage, ob jemand lutherisch oder reformiert sei. Diese Indifferentisterei hatte aber auch andere schädliche Folgen. Denn die geistliche Kleidung verlor einen großen Teil ihrer symbolischen Deutung und zugleich einen großen Teil ihrer Gravität. In der allgemeinen Sorglosigkeit gegen alle bestimmte äußerliche Zeichen wurden die Mäntel immer schmäler, leichter und kürzer[1] und hingen als eine zwecklose Verzierung den Rücken herunter; die Perücken, die sonst in feierlicher Zierde über den Nacken herabwallten oder in sanften Seitenlocken auf den Schultern ruhten, gewannen täglich ein weltlicheres Ansehen, hoben sich in Taubenflügeln und gesteckten Locken in die Höhe; und endlich trugen Prediger kein Bedenken, ohne Perücken, ja sogar ohne alle Amtskleidung[2] in blauen, grauen und braunen Röcken auf der Straße und in Gesellschaften zu erscheinen und sich keiner gleichgültigen Handlung zu entziehen, die ein jeder anderer unbescholtener Bürger auch verrichten darf."

Und nun fragte Herr F. lächelnd: „Was sagen Sie zu

[1] Fig. 7.
[2] Fig. 8.

diesen Veränderungen der Kleidertracht, die doch offenbar mit gewissen Veränderungen in den Glaubensgesinnungen Schritt gehalten haben?“

„Ich sage“, antwortete Sebaldus sehr ernsthaft, „daß sie nur merkwürdig werden, wenn sie merkwürdige Folgen haben, und die haben sie nur, wenn man sie für etwas hält. Macht man ein unwichtiges Ding wichtig, sei es nun ein Rockärmel oder ein symbolisches Buch, so kann über dessen Veränderung Zank und Bitterkeit, ja wohl gar Aufruhr und bürgerlicher Krieg entstehen. Ebendeshalb sollte man, meines Erachtens, in Dingen, die von der Meinung der Menschen abhangen, nicht allzuviel bestimmen und durch Zeichen festsetzen wollen, weil dadurch Nebendingen mehr Wert beigelegt wird, als sie eigentümlich haben. Das Bezeichnete ist wesentlich, das Zeichen willkürlich. Hat ein jetziger Geistlicher Speners edelmütige Gesinnungen, so wird er gleich verehrungswert sein, er mag sich schwarz oder grün kleiden; und jeder rechtschaffene Mann, der, soviel er kann, tugendhafte Taten tut, verdient Achtung, er mag seine Gedanken vor sich selbst weglaufen lassen oder sie an irgendein Symbolum heften wollen. Wenn mich nicht alles trügt, was ich als Kennzeichen der Wahrheit erkenne, so muß ich glauben, Gott selbst werde uns nach unsern Gesinnungen und nicht nach unsern Spekulationen richten; er werde jedem gnädig sein, der so viel Gutes tut, als er in seiner Lage tun kann, und werde niemand verdammen, weil er symbolische Bücher entweder nicht verstehen oder nicht billigen konnte, die irgendeine mächtigere Partei zur Richtschnur festzusetzen suchte.“

Unter diesem Gespräche waren sie aufgestanden und bis vor die Wohnung ihres beiderseitigen Freundes, des Majors, gekommen, dem sie diesen Abend einen Besuch zugedacht hatten. Indem sie ins Haus traten, sahen sie zu ihrem großen Erstaunen, daß der Armenschulmeister, Sebaldus' Freund, von zwei Bedienten mit Gewalt die Treppe hinuntergeworfen ward. Der Pietist, mit welchem Sebaldus nach Berlin gekommen war, folgte ihnen mit weggewandtem Angesichte, schlug die Hände über das Haupt zusammen und drängte sich eiligst durch die Haustür auf die Straße. Herr F. und Sebaldus stießen die Bedienten zurück, die den wehrlosen und totenblassen Schulmeister noch übler behandeln wollten; und der Major, der im Erdgeschosse wohnte und bei dem heftigen Lärm seine Tür geöffnet hatte, nahm ihn in Schutz und führte ihn ins Zimmer, wo er ihn in einen Armstuhl sich niedersetzen ließ.

Sobald der Mann wieder etwas Atem zu schöpfen anfing, war die allgemeine Frage: was die Ursache des Lärms gewesen sei und was er mit dem im ersten Stockwerke wohnenden jungen Herrn, dessen Bedienten ihm so hart begegnet, zu tun gehabt habe.

Der Schulmeister antwortete bloß durch tiefes Schluchzen und durch die kläglichsten Ausrufungen: „Ich elender Mann! Ich unglücklicher Mann! Ich bin ohne Rettung verloren!"

Sebaldus suchte ihn durch die besten Gründe wieder zur Fassung zu bringen, der Major bot ihm seinen Arm, Herr F. seine Börse und alle sonst nur mögliche Hilfe an.

Vergebens! Er wiederholte seine trostlosen Ausrufungen mit den Gebärden eines Verzweifelten, bedeckte einmal über das andere sein Angesicht mit beiden

Händen und weinte bitterlich. Nach langem Zureden beruhigte er sich endlich so weit, daß er, mit vielen untermischten Seufzern, folgendes erzählen konnte:

„Sie wissen es", sagte er, indem er sich zu Sebaldus wandte und ihm wehmütig die Hand drückte, „wie ruhig und wie glücklich ich war. Obgleich arm, hatte ich doch mein Auskommen. Ich arbeitete nebst meiner Frau fleißig; und meine Tochter – o mein einziges Kind! Sie war nie ihren Eltern ungehorsam gewesen, sie hatte uns nie den geringsten Verdruß gemacht, sie übertraf uns an Fleiß, sie machte uns mit ihrer künstlichen Arbeit Vergnügen; wenn wir Eltern nur gerade die Notdurft erwerben konnten, so verschaffte uns ihre Emsigkeit zuweilen einen festlichen Tag. Sie war mein Augapfel, ich war mehr als glücklich, als der heuchlerische Bösewicht, den Sie haben aus der Türe rennen sehen, meine ganze Glückseligkeit zerstörte. Er setzte sich in der Sankt-Gertrauds-Kirche oft neben mir, wo er auch wohl zuerst meine Tochter mag gesehen haben. Er suchte meine Bekanntschaft, indem er zwei arme Knaben in meine Schule brachte, für die, wie er sagte, gottselige Leute das Schulgeld bezahlen wollten. Er sah und lobte meiner Tochter Arbeit; er brachte in kurzem einen Menschen mit, der feine ausgenähte Arbeit bestellte und reichlich bezahlte. Dies war, wie ich hernach erfahren habe, der Kammerdiener des wollüstigen Müßiggängers, der in diesem Hause wohnt; ein undeutscher Kerl, ohne Redlichkeit, ohne Menschengefühl, den das Wimmern der zugrunde gerichteten Unschuld sowenig rührt als den Schlächter das Blöken des Lammes, dem er die Kehle abstechen will. Mit diesem hatte der schändliche Unterhändler vermutlich den abscheulichen Entwurf ins reine gebracht, mich und mein Kind ins Unglück zu stürzen. Er führte meine Tochter, in Gesellschaft ihrer Mutter, zu seiner angeblichen Muhme, die ausgenähte Arbeit verfertigte und verfertigen ließ. Sie schien zufrieden mit meiner Tochter Arbeit, zeigte ihr aber noch feinere und gab ihr zu verstehen, sie wolle dergleichen von ihr verfertigen lassen und ihr mehrere Vorteile dabei zeigen; nur müsse sie unter ihren Augen arbeiten. Mein Kind freute sich, mehr lernen zu können, und wir fanden kein Bedenken, sie in das Haus einer Matrone zu schicken, bei der alles ein frommes und verständiges Ansehen hatte. Sie ging einige Monate lang täglich in dies Haus. Sie nahm zu an Geschicklichkeit, und wir glaubten, diese Bekanntschaft wäre ein Glück für unser Kind. Ach, leider, wir wußten nicht, daß sie schon unwiederbringlich unglücklich war. In den ersten Tagen ihres Aufenthalts in diesem Hause war der junge Herr selbst, unter dem Vorwande, Arbeit zu bestellen, dahin gekommen; er hatte meine Tochter gesehen und ihre Arbeit gleichgültig gelobt. In kurzem ward er zudringender, die Wirtin ließ ihn mit meiner Tochter geflissentlich allein oder ward von ihrem Vetter zu andern Geschäften gerufen. Nun wandte der Bösewicht alle verführerische Künste an, um ein junges Herz zu gewinnen, das noch nicht gelernt hatte, sich gegen betrügerische Anlockungen zur Wehre zu stellen. Das süße Gift der Schmeichelei betört wohl oft einen gesetzten Mann; wie sollte ihm ein junges, unerfahrnes Mädchen widerstehen können, das noch keinen hinterlistigen Menschen gesehen hatte, das jedes Herz für so ehrlich hielt als ihr eigenes! Kurz, sie ward ihrer Unschuld beraubt. Die Folgen davon ließen sich bald spüren, und das schreckliche Geheimnis konnte ihrer Mutter nicht länger verborgen bleiben. Wir waren wie vom Blitze gerührt; aber Klagen und Verwünschungen halfen zu nichts: wir mußten nur unser armes Kind zu retten suchen, das sich das Leben abhärmte in Kummer über ihren Fehltritt, den sie nun erst in seiner wahren Gestalt sah. Auf der andern Seite wollte der Verführer auch nicht eher von ihr ablassen, bis er ihrer völlig satt wäre. Er sandte täglich Botschaften und Briefe, die nicht angenommen wurden. Der Kammerdiener schlich sich einigemal ins Haus, wo ich ihn unsanft abwies. Endlich meldete sich heute der Unterhändler, der sich seit langer Zeit nicht hatte sehen lassen. Mit gleisnerischem Wortgepränge bedauerte er den Unfall, den ich hätte erfahren müssen; und nach vielen Umschweifen kam er endlich auf seinen Antrag, nämlich daß ich mit dem Herrn selbst sprechen möchte, weil er mir Vorschläge tun wollte, die so vernünftig und billig wären, daß dadurch ein großer Teil des geschehenen Schadens könne ersetzt werden. So groß auch mein Widerwillen war, dem Verführer meiner Tochter ohne Verwünschung in die Augen zu sehen, so ging ich doch mit dem dienstfertigen Unterhändler hin. Was meinen Sie, daß der vernünftige und billige Vorschlag war?" (Hier drang abermal ein Strom von Tränen aus seinen Augen.) „Meine Tochter sollte Ausgeberin bei dem Verräter ihrer Ehre werden, und ihr Vater sollte einen schimpflichen monatlichen Gehalt haben, um die Frucht des unerlaubten Umgangs zu erziehen. Hier konnte ich mich nicht mäßigen; ich stieß aus, was der Unwillen einem ehrlichen, obwohl armen Vater eingeben kann, dem ein vornehmer Wollüstling zumuten darf, der Kuppler seiner eignen Tochter zu werden. Der Kammerdiener, der während der ganzen Unterhandlung ebensoviel gesprochen hatte als der Herr selbst, fand es sehr lächerlich, daß ich mich einem Arrangement widersetzen wollte; daß der gnädige Herr der petite fille ja weiter nichts Übels tun wolle und dergleichen mehr. Ich ließ meinen ganzen Unmut aus und wollte unverzüglich zur

Türe hinaus, als der Unterhändler ins Mittel trat. Er versicherte, daß er den ersten Vorschlag selbst nicht billige, weil dadurch den Schwachen manches Ärgernis gegeben werden könne; er erklärte also, daß der Kammerdiener meine Tochter heiraten und das Kind als sein eignes aufnehmen müßte, dagegen werde ihn der gnädige Herr zum Haushofmeister machen, sobald er sich mit seinen Gläubigern völlig gesetzt habe und wieder zum Genusse seiner Güter gekommen sei. Nein! Länger konnte ich mich nicht halten. Ebenso gern würde ich meine Tochter dem Büttel gegeben haben, der diesen Buben hätte brandmarken sollen, welcher das vornehmste Werkzeug zur Verführung meiner Tochter gewesen war. Ich sagte nunmehr dem Herrn geradeheraus, daß ich sein Bubenstück auf keine Weise durch meinen Beitritt billigen wolle, daß ich die wenige Gerechtigkeit, die mir der Richter widerfahren lassen könne, aus allen Kräften suchen würde und daß er mit meinem Willen meine Tochter nie wieder solle zu Gesichte bekommen. Er geriet darüber in die größte Wut und befahl den Bedienten, mich hinauszuwerfen; der Unterhändler wollte ihn zwar besänftigen, aber er hieß ihn auch zum Teufel gehen und lief als ein Rasender ins andere Zimmer." Als er die Erzählung geendigt hatte, verbarg er abermal sein Angesicht und überließ sich einer trostlosen Verzweiflung.

Alles, was Sebaldus und Herr F. taten, um ihn aufzurichten, verfing nichts. Er rief mit kläglicher Stimme aus: „Alle Hoffnung ist für mich verloren! Selbst die Gesetze haben keinen Schutz für mich. Mein Gegner darf mich ungestraft beleidigen, ungestraft unglücklich machen!"

„Nein! Das soll er nicht", rief der Major, der schon lange mit starrer Aufmerksamkeit zugehört hatte. „Wir wollen sehen, was der Bursche zu tun vermeint."

Er rief seinen Reitknecht, ließ sich bei seinem Nachbar eine Treppe hoch melden, und ein paar Minuten drauf nahm er seinen Hut und Degen und stieg hinauf, ohne erst Antwort zu erwarten.

Er fand den jungen Herrn im Vorsaale, im Begriffe auszugehen, um diesen Besuch zu vermeiden. Er wollte sogleich eine höfliche Entschuldigung stammeln, aber der Major trat ihm in den Weg und rief mit gerunzelter Stirne: „Herr! Sind Sie ein Edelmann?"

„Ich dächte", war die Antwort, „ich könnte mich in ein hohes Stift aufnehmen lassen, wenn ich wollte. Aber um Vergebung, wozu diese Frage, die mich befremden könnte?"

„Wozu? Weil ich dächte, daß ein Edelmann auch ein ehrlicher Mann sein müßte, ehe er ein Edelmann sein kann."

„Wieso? – Mein Herr! Sie kommen in meine eigene Wohnung, mich zu beleidigen; geben Sie wohl acht!"

„Herr, die Wahrheit ist gut zu sagen, wo es auch ist. Sie haben, Herr, eines ehrlichen Mannes Tochter verführt und haben noch dazu den Vater gröblich beleidigt; das tut kein Mann, der Ehre im Leibe hat, und das haben Sie getan."

„Herr Major, wenn ich nicht für Ihr Alter Achtung hätte – so würde ich ... Aber parbleu, ich weiß auch noch nicht, was Sie von mir eigentlich wollen. Meinen Sie etwa den Kerl, der eben hier war? Der geht mich gar nichts an. Mein homme de chambre hat mit seiner Tochter was zu tun gehabt, und darüber lärmt der Vater. Aber er hat unrecht, denn mein homme de chambre will das Mensch heiraten."

Der Kammerdiener trat vertraulich hervor und versicherte den Major in gebrochenem Deutsch, daß er noch zur Heirat bereit sei.

Der Major sah ihn flämisch über die Achsel an und sagte: „Patron, wenn ich mit dir werde reden wollen, werde ich dir's sagen. – Mit Ihnen habe ich's zu tun, Herr, der Sie sich ins Herz schämen sollten. Meinen Sie, Herr, daß ich nicht weiß, wer mit dem Mädchen zu tun gehabt hat? Denken Sie, Herr, daß die Tochter eines ehrlichen Mannes, weil Sie sie geschändet haben, nun für Ihren Kuppler gut genug ist?"

„Das ist doch besonders – ganz besonders; und Sie mäßigen sich noch dazu gar nicht in Worten – lassen Sie doch die Leute die Sache ausmachen, die Sache geht mich ja gar nichts an; und darf ich fragen, wie Sie dazu kommen, daran teilzunehmen?"

„Wie? Herr, weil der Mann mein Freund ist."

„Ah pardi, das ist eine andere Sache. Ich habe nicht gewußt, daß Sie unter Leuten solcher Art auch Freunde hätten."

„Ja, Herr! Ich schäme mich nicht, eines ehrlichen Mannes Freund zu sein, und scheue mich nicht, jeden Schurken zur Rede zu setzen, der ihm ungestraft unrecht tun will."

„Ich bin ganz betroffen, Herr Major; da ich gar nicht die Ehre habe, Sie zu kennen, kommen Sie in meine Wohnung und sagen mir voll Ungestüm Dinge vor, die – ich weiß gar nicht ... Was verlangen Sie denn, das ich dem Manne und dem Mädchen tun soll?"

„Herr! Genugtuung sollen Sie beiden geben, und ... Doch durch welche Genugtuung können Sie ein so schimpfliches Verfahren wiedergutmachen!" Er schlug sich mit der Hand vor die Stirn.

„Sie sehen also selbst, Herr Major, daß ich bei der Sache nichts weiter tun kann, und wenn mein homme de chambre das Mädchen heiratet und ich ihr, in Ansehung seiner, ein Heiratsgut gebe ..."

„Nein, Herr, mir sollen Sie Genugtuung geben, weil Sie ein Schurke sind und sich unterstehen, mit mir unter einem Dache zu wohnen!" Und hiermit zog er den Degen.

„Herr Major, hören Sie doch vernünftige ..."

„Herr! Zieh Er, oder, straf mich Gott!, ich will Ihm zeigen, daß Er nicht wert ist, einen Degen an der Seite zu tragen."

„Gut, Herr Major, ich will Ihnen Satisfaktion geben – aber auf Pistolen. Ich schlage mich nicht anders als auf Pistolen."

„Herr, mach Er kein Federlesens, zieh Er auf der Stelle, oder ich will Ihn ..."

Dem jungen Herrn, so ungern er wollte, blieb nichts übrig, als den Degen zu ziehen. Der Major drang auf ihn ein. Der Kammerdiener kam seinem Herrn mit gezogenem Hirschfänger zu Hilfe; und plötzlich fuhr der Hirschfänger tief in des Majors Rücken, ob von ungefähr oder vorsätzlicherweise, war nicht auszumachen.

Franz, der Reitknecht, faßte den Kammerdiener in die Gurgel und gab ihm einen deutschen Faustschlag auf den andern ins Gesicht. Der Major lag in seinem Blute, der Edelmann machte ihm eine verbindliche Entschuldigung wegen dieses unglücklichen Vorfalls, die der Major bloß mit einem Blicke voll Verachtung beantwortete. Herr F. schickte nach der Wache. Der Kammerdiener und sein Herr wurden in Verhaft genommen. Der Major ward von einem Wundarzte verbunden und in sein Bette gebracht; und der Schulmeister, noch mehr außer aller Fassung über seines Verteidigers Unfall als über seinen eigenen, ward halbtot in eine Mietskutsche gesetzt und von Herrn F. und von Sebaldus nach Hause begleitet.

Des Majors Wunde schien im Anfange nicht gefährlich, aber nach einigen Tagen verschlimmerten sich die Umstände sehr. Die Entzündung und das Wundfieber wurden heftiger, daher der Arzt erklärte, daß sehr wenige Hoffnung zur Wiedergenesung sei. Die Freunde des Majors waren äußerst niedergeschlagen; der gute Franz aber, der über dreißig Jahre in des Majors Diensten gestanden hatte, weinte unablässig, so daß ihn der Kranke selbst tröstete, der allein des Wundarztes Nachricht mit Gleichmut anhörte. Die geschwinde Abnahme seiner Kräfte ließ nur allzusehr befürchten, daß der Wundarzt richtig geurteilt habe.

Eines Tages ward der Kranke besonders schwach. Gegen Mittag aber fiel er in einen sanften Schlummer, worin er einige Stunden verblieb, und schien darauf äußerlich ein wenig erquickt. Franz, sehr traurig über dessen mißlichen Zustand, ergriff die Gelegenheit, da der Major heiteres Gemüts und er mit ihm allein war, nach vorgängiger Entschuldigung eine Frage zu tun, die ihm schon lange auf dem Herzen gelegen hatte, nämlich:

Ob der Herr Major nicht das Sakrament nehmen wolle.

„Lieber Franz, du meinst es recht gut", sagte der Kranke, „aber wozu? Ich habe das Abendmahl immer nur genommen, wenn entweder das Regiment kommunizierte oder wenn ich besondere Ursache fand, mich zu sammeln und ernsthaft über mich nachzudenken; aber glaube mir, Franz, ein Krankenlager von drei Wochen gibt an sich selbst Gelegenheit genug zum ernsthaften Nachdenken."

„Aber, lieber Herr Major, ein Mensch muß doch so schwer sterben, wenn er nicht gebeichtet hat."

„Höre nur, mit der Beichte habe ich niemals etwas zu tun gehabt. Anstatt der Beichte sagte ich allemal laut und ernstlich: Schaffe in mir, Gott, ein reines Herz und gib mir einen neuen gewissen Geist, verwirf mich nicht von deinem Angesichte, und sei mir gnädig! Damit war mein Feldprediger zufrieden, und ich denke, Gott wird auch damit zufrieden sein, wenn ich's jetzt sage. Aber höre, Franz, ich will jetzt tun, was ich sonst bei der Beichte tat, ich will dich wegen alles dessen um Vergebung bitten, was ich dir kann zuwidergetan haben; vergib es mir."

Hier reichte er Franzen die Hand.

Franz küßte und benetzte sie mit seinen Tränen und sagte schluchzend: „Ach, Herr Major, ich kann Ihnen nichts vergeben, Sie sind immer mein guter Herr gewesen und haben an mir mehr Liebe bewiesen, als ich verdiente. Vergeben Sie mir nur, wenn ich zu vorschnell gewesen bin. Ich dachte doch, man könne nicht ruhig sterben, wenn man nicht von einem geistlichen Herrn ordentlich vorbereitet würde. Als Sie daher schliefen, lief ich geschwind zu einem Prediger, der nicht weit von hier wohnt, aber er war nicht zu Hause."

„Du hast's recht gut gemeint, Franz; da er aber nicht zu Hause war, ist's nun auch ebenso gut. Ich habe mit diesen Herren nicht gern etwas zu tun, wenn ich sie nicht vorher genau kenne. Ich lag, du weißt es, hart verwundet auf dem Schlachtfelde bei Torgau an zwölf Stunden, ehe du mich unter den Toten und Blessierten herausfandest. Damals konnte mir kein Feldprediger zusprechen, und ich war zum Tode ebenso bereit wie jetzt."

Indem er dieses sagte, trat Sebaldus herein, um ihn zu besuchen.

„Sie kommen, mein lieber Freund", sagte der Kranke, „gerade zur rechten Zeit. Ich werde von diesem Lager nicht wieder aufkommen, ich weiß es und bin gefaßt zu sterben. Nun meint mein guter Franz“ (er drückte demselben die Hand), „es sei nötig, daß ich von einem Geistlichen zum Tode bereitet würde. Dies wünschte ich von niemand lieber als von Ihnen, mein Freund. Tun Sie, als ob Sie mein Beichtvater wären. Fragen Sie mich, lehren Sie mich, beten Sie mit mir.“

Sebaldus sagte sehr gerührt: „Der Zuspruch auf dem Totenbette ist allezeit eine sehr schwere und zuweilen eine vergebliche Sache. Es kann daselbst kaum noch eine Veränderung der Gesinnung vorgehen, wenn sie nicht vorher im ganzen Leben vorbereitet ward. Glaubenslehren zu beweisen, ist die Zeit zu kurz und der Geist nicht heiter genug, Pflichten einzuschärfen ist zu spät. Die Schwachen aufrichten kann ein menschenfreundlicher Prediger noch am leichtesten.“

Major: Herr, ich bin nicht schwach! Schonen Sie meiner gar nicht, sondern gehen Sie mit mir um, wie ein Pfarrherr am Totenbette tun soll, recht wie es vorgeschrieben ist.

Sebaldus: Ich würde mich wahrlich freuen, wenn ich zur Beruhigung eines Mannes, den ich so sehr wertschätze, etwas beitragen könnte. Da Ihr Gemüt gelassen ist, so ist es vielleicht am nützlichsten, wenn ich Sie an Wahrheiten erinnere, die allen Menschen ehrwürdig und wichtig sein müssen. Ich kann nicht wissen, ob Sie dieselben in gehöriger Verbindung gedacht haben; wäre dieses nicht, so würden vielleicht ihre Wirkungen vermehrt, wenn ich durch eine kurze Überlegung eine Lücke zwischen denselben ausfüllen könnte. Dieserhalb wünschte ich Ihre Gesinnung über gewisse Lehrpunkte zu wissen.

Major: Ganz recht, examinieren Sie mich nur, ich will auf alles antworten.

Sebaldus: Sie glauben vermutlich, daß ein Gott ist, der Himmel und Erde geschaffen hat?

Major: Ja, freilich! Wer sollte nicht an Gott glauben?

Sebaldus: Sie glauben auch, daß Gott die Welt und alle Dinge darin mit einer weisen Vorsehung regieret?

Major: Freilich! Ohne Gott geschiehet nichts.

Sebaldus: Und daß nach diesem Leben noch ein künftiges zu gewarten ist?

Major: Nein, mit dem Tode ist alles aus.

Sebaldus: Ich habe zuweilen aus Ihren Reden geschlossen, daß Sie eine solche Meinung hegten, ohne daß es sich gefügt hätte, näher darüber zu sprechen. Wäre diese Meinung wahr, so blieben wir, wie Sie selbst nicht leugnen werden, in vielen Begegnissen des Lebens völlig trostlos. Gott hat aber, wie ich glaube, so wie er kein Übel ohne zu einem guten Zwecke zuläßt, als ein gütiger Vater für jedes Übel auch den Trost in die Natur gelegt. Dies veranlaßte mich schon vor langen Jahren, über die von Ihnen gehegte Meinung näher nachzudenken; ich weiß daher, daß in der Vernunft und in der Schrift viele Gründe zu finden sind, die sehr bald das Gegenteil wahrscheinlich und bei reiferm Nachdenken gewiß machen.

Major: Herr, ich habe immer gedacht, daß die Vernunft nicht einmal weiß, wenn ein Toter recht tot ist; wie sollte sie wissen, was nach dem Tode vorgeht? Wenigstens meine Vernunft reicht so weit nicht. Was die Bibel betrifft, so steht viel Gutes darin. Ich habe alles gelesen. Es läßt sich vieles hier in diesem Leben recht wohl nutzen. Aber von einem künftigen Leben so wie von so viel andern unbegreiflichen Dingen glaube ich nichts, wenn's auch in einem Buche steht.

Sebaldus: Wenn Sie also die Bibel gelesen haben, glauben Sie dann, daß darin der Willen Gottes enthalten ist, dem wir folgen sollen?

Major: Gottes Willen ist, daß ein Mensch ein rechtschaffner Kerl sein und nicht unrecht tun soll. Das weiß jeder, und es steht auch in der Schrift. Das übrige mag für Euch Herren Geistlichen gut sein. Ein Soldat kann nicht so vielerlei Dinge in seinen Kopf kriegen, worüber Ihr Euch disputiert.

Sebaldus: Sie gestehen also, daß kein Mensch unrecht tun sollte. Gleichwohl tun die meisten, ja man kann wohl sagen alle Menschen mannigfaltig unrecht. Wie ist es nun, wenn wir mit unsern Sünden Bestrafung verdient hätten?

Major: So mögen wir sie leiden. Wer heißt uns sündigen?

Sebaldus: Diese Frage läßt sich vielleicht nicht so geradehin entscheiden. Denn wenn nun unsere Natur so unvollkommen ist, daß wir nicht ohne Sünde bleiben können? Wenn wir nun zu schwach sind, den Willen Gottes vollkommen zu befolgen?

Major: Ei, dann kann Gott auf uns nicht zürnen! Er hat uns selbst gemacht und wahrhaftig recht mit großer Klugheit gemacht, daß nichts an uns ohne Ursache ist. Wie könnte er also von uns etwas verlangen, was wir nicht leisten könnten? Sehen Sie hier meinen Hühnerhund, der ist ein Hühnerhund und weiter nichts: er wird vor einem Huhne stehn; aber wenn ich verlangen wollte, daß er eine Sau stellen sollte, so kann ich nicht sagen, der Hund sündigt, wenn er's nicht kann.

Sebaldus: Sie schließen wohl allzu rasch. Wenn wir Ihre Einwendung gründlich untersuchen wollten, würden wir langsamer zu Werke gehen müssen, dazu fehlt uns jetzt aber die Zeit. Lassen Sie uns auf das künftige Leben zurückkommen. Überlegen Sie wohl, daß, wenn es wegfällt, auch alle Belohnungen und Bestrafungen wegfallen, welche Tugend und Laster, wie es offenbar ist, in diesem Leben nicht in angemessenem Maße erhalten. Und damit würden also auch sehr kräftige Bewegungsgründe zur Tugend wegfallen.

Major: Warum das? Ein ehrlicher Kerl muß recht tun, weil es recht ist, und nicht, weil er dafür belohnt sein will. Werde ich belohnt, so ist's gut; werde ich es nicht, so muß ich doch rechtschaffen handeln. Ich habe im letztern Kriege oft mein Leben gewagt, ob ich gleich immer Major geblieben bin. Oder glauben Sie, Herr, daß ich nur deswegen den Schurken da oben zur Rede gestellt habe, damit ich dadurch in jenem Leben könnte Oberstleutnant werden?

Sebaldus: Belohnungen sollen aber doch Folgen guter Taten sein. Auch in diesem Leben verlangt ein Soldat für seine Tapferkeit vom Könige Belohnung und ist unzufrieden, wenn er sie nicht bekommt.

Major: Ei, ist's nicht Belohnung genug, wenn ich weiß, daß ich recht tue? Und dann, Herr, ist's mit Gott eine ganz andere Sache als mit dem Könige. Der Herr ist ein Mensch wie ich und kann nicht alles wissen, sonst wäre ich auch wohl weiter. Aber Gott weiß alles, und da hat's gute Wege, der wird mir schon zukommen lassen, was mir gehört.

Sebaldus: Setzen Sie nun aber einmal auf einen Augenblick voraus, daß ein künftiges Leben wäre, welches doch, wie Sie gestehen werden, an sich nicht unmöglich ist; setzen Sie voraus, daß alle unsere Handlungen, gute und böse, auch in jenem Leben Folgen haben und daß diese Folgen, wenn uns gleich die Art noch unbegreiflich ist, überschwenglich groß sein können. Wird nun derjenige nicht sicherer gehen, der seine Handlungen nach einer strengen Richtschnur so einrichtete, wie er sie auch in jenem Leben zu verantworten gedenkt, als derjenige, der in der Meinung, es sei nach dem Tode alles aus, alles tat, was ihm beliebte, und in dieser Sorglosigkeit vieles beging, das er nicht rechtfertigen und dessen Folgen er in jenem Leben nicht ändern kann? Und überlegen Sie, welcher unter beiden in dieser Welt ein besserer Bürger und ein rechtschaffnerer, tugendhafterer Mensch sein werde.

Der Major sah seinen Freund starr an und schwieg. Sebaldus auch.

Endlich brach der Kranke aus:

„Herr, daran habe ich noch in meinem Leben nicht gedacht. Ein Soldat hat auch nicht Zeit, so weit hinzudenken. Aber ich besinne mich jetzt eben. Wenn auch ein künftiges Leben und ein Jüngster Tag ist, so glaube ich, ich werde dann ein Herz fassen und weder vor Gott noch vor dem Teufel erschrecken. Laß ihn kommen, den Teufel, wenn er mich anklagen will, er muß mich doch vor Gott anklagen; und der weiß, daß ich nie wissentlich etwas Böses getan habe. Oh, du mein allmächtiger Schöpfer, würde ich sagen“ (er richtete sich ein wenig auf und faltete seine Hände), „du weißt, daß ich nie den hilflosen Unglücklichen gedrückt, daß ich nie Witwen und Waisen betrübt, daß ich nie wissentlich diese Hände zum Bösen gebraucht habe. Zwar“ (hier schwieg er ein wenig still und schlug seine Augen nieder), „ich hätte noch mehr Gutes tun können! Aber“ (hier hob er seine Augen abermals empor), „allgütiges Wesen, ich werfe mich in deine Hände. Du hast mich zum Menschen machen wollen, also sollte ich wohl nicht ganz vollkommen sein. Ich verlange auch nicht, wenn ein Himmel ist, im Himmel obenan zu stehen.“

Hier sank er, von der Anstrengung entkräftet, sanft zurück, die Luft fehlte ihm, er erholte sich und sprach noch mit stammelnder Stimme, indem er dem Sebaldus die Hand drückte:

„Ach, mein Freund, wenn Gott ein Regiment von Seligen hat, so wäre es schon genug, wenn unsereiner darin nur ein Gemeiner werden könnte."

Er wollte noch etwas sagen, aber der Stickfluß nahm überhand: er fing an zu röcheln, und nach einigen fruchtlosen Versuchen, ihm zu helfen, verschied er; und Sebaldus drückte ihm weinend die Augen zu.

ELFTER ABSCHNITT

Kaum war er entschlafen, als der Prediger, welchen Sebaldus unter den Linden auf der Bank getroffen hatte, schnell in das Zimmer trat. Er hatte bei seiner Zuhausekunft die durch Franzen an ihn gebrachte Botschaft erfahren. Er eilte, sosehr er konnte, an einen Ort, wo er sich, wie ein anderer Fresenius, durch die Bekehrung eines Freigeistes auf dem Totenbette zu signalisieren dachte; denn weil er alles wissen mußte, was in seinem Kirchensprengel vorging, so war ihm unverborgen geblieben, daß der Major besondere Meinungen hegte und weder ihn noch einen von seinen Kollegen zum Beichtvater hatte.

Als er sah, daß er zu spät kam, rief er aus:

Prediger: O Gott, wie groß sind deine Gerichte! Auch diesen Sünder, dem du so lange Zeit zur Besserung gegeben und der die Gnadenzeit mutwillig hat verstreichen lassen, hast du ins Gericht der Verstockung dahingegeben! Daran mag sich jeder spiegeln und Buße tun, weil es noch heute heißet!

Sebaldus: Mein Herr, schmähen Sie diesen toten Leichnam nicht! Der selige Major war ein rechtschaffener Mann. Sein Innerstes wird Gott richten, vor dessen Richterstuhle er stehet.

Prediger: Wie können Sie einen verstockten Sünder selig nennen? Wissen Sie wohl, daß dieser unglückliche Mensch kein ewiges Leben, keinen Himmel und Hölle, keinen Gott und keinen Teufel geglaubt hat? Und so ist er in seinen Sünden dahingefahren!

Sebaldus: Er mag wohl viel Trugschlüsse gemacht haben, aber Trugschlüsse sind nicht Sünden.

Prediger: Wie? Was? Sie sind wohl ein arger Indifferentist! Soll es etwa gleichgültig sein, was man glaubt oder ob man gar nichts glaubt?

Sebaldus: Das nun wohl nicht. Nur kann ich niemand deshalb verdammen, weil er falsche Meinungen hegt, und wenn sie auch noch so sehr irrig wären. Daher habe ich schon oft gewünscht, und dieser Fall erneuert bei mir den Wunsch, daß der Gebrauch einer gesunden Philosophie unter der ganzen Nation gemein würde, damit auch unstudierte Personen über manche Sätze, die sich aufs Übersinnliche beziehen, richtigere Begriffe bekämen. Jeder Mensch ...

Prediger: Oh, Sie mögen wohl selbst sehr irrige Begriffe haben. Wie gehört eine weltliche Philosophie hieher? Der Weg zum Heile ist in Gottes Wort vorgeschrieben und in den Schriften bewährter Theologen, die es erklärt haben; die wollen Sie doch wohl nicht verwerfen? Wollen Sie?

Sebaldus: Davon ist nicht die Rede. Meine Meinung ist nur: Wer sich bei der gewöhnlichen Auslegung oder bei der gewöhnlichen Dogmatik beruhigen kann, der tue es; kann er aber nicht und will er seine Zweifel verfolgen, so wage er sich nicht ohne das Licht einer gesunden Philosophie in die Irrgänge der Dogmatik und Exegese, er wird sich sonst immer mehr in Zweifel verwickeln. Doch kann ich nicht glauben, daß Gott jemand verdammen werde, weil er nicht richtig genug gedacht hat[1]; und Menschen sollten es auch nicht tun.

Prediger: O der feinen Philosophie! O der sündlichen Weichherzigkeit eines natürlichen Menschen! Wer Gottes Wort nicht für Gottes Wort hält, wer sich der Sakramente als von Gott gegebener Gnadenmittel nicht bedient und so in seinen Sünden dahinstirbt, der ist verdammt.

Sebaldus: Wenn Sie nähere Nachrichten von dem Zustande in jenem Leben haben, so muß ich es geschehen lassen. Ich aber kann mich nicht überzeugen, daß ein Mensch, der, soviel er konnte, seinen Pflichten nachlebte und Gutes tat, der uneigennützig, gerecht und wohltätig gewesen und sich bei seinem Ende in des barmherzigen

[1] Diese Meinung des Sebaldus, welche von vielen eifrigen Gottesgelehrten als nach Ketzerei schmeckend verdammt werden möchte, hegte auch ein sehr verständiger und gottseliger Mann. Er sagt: „So ist es im Heidentume den Epikureern, und im Judentume den Sadducäern ergangen. Wobei mir ein öfters eingekommener Gedanke wieder einfällt: was doch die Ursache sein müsse, daß unser Heiland, der bei allen Gelegenheiten die Pharisäer so hart anlässet, weit gelinder mit den Sadducäern umgeht, die doch, weil sie die Auferstehung und ein anderes Leben, wo das Gute belohnt und das Böse bestraft wird, das Dasein der Geister, mithin auch gute und böse Engel leugneten, den Grund aller Religion umstießen. Ich erinnere mich nicht, irgendwo etwas Gründliches darüber gelesen zu haben. Sollte vielleicht daraus zu schließen sein, daß in Gottes Augen die Heuchelei, der geistliche Hochmut und der verstockte Aberglauben für größere Fehler angesehen werden, als die bloßen Irrtümer des Verstandes, wenn sie auch noch so wichtige Gegenstände betreffen?" (Siehe von Bünau, „Betrachtungen über die Religion", Leipzig 1769, in Oktav, 1. Buch, S. 90)

Gottes Arme geworfen hat – daß dieser von Gott ausdrücklich müsse verdammt werden. Ist es anders, so weiß ich es wenigstens nicht.

Prediger: Ja! Ich aber weiß es besser! Ich, als ein berufener und verordneter Diener Gottes, sage Ihnen, daß Gottes Wort ausdrücklich lehret: Wer nicht an den dreieinigen Gott glaubt, der ist ewig verdammt, und ist keine Erlösung für ihn, weder in Zeit noch in Ewigkeit.

Sebaldus, dessen Blut durch das Wort ewige Verdammnis sehr leicht erhitzt ward, fuhr auf und wollte heftig antworten. Er faßte sich aber zum Glücke bald und sagte bloß, indem er nach der Türe ging:

„In der Tat, nur der, welcher glaubt, er sei ein unmittelbarer Gesandter Gottes, darf sich unterstehen, das Schicksal eines Verstorbenen so positiv zu bestimmen. Verantworten Sie dies bei dem, der Sie gesandt hat zu verdammen." Und so ging er zur Tür hinaus.

Der Prediger, weil er niemand anders hatte, wendete sich an Franzen. Er bewies ihm, der Major müsse ewig verdammt sein. Franz weinte, schlug sich an die Brust und rief aus:

„Ach, er war doch so sehr böse nicht, daß nicht für seine arme Seele Hilfe sein sollte. Ich wollte gern selbst für ihn hundert Rosenkränze beten, wenn ich seine Seele aus dem Fegefeuer retten könnte. Doch was kann ich armer einfältiger Mensch! Nein! Ich kenne einen frommen Prior in Böhmen, dessen Kloster der Major vom Anzünden und Plündern gerettet hat, der wird ihm gern von den guten Werken des Klosters etwas zukommen lassen, den will ich bitten, daß er für ihn Seelmessen lese."

Der Prediger entdeckte nun mit Erstaunen, daß Franz katholisch sei. In dem Eifer seiner Bekehrungssucht fing er an, ihm den Greuel des papistischen Sauerteiges recht lebhaft vorzumalen, und drohte ihm, wenn er sich nicht zur reinen seligmachenden evangelischen Lehre wendete, müsse er ebenso wie sein Herr ewig verdammt werden.

Franz, der solche Worte nie bei dem Major gehört hatte, sah den Prediger starr an und segnete sich über solche Lästerungen; und da der Prediger fortfuhr, den Papst den Antichrist zu nennen, schalt er ihn eine ketzerische Bestie und lief zur Tür hinaus.

Der Prediger blieb also bei dem Leichnam allein; und da derselbe auf seine Verdammungen weiter nichts antworten konnte, so begab er sich auch fort. Als er über den Hausflur ging, machte Franz zwei große Kreuze vor sich und spie ihm nach.

ZWÖLFTER ABSCHNITT

Herr F. und Sebaldus lebten nun den Winter über sehr eingezogen. Ihre Unterhaltung, vordem durch die Gesellschaft des Majors viel mannigfaltiger, ward jetzt etwas einförmig. Sie bezog sich mehrenteils auf gelehrte Gegenstände, hatte aber bald das gewöhnliche Schicksal gelehrter Unterredungen unter vier Augen, die nicht sonderlich gemeinnützig und lehrreich werden, wenn jeder nur sein eigenes Steckenpferd dem andern vorreiten will. Herr F. hatte sich auf den Sensus kommunis ein Lehrgebäude der Sittenlehre und der natürlichen Theologie gebauet, welches dem Sebaldus gar nicht einleuchten wollte, der seine Ethik als ein echter Crusianer auf die Thelematologie gründete. Dieser hingegen suchte seine neuen Entdeckungen über die Apokalypse seinem Freunde mitzuteilen, welche aber gar kein Gehör fanden, sondern geradezu ausgelacht wurden, indem Herr F. schon längst bei sich ausgemacht hatte, daß in der ganzen Apokalypse kein Sensus kommunis zu finden sei. Sebaldus fing zu seiner eignen Verteidigung an, das der Apokalypse sowie der theoretischen Philosophie im Wege stehende Grundgesetz des Sensus kommunis zu untergraben. Er suchte mit philosophischen Gründen zu zeigen, welch ein schwankender Begriff dies sogenannte Principium sei, und bewies standhaft, daß eine Appellation an den Sensus kommunis, als an ein untrügliches Gericht über den Wert spekulativer Wahrheiten, nicht viel mehr als eine Appellation an ein inneres Gefühl bedeute, welches von Menschen zu Menschen verschieden sein müsse und folglich nicht erwarten lasse, daß dadurch irgend etwas mit Erfolge behauptet oder widerlegt werden könne. Vergebens! Herr F. hatte sein System lieb; Sebaldus wollte sich seine Weissagungen nicht nehmen lassen: sie wurden also heftig, machten nichts aus, und endlich, ob sie gleich nicht aufhörten, sich hochzuschätzen, so fand doch nach und nach einer nicht mehr so viel Vergnügen in des andern Gesellschaft.

So standen die Sachen am Ende des Winters, als Herr F. von seinem Freunde, dem Offiziere, dem er so viel zu danken hatte, einen Brief bekam. Dieser edle Mann, nachdem er in allen Feldzügen des letzten Krieges für das Vaterland gefochten und ehrenvolle Wunden erworben hatte, begab sich auf seine Güter, um in Gesellschaft einer würdigen Gattin den Rest seines Lebens in häuslicher Zufriedenheit zuzubringen. Aber er wollte, daß nicht er allein, sondern auch andere glücklich sein sollten. Er betrachtete sich als den allgemeinen Vater seiner Untertanen, und in dieser Absicht sorgte er für die Erziehung ihrer Kinder. Er wünschte, zum Schulmeister einen verständigen, menschenfreundlichen Mann zu haben, der nicht etwa die Jugend bloß die Fragen und

Antworten einer unverständlichen, zwecklosen Heilsordnung auswendig lernen ließe, sondern ihr auch ihre Pflichten gegen Gott und Menschen deutlich mache, der die Kinder früh vor den Vorurteilen bewahre, die sich sonst beim Bauren Jahrhunderte lang fortpflanzen, und der ihnen richtige Begriffe vom Landbaue, den sie zu treiben bestimmt wären, beibringe: kurz, der sie zu künftig vernünftigen Menschen und guten Bauern erzöge. Einen solchen Mann wollte der Menschenfreund aus seinen eignen Mitteln besolden[1], und er bat seinen Freund F., ihm einen solchen Mann zu verschaffen.

Herr F. schlug unserm Sebaldus diese Stelle vor, der sie auch vielleicht würde angenommen haben, wenn er nicht überlegt hätte, daß sein Wohltäter, der Armenschulmeister, sie so gut als er verwalten könne und daß diesem Manne nach der unverschuldet erlittenen Beschimpfung seiner Familie die Entfernung von seinen bisherigen Bekannten zur Beruhigung gereichen würde. Er empfahl also denselben, und Herr F. nahm ihn an.

Indes verließ Sebaldus dennoch Berlin gegen den Frühling. Er hatte seit geraumer Zeit keine Nachricht von seiner Tochter, welches ganz natürlich zuging. Der Frau von Hohenauf war daran gelegen, daß niemand Marianens Aufenthalt wissen sollte. Sie hatte daher für gut befunden, den Brief zu verbrennen, welchen Mariane vor ihrer Abreise zur Gräfin ***, unter Einschluß des

[1] Wenn die Chronologie, welche in unserer wahren Geschichte das Hauptwerk ist, nur auf irgendeine Art, sollte es auch durch eine Hypothese sein, sich vereinigen ließe, so würde im übrigen diese ganze Beschreibung vollkommen auf den verehrungswürdigen Herrn v. Rochow auf Rekahn passen, welcher durch seine Schulen und durch seinen Versuch eines Schulbuchs für Landleute alles das oben Erzählte und noch mehr getan hat.

Hieronymus, an ihren Vater geschrieben hatte. Als sich Hieronymus auf Sebaldus' wiederholtes Bitten bei der Frau von Hohenauf nach Marianen erkundigte, war derselben kaltsinnige Antwort: die Mamsell habe sich heimlich fortgemacht, und sie wisse nicht, wohin. Durch diese Nachricht ward Sebaldus sehr beunruhigt und beschloß, im Frühlinge selbst seinen Freund zu besuchen, um womöglich von seiner Tochter nähere Nachricht zu erhalten.

Ob es auf diese Entschlüsse nicht einigen Einfluß gehabt habe, daß weder Herr F. noch sonst jemand in Berlin von seiner Auslegung der Apokalypse etwas hören wollte und daß er Ursach finden mochte, zu glauben, der Offizier werde nicht sehr apokalyptisch gesinnet sein, so vorteilhaft auch sonst Herr F. denselben schilderte, wollen wir den Schreibern metaphysisch-moralischer Systeme zu untersuchen überlassen, welche auf ein Haarbreit anzugeben wissen, aus welchen Grundsätzen die menschlichen Handlungen entspringen sollen und nicht entspringen.

Genug – Sebaldus, der bei seiner fleißigen Arbeit und sparsamen Lebensart eine für ihn beträchtliche Summe zurückgelegt hatte, nahm im Maimonate von Herrn F. Abschied, setzte sich auf die Post und befand sich in wenig Tagen bei seinem lieben Hieronymus und bei seinem ihm ebenso lieben Kommentar über die Apokalypse.

DREIZEHNTER ABSCHNITT

Sebaldus konnte wider sein Vermuten durch Hieronymus nichts vom Aufenthalte seiner Tochter erfahren, und dieser widerriet ihm auch, deshalb zur Frau von Hohenauf zu reisen, weil schon vorauszusehen war, alle Nachforschung würde vergeblich sein. Er tröstete sich indes damit, daß er Gelegenheit hatte, seinen Kommentar der Apokalypse aufs neue zu übersehen und zu vermehren. Nachdem er länger als einen Monat damit zugebracht hatte, fing er an, der müßigen Lebensart überdrüssig zu werden, und wünschte sich wieder eine ordentliche Beschäftigung. In der fürstlichen Residenzstadt hatte er kein Amt zu hoffen. Zu Herrn F. zurückzukehren, trug er kein Belieben, und andere Aussichten konnte er in Berlin nicht wohl haben. Es fügte sich aber, daß ein gewisser Edelmann, der vormal am fürstlichen Hofe Kammerjunker[1] gewesen war und nachher im Holsteinischen ansehnliche Güter erheiratet hatte, vom Hieronymus einen Aufseher seiner Bibliothek und seines Antiquitätenkabinetts verlangte. Sebaldus ließ sich leicht bereden, die Stelle anzunehmen. Hieronymus gab ihm einen Empfehlungsbrief an den Kammerjunker mit; und weil er eben an der magdeburgischen Grenze Rechnungen für verkauftes Getreide abzutun hatte, so setzte er sich mit demselben auf die Post, um ihn, so weit sein Weg ging, zu begleiten.

Nachdem sie einige Meilen gereiset waren, gesellte sich zu ihnen ein Mann zu Pferde, der wie ein Verwalter aussah und den Hieronymus als einen Bekannten begrüßte; und in der folgenden Station bestieg den Postwagen, nebst andern unbedeutenden Reisenden, ein Mann ernsthaften Ansehens, der ihnen nach der ersten Begrüßung selbst sagte, er sei ein Gelehrter und sein Hauptstudium die arabische Sprache. Er galt in der Tat, wie man nachher unterderhand erfahren hat, auf ein paar kleinen Universitäten für einen grundgelehrten Mann, der Hebräisch, Arabisch, Persisch, Syrisch, Samaritanisch, Phönizisch und Koptisch aus dem Grunde verstehe. Er hatte nicht allein, gleich andern Kennern der

[1] Siehe „Wilhelmine", S. 99.

höhern Exegese, das Hebräische durch das Arabische zu erklären gesucht, sondern war auch auf eine Höhe gestiegen, die noch kein anderer Exeget erreicht hatte, nämlich zu dem Versuche, das Arabische durch das Hebräische in helleres Licht zu setzen. Er war in Leipzig gewesen, wo freilich seine gerühmte arabische Kenntnis bei Reisken nicht großen Beifall gefunden haben soll, welcher glaubte, daß sie sich nicht weit über des Golius Lexikon erstrecke. Unser Mann hielt dies aber, wie billig, für Neid, und wandte sich nach Wittenberg. Er hatte eine Sammlung der vermittelst des Arabischen von ihm neuentdeckten Beweissprüche der Bibel bei sich, wodurch die vornehmsten Artikel der Dogmatik noch mehr befestigt würden; und er glaubte dadurch in dieser orthodoxen Stadt gewiß eine ansehnliche Belohnung oder Beförderung zu erhalten. Aber zu seinem Erstaunen hielten auch dortige Doktoren der Gottesgelahrtheit seine neuen Beweisstücke für ganz überflüssig, weil sie meinten, die Dogmatik sei durch die „Augspurgische Konfession" und durch das Konkordienbuch befestigt genug. Zum Glücke konnte ihm seine arabische Gelehrsamkeit so gut dienen als weiland dem Ritter Hudibras seine Logik:

... who wou'd dispute,
Confute, change hands, and still confute.

Er zog also mit Hilfe der arabischen Sprache eine große Menge Erklärungen aus der Schrift, wodurch die vornehmsten Artikel der Dogmatik zweifelhaft gemacht wurden, und war jetzt eben im Begriffe, mit diesem Schatze neuer Entdeckungen ins Brandenburgische zu reisen, wo sie, wie er gewiß glaubte, Ware für den Platz sein müßten.

Dieser Mann wandte sich sogleich an Sebaldus als an einen Gelehrten und suchte ihm einen hohen Begriff von seinen Entdeckungen beizubringen. Er bewies ihm weitläuftig, die hebräische Sprache sei gänzlich ausgestorben, und ohne die arabischen Wurzeln sei an keine Palingenesie derselben zu gedenken. Er legte ihm daher verschiedene ganz nagelneue Erklärungen vor: zum Beispiel, daß im I. Buch Mose, XLIX, Vers 10, wo man einige Jahrhunderte lang den Messias zu finden geglaubt habe, von einer Überschwemmung die Rede sei; daß Buch der Richter, VII, Vers 13, wo Luther von gerösteten Gerstenbroten redet, von einem aus der Scheide gezogenen Schwerte verstanden werden müsse und dergleichen schöne Sächelchen mehr. Sebaldus, der kein Freund vom Exegesieren, am allerwenigsten von einer so ausschweifenden Exegese war, schwieg ganz still, bis ihn der Fremde zu wiederholten Malen fragte, was ihm von dieser Erklärungsart dünke und ob sie nicht völlig neu und sehr sinnreich sei.

Sebaldus sagte ganz kalt: „Neu und sinnreich mag sie sein; aber ich sehe auch wohl, daß man mit einer solchen Erklärungsart leicht Schwarz in Weiß verwandeln und einen Autor sagen lassen kann, was man will."

Der Fremde, der laute Bewunderung erwartet hatte, fing nochmals an, mit sehr beredten Gründen darzutun, daß die Bedeutungen der hebräischen Wörter verlorengegangen wären und daß man in den Wurzeln der verwandten Sprachen, besonders der arabischen, diese Bedeutungen wieder auffinden müsse.

Sebaldus versetzte: „Es scheint mir ganz unmöglich, die genauen Bedeutungen der deutschen Wörter, wenn sie ganz verlorengegangen wären, nach ein paar tausend Jahren in den Wurzeln der dänischen, schwedischen und engelländischen wiederzufinden. Wer die deutsche Sprache nur in den Wurzeln kennte und zum Beispiel im Dänischen die Wurzelwörter Tisch, Topf und Nacht gefunden hätte und nun daraus schließen wollte, Nachttisch und Nachttopf müßten Sachen von einerlei Art sein und beide nur in der Nacht gebraucht werden, dem würde es gerade so gehen wie unsern heutigen arabischen Philologen. Ich habe kürzlich eine Schrift des berühmten Reiske[1] gelesen, der die Unmöglichkeit zeigt, die arabische Sprache jetzt schon auf die hebräische anzuwenden. Er versichert, daß noch nicht der tausendste Teil der nützlichen arabischen Manuskripte bekannt ist und gebraucht werden kann; daß die meisten Theologen, die das Hebräische aus dem Arabischen meistern wollen, aus des Golius Lexikon nur eine sehr dürftige Kenntnis erschnappt haben oder aufs höchste ein paar Suren aus dem Alkoran lesen können; daß wir selbst vom Alkoran nicht einmal so viel wissen, um zu entscheiden, ob der von Maraccius oder von Hinkelmann eingeführte Text nach der Lesart der Schule zu al Kufah oder al Basrah sei, welches, wie er sagt, ein so großer Unterschied ist als zwischen Lutheranern oder Katholiken. Er sagt aus-

[1] Dieses sehr gelehrten und sehr aufrichtigen Mannes Gedanken, wie man der arabischen Literatur aufhelfen könne und solle, stehen in den von ihm verfertigten Zusätzen zu den Abhandlungen der k. Akademie der schönen Wissenschaften zu Paris, die den elften Teil der deutschen Übersetzung (Leipzig 1751., Großoktav) ausmachen. Diese kleine Schrift verdiente, bekannter zu sein und von vielen gelesen zu werden, zumal zu jetziger Zeit, da wieder allenthalben stark aus der arabischen Gaukeltasche gespielt wird. (Anmerkung der ersten Auflage) — Jetzt sind auf den theologischen Jahrmärkten Deutschlands mit der arabischen Gaukeltasche keine Zuschauer zusammenzubringen. Dagegen wird jetzt gar behende gespielt, aus der Gaukeltasche der Religion innerhalb den Grenzen der bloßen Vernunft. Aus derselben hält man uns ein in der Philosophie postuliertes (d. h. auf

drücklich, daß man noch einhundert Jahre hindurch gute arabische Bücher drucken und sich bis dahin die Lust, darüber zu philosophieren, ganz vergehen lassen sollte. Er vergleicht, sehr treffend, die Theologen, die jetzt schon das Hebräische aus dem Arabischen erläutern wollen, mit den alten Philosophen, welche die Wirkungen der Dinge in der Natur a priori demonstrieren wollten, ehe sie noch die Natur durchstudieret hatten, und dadurch die lächerlichsten Grillen in die Physik brachten. Habe ich unrecht", fuhr Sebaldus fort, „wenn ich Reisken, dem größten Kenner der arabischen Sprache, hierin glaube?"

„Ei", rief der Fremde ziemlich entrüstet, „Reiske kann hiervon nicht urteilen; der Mann versteht zwar etwas Arabisch, aber von dem Hebräischen und andern orientalischen Sprachen weiß er so viel als nichts. Und Sie,

deutsch, unbewiesen angenommenes) kategorisches Moralgesetz vor und heißt es uns hier als das Gebot Gottes betrachten, nachdem man uns vorher in der Kritik der praktischen Vernunft versichert hat: Gott sei nichts als eine Idee, welche der Mensch wegen des in ihm liegenden kategorischen Moralgesetzes notwendig annehmen müsse. Das Gebot einer Idee kann wohl nichts als ein Gaukelspiel sein. Als daher im Jahre 1797 Magister Niethammer in Jena auf das Fundament dieser Lehre Doktor der Theologie ward, versicherten die theologischen Philosophen auf eben dieser Universität: „Da Niethammer behauptet habe: Man könne von dem teleologischen Standpunkte aus die christliche Religionslehre für Offenbarung ansehen, so sei dies mehr ein erschlichenes Kompliment des neuen Doktors der Theologie an eine christliche Universität als Überzeugungen", und sie fügen hinzu: „Der Mensch schaffet die Gottheit und die Offenbarung aus sich selbst und für sich allein." (Siehe die jenaische „Allgemeine Literaturzeitung", 1797, Nr. 413, S. 805) Anmerkung der vierten Auflage.

mein guter Herr, der Sie in allen diesen gelehrten Sachen ganz und gar unwissend, Sie sollten davon auch ganz und gar nicht urteilen, sondern Ehrfurcht für die Bemühungen gelehrter Männer haben, die durch ihre arabische Philologie der Bibel ein neues Licht anzünden."

„Ebendeswegen bekümmere ich mich nebst andern Ungelehrten darum", sagte Sebaldus, „weil es über unsere Haut hergeht. Von der einen Seite wird uns zugerufen, daß wir ohne den geschriebenen Willen Gottes nicht selig werden können; und von der andern Seite kommen gelehrte Leute, erklären uns mit Hilfe von einigen Wurzeln und Konjekturen hinein und hinaus, was ihnen beliebt. Und das sollen wir mit Ehrfurcht glauben, weil wir nicht den Golius nachgeschlagen haben oder nicht den arabischen Alkoran exponieren können? Nein! Das Wohl des menschlichen Geschlechts kann unmöglich auf solchen Wortklaubereien beruhen! Hat man einen seltsamern Zirkel gesehen als den, worin man uns herumführen will? Der Willen Gottes im Alten Testamente ist hebräisch geschrieben. Zu den Zeiten der Apostel und der ersten Christen wußte man nichts davon, daß die Bedeutung der hebräischen Wörter verlorengegangen wäre. In den folgenden Jahrhunderten auch nicht; aber wohl vergaß man den hebräischen Text beinahe ganz und gar und hielt sich an die Vulgata. Als man die hebräische Sprache wieder hervorsuchen wollte, mußte sie Reuchlin von den Juden lernen, ohne zu wissen, daß diese ihr Hebräisch selbst nicht verständen, welches sie sich auch nicht träumen ließen. Auf diese Kenntnis der hebräischen Sprache wurden sowohl Luthers deutsche Übersetzung als auch alle unsere symbolischen Bücher gebaut; wir stritten beinahe zwei Jahrhunderte lang mit bitterm Eifer über darauf gegründete Lehrsätze; und endlich, nach zweihundert Jahren, erfahren wir, daß die Bedeutung der meisten Wörter der hebräischen Sprache verlorengegangen ist und daß wir sie im Arabischen aufsuchen müssen. Nun haben wir wieder zweihundert Jahre zu streiten. Alsdann kömmt vielleicht jemand, der uns berichtet, daß sich die Bedeutung der arabischen Wörter auch verändert hat[1], so wie es in allen Sprachen in der Welt gegangen ist, und daß wir diese Bedeutung jetzt in der persischen Sprache[2] oder wer weiß wo auf-

[1] Wenn der Fremde wieder zum Worte gekommen wäre, so hätte er vermutlich standhaft behauptet, daß keine einzige Bedeutung eines einzigen arabischen Worts jemals sich verändert hätte. Dies versicherte wenigstens im Jahre 1771 Magister Schelling, welcher, sitzend in seiner Studierstube im herzoglichen Stifte zu Tübingen, unwidersprechlich überzeugt war, daß die arabische Sprache „noch jetzt eben dieselbe ist, die sie bald nach der Zeit ihrer Entstehung war", und ein feines Kapitel „von der wunderbaren Erhaltung der Arabischen Sprache in ihrer ersten Reinigkeit von den allerältesten Zeiten bis auf den heutigen Tag" zu erzählen weiß, wie aus seiner „Abhandlung von der Arabischen Sprache" (Stuttgart 1771, Oktav), besonders S. 16 bis 21, des mehrern zu ersehen. Freilich der Reisende Niebuhr, welcher in Arabien gewesen ist, berichtet, die jetzige arabische Sprache sei von der alten wie das Italienische vom Lateinischen unterschieden; die jetzigen arabischen Gelehrten müßten die Sprache des Alkorans und anderer Schriften in ihren Schulen als eine tote Sprache lernen; die jetzige arabische Sprache sei so wie alle Sprachen des Erdbodens in viele Dialekte verteilt und dergleichen mehr. Aber was tut das zur Sache? Niebuhr ist ja ein ungelehrter Ingenieur und kein gelehrter Philologe!

[2] Der gelehrte Engländer Sir William Jones hat in der Vorrede zu seiner persischen Grammatik schon einen Wink gegeben, den ein deutscher Professor der Philologie, der vor seinen Zuhörern mit neuen Entdeckungen glänzen will, bald wird mißbrauchen können.

suchen müssen." Hier ward Sebaldus durch ein heftiges Geschrei unterbrochen, welches sich auf der Landstraße einige hundert Schritte von dem Postwagen erhob. Der Postillon trieb die Pferde an, um zu sehen, was es bedeute. Was dieses nun für ein Geschrei gewesen, wollen wir künftig berichten und indes zur Geschichte Marianens und Säuglings zurückkehren.

FÜNFTES BUCH

ERSTER ABSCHNITT

Mariane ward bei ihrer Ankunft auf dem Gute der Gräfin von *** mit offnen Armen empfangen. Diese Dame, welche in der schönen Jahreszeit häufige Besuche hatte, fand sich mehrenteils vom Eintritte der rauhen Herbstwitterung an einsam. Alle ihre Nachbarn, denen kaum der heitere Sonnenschein und die grünenden Bäume den Landaufenthalt hatten erträglich machen können, eilten nach der Residenzstadt, um zu Vergnügungen zurückzukehren, die ihnen angemessener waren: zu Cour-Tagen, wo man sich tief neiget, um seinen Stolz zu zeigen; zu Bällen, wo jeder sich bis über die Zähne vermummt, obgleich keiner mit einer Maske spricht oder tanzt, die er nicht kennet; zu großen Mittagsmahlen, wozu man alles, was vornehm und angesehen ist, zusammenbittet, um vier Stunden Langeweile zu haben; und zu feinen Abendmahlzeiten, zu welchen man sich mit leichtsinnigen oder sittenlosen Leuten einschließt, um sich ein paar Stunden lang einzubilden, man sei vergnügt gewesen. Die Gräfin, welche alle diese herrlichen Vergnügungen jahrelang geschmeckt hatte und davon sehr bald war gesättigt worden, trug kein Verlangen, im Winter ihre Güter zu verlassen. Sie hatte gelernt, sich selbst genug sein. Die Besorgung ihrer Angelegenheiten, kleine weibliche Arbeiten und die Lektur konnten sehr wohl den größten Teil ihrer Zeit beschäftigen. Nur fehlte ihr noch eine Gesellschafterin ihres Geschlechts von unbescholtenen Sitten und die Verstand und Geist genug besäße, um an derselben bei Spaziergängen (die sie auch in schönen Wintertagen nicht verabsäumte) und bei ihren wohltätigen Besuchen ihrer Untertanen eine Gefährtin zu haben, in deren Gesellschaft sich der Geist, der in der Einsamkeit erschlafft, zu angenehmer Unterhaltung wieder anspannen könne. Eine solche Gesellschafterin fand sie an Marianen, welche ihr daher alle Tage werter ward.

Mariane auf ihrer Seite lebte sehr glücklich. Die Gräfin verbannte aus ihrer Gesellschaft alle Art von Dienst; sie bedurfte einer Freundin. So verflossen die Wintermonate unter gemeinschaftlichen Arbeiten, Lektur und Unterhaltung. Es ist leicht zu erachten, daß der Umgang mit einer Dame, welche so viel Verstand mit so viel Erfahrung und Weltkenntnis verknüpfte, Marianen zu ihrer Bildung ungemein lehrreich sein mußte. Die von der Gräfin sehr wohl gewählte Lektur trug das ihrige dazu bei; und obgleich Mariane dadurch belesener ward, so wußte die Gräfin doch durch feinen Scherz sie von der kleinen Torheit, ihre Belesenheit in Gesellschaft zu zeigen, in kurzem ganz zu heilen.

Die einzige Störung der Reihe von sanften Vergnügungen, worin Mariane lebte, war das Andenken an Säugling; und vielleicht ist eine solche Störung einem jungen und lebhaften Frauenzimmer behaglich, weil dadurch die Einförmigkeit ihrer Empfindungen mannigfaltiger wird. Sie dachte sehr oft an den schnellen Abschied, wodurch sie getrennt worden, und war zuweilen ungehalten, daß er ihr keine Nachrichten von sich gebe; dann überlegte sie wieder, daß er ihren Aufenthalt nicht wissen werde, und indem sie ganz leise den Gedanken dachte, daß sie an ihn schreiben könne, errötete sie als vor einem ihr unanständigen Schritte. Sie klagte sodann wieder in Gedanken über die Unmöglichkeit, von ihm Nachricht zu erhalten, dann fiel ihr ein, daß sie der Frau von Hohenauf versprochen hatte, alle Verbindung mit Säugling aufzuheben; und dann entschloß sie sich, ihn völlig zu vergessen. Indem sie aber diesen Entschluß recht zu befestigen suchte, ward sein Bild unvermerkt in ihrer Einbildungskraft lebhafter, und sie vernichtete ihren Vorsatz selbst, indem sie ihn auszuführen dachte.

Säugling, auf seiner Universität, zerbrach sich nicht weniger den Kopf über Marianens Zustand. Er hatte vermittelst des Kammermädchens nichts weiter erfahren können, als daß Mariane in der Nacht in einem Wagen wäre weggebracht worden. Er spannte seine ganze Einbildungskraft an, um zu mutmaßen, wohin sie geraten sei, aber vergebens. Er mußte sich begnügen, an ihr geliebtes Schattenbild die zärtlichsten Seufzer abzusenden. So verging der Winter damit, daß er an Marianen dachte, ihren Namen in Ermangelung eines Baums in sein Schreibepult schnitt, wenn er sie besingen wollte, und über beides von Rambold geschraubt ward.

Im Frühlinge, nachdem er auf dieser zweiten Universität ein Jahr gewesen war, berief ihn sein Vater, der sich nach geendigtem Kriege in Westfalen ein Landgut gekauft hatte, nach Hause. Er reisete mit Rambold ab und nahm seinen Weg über den Landsitz seiner Tante, die sich stellte, als hätte sie den Vorfall mit Marianen ganz vergessen, und ihn mit vieler Freundlichkeit aufnahm. Demungeachtet wagte er nicht, sich nach Marianen zu erkundigen. Aber die Tante selbst nahm einst Gelegenheit, mit lächelndem Munde eine Neuigkeit zu sagen, die wie ein Blitz in seine Seele fuhr: daß die Mariane, die einst ein flüchtiger Gegenstand seiner Neigung gewesen, in Franken bei einem Edelmanne französische Mamsell worden und kürzlich den Informator, dem der gnädige Herr eine erledigte Pfarre gegeben hätte, geheiratet habe.

Sie erdichtete diese Nachricht nicht ohne besondere Absichten. Zufolge ihrer beständigen Leidenschaft, ihre Familie zu erheben, wünschte sie, daß ihr Neffe eine Adelige heiraten möchte. Ihre Augen waren dabei auf das Fräulein von Ehrenkolb gerichtet, die von altem Adel, aber nicht von großem Vermögen war und mit ihrer Mutter, einer Witwe, auf einem kleinen Gute in der Nachbarschaft wohnte. Die Frau von Hohenauf zweifelte nicht, daß die Frau von Ehrenkolb durch den großen Reichtum, welchen der junge Säugling als ein einziger Sohn zu erwarten hatte, leicht bewogen werden könne, in diese Heirat zu willigen. Sie sah schon in Gedanken, der alte Säugling, da er bereits ein Rittergut besitze, werde sich adeln lassen und seinem Sohne eine ansehnliche Bedienung kaufen; und nun wiegte sie sich schon im voraus mit dem angenehmen Traume, daß durch ihn ihre Familie in ein paar Generationen zu den angesehensten des Landes gezählet werden könne.

Die Frau von Hohenauf hatte ihrem Neffen von diesen ihren politischen Absichten noch nichts gesagt; und er konnte sich ihm so fremde Gedanken nicht aus eignem Triebe in den Kopf kommen lassen: denn er war bloß mit seinen Gedichten und mit seiner Liebe zu Marianen beschäftigt. Seitdem er von ihr so plötzlich war geschieden worden, sang er gar fleißig an sie gerichtete Lieder und las sie in der Deutschen Gesellschaft des Ortes vor. Diese Sammlung hatte er kurz vor seiner Abreise unter die Presse gegeben. Er war, wie jeder junge Autor, über den Gedanken, daß seine Gedichte gedruckt würden, vor Freuden außer sich und ergötzte sich dabei mit den angenehmsten Träumen, welche zärtliche Szenen erfolgen würden, wenn er einmal von Marianen Nachricht erhalten und ihr diese Folge von Gedichten überreichen sollte. Man urteile also, wie groß sein Schmerz sein mußte, zu hören, daß Mariane seine Liebe leichtsinnigerweise sollte vergessen haben und daß folglich alle diese zärtlichen Liebesseufzer ihre Wirkung verfehlen würden. Zwar gehörte er nicht zu den starken, selbständigen Seelen, welche, wenn ihnen ihre Geliebte vor dem Munde weggeheiratet wird, sich notwendig erschießen oder in einen Fluß stürzen müssen; dennoch irrte er oft trostlos in dem nahe gelegenen Walde, achtete weder Wind noch Regen, sondern klagte dem Echo und den murmelnden Bächen seine Not. Er sang manche Lieder voll verliebter Verzweiflung und endlich eins, worin er der Liebe ganz und gar entsagte. Dies letztere gefiel ihm außerordentlich, denn es schien ihm feierlicher als alle seine vorigen Lieder. Sein verliebter Schmerz brachte also neue Geisteswerke hervor und ward durch das Wohlgefallen daran nach und nach gelindert.

ZWEITER ABSCHNITT

Die Frau von Ehrenkolb nebst ihrem Fräulein Tochter begaben sich auf geschehene Einladung nach dem Gute der Frau von Hohenauf. Das Fräulein stand in der Blüte ihrer Jahre, denn sie war noch nicht völlig achtzehn alt. Ihre standesmäßige Erziehung hatte sie der Aufsicht einer Französin zu danken, die in ihrem Vaterlande eine Trödelkrämerin gewesen war, in Deutschland aber, mit dem Reste ihrer Bude ausgeschmückt, sich zur Komtesse erhob. Nachdem diese Pariserin verschiedene deutsche Höfe besucht und auf maskierten Bällen und auf Lustschlössern mit Herzogen und Reichsfürsten gegessen und gespielt hatte, ließ sie sich endlich, des Hoflebens satt, aus angeborner Gutherzigkeit bereden, ein deutsches Landfräulein zur Dame umzuschaffen und es auf den guten Ton zu stimmen, den sie selbst in Paris gelernt hatte, obgleich freilich nur aus der dritten oder vierten Hand. Das Fräulein machte einem so trefflichen Unterrichte ungemeine Ehre, indem sie alles, was ihr die Französin anpries, noch zu übertreiben wußte. Sie konnte mit geläufiger Zunge jedermann Rede angewinnen, alles verachten, sich zu allem drängen, sich nichts übelnehmen, dreierlei auf einmal sprechen und tun, um in Gesellschaft die Aufmerksamkeit auf sich zu ziehen; widersprechen, um eigensinniger Laune Lauf zu lassen, die oft für lebhaften Geist genommen wird; nachgeben, um mit Zierlichkeit schmollen zu können; in einem Nachmittage an sechs Orten und allenthalben abwesend sein; in der ganzen Gesellschaft am lautesten reden und am wenigsten sagen; sich putzen, schminken, spielen, tanzen, liebäugeln und Sentiments plaudern, alles zugleich und ohne daran zu denken. Kurz, sie besaß den bon ton vollkommen und hatte sich, um ihn an Mann zu bringen, den vergangenen Winter an einem benachbarten fürstlichen Hofe zum erstenmal als eine ausgemachte Petitemaîtresse gezeigt. Sie war mit ihrem Anfange selbst nicht übel zufrieden, denn sie hatte mehr Aufsehen gemacht als irgendein anderes Fräulein; einige ihrer Moden waren nachgeahmt worden, die Schönheiten des vorigen Winters kamen gegen sie nicht mehr in Betrachtung, die Anbeter drängten sich um sie, Geschenke, Nachtmusiken, Bälle, wovon sie die Königin war, folgten sich unaufhörlich, und sie besaß wirklich ein sehr großes Paket Liebesbriefe von den bestfrisierten Köpfen des Hofes.

Die Frau von Ehrenkolb gehörte zu den guten Müttern, die sich selbst in ihren Töchtern genießen. Daß ihr Fräulein Aufsehn machte und gerühmt wurde, gefiel dem mütterlichen Herzen; und wenn sich ihre Erfahrung auch wider manche Frivolität setzte, so war doch die kleinste Liebkosung der Tochter hinlänglich, die schwache Frau nachgebend zu machen, ja ein ruhiger Nachmittag war genug, ihr einzubilden, ihre Tochter wäre gesetzt und weise.

So ungelegen dem Fräulein der verdrießliche Frühling kam, der sie aus der fürstlichen Residenz aufs Land trieb, so angenehm war ihr die Einladung zur Frau von Hohenauf. Sie hatte bei derselben schon oft große glänzende Gesellschaften gesehen und hoffte also, daselbst wieder viel schöne Welt und unter derselben viele Anbeter zu finden. Sie probierte schon in Gedanken die Rollen, welche sie spielen wollte, und träumte schon viel von zahlreichen Partien, vom Neide anderer Damen und von einer muntern Jugend, die sie mit einem Blicke an ihrem Siegeswagen hinter sich zog. Wie sehr erschrocken war sie daher, als sie niemand antraf, denn den schüchternen Säugling, der eine so rauschende Petite-maîtresse als ein nie gesehenes Wundertier anstaunte und eine Reverenz über die andere machte, rechnete sie wirklich für nichts. Sie sah sich einige Tage lang in der traurigen Notwendigkeit, drei Stunden nach Sonnenaufgange aufzustehn, sich zu putzen, ohne gesehen zu werden, den lieben langen Tag in frischer Luft und in grünen Auen herumzugehn und des Abends sich zu einer einsamen Whistpartie zu setzen, wobei sie keine andere Beschäftigung hatte, als aufs Spiel achtzugeben.

Da indes die Frau von Hohenauf ihren Neffen soviel möglich in dem besten Lichte darzustellen suchte und er selbst, dem es zur andern Natur geworden war, holdselig gegen jedes Frauenzimmer zu sein, an Achtsamkeiten gegen das Fräulein nichts ermangeln ließ, so faßte sie ihn endlich in die Augen und wollte, da sie an seiner Kleidung einen ziemlichen Geschmack bemerkte, aus Langerweile versuchen, ob aus ihm etwas zu machen wäre. Dies gelang ihr über Vermuten; denn kaum hatte sie den ersten Bogen von Säuglings gedruckten Gedichten gelobt, welche er nicht ermangelte, ihr vorzulesen, so zeigte er sich gleich als einen ganz andern Menschen. Seine weibische Schüchternheit hatte der ungestüme Rambold durch Schrauberei wegzuspotten vergebens versucht, aber sie verschwand, da er einer petillierenden Petite-maîtresse gefiel und ihr wieder gefallen wollte. Er fing an, zu schwatzen, zu widersprechen, sich dreimal in einer Minute herumzudrehen, zu antworten, ehe die Frage vorbei war, und zu fragen, ohne Antwort zu verlangen, jedermann dreist in die Augen zu sehen und sich des c'est pour cela!, eh mais!, tant pis! und tant mieux! so geschickt zu bedienen, daß man schier hätte glauben mögen, er habe monde. Dabei war, weil er seine liebe Poesie nie vergaß, das Fräulein der Gegenstand aller seiner Gedichte; ja weil er überhaupt (wie mehrere junge Poeten und alte Poeten, die lange jung bleiben) nur allzu geneigt war, seine poetischen Phantasien ins wirkliche Leben zu übertragen, so dünkte ihm oft, daß er etwas für das Fräulein empfinde, welches er ohne Bedenken würde Liebe genannt haben, wenn ihm nicht sein gutes Herzchen augenblicklich geklopft und ihn erinnert hätte, daß er seine obgleich ungetreue Mariane noch nicht vergessen müsse. Das Fräulein ihrerseits betrachtete ihn als ihre Kreatur und triumphierte, einen Anbeter, und zwar einen Anbeter von einer so neuen Gattung, als ihr ein Poet war, erworben zu haben. Denn sie hatte noch nie deutsche Verse gesehen, noch weniger Verse, deren Gegenstand sich auf sie selbst bezog. Diese neue Seltsamkeit war hauptsächlich die Ursach, warum sie Säuglings Gedichte so allerliebst fand, obgleich der Verfasser wirklich glaubte, die Vortrefflichkeit seiner

Verse hätte das allein bewirkt. Ein sehr gewöhnlicher Irrtum! Denn wenn zum Beispiel unsere deutschen Hofleute neben ihrer gewöhnlichen standesmäßigen französischen Lektur zuweilen auch ein deutsches Buch durchblättern und davon reden, so geschieht es gemeiniglich bloß deshalb, weil sie dadurch am Hofe einen gewissen Anstrich von Sonderbarkeit zu erhalten meinen, der sie unter den übrigen flachen Hofgesichtern ein wenig hervorziehen könnte; indes halten dies unsere gutherzigen deutschen Genien doch für einen wirklichen Beifall und träumen wohl gar, die Zeit sei nahe, da sich der reichste und wollüstigste Teil der Nation des witzigsten und verständigsten nicht mehr schämen wird.

Säugling, dem kein Zweifel über die Wirkung seiner Gedichte einfallen konnte, schwamm in dem Vergnügen, seine Geisteswerke von einem so schönen Fräulein bewundert zu sehen. In dieser Entzückung kam er auf den Gedanken, ihr seine Sammlung von Gedichten zuzueignen, da deren Abdruck eben geendigt werden sollte. Dies setzte ihn ganz in die Gunst des Fräuleins. Ihren Namen gedruckt zu erblicken, sich vor dem ganzen Heiligen Römischen Reiche Deutscher Nation für schön und witzig erklärt zu sehen (denn Säugling hatte in seiner Zueignungsschrift die poetischen Floskeln nicht gespart) war ihr so schmeichelhaft, daß ihr Säugling ein homme adorable schien und sie bei sich Kraft fühlte, ihn wirklich vierzehn Tage nacheinander zu lieben.

Nun waren beide unzertrennlich. Obgleich diese beständigen Zusammenkünfte eigentlich nur Galanterie und Eigenliebe zum Grunde hatten, so hielt sich doch die Frau von Hohenauf fest versichert, daß Liebe im Spiele wäre; denn sie hatte das Pärchen vom Anfange an mit aufmerksamen Augen betrachtet und trauete sich nicht wenig Geschicklichkeit zu, die Geheimnisse anderer zu erraten. Sie freute sich insgeheim, daß ihr Anschlag fast ohne ihre Bemühung anfinge, so gut vonstatten zu gehen.

Als nun die Frau von Ehrenkolb nebst ihrem Fräulein nach einiger Zeit auf die Rückreise nach ihrem Gute dachte, tat Frau von Hohenauf schlau genug den Vorschlag, daß ihr Neffe nebst seinem Hofmeister in ihrer Gesellschaft reisen sollte, weil der Wohnort der Frau von Ehrenkolb wirklich auf dem Wege nach Westfalen lag, den jene zu machen hatten. Daß dem Fräulein dieser Vorschlag angenehm gewesen sei, ist leicht zu erachten; und die Mutter war gleichfalls damit zufrieden, denn Säugling hatte auch ihre Gunst erlangt, indem er sich zuweilen zu ihr setzte, mit ihr zu schwatzen, und, wenn sie im Tambour stickte, ihre Arbeit zu loben wußte.

Übrigens fand die Frau von Hohenauf noch nicht für gut, der Frau von Ehrenkolb ihre Absichten zu entdecken. Ihren Neffen aber ließ sie kurz vor der Abreise ihren Willen vernehmen, der dazu nicht nein sagen durfte, aber auch nicht ja sagte. Ein schönes Fräulein, und das seine Gedichte liebte, war zwar eine sehr verführerische Anlockung, allein das Andenken an seine Mariane verstattete es ihm noch nicht, in völligem Ernste an eine andere Verbindung zu denken.

Sie reiseten nunmehr sämtlich nach dem Landsitze der Frau von Ehrenkolb. Hier ging Säuglings Umgang mit dem Fräulein anfänglich auf die ehemalige Art fort, bis nach einigen Tagen die Ankunft eines jungen Obersten, den das Fräulein vorigen Winter bei Hofe hatte kennenlernen, den Sachen ein etwas anderes Ansehen gab. Er war dreiundzwanzig Jahre alt, wohlgebildet, plapperte im Tone der großen Welt, trug eine glänzende Uniform und eine reiche Schulterschleife, fuhr mit sechsen, hielt einen Läufer und vier Lakaien: alles

Dinge, die ihm bei einem jungen Fräulein nach der Welt einen großen Vorzug vor dem armen Säugling zuwege bringen mußten, denn dieser hatte außer seiner kleinen netten, geschniegelten Person, einem geringen Anfange von Weltmanieren und vielen Gedichten dem Obersten nichts entgegenzusetzen. Er stellte also von dem Augenblicke an, da jener erschien, nur die zweite Person vor. Glücklicherweise ward er dieses nicht einmal gewahr; denn das Fräulein verstand nicht allein die Kunst sehr wohl, sich mit mehr als einem Anbeter zu unterhalten, sondern der Oberste, ein feiner Weltmann, der alle Dinge so zu nehmen wußte, wie sie waren, wollte auch nicht umsonst mit einem ihm so neuen Geschöpfe wie ein deutscher Poet vierzehn Tage lang in Gesellschaft gewesen sein. Er hatte sich schon seit einiger Zeit in der am Hofe so nützlichen Kunst geübt, sich anzustellen, als ob er jedes Ding verstehe oder daran Anteil nehme, was er etwa zu verstehen oder woran er Anteil zu nehmen scheinen wollte. Diese von vielen Hofleuten für ein großes politisches Geheimnis geachtete Kunst besteht im Grunde bloß in einigen Gebärden und kahlen Gemeinsprüchen, welche, wie in manchen Ländern geringhaltige Münze, in der großen Welt für vollgültig angenommen werden. Die Hofschranzen sehen zuletzt diese Grimasse für etwas Wirkliches an und bilden sich ein, sie verständen viel und nähmen an vielen Dingen Anteil, merken aber nicht, daß sie gemeiniglich von denen durch und durch gesehen werden, welche sie am meisten getäuscht zu haben glauben.

Vermittelst dieser falschberühmten Kunst stellte sich der Oberste, als ob er von Gedichten entzückt würde, woran ihm eigentlich nichts gelegen war und wovon er weder etwas verstand noch empfand. Säugling war sehr zufrieden, da er eben nicht weit sah und besonders gern glaubte, man müsse es aufrichtig meinen, wenn man seine Gedichte lobte. Der Oberste war es auch, weil er seine Geschicklichkeit genoß, einen andern zu überlisten. Das Fräulein auch, weil sie anstatt eines Anbeters zwei hatte. Und endlich die Frau von Ehrenkolb auch, weil sie glaubte, es könne zwischen ihrer Tochter und dem reichen Obersten eine Vermählung geschlossen werden. Denn daß Säugling, ein bürgerlicher Poet, auf ihre Tochter sollte Anspruch machen wollen, kam ihr gar nicht in den Sinn; und Säugling selbst hatte mit gutem Herzen, was ihm die Frau von Hohenauf darüber gesagt hatte, völlig vergessen. Sein ganzer Geist war von dem Vergnügen, seine Gedichte täglich vorzulesen und gelobt zu hören, so eingenommen, daß er selbst nur in wenigen, der Phantasie gewidmeten Minuten an seine ungetreue Mariane denken konnte.

DRITTER ABSCHNITT

Die Sachen standen auf diese Art in dem Schlosse der Frau von Ehrenkolb, als sie sich vornahm, die Gräfin von *** zu besuchen, welche einige Meilen von ihr wohnte. Ihre Tochter hatte schon einigemal diese Reise hintertrieben, weil ihre Gesinnungen mit den Gesinnungen der Gräfin gar nicht übereinstimmten und sie sich von dem Aufenthalte bei ihr nicht das geringste Vergnügen versprach. Jetzt bestand aber die Mutter darauf, und die Tochter durfte nicht ferner widersprechen.

Die ganze Gesellschaft fuhr also ab; und Säugling wiegte sich mit dem Gedanken, vor der Gräfin, deren guten Geschmack er schon kannte, mit seinen gedruckten Gedichten zu glänzen, unwissend, daß seiner ganz andere Vorfälle warteten.

Die Gräfin empfing sie bei ihrer Ankunft in einem offnen Gartensaale. Der Oberste führte die Frau von Ehrenkolb, Säugling das Fräulein. Kaum hatte die Gräfin ihre Freundin umarmen können, als das Fräulein von Säuglings Hand auf sie zurauschte und sich mit einem: „Ah, ma chère Comtesse, que je suis ravie de vous embrasser, c'est un million d'années qu'on ne vous a pas vue" in ihre Arme warf. Indem dieses geschah, erblickte Mariane Säuglingen und ward feuerrot; Säugling warf zu gleicher Zeit die Augen auf Marianen und stand mit einem Male wie eine Salzsäule, so daß er auch weder die Gräfin noch Marianen grüßte. Die Gräfin redete ihn an, er ward blaß und rot, wollte seine Verwirrung verbergen und sah noch dämischer aus. Sie stellte ihm Marianen als eine vorige Bekanntschaft vor, er fing an zu stammeln und nannte sie Madame. Die Gräfin lachte und fragte, ob er seine ehemalige Freundin nicht kenne. Säugling stotterte abermal – und besann sich zu spät, zu sagen, daß er sich im Gesichte geirret hätte, wußte aber noch nicht, welche Miene er annehmen sollte.

Nachdem er sich von seiner ersten Bestürzung ein wenig erholt hatte, sah er wohl ein, er sei von seiner Tante hintergangen worden, konnte auch die Absicht ihrer List leicht erraten. Nun entbrannte seine Liebe zu Marianen wieder viel stärker als zuvor. Er hing wieder an ihren Augen, seine Gedichte waren wieder an sie gerichtet, und er schrieb ihr fast täglich Briefe, indem er sehr selten das Glück genoß, sich mit ihr unter vier Augen zu unterreden.

Mariane hingegen war gegen ihn ungemein zurückhaltend. Sie hatte der Gräfin, mit der sie sonst auf einem sehr vertraulichen Fuß lebte, nichts von ihrer Neigung zu Säugling, noch weniger von den Verdrießlichkeiten, die sie deshalb erfahren hatte, entdeckt, wollte sich also nunmehr auch keinem Verdachte aussetzen. Dies war die Ursache, die sie sich selbst angab, aber sie hatte noch eine andere und geheimere. Sie bemerkte nämlich an Säugling eine große Veränderung, wodurch er nicht wenig gewonnen hatte. Sonst war er ängstlich bescheiden, in der Meinung, dem Frauenzimmer gefalle das Sanfte; jetzt hatte er einer rauschenden Hofschönheit gefallen wollen und war lebhafter und ungezwungner geworden. Mariane war scharfsichtig genug, diese Veränderung der rechten Ursache zuzuschreiben, zumal da ihr gewisse Achtsamkeiten Säuglings gegen das Fräulein nicht unbemerkt entgehen konnten und da sie, sonderlich im Anfange, des Fräuleins Augen oft auf Säuglings Augen gerichtet fand. Dies nebst der gedruckten Zueignungsschrift, die ihr auch nicht verborgen bleiben konnte, schien sie von einer nähern Verbindung zwischen Säugling und dem Fräulein zu überzeugen und erregte bei ihr eine kleine Eifersucht, zu deren Verbergung das Frauenzimmer gemeiniglich eine kalte Zurückhaltung am dienlichsten hält und dadurch dieselbe gemeiniglich am ersten verrät.

Auf der andern Seite fiel Mariane auch dem Obersten in die Augen. Da nun in seinem Herzen für mehr als eine Liebe Raum genug war und er es, vermöge der hohen Meinung von seiner eignen Person, nicht für möglich hielt, daß ihm ein Frauenzimmer widerstehen sollte, so glaubte er, Mariane könne gar wohl ein flüchtiger Gegenstand seiner Neigung werden und sein Zweck müsse bei ihr bald zu erreichen sein. Er griff sie mit der zuversichtlichen Stellung eines Hofmannes an, so wie ein kühner Eroberer eine Festung stürmt, ohne sie aufzufordern oder Laufgräben zu eröffnen. Gleichwie aber ein Belagerer, wenn ihm ein zu früher Sturm abgeschlagen worden, oft nicht weiß, welche Miene er gegen den

Belagerten annehmen soll, so war auch der Oberste durch die kalte und verächtliche Art, womit Mariane seine Liebeserbietungen ausschlug, um deutsch zu reden, ziemlich aus der Fassung gebracht und deshalb, um undeutsch zu reden, nicht wenig intrigiert.

Das Fräulein übersah mit einem Blicke, daß ihr Mariane ihre beiden Liebhaber raubte, und setzte alle Kräfte der Schönheit und der Koketterie in Bewegung, um den Sieg über sie davonzutragen.

Indes alle diese Personen ihre kleinen Entwürfe machten, dachte Rambold, Säuglings Hofmeister, einen Meisterstreich auszuführen. Rambold war ein schwarzhaariger, rotbackiger, wohlbewadeter Magister, der auf Universitäten zwar sehr locker gelebt, aber doch auch mit Hilfe eines offnen Kopfes so viel von den Wissenschaften erschnappt hatte, daß er ziemlich fertig davon plaudern konnte. Er hielt sich selbst für sehr gelehrt, weil er mit der Selbstgenügsamkeit eines Gecken, der von allem hat reden hören und über nichts nachgedacht hat, über alles entscheiden konnte. Sein Eigendünkel trieb ihn, jedermann zu hohnnecken, auch den, der klüger war als er, und zu widersprechen, ehe er noch wußte, was er sagen wollte. Stimmte jemand seiner Meinung bei, so war dies genug für ihn, um das Gegenteil zu behaupten; denn er glaubte seinen Witz zu zeigen, wenn er den andern niederschreien, und seinen Scharfsinn, wenn er auch den ungereimtesten Satz verteidigen konnte. Ob er wahr oder falsch sei, war ihm einerlei, denn seine Philosophie hatte entschieden, daß Wahrheit sowohl als Schönheit und Tugend nur relative Begriffe wären. Diesen Satz glaubte er nicht nur, sondern wendete ihn auch im gemeinen Leben fleißig an, daher er in der Wahl der Mittel, seine Absichten auszuführen, eben nicht delikat war.

Dieser feine Mann hatte auf Marianen ein Auge geworfen und ging damit um, sie zu heiraten, wovon er ihr doch nicht ein Wort sagte, weil er durch einen Umweg seinen Zweck besser zu erreichen meinte. Er war von dem Plane der Frau von Hohenauf sehr wohl unterrichtet. Sie hatte ihm sogar eine einträgliche Pfarre versprochen, die auf ihren Gütern nächstens offen werden mußte, wenn er etwas dazu beitragen würde, daß Säugling das Fräulein von Ehrenkolb heiratete. Daher glaubte er zwei Schläge mit einem Streiche zu tun, wenn er der Frau von Hohenauf von Säuglings und Marianens Zusammenkunft Nachricht gäbe und die Folgen derselben zu verhindern suchte.

Er schrieb ihr also: sie müsse Marianen, welche sie aus weisen Absichten von ihrem Schlosse entfernt hätte, auch hier wegschaffen, weil ihr Neffe, solange er ihren Aufenthalt wisse, auch nach seiner Abreise nicht von ihr ablassen würde. Er tat dabei den unmaßgeblichen Vorschlag, sie solle insgeheim einen Wagen mit drei starken Kerlen senden, und er nahm es auf sich, ohne großes Aufsehen Marianen in ihre Hände zu liefern. Zuletzt gab er zu verstehen, daß, wenn nur erst die bewußte Pfarre vakant wäre, sich auch ein anständiger Ehemann für Marianen finden würde, wodurch denn Säuglings unbedachtsamer Liebe und Ihro Gnaden Furcht auf einmal könnte ein Ende gemacht werden.

Er schmeichelte sich, Mariane solle es vermöge seiner klugen Einrichtung nie merken, daß er an der Entführung teilhabe; und sobald er nur seinen jungen Herrn nach Hause gebracht hätte, nahm er sich vor, zurückzukehren und aus den Händen der Frau von Hohenauf eine reiche Pfarre und eine schöne Frau zu erhalten; denn daß sich etwa Mariane weigern könnte, seine Hand anzunehmen, fiel ihm gar nicht ein.

Nachdem Rambold auf diese Art sein Plänchen so einfach als künstlich angelegt hatte, erwartete er ruhig den erwünschten Erfolg, sehr zufrieden mit seiner schlauen Erfindung. Die übrigen Personen hingegen wurden durch ihre Lage unvermerkt immer unruhiger, unzufriedener und unwilliger gegeneinander.

Marianen mißfiel es, daß ihr der Oberste beständig nachfolgte und fortfuhr, sie mit vieler Dreistigkeit seiner Liebe zu versichern, so trocken und frostig sie ihn auch abgewiesen hatte. Nicht weniger unzufrieden war sie mit Säugling, den sie im Verdachte hielt, daß er das Fräulein heimlich liebte; und weder seine Briefchen, worauf sie nie antwortete, noch seine Verschen, von denen sie argwohnte, daß sie mehr aus der Phantasie als aus dem Herzen herrührten, konnten sie zufriedenstellen.

Das Fräulein war äußerst erbittert, alle Versuche, ihre beiden Liebhaber wieder zu sich zurückzubringen, fruchtlos zu sehen. Weil sie aus Politik ihren Zorn nicht ganz auslassen durfte, so blieb nichts übrig als der armselige Behelf, Marianen das Übergewicht eines höhern Standes fühlen zu lassen. Dies veranlaßte verschiedene kleine unangenehme Szenen, wodurch doch die üble Laune des Fräuleins nicht vermindert ward, da sie Marianen nur kränkten, ohne sie zu demütigen.

Der Oberste war nicht wenig verdrießlich, weil das Fräulein seiner Liebe gegen Marianen im Wege stand, welche er gern mit seiner Liebe gegen das Fräulein vereinigt hätte, zumal da er die Verbindung mit der letztern anständigerweise nicht ganz und gar aufheben konnte. Säuglingen war er herzlich gram, weil er sich einbildete, dieser sei bei Marianen besser gelitten als er; und mit Marianen war er auch nicht sonderlich zufrieden, weil dies kleine Mädchen, welcher er die Ehre einer gelegentlichen Eroberung zugedacht hatte, sich gegen eine Person von seinen Verdiensten so gar spröde bezeigte, daß es noch ungewiß schien, ob sie nicht auch einer förmlichen Belagerung würde widerstehen wollen.

Säugling war unglücklich, denn er liebte Marianen herzlich, daher konnte er ihre Zurückhaltung nicht ertragen, die er bloß einer wirklichen Abneigung gegen ihn zuzuschreiben wußte, da er ihre verborgene Eifersucht nicht merkte. Dies kostete ihm viele Seufzer und nicht wenig Verse. Aber eben sein zweites Unglück war, daß seine Gedichte, deren gute Aufnahme in dieser Gesellschaft ihm bisher eine so seltne Glückseligkeit verschafft hatte, nun sehr zu fallen anfingen, wovon er die Ursachen gar nicht einzusehen vermochte. Sie waren gleichwohl sehr natürlich. Mariane schwieg davon gemeiniglich ganz still, weil sie sich fürchtete, ihre geheimen Bewegungen unvermerkt zu verraten, welche sie zu verbergen so wichtige Ursachen fand. Das Fräulein hatte immer etwas daran zu tadeln, weil ihr die Eifersucht eingab, sie wären an Marianen gerichtet oder spielten auf sie an; und der Oberste, der sich nie im Ernste um Verse bekümmert hatte, fand nicht nötig, wie vormals sich zu stellen, als ob sie ihm gefielen, vielmehr pflegte er in seiner jetzigen üblen Laune sich oft geradezu darüber aufzuhalten. Zum Unglücke für Säugling ward er darin zuweilen von der Gräfin unterstützt, deren feiner Geschmack schon längst in Säuglings Liedern eine gewisse Einförmigkeit und Schlaffheit wahrgenommen hatte, wofür ihm selbst der Sinn fehlte. Da er nun unablässig fortfuhr, täglich neue Gedichte vorzulesen, so nahm sich die Gräfin im Ernste vor, dem sonst unbescholtenen guten Jünglinge die kleine Torheit des Versemachens abzugewöhnen.

Als einst die Frau von Ehrenkolb Mittagsruhe hielt und die übrige Gesellschaft im Garten spazierte, ergriff die Gräfin Säuglings Arm, führte ihn in einen Gang besonders, und nachdem sie das Gespräch auf Lektur gebracht hatte, sagte sie ihm geradeheraus: Gedichte wären nicht die Lektur, die sie am meisten liebte.

Säugling, nicht wenig beschämt und bestürzt, versetzte mit stammelnder Stimme: „Ew. Gnaden scherzen vielleicht. Es schien mir doch sonst, als ob Sie die schöne Literatur liebten."

Gräfin: O ja, ich liebe sie ungemein. Aber Sie wissen, sie hat einen weiten Umfang, und die Poesie ist nur ein Teil davon. Diesen zu hassen, bin ich weit entfernt. Ich liebe vielmehr Gedichte herzlich, aber nur, wenn sie vortrefflich sind; sie wirken alsdann mit unbeschreiblichem Reize auf mich und bleiben meiner Seele tief eingeprägt. Aber Sie wissen, der ganz vortrefflichen Gedichte sind nur sehr wenige. Was die übrigen anbetrifft, so sind sie ganz gute Dingerchen, die man allenfalls einmal anhören, aber auch entbehren kann; und mich dünkt immer, die Augenlider sind einem leichter, wenn man sie entbehrt.

Säugling: Vielleicht sprechen Ew. Gnaden nicht ganz im Ernste; die Damen pflegen doch sonst, wenigstens glaube ich es so gefunden zu haben, unter aller übrigen Lektur am meisten Gedichte zu lieben ...

Gräfin: Glauben Sie das nicht, mein lieber Säugling; oft kaum, wenn wir darin gelobt werden, finden wir sie erträglich. Unter uns gesagt, wir haben oft herzliche Langeweile, wenn man sie uns vorlieset. Wir gähnen innerlich und trauen uns nicht, den Mund aufzutun.

Säugling: Ach, ich merke schon, hier ist ein kleines Mißverständnis. Sie wollen sagen:

Die großen Verse, welche man
Auf einem großen Amboß schmiedet,
Die lies't man nicht, man wird ermüdet;
Ihr Donner störet unsre Ruh.
So großer Lärm, wozu? wozu?

Allein die kleinen niedlichen Verse:

Die kleinen Dingerchen, die sich
Gefällig zu Gedanken schmiegen,
Zwar nicht bis an den Himmel fliegen,
Jedoch auch nicht, dahin verstiegen
Und dann gestürzet, jämmerlich
Zerschmettert auf der Erde liegen:
Die kleinen Dingerchen lieb ich!
Sie pflegen sich mit Artigkeit
In das Gedächtnis einzuschleichen,
Darin zu bleiben und nicht weit
Den großen Versen auszuweichen.

Gräfin: Ach, das ist meine Meinung gar nicht; am wenigsten, wenn die kleinen Dingerchen voll kalter Tändeleien sind! Meinen Sie denn, daß dem Frauenzimmer das Süße und Tändelhafte so sehr gefällt? Wir sind nun freilich, weil es Ihrem Geschlechte so beliebt, das schwächere; aber glauben Sie mir, wir lieben an uns selbst die Schwäche nur, insofern sie uns schön und niedlich macht, und wer weiß, ob's nicht gar bloße Eitelkeit bei uns ist, daß wir die Mannspersonen nicht niedlich sehen mögen? Wissen Sie wohl, Säugling, daß Sie zu schön sind und daß ich auf Sie eifersüchtig bin? Wenn Sie mich beruhigen wollen, waschen Sie sich und Ihre

Gedichte nicht mehr mit Essenzen und lassen sich lieber ein wenig von der Sonne verbrennen. Hören Sie wohl! Schreiben Sie mir eine gute derbe Prose, so für den gesunden Menschenverstand, ohne Niedlichkeit. Oder, nehmen Sie sich in Acht, wenn Sie mich böse machen, verdamme ich Sie zum großen Amboß ...

Indem die Gräfin dieses sagte, erblickte sie das Fräulein und den Obersten, die aus einer benachbarten Allee auf sie zukamen.

„Kommen Sie", rief sie, weil sie den armen Säugling ein wenig quälen wollte, „kommen Sie, meine Liebe, helfen Sie mir die kleinen tändelnden Liederchen gegen den Herrn von Säugling verteidigen. Stellen Sie sich nur vor, er will ihnen entsagen! Wenn wir ihn gehenlassen, so wird er große, mächtige Hexameter schmieden wollen, und dann ist er für uns verloren."

Das Fräulein antwortete mit sauersüßer Miene: „Ach nein, dazu ist der Herr von Säugling viel zu zärtlich! Er wird nur merken, was ich schon lange gedacht habe, daß die deutsche Sprache überhaupt zu bäurisch ist, um liebliche Ideen auszudrücken. Er wird künftig französisch schreiben für die große Welt, nicht für die ungeschliffenen deutschen Bürger. Er liebt ja ohnedies die französische Nation vor allen andern." Hiebei blickte sie Marianen, die aus einer andern Allee zu ihnen kam, spöttisch über die Achsel an.

Die Gräfin verstand den Stich, wollte ihn aber nicht verstehen, fuhr daher im scherzenden Tone fort:

„Nein, Säugling, wenn doch einmal das Schicksal beschlossen hat, daß es Ihnen unglücklich gehen soll, so werden Sie lieber ein Original als ein solches Mittelding, wie die meisten Schriftsteller sind, die in Deutschland französisch schreiben: in Frankreich fremd, in Deutschland nicht zu Hause. C'est à Paris qu'il faut écrire! ruft der Franzose mit vollen Backen, und wenn er von seiner Sprache redet, mag er immer recht haben."

Unter diesem Gespräche erreichten sie eine Laube, wo sie sich niedersetzten, und kurz darauf kam ein Bedienter, der Gräfin zu melden, daß von der durchfahrenden Landkutsche ein wohlgebildetes, aber todkrankes Frauenzimmer bei dem Prediger sei abgesetzt worden. Die Gräfin, bei welcher Handlungen der Wohltätigkeit allen Vergnügungen vorgingen, begab sich sogleich dahin und nahm Marianen mit sich.

In ihrer Abwesenheit nahm das Gespräch eine nicht sehr angenehme Wendung. Das Fräulein hatte mit dem Obersten über ihr beiderseitiges Mißvergnügen kurz vorher eine Erläuterung unter vier Augen gehabt, wodurch ihre gute Laune eben nicht vermehrt worden war. Von Natur eigensinnig und auffahrend, wie sich's auch für eine Petite-maîtresse gebührt, war sie nun äußerst bitter darüber, daß man ihren Reizungen den Sieg streitig machen wollte, und ließ jetzt ihren Zorn durch eine Menge Spöttereien über Säuglings unveränderliche Ergebenheit gegen Marianen ausbrechen. Der Oberste, ganz froh, daß ihre Pfeile nur auf Säugling gerichtet waren, hielt sich außer dem Schusse und sagte bloß etwa hie und da ein Wort. Säugling aber bekam Mut von seiner Liebe, und da er sich ohnedies vorgenommen hatte, mit dem Fräulein, das er nie geliebt hatte, ganz zu brechen, so verteidigte er sich nachdrücklich, obgleich anständig; ja sein offnes Herz floß von Marianens Lobe über, wovon es immer voll war. Das Fräulein verlor darüber alle Geduld und Fassung und rückte auf dem Stuhle hin und her, aus Verdruß stillschweigend.

Gerade zu dieser Zeit kam Mariane zurück, ohne etwas von diesem Gespräche zu wissen. Sie erzählte, indem sie sich die Augen trocknete: „Das unglückliche

Frauenzimmer ist höchst zu bedauern. Sie ist eine Person bürgerlichen Standes von guter Herkunft. Sie hat einen Leutnant aus Liebe geheiratet, der kurz vor dem Frieden in einem Scharmützel tötlich verwundet ward. Er erhielt zwar wegen seines Wohlverhaltens eine Kompanie, aber das Regiment ward nach erfolgtem Frieden abgedankt. Sie hat, in seinem langwierigen Krankenlager, was sie gehabt, zu seiner Heilung verwendet, und nun ist er gestorben. Sie steht im Begriffe, zu weit entfernten Verwandten ihre Zuflucht zu nehmen. Von Gram und Nachtwachen entkräftet, ist sie unterwegs so krank geworden, daß sie ohne Lebensgefahr nicht weiterreisen kann. Den Beweis dieser Aussage haben wir in einigen Briefschaften der Kranken gefunden. Die Gräfin ist sehr gerührt und hat mich vorausgeschickt, um einen Reitknecht nach der Stadt zu einem Arzte zu senden und einen Wagen anspannen zu lassen, denn sie will die Kranke selbst nach dem Schlosse begleiten. Sie läßt sich bei der Gesellschaft ihres langen Außenbleibens wegen entschuldigen."

Säuglingen trat eine mitleidige Träne ins Auge, der Oberste drehte sich auf einem Absatze herum, und das Fräulein, dessen innerer Unmut aufs höchste gestiegen war, fuhr hart heraus: „Die Gräfin beweiset in der Tat übertriebene Gütigkeit, daß sie alles Gesindel bei sich aufnimmt. Eine Person von der Landstraße! Am Ende geht's Personen so, die sich über ihren Stand erheben wollen. Wer weiß, wo sie Kammermädchen oder Gesellschaftsjungfer gewesen ist. – Es ist Zeit, daß wir abreisen, denn die Gesellschaft..." Hier nahm sie eine Prise zur Kontenance, ließ ihre Dose fallen und rief Marianen: „Mein Kind, nehme Sie mir doch die Dose auf!"

Mariane, über die ganze Szene erstaunt, stand sprachlos da, denn soweit hatte das Fräulein die Unhöflichkeit noch nie getrieben. Säugling sprang auf und überreichte dem Fräulein die Dose.

„Lassen Sie", rief sie, „lassen Sie, Herr von Säugling, Mariane wird sie schon ..."

Säugling nahm allen seinen Ernst zusammen und versetzte: „Verzeihen Sie, gnädiges Fräulein! Ihnen aufzuwarten halte ich nur für meine Schuldigkeit."

Das Fräulein maß ihn mit den Augen von oben bis unten und schlug ein bitteres Gelächter auf.

Mariane, welche empfand, daß die Demütigung, wodurch sie bis zu einer gemeinen Dienstmagd heruntergesetzt werden sollte, zu den Beleidigungen gehöre, wofür man keine Worte hat, um sich darüber zu beschweren, so grob sie auch sind, konnte nicht verhindern, daß sich nicht eine Träne in ihr Auge drängte, und ging stillschweigend ab, doch nicht ohne auf Säugling einen Blick zu werfen, worin er ihr ganzes Herz las.

Der Oberste, ob er schon an sich Marianen diese Demütigung erspart hätte, war doch wohl damit zufrieden, weil er glaubte, sie würde Säuglingen verdrießen, den er haßte, weil er ihn von Marianen geliebt glaubte. Um ihn noch mehr zu kränken, spottete er unhöflich über Marianen, nachdem sie weggegangen war.

Beleidigungen, die stufenweise steigen, können endlich den geruhigsten Menschen aufbringen, und wenn er edel denkt wie Säugling, so wird er die Beleidigung seiner Geliebten höher empfinden als seine eigene.

Säugling antwortete also dem Obersten lauter und entschlossener als jemals; der Oberste fuhr im hohnneckenden Tone immer weiter fort, bis ihm Säugling sehr trocken sagte:

„Ich kann Ihnen in Gegenwart des Fräuleins hierauf weiter nicht gehörig antworten, aber wir wollen uns deshalb besonders sprechen."

Der Oberste lachte ihm in die Zähne und rief spöttisch: „Mein gutes Herrchen, trotz des kleinen Federhuts, den es Ihnen zu tragen beliebt, sind Sie nicht von solchem Stande, daß ich Ihnen Satisfaktion geben werde.“

„So“, rief Säugling, „Sie halten mich für wehrlos und erlauben sich doch, mich anzugreifen? Ist dies wie ein Mann von Ehre gedacht? Aber ich bin nicht wehrlos. Wenn Sie mir nicht Genugtuung geben wollen, werde ich sie mir nehmen, oder Sie müßten jede kahle Stichelei doppelt von mir zurückbekommen und es ruhig ertragen wollen.“

Der Oberste ward lauter, Säugling auch. Das Fräulein saß ruhig und wiegte sich mit dem Gedanken, auszusprengen, daß um ihretwillen ein Zweikampf geschehen wäre. Die Gräfin kam zurück, nachdem sie die Kranke bis in das für sie bereitete Zimmer begleitet hatte, forschte nach der Ursache des Streits, gab dem Obersten unrecht und vereinigte beide um soviel leichter, weil der Oberste eben kein Liebhaber vom Halsbrechen war und sich wirklich eingebildet hatte, der sanfte Säugling sei ein bloßes Jungferngesicht und werde, was es auch sei, ohne Antwort einstecken.

Unterdes ging Mariane im Garten herum, um sich zu fassen, weil sie die Gräfin mit Erzählung des unangenehmen Vorfalles nicht kränken wollte, zumal da sie wußte, die Ehrenkolbische Familie werde nächstens abreisen. Rambold begegnete ihr, indem er, voll von seinem Projekte, im Garten irrte. Sie gab ihm den Arm, weil sie durch seine Unterhaltung ihre Gedanken am geschwindesten zu zerstreuen hoffte. Rambold schwatzte, wie schon gedacht, vielerlei von gelehrten Sachen, war voll von Anekdoten und Journalhistörchen, und die gute Mariane, mit einem ziemlichen Ansatze, eine Gelehrte vorzustellen, mochte gern diese gelehrten Diskurse hören, um soviel mehr, da aus der Gesellschaft der Gräfin alles Ansehen von Belesenheit verbannnt war.

Rambold hub also an die lange Geschichte von der Regierung Königs Johann Christoph des Dummen und Königs Johann Jakob des Gescheuten[1] und von ihrem Streiten um die Monarchie und von ihren Schlachten und wie sie gewannen, indem sie verloren, und verloren, indem sie gewannen. Und wie unter vielem Getümmel und fruchtlosem Streben nach der Alleinherrschaft der Geist der Freiheit erwacht sei unter dem Volke und entstanden seien Demagogen, die Literaturbriefsteller, die laut gerufen, das ganze Volk habe gleiches Recht, seine Meinung zu sagen über alle Vorfälle; und wie keine Oberherrschaft sei gewesen und wie jedermann habe gedacht und getan, was ihm recht deuchte; und wie man die Demagogen im Verdachte gehabt habe, daß sie wollten Könige werden und Ephoren der Könige; und wie diese schwachen Köpfe nicht daran gedacht, sondern ihre Hantierung getrieben hätten, ohne ins Forum zu kommen, und wie da gar keine Zucht und Ordnung sei gewesen unter der Menge. Und wie sich da hätten weise und erlauchte Männer zusammengetan und hätten festgesetzt, dem Volke sei es nützlich, wenn es beherrscht werde. Hätten ausgemacht, daß stattliche und ernsthafte Männer sollten am Regimente sein, sollten umtun

[1] Gelehrte Meinungen, wenn sie auch eine Zeitlang noch so erheblich scheinen, und noch mehr die gelehrten Streitigkeiten darüber werden gemeiniglich bald vergessen. Daher ist's vielleicht nicht überflüssig, zu bemerken, daß sich Rambold und Mariane hier von Johann Christoph Gottsched und von Johann Jakob Bodmer und von einigen folgenden Begebenheiten in der gelehrten Republik unterhielten, wovon jetzt gar nicht mehr die Rede ist.

lange Feierkleider und aufsetzen grüne Eichenkränze, sollten sitzen auf breiten Stühlen und sollte ihnen jedermann tiefe Reverenzen machen und desgleichen mehr. Hätten auch Ratsfahrten angesetzt und Gerichtstage, Gesetze gemacht und Strafen verordnet; und wäre nunmehr alles richtig: nur, wer regieren solle, wisse man noch nicht, darüber wären die Herren sehr uneins; und solange diese Uneinigkeit dauere, habe mancher noch Hoffnung, in den Rat zu kommen; und würden darüber heimliche Unterhandlungen gepflogen, woran er, Rambold, vielen Anteil habe und gewiß glaube, wegen seiner weitläuftigen Verbindung mit vielen Zunftmeistern und Ausrufern noch ein ansehnliches Ehrenamt davonzutragen.

Alle diese Nachrichten hörte Mariane an, bloß weil sie ihr ganz neu waren, ob sie gleich sonst an diesen gelehrten Reichsangelegenheiten, bei aller ihrer Liebe zur Lektur, keinen Teil zu nehmen wußte; so wie etwa wunderbare Geschichten von neuentdeckten Völkern im Südmeere der Sonderbarkeit wegen Aufmerksamkeit erregen auch bei denen, die sonst nicht Lust haben, diese fremden Völker zu besuchen, die sich weder von den otaheitischen Jungfern voll Süßigkeit wollen liebkosen noch von den neuseeländischen Herren voll Stärke wollen fressen lassen.

Unter diesem langen Gespräche hatte sie Rambold unvermerkt in das an den Garten stoßende Wäldchen geführt; sie waren in demselben schon eine ziemliche Strecke fortgegangen, als plötzlich einige starke Kerle hinter einem Baume hervorsprangen und Marianen ergriffen. Rambold war unbewaffnet. Er suchte zwar von einem Baume einen Knüttel abzureißen, hielt sich aber so lange dabei auf, daß Mariane gemächlich in einen nahe stehenden sechsspännigen Wagen geschleppt werden konnte, der sogleich eiligst fortfuhr. Rambold lief zwar hinterher, und Mariane, die ihn erblickte, suchte herauszuspringen, aber sie ward festgehalten, und der Wagen kam ihm bald aus dem Gesichte. Er verweilte noch einige Zeit im Walde, damit die Entführer Zeit hätten, sich zu entfernen; hernach eilte er zurück, um außer Atem und mit erschrocknem Gesichte Marianens Entführung zu verkündigen. Die ganze Gesellschaft erstaunte. Säugling, dessen Nerven durch den Zank mit dem Obersten schon ziemlich erschüttert waren, bekam eine Anwandlung von Ohnmacht, erholte sich aber augenblicklich und eilte in den Stall, um ein Pferd satteln zu lassen, sosehr ihm auch Rambold dies zuwiderraten suchte, der endlich, als Säugling auf seinem Sinne blieb, selbst mit ihm Marianen nachritt. Der Oberst wollte ein gleiches tun, aber das Fräulein verlangte seinen Arm und seine Gesellschaft, führte ihn in den großen Saal und zwang ihn, Pikett zu spielen.

FÜNFTER ABSCHNITT

Säugling kam den folgenden Tag ermüdet und trostlos zurück, ohne Marianen gefunden zu haben, welches sehr natürlich zuging, weil Rambold ihn auf einen ganz andern Weg geführt hatte, als den der Wagen nahm. Er fand einen Brief von seiner Tante. Diese wollte nunmehr, nachdem Mariane aus dem Wege geschafft war, weiter keine Zeit verlieren und empfahl ihm, alles anzuwenden, damit seine Verbindung mit dem Fräulein zustande käme. Dies war aber bei seinem jetzigen, ganz neuen Schmerze über Marianens Verlust eine Sache, woran er weder denken konnte noch mochte. Die Frau von Hohenauf schrieb zu gleicher Zeit einen Brief an die

Frau von Ehrenkolb, worin sie derselben die Absichten ihres Neffen auf das Fräulein ziemlich deutlich zu verstehen gab. Aber auch dieser Brief kam sehr zur Unzeit. Denn teils hatte sich die Frau von Ehrenkolb niemals vorgestellt, daß ein Mensch wie Säugling, der nicht von Familie war, an ihre Tochter denken dürfte, teils hatte sie jetzt ein viel notwendigeres Geschäft im Sinne. Das Fräulein von Ehrenkolb verband mit allen Launen einer verfehlten Petite-maîtresse noch allen Eigensinn eines verzärtelten Muttertöchterchens. Sie hatte daher den vorigen Abend dem Obersten, der ihrer beständigen Eifersucht ohnedies überdrüssig war und den Marianens unvermutete Entfernung noch verdießlicher machte, so übel mitgespielt, daß er ganz kurz mit ihr abbrach, den andern Morgen sich der Gesellschaft empfahl und nach seinem Gute zurückreisete. Das Fräulein vermißte in ihm nur einen Anbeter, dessen Verlust sie zwar in der jetzigen Einsamkeit bemerkte, aber künftig bald zu ersetzen vermeinte; ihre Mutter hingegen, welche die Sache vom Anfange an viel ernsthafter ansah, befürchtete, einen reichen Schwiegersohn zu verlieren, der ihre verschuldeten Güter wieder instand setzen könnte. Die Mutter hatte also mit der Tochter eine lange Konferenz über diese wichtige Sache, und die letztere ward endlich so gründlich überzeugt, welch ein nützliches Ding ein Mann von Range und Reichtum für eine Dame sei, die am Hofe leben will, daß sie mit ihrer Mutter übereinkam, den Liebeshandel mit dem Obersten von neuem wieder anzuknüpfen. Aus allen diesen Ursachen antwortete die Frau von Ehrenkolb der Frau von Hohenauf in kalten und stolzen Ausdrücken und reisete den folgenden Tag mit ihrer Tochter nach ihrem Gute zurück, wobei Säugling kaum ein mäßiges Kopfneigen beim Abschiede erhielt.

Der Gräfin hatte Säuglings Liebe gegen Marianen nicht verborgen bleiben können. Da sie mit Marianen auf einem sehr vertraulichen Fuße lebte, so hatte sie auch derselben Neigung gegen ihn zu erforschen gesucht; Mariane war aber in diesem Stücke gegen sie sehr zurückhaltend gewesen. Jetzt aber glaubte sie, durch die Entführung schnell ein Licht in dieser Sache zu erlangen. Sie war sehr geneigt, Säuglingen für den Urheber dieser Freveltat zu halten, worin, wie sie glaubte, Mariane möchte gewilligt haben. Sie ward in dieser Vermutung bestärkt, da sie unter Marianens Sachen viele zärtliche Briefe und Gedichte, von Säuglings Hand geschrieben, fand, nebst verschiedenen Entwürfen zu Briefen von Marianens Hand, die zwar nicht waren abgesendet worden, aber jetzt doch ein unwiderlegliches Zeugnis wider sie abzulegen schienen. Die Gräfin war daher gegen die arme Mariane äußerst entrüstet und ebenso zornig auf Säuglingen, welcher, wie sie glaubte, die Gastfreiheit schändlich beleidigt und eine romanhafte Liebe vorgegeben hätte, um ihr ihre Gesellschafterin aus ihrem Schlosse zu entführen, wobei sie ihm, seines züchtigen Anstandes ungeachtet, eben nicht die reinsten Absichten zutraute. Sie setzte Rambolden über die Aufführung seines Zöglings zur Rede, der ihr in allen ihren Vermutungen recht gab, um nur den Verdacht von sich abzuwälzen. Er unterließ nicht, Marianen noch stärker anzuklagen, und erzählte die Geschichte ihrer Entlassung von der Frau von Hohenauf auf eine ihr sehr unvorteilhafte Art. Die Gräfin hielt nun ihre Vermutung für vollkommen bewiesen, und ohne sich näher zu erklären, ließ sie den unschuldigen Säugling so viel Unwillen merken, daß er, ob er gleich weder die Ursache davon begriff noch darnach zu fragen wagte, sich entschloß, unverzüglich seinen Weg weiter fortzusetzen. In diesem Vorhaben ward er von Rambold gar sehr bestärkt, der nichts mehr wünschte, als ihn nur erst zu seinem Vater nach Wesel gebracht zu haben, damit er bald zur Frau von Hohenauf zurückkehren und die Früchte seiner Treulosigkeit einernten könnte. Sie nahmen also von der Gräfin Abschied und wurden von ihr bloß mit kalten Höflichkeitsbezeugungen entlassen.

Auf diese Art ward die Gesellschaft plötzlich zerstreut, und jeder war einzeln für sich mißvergnügt: bis auf den boshaften Rambold, der sich heimlich freute, daß sein Anschlag so gut zu gelingen schien; und bis auf Säuglingen, der einen schwachen Trost darin fand, während der Reise über seine Entfernung von Marianen einige Stanzen in seine Schreibtafel zu schreiben.

SECHSTER ABSCHNITT

Unterdessen dies vorging, war Mariane mit ihren Entführern einen Tag und eine Nacht lang fortgefahren, ohne daß sie durch öftere Fragen hätte erfahren können, wohin sie sollte gebracht werden. Die Landstraßen wurden soviel möglich vermieden und nur auf abgelegenen Vorwerken schon bestellte Pferde gewechselt, ohne daß Mariane aussteigen durfte. Den zweiten Tag mußten sie notwendig quer über einen Hochweg. Mariane erblickte auf demselben einen Postwagen. Sie schrie, so stark sie konnte. Ihre Begleiter wollten sie zwar zurückhalten und riefen dem Kutscher, er solle eilen, welches auch geschah; aber auf Marianens fortdaurendes Geschrei fuhr der Postwagen nicht allein geschwinder, sondern ein Mann zu Pferde, der neben demselben ritt, kam immer näher und holte in kurzem die Kutsche ein. Er gebot dem Kutscher zu halten, der sich aber daran nicht kehrte, und aus der Kutsche ward eine Büchse auf den Reiter gerichtet; allein indem sie losgedrückt wurde, schlug er sie mit seinem Hirschfänger herunter, so daß sie ihn nur am Fuße mit grobem Hagel verwundete. In diesem Augenblicke öffnete Mariane auf der andern Seite den Schlag und sprang heraus. Der auf dem Bocke sitzende Bediente traute sich nicht, dieses zu hindern, weil der Postwagen ganz nahe kam, von dem vier oder fünf Reisende absprangen und zu Hilfe eilten, daher der Kutscher mit verhängtem Zügel davonjagte.

Mariane war im Springen gefallen, doch ohne Schaden. Der eine Reisende, der mit einem spanischen Rohre in der Hand vorangelaufen war und den Wagen beinahe erreicht hätte, hob sie auf. Sie erkannte ihn sogleich für ihren Freund Hieronymus; und kaum erholte sie sich von ihrem ersten Erstaunen, so erblickte sie ihren Vater und lag in dessen Armen. Während beide sich ihrer Freude über diese unerwartete Zusammenkunft überließen, besichtigten die übrigen Reisenden den Verwalter, den das Schrot nahe am Schienbeine gestreift hatte. Sie hoben ihn vom Pferde und auf den Postwagen, welchen Mariane gleichfalls bestieg; das Pferd ward an den Wagen gebunden, und so zogen sie fort bis in das nächste, nicht weit entlegene Städtchen.

Hier blieben sie liegen, um ihren Verwundeten verbinden zu lassen, dessen Beschädigung, nachdem den andern Tag der Verband abgenommen war, nicht gefährlich befunden ward. Sie beschlossen also, zur Gräfin zurückzukehren, zumal da der Verwalter in der Nachbarschaft wohnte. Hieronymus mietete dazu einen halbbedeckten dreisitzigen Wagen. In denselben setzte sich Mariane und der Verwundete vorwärts; Hieronymus mußte den Rücksitz einnehmen, denn Sebaldus, durch die Freude, seine Tochter wiedergefunden zu haben, ganz verjünget, setzte sich, alles Zuredens ungeachtet, auf des Verwalters Pferd und trabte frisch neben dem Wagen her. Da ihm dies in kurzem beschwerlich ward, so kam er auf den Gedanken, voranzureiten und in dem Dorfe, wo sie mittags anzuhalten gedachten, die Mahlzeit zu bestellen. Der Kutscher bezeichnete es ihm sehr genau und versicherte, der Weg sei nicht zu verfehlen. Sebaldus stieß also sein Tier in die Seite, und sie verloren ihn bald aus dem Gesichte.

Als sie mittags im Dorfe ankamen, fanden sie nicht nur keine Mahlzeit bestellt, sondern, was noch mehr, auch Sebaldus war nicht zu sehen. Mariane und Hieronymus wurden dadurch nicht wenig beunruhigt. Nachdem sie ein paar Stunden vergeblich auf seine Ankunft gehofft hatten, schickten sie einige Bauern auf verschiedenen Wegen aus, die aber zurückkamen, ohne etwas von ihm gehört zu haben, wodurch sich ihre Angst nicht wenig vermehrte. Sie warteten noch diesen und den folgenden Tag auf ihn; da er aber nicht erschien, so reiseten sie in großer Bekümmernis weiter, nachdem sie eine Nachricht für ihn zurückgelassen hatten.

Sie gelangten in kurzem auf dem Gute der Gräfin an. Mariane begab sich sogleich mit Hieronymus nach dem Schlosse. Sie hoffte von der Gräfin mit Vergnügen empfangen zu werden; aber diese Dame war, besonders durch Rambolds tückische Einblasungen, sehr wider die gute Mariane eingenommen, welche daher von ihr sehr kalt bewillkommt wurde. In der Tat war der äußerliche Anschein ganz wider Marianen. Auf die Frage der Gräfin, wie die Entführung veranlasset worden, konnte sie nichts mehr antworten, als sie sei von unbekannten Leuten auf einen unbekannten Weg geführet, ohne daß sie die geringste Veranlassung dazu gegeben habe. Dies klang unwahrscheinlich, und es tat Marianen im Gemüte der Gräfin noch mehr Schaden, daß sie schien die Wahrheit wissentlich verhehlen zu wollen. Die Gräfin warf ihr vor, daß sie ihr ungeachtet ihres vertraulichen Umgangs aus den Vorfällen bei der Frau von Hohenauf und aus ihrer Verbindung mit Säuglingen ein Geheimnis gemacht hätte, obgleich aus Säuglings gefundenen Briefen die Beschaffenheit der beiderseitigen Verbindung genugsam erhelle. Sie erinnerte Marianen an ihre und seine Verlegenheit bei seiner Ankunft und an viele andere kleine, vorher nicht bemerkte Umstände, wozu noch der ungewohnte Eifer kam, womit Säugling sie gegen den Obersten verteidigt hatte. Alles dies zeugte wider Marianens Aussage, die sich durch nichts rechtfertigen konnte als durch ihre Tränen; und die Gräfin wußte wohl, daß Tränen oft die Waffen der Unschuld, aber ebenso oft auch der Deckmantel der Verstellung sind. Hieronymus' Vorstellungen, dem überdies alle vorgefallenen Begebenheiten unbekannt waren, konnten wenig Gewicht haben.

Die Gräfin brach endlich kurz ab und sagte zu Marianen: „Es ist in dieser Sache ein Geheimnis, das ich nicht aufzuklären vermag. Ich liebe Sie und wünsche daher, Sie möchten unschuldig sein. Sind Sie es, so erinnern Sie sich doch aufs künftige, daß ein Frauenzimmer jedem Manne einen ungebührlichen Vorteil über sich einräumt, mit dem sie sich in einen geheimen verliebten Briefwechsel einläßt, wäre es auch in der unschuldigsten Absicht, und daß dadurch Verdacht erregt werden kann, wo sie es am wenigsten wünschet. Eine solche kleine Intrige kömmt einem jungen Mädchen, ich weiß wohl, gar allerliebst empfindsam vor; es dünkt sich so vom gemeinen Haufen unterschieden, einer Sappho oder Hero so ähnlich, wenn es an seinen Phaon oder Leander denken und schreiben kann. Dieses romantische Wesen aber (wozu

Sie, liebe Mariane, einige Anlage haben) ist zwar in Büchern und in Gedichten schön und gut; allein wenn es ins gemeine Leben gebracht wird, verursacht es, daß sich niemand in die Lage schickt, in die er vom Schicksale gesetzt ist, sondern eine eigne Welt für sich allein haben will. Ich wenigstens bin keine Liebhaberin der Seltsamkeit und verlange eine Gesellschafterin, die davon ganz frei ist. Die unbekannte Person, die sich für Sie so stark interessiert, wird nicht sogleich ablassen; und dies könnte sich in eine neue Entführung oder sonst in eine unvermutete romanhafte Szene endigen, dergleichen ich in meinem Hause nicht erfahren mag. Wir können also nicht auf dem vorigen Fuße zusammenbleiben. Indes sollen Sie nicht verstoßen sein. Bleiben Sie bei mir, bis Sie auf eine anständige Art versorgt werden; und wenn Sie sich über den letztern unerklärlichen Vorfall rechtfertigen können, will ich selbst für Ihr ferneres Glück Sorge tragen."

Mariane weinte bitterlich, daß sie erst ihren Vater und nun auch ihre Gönnerin verloren hatte und daß sie, ohne ihr Verschulden, in einen Verdacht kam, den sie nicht widerlegen konnte und der noch dazu unglücklicherweise wahrscheinlich war. Sie überlegte mit Hieronymus, was in ihren jetzigen Umständen zu tun sei, oder vielmehr Hieronymus überlegte es allein; denn die gute Mariane lag in ihrem Zimmer halb sinnlos auf einem Lehnstuhle, in Tränen zerfließend. Hieronymus dachte auf verschiedene Vorschläge, die er wieder verwarf. Endlich besann er sich auf den Freiherrn von D. Dieser würdige Mann veranlaßte eigentlich Wilhelminens Heirat mit Sebaldus[1], und Mariane war seine Pate. Er hatte, als er noch am Hofe war, den unüberlegten Vor-

[1] Siehe „Wilhelmine", S. 100.

satz gefaßt, ein ehrlicher Mann zu sein, nie zu schmeicheln, keinen mächtigen Bösewicht erheben und keinen rechtschaffnen Mann unterdrücken zu helfen. Es konnte also nicht fehlen, daß er nicht endlich ein Opfer der List und der Ränke der Hofschranzen werden mußte und in Ungnade kam; wenn man es Ungnade nennen kann, der Abhängigkeit entzogen und sich selbst, seinen Gütern und seiner Familie wiedergegeben zu werden. Der Herr von D. lebte seitdem auf seinen Gütern im Hildesheimischen im Schoße seiner Familie und als Vater seiner Untertanen. Er hatte sich noch kürzlich nach seiner Pate erkundigt, der er in ihrer ersten Jugend sehr gewogen gewesen war, welches den Hieronymus auf die Gedanken brachte, daß Mariane bei ihm die sicherste Zuflucht finden könnte.

Er überlegte abends mit seinem Reisegefährten, dem Verwalter, wie dieser Vorsatz am besten auszuführen sei. Denn seine Geschäfte riefen ihn auf einen entgegengesetzten Weg; und hier wollte er Marianen auch nicht lassen, weil er wirklich das Geheimnis der Entführung nicht ergründen konnte und noch mehrere Folgen davon befürchtete. Der Verwalter, dem Marianens Unfall sehr zu Herzen zu gehen schien, bestärkte ihn in diesen Gedanken; und um ihn noch mehr zu beruhigen, schlug er vor, er wolle Marianen mit sich nach Hause nehmen, wo sie so lange bei seiner Frau bleiben könne, bis seine Wunde völlig geheilt sei; alsdann wolle er sie selbst zum Herrn von D. bringen, der ihm sehr wohl bekannt sei, auch denselben vorher benachrichtigen.

Hieronymus billigte diesen Vorschlag, mit dem auch die Gräfin, die Marianen im Grunde herzlich liebte und des Herrn von D. vortreffliche Eigenschaften kannte, sehr wohl zufrieden war. Sie nahm von Marianen den freundschaftlichsten Abschied, gab ihr mit mütterlicher

Fülle des Herzens die weisesten Lehren und beschenkte sie mit einer ansehnlichen Summe. Mariane empfand, was sie an dieser edlen Dame verlor, küßte ihr weinend die Hände, umarmte ihren Freund Hieronymus, und so stieg sie mit schwerem Herzen in den Wagen und kam in kleinen Tagesreisen in der Wohnung des Verwalters an.

SIEBENTER ABSCHNITT

Der Verwalter gehörte zu den Leuten, von denen man zu sagen pflegt, daß sie wissen, wie es in der Welt zugeht. Dergleichen Leute glauben bemerkt zu haben, daß diejenigen am weitesten kommen, die sich um den Nutzen anderer viel weniger als um ihren eignen bekümmern, die niemand Gutes tun, als den sie zu brauchen gedenken, und also den hilflosen Unglücklichen liegenlassen, wenn er vor ihren Füßen niederfällt, ohne ihn anzusehen, und sich zu dem drängen, der sie ein paar Schritte weiterbringen kann. Mit diesen brauchbaren Grundsätzen war er in der Welt ziemlich fortgekommen; denn er hatte sich aus dem allerniedrigsten Stande bis zur Stelle eines Verwalters ansehnlicher adeliger Güter geschwungen und verwaltete diese mit so gutem Erfolge, daß er die Möglichkeit sah, in einigen Jahren einen Teil davon zu kaufen. Dabei hielt er freilich Recht und Unrecht für Dinge, womit man entweder etwas vor sich bringen oder in Gefängnis und Geldstrafe geraten kann; solange er also dieses nur nicht zu befürchten hatte, war sein Augenmerk beständig auf jenes gerichtet. Marianens Entführung, wovon sie selbst die Veranlassung nicht anzugeben wußte, hatte ihn neugierig gemacht; daher er, während Mariane und Hieronymus auf dem Schlosse waren, einige Bediente der Gräfin ausfragte, die sich in der Schenke einfanden, wo er abgetreten war. Aus den ihm erzählten Begebenheiten von der Gesellschaft, die zuletzt auf dem Schlosse gewesen war, und aus allen Umständen zog er nun den Schluß: der Oberste, dessen Neigung zu hübschen Mädchen er sehr wohl kannte, werde die ganze Sache veranstaltet haben. Er hütete sich aber wohl, davon etwas gegen Hieronymus und Marianen zu erwähnen; denn er glaubte sich durch diese Entdekkung für das Pferd, mit welchem Sebaldus verlorengegangen war, und für die Wunde, die ihm seine unbefugte Neugier (denn was ging es ihn eigentlich an, daß jemand auf der Landstraße entführt wurde?) zugezogen hatte, reichlich bezahlt zu machen. Anstatt also Marianens Aufenthalt dem Freiherrn von D. zu melden, meldete er denselben lieber mündlich dem Obersten und benannte ihm zugleich den Preis, um welchen er sie an einen ihm beliebigen Ort bringen wollte. Er ging hiebei deshalb so offenherzig zu Werke, weil er im Laufe der Welt schon oft erfahren hatte, daß vornehmere Leute als er, wenn er sie seiner Absichten wegen zu bestechen nötig fand, sobald es wirklich ihr Ernst gewesen war, Wort zu halten, lieber geradezu vorher um den Preis ihrer Protektion hatten handeln als sich auf eine ungewisse Freigebigkeit verlassen wollen.

Der Oberste, der sich das Glück nicht träumen ließ, Marianen so bald wiederzusehen, noch weniger, sie in seiner Gewalt zu haben, ging alle Bedingungen ein. Der Verwalter holte also Marianen ab, unter dem Vorwande, sie zum Herrn von D. zu bringen, und nahm ein Nachtlager auf einem der Güter des Obersten. Es war bereits in der Schenke bestellt, daß sie nicht aufgenommen werden könnten, weil alles schon besetzt wäre; der Verwalter fuhr also nach dem herrschaftlichen Hause, wo er den Aufseher zu kennen vorgab. Hier verließ er des

Nachts heimlich Marianen, und den folgenden Morgen bekam sie unvermutet den Obersten zu sehen.

Der Oberste war ein Männchen, das, wie wir schon bemerkt haben, von seiner Person eine nicht geringe Meinung hegte. Er hatte zwei Jahre auf Universitäten reiten lernen und Billard gespielt, darauf etwa ein halbes Jahr vor erfolgtem Frieden sich ein Regiment gekauft, das er bei verschiedenen wohlbedeckten Furagierungen und bei einigen Rückmärschen in der Avantgarde kommandiert und es darauf wohlbehalten in die Winterquartiere geführt hatte, worauf er dann die folgende Zeit meist am Hofe zubrachte. Aus diesem glorreichen Lebenslaufe, glaubte er, müsse erhellen, daß er ein Mann sei, gelehrt, tapfer und voll Weltkenntnis. Er suchte alle Dinge zu affektieren, die ihm die Natur versagt zu haben schien. Ungeachtet sein ganzes Wesen flüchtig und läppisch war, pflegte er doch gemeiniglich eine weise Miene anzunehmen und den Zeigefinger an die Nase zu legen, als sagte er etwas gar Tiefsinniges. Ungeachtet ihm die Bequemlichkeit über alles ging und seine Launen jede Stunde wechselten, redete er doch beständig von Standhaftigkeit, von Anstrengung und Anspannung der Kräfte, von festen Vorsätzen, die man unverrückt ausführen müßte. Obgleich durch frühzeitige Ausschweifungen fast zu allen Wollüsten untüchtig, war doch Genuß immer sein drittes Wort. Nach dieser Beschreibung sollte man kaum glauben, daß ein solcher feierlicher Hasenfuß in der menschlichen Gesellschaft habe erträglich sein können, wenn man nicht täglich sähe, daß eine vornehme Geburt, reiche Einkünfte, eine engländische Kutsche mit einem Zuge von sechsen und ein ziemlich leidliches Angesicht ebenso große und größere Toren zu liebenswürdigen Kerlchen machten.

Unser Mann hegte übrigens den ersprießlichen Grundsatz, man müsse in allen Vorfällen um sein selbst willen handeln, daher derjenige, der Kraft habe, denjenigen, der schwächer sei, ohne Bedenken zwingen dürfe, seinen, des Stärkern, Absichten zu folgen. Da nun das weibliche das schwächere Geschlecht ist, so folgerte er ganz natürlich, daß alle Mannspersonen ein unwidersprechliches Recht hätten, alle Frauenzimmer nach eignem Willen zu behandeln. Zwar gab er zu, daß Stand, Erziehung, Stolz, Sprödigkeit und Eigensinn dem Frauenzimmer eine gewisse Art von zufälliger Stärke geben könnten, die man Tugend nenne; aber er meinte auch, wenn ein Mann neben der seinem Geschlechte eigentümlichen Kraft noch genugsamen Verstand habe, die schwache Seite eines Frauenzimmers zu finden, werde er unfehlbar über sie triumphieren. Da er sich nun Verstand in hohem Maße zutrauete, so sieht man leicht, wie überzeugt er war, kein Frauenzimmer könne ihm widerstehen.

Er dachte daher, auch bei Marianen leicht zu seinem Zwecke zu gelangen. Ihre bisherige Zurückhaltung hielt er für Stolz. Diesem zu schmeicheln, glaubte er, würde das Hauptsächlichste sein. Er begegnete ihr daher vom Anfange an mit der größten Höflichkeit, selbst mit Unterwürfigkeit. Er ersuchte sie, sein Haus als das ihrige anzusehen, bis der Verwalter zurückkäme, der, wie er vorgab, wegen eines unvermuteten Geschäftes eine Reise von einigen Meilen habe tun müssen, und versprach, sie allenfalls in seiner eignen Kutsche weiterzubringen. Mariane ließ sich aber in dieser Falle nicht fangen. Sie bestand darauf, unverzüglich auf dem ersten, dem besten Bauerwagen oder auch zu Fuße weiterzugehen. Sie sagte dies so ernsthaft, daß er seinen Angriff änderte. Seine glühende, überschwengliche Liebe wurde vorgebracht und seine Anbetung einer Göttin, zu deren Füßen er sich und sein ganzes Vermögen niederlegen wollte. Mariane, voll edlen Unwillens, würdigte ihn keiner Antwort, sondern wollte stehendes Fußes weggehen; das äußere Zimmer aber war verschlossen. Er sagte ihr auf die höflichste Weise, sie solle in allen Dingen über ihn und sein Haus zu befehlen haben, den einzigen Punkt ausgenommen, daß sie sich nicht wegbegeben müsse. Mariane, voll Unwillen, fragte, wer das Recht habe, sie aufzuhalten. Er wendete wieder seine Liebe vor; er bat, er beschwor sie, er versicherte auf den Knien, sie habe von ihm nichts Unanständiges zu besorgen; selbst ihrer Gesellschaft, so angenehm sie ihm sei, wolle er sich entziehen, wenn er ihr beschwerlich falle. Mariane warf sich in einen Stuhl und weinte, er fuhr fort, zu bitten und zu versprechen, sie mußte der Gewalt nachgeben und wider ihren Willen dableiben.

Sie begab sich in das ihr angewiesene Zimmer und untersuchte sorgfältig, ob irgendwo ein verdeckter Eingang sein könne, aber es war alles sicher. Sie frühstückte allein. Nachher ging sie in den Garten. Sie bemerkte wohl, daß sie von verschiedenen Personen von fern beobachtet ward und daß sie nicht werde entfliehen können; aber der Oberste ließ sich nicht sehen. Es vergingen einige Tage, in denen sie alles empfand, was ihr jetziger Zustand Schreckliches und die Aussicht ins Künftige Beunruhigendes hatte. Der Oberste, der seinen Anschlag nie aus dem Sinne ließ, fand sich unvermutet auf ihren Spaziergängen, wo ihm nicht auszuweichen war. Er begegnete ihr mit größter Ehrfurcht. Sie konnte ihm zuletzt nicht abschlagen, zuweilen bei Tische oder bei einem kurzen Spaziergange in seiner Gesellschaft zu sein. Er fuhr fort zu beteuren, daß er sie auf das innigste liebe und daß er ihre Gegenliebe nicht zu erzwingen, sondern zu verdienen suchen wolle. Mariane fuhr fort, ihn aufs entschlossenste zu versichern, daß er ihre Gegenliebe auf keine Weise erhalten werde, daß er sie also nicht ferner quälen, sondern sie wegreisen lassen möchte; und sie selbst sann beständig auf ein Mittel, sich aus dieser unangenehmen Lage zu ziehen.

Der Oberste ward durch einen so starken Widerstand, den er nicht vermutet hatte, noch mehr erhitzt und fing an, andere Pläne zu entwerfen, um seinem Zwecke näherzukommen. Er wiederholte sich in Gedanken alle sinnreiche Mittel entflammter Liebhaber, die widerspenstige Gebieterinnen zähmen wollen: zum Beispiel die Ehe zu versprechen und sein Wort nicht zu halten oder sich durch einen verkleideten Kammerdiener trauen zu lassen, seiner Geliebten einen Schlaftrunk zu geben und sich zu ihr zu schleichen, im Fußboden ihres Zimmers eine Falltüre machen zu lassen oder durch einen Kamin hineinzusteigen und so weiter. Weil ihm diese aber sämtlich nicht gefielen, nahm er seine Zuflucht zur Lesung der Geschichte der Clarissa Harlowe, um seine Einbildungskraft durch den Charakter des Lovelace anzufeuern, einen Charakter, den er beständig äußerst bewundert hatte, und nicht ohne Ursache, da ihm selbst Leibes- und Geisteskräfte zum Guten und zum Bösen fehlten, um ein Lovelace zu sein. Bei dieser Lektur fiel ihm auf, daß er das, was Lovelacen der Zufall gewährte[1], durch ausdrückliche Anstalt erlangen könnte. Er ließ wirklich eines Morgens, kurz vor Anbruch des Tages, in Marianens Vorzimmer ein paar Vorhänge und ein paar Bunde Stroh anzünden und pochte nachher mit großem Getöse an ihr Zimmer, um sie aufzuwecken. Er glaubte gewiß, sie in dem allerleichtesten Nachtanzuge zu treffen. Er irrte sich aber, denn Mariane, von Anfang

[1] Siehe „Geschichte der Clarissa", deutsche Übersetzung, V. Teil, 7. Brief, S. 70 u. f.

an sehr mißtrauisch, hatte in ihren gewöhnlichen Kleidern geschlummert. Sie öffnete die Tür voll Entsetzen, und da allenthalben Rauch und Flammen hereinschlugen, ergriff sie nur ihre Tasche und Uhr und folgte dem Obersten, der seine Beute durch Dampf und Funken nach einem abgelegenen Gartenhause schleppte, wo sich Mariane atemlos niedersetzte. Der Oberste wollte ihre erste Bestürzung nutzen, fiel ihr zu Füßen und wiederholte seine Liebeserklärung feuriger als jemals; aber da er in kurzem unbescheiden ward, stieß ihn Mariane mit beiden Händen so heftig von sich, daß das Männchen, zwar in Worten, aber nicht an Kräften ein Herkules, rücklings zu Boden fiel. Ehe er, vom Falle betäubt, noch aufstehen konnte, sprang Mariane in den Garten. Dieser war von dem daranstoßenden weitläufigen Parke durch eine grüne, aber hin und wieder etwas verdorrte Hecke gesondert. Diese Stellen hatte sich Mariane bei ihren Spaziergängen schon längst gemerkt. Sie schaffte sich durch die dürren, zerbrechlichen Sträuche einen Weg in den Park, und da sie schnell das Ende desselben erreicht hatte, so lief sie geradeaus ins Feld, ohne sich umzusehen.

SECHSTES BUCH

ERSTER ABSCHNITT

Es ist Zeit, daß wir zum Sebaldus zurückkehren, den wir auf dem Pferde des Verwalters verlassen haben, auf dem er voranritt, um in dem nächsten Dorfe für die nachkommende Gesellschaft eine Mittagsmahlzeit zu bestellen. Der Fuhrmann hatte ihn versichert, der Weg sei nicht zu verfehlen. Dies war auch vielleicht einem Kutscher nicht möglich, aber wohl einem Manne wie Sebaldus, der selten ganz genau auf die Dinge um ihn her Achtung gab, am wenigsten auf das Gleis einer Landstraße. Er war kaum einige hundert Schritte fortgeritten, als er sich in eine Betrachtung über die zweite Posaune in der Apokalypse vertiefte, wogegen sein Pferd, dem der Zügel an der Mähne hinabhing, sich kurz darauf an einen vier Schritte vom Wege stehenden Heuschober machte. Nach einigen Minuten merkte Sebaldus, daß das Pferd nicht fortging, und spornte es an, ohne es zu lenken. Es trabte daher gerade fort über Wiesen und Brachfelder, bis es wieder auf einen Weg kam. Nachdem Pferd und Mann auf demselben ein paar Stunden fortgeeilt waren, wunderte sich Sebaldus, noch kein Dorf vor sich zu sehen; doch ließ er sich nicht träumen, daß er den rechten Weg könne verfehlt haben. Nach einiger Zeit erblickte er ein Dorf. Er zweifelte gar nicht, daß es das rechte wäre, ritt vor die Schenke, stieg vom Pferde und übergab es einem vor dem Hause stehenden Knechte, der es seitwärts nach dem Stalle zu führte. Er selbst trat sogleich ins Haus, bestellte die Mittagsmahlzeit für vier Personen und setzte sich in die Gaststube, um auszuruhen. Nachdem er so eine Weile unter einem Geräusche von vielen Menschen gesessen hatte, stand er auf, um seiner Gesellschaft entgegenzugehen, weil er aus der Länge der verfloßnen Zeit schloß, sie müßte schon dicht vor dem Dorfe sein. Er wanderte fort, das Gemüt voll von dem doppelten Vergnügen, seine Tochter bald wiederzusehen und eine neue Erklärung der zweiten Posaune erfunden zu haben. Er hing sonderlich diesem letztern Vergnügen so stark nach, daß er erst nach geraumer Zeit aus untrüglichen Kennzeichen merkte, er sei auf einem ganz andern Wege, als auf dem er gekommen war; denn er befand sich dicht vor einem andern Dorfe und sah aus der Höhe der Sonne, es sei wirklich Mittag. Er eilte also zurück und fand zu seinem großen Erstaunen, daß die Gesellschaft noch nicht angekommen war. Er befürchtete, ihr möchte ein Unglück begegnet sein, und forderte sein Pferd, um ihr entgegenzureiten; aber noch mehr erstaunte er, da niemand von seinem Pferde etwas wissen wollte. Er hatte einen fremden Kerl für einen Knecht aus dem Hause angesehen und ihm sein Pferd gegeben, der sich aber, sobald Sebaldus ins Haus gegangen war, darauf geschwungen und es fortgeritten hatte. So war er also um seine Gesellschaft und um sein Pferd gekommen und hatte zum Troste nichts als seine apokalyptische Entdeckung und ein übergares Mittagsessen auf vier Personen, davon er bei allem seinen Appetite sich doch nicht zu essen getraute, weil er immer noch auf die Ankunft seiner Gesellschaft hoffte. Endlich nötigte ihn der Hunger, sein Anteil davon zu verzehren, und die Wirtin nötigte ihn, das Ganze zu bezahlen.

Er wartete den Tag und noch ein paar folgende auf seine Gesellschaft und war in der größten Verlegenheit, da sie nicht ankam. Weil er weder den Namen des Dorfes, wo sie ihn einholen sollte, noch den Namen der

Gräfin, noch den Namen ihres Gutes behalten hatte, so sah er sich auf einmal wieder in die weite Welt versetzt. Sein einziger Trost war, daß er des Hieronymus Empfehlungsbrief an den Kammerjunker in Holstein und noch so viel Geld bei sich hatte, um dahin zu reisen. Da er erfuhr, daß der Postwagen nach Holstein den folgenden Tag durch dies Dorf gehen würde, so setzte er sich ohne ferneres Verweilen darauf.

In wenigen Tagen kam er bei dem weiland Kammerjunker an. Dieser hatte am Hofe den Mangel des Verstandes durch reiche Kleider[1] zu ersetzen gesucht. Nachdem er aber mit einer reichen alten Witwe verheiratet und dadurch in Stand gesetzt war, den Hof zu verlassen, begab er sich auf seiner Frauen Güter und verdeckte nun den obengedachten, noch immer fortdauernden Mangel durch eine andere Art von Virtu. Er sammelte antike und moderne Münzen und Gemmen, Kopien und Abgüsse alter Statuen und Basreliefe und allerhand echte und unechte griechische und römische Altertümer. Diese Sammlung zu vermehren, zu ordnen, seinen Besuchern zu zeigen und darüber zu schwatzen war seine hauptsächlichste, einer verständigen und gelehrten so ähnlich scheinende Beschäftigung, daß er sich selbst oft einbildete, er habe Verstand und Gelehrsamkeit. Freilich ging es ihm mit seinem Kabinette zuweilen wie ehemals mit seinem Kleiderputze. Bei diesem mußte oft Straß anstatt Juwelen, Plüsch statt Sammet und ein bunter Lack von Martin statt Goldes dienen. Ebenso war auch jenes, anstatt wahrer Altertümer Münzen und Gemmen, meist mit allerhand Lumpenzeuge angefüllt, welches er nur aufbewahrte, weil es alt, zerbrochen, beschmutzt und unbrauchbar aussah. Der kleine Mann war aber in

[1] Siehe „Wilhelmine", S. 99.

allen antiquarischen Kenntnissen, wodurch er hätte auf den Verdacht kommen können, seine Altertümer wären unecht, glücklicherweise so unwissend, daß ihm seine alten Lampen, Urnen, Opferbeile, Scheidemünzen und Petschafte völlig ebendas Vergnügen machten, was sie einem echten Altertumskenner würden gemacht haben, wenn sie tausend Jahre älter gewesen wären. Er besaß weiter keine Kenntnisse, als die sich aus Kompendien und Journalen aufraffen lassen und die ihm die Verkäufer von Münzen und Gemmen einprägten. Auch fand er diese zu seinem Zwecke, sich als eine wichtige Person zu fühlen, so vollkommen hinlänglich, daß er nicht daran dachte, andere und bessere zu erwerben, zumal da er noch dabei die glückliche Gabe besaß, wenn er gelehrte Leute reden hörte, stillzuschweigen und, was sie gesagt hatten, in der nächsten Viertelstunde wörtlich als seine eignen Gedanken zu wiederholen. Dies tat ihm, wie so vielen andern reichen Sammlern, in vielen Vorfällen beinahe ebendie Dienste, als ob er selbst gedacht und geurteilt hätte.

Der hochwohlgeborne Kenner empfing den Sebaldus mitten in seinem Kabinette, wo alle seine Herrlichkeiten zur Schau ausgestellt waren, sitzend auf einer Sella curulis, nicht zwar von Elfenbein, doch aber von weiß angestrichnem Holze, mit bloßem, halbgeschornem Haupte, wie ein römischer Konsul, und in einem Schlafrocke, zugeschnitten nach dem echten Modell einer Trabea, welches ihm gegen reichliche Bezahlung von einem gelehrten Professor war mitgeteilt worden, der ausdrücklich die Schneiderkunst gelernt hatte, um den echten Schnitt dieses römischen Feierkleides endlich einmal herauszubringen. Dieses ist bekanntlich vielen sonst grundgelehrten Leuten, die über die Kleidung der Alten geschrieben haben, noch bisher nicht gelungen, vielleicht bloß deswegen, weil sie alle nicht wußten, ob man einen Pelzmantel in die Länge oder in die Quere des Zeuges zuschneiden muß.

Nachdem der Kammerjunker des Hieronymus Brief gelesen hatte, versicherte er den Sebaldus zwar sehr ernsthaft seiner Gnade (denn seitdem er reich geworden, ergriff er gern jede Gelegenheit, wobei er den Mäzen spielen konnte), doch bedauerte er, einen so grundgelehrten Mann wie Sebaldus nicht zu seinem Bibliothekar haben zu können. Diese Stelle war nämlich bereits durch einen gelehrten Magister besetzt worden, den Schwestersohn eines Mannes, der ihm viele Altertümer und noch kürzlich eine rare Kamee, im echten Ambra (dergleichen der ehemals berühmte Klotz besaß), und nicht etwa in Bernstein geschnitten, verkauft hatte.

Indes lud er doch den Sebaldus auf den andern Morgen zum Frühstücke ein, hauptsächlich sich selbst zu Gefallen. Denn weil es seinen Nachbarn, die ohnedies von allen Altertümern aufs höchste alte Pokale und alte Bankotaler liebten, schon bekannt war, daß unser gelehrter Landjunker diejenigen, die er einmal in sein Kabinett bekommen konnte, sobald nicht wieder herausließ, so konnte er nur selten jemand finden, der es besehen wollte.

Der gute Sebaldus, obgleich von aller Kennerschaft weit entfernt, mußte denn auch unter manchem Gähnen und Räuspern wirklich über fünf Stunden aushalten. Zuerst ward er in einen Saal geführt, wo verschiedene Abgüsse von berühmten antiken Bildsäulen aufgestellt waren. „Man muß damit", sagte der Besitzer, „schon zufrieden sein, weil man die Originale nicht haben kann." Er ging ziemlich geschwind dabei vorüber; doch fuhr er seiner Venus von Medici sanft über den Rücken herunter und fragte den ganz erstaunten Sebaldus, ob ihm derselben Hinterteile auch so wohl gefielen als dem gelehrten Smollett[1]. Ohne Antwort zu erwarten, wandte er sich schnell zu seinen geliebten Antiken, bei deren Deutung er sich weitläufig aufhielt. Da war mehr als eine dickbäuchige Venus und dickplünschige Minerva, desgleichen verschiedene Apolle, die wie Schneidergesellen aussahen, breitschultrige Merkure und Jupiter mit spitzen Stirnen und aufgestutzten Nasen. Sodann kamen sie in verschiedene Zimmer voll zerbrochner Urnen, Töpfe und Teller, voll rostiger Degenklingen und Beile und einer unzähligen Menge unbrauchbaren Hausgerätes, woraus mit Verwunderung zu ersehen sein sollte, daß die Leute vor tausend Jahren Messer, Schnallen und Schlüssel gehabt hätten, beinahe ebenso wie wir. Von da traten sie ins Allerheiligste, wo die Gemmen und Münzen aufbehalten wurden. Mitten im Zimmer stand des berühmten Lipperts Sammlung von Abdrücken auf einem zierlichen Gestelle. Der Kammerjunker zog ein paar Schubladen davon nachlässig auf und sagte: „Sie sind ganz artig, aber doch nur Abdrücke, ich halte auf Originale." Er besaß wirklich eine große Menge von plumpen und verzerrten Gesichtern, sehr stumpf in allerhand Steine geschnitten, denen er einen großen Wert beilegte. Auch zeigte er seine Münzen, auf deren vielen er den Sebaldus den edlen Rost bemerken ließ. Sie waren alle unverfälscht antik und zu mehrerer Bequemlichkeit in sehr dicke Pappen gefaßt, so daß man Seite und Rückseite, nicht aber die Ränder sehen konnte[2]. Er versicherte, daß diese Einrichtung sehr nied-

[1] Man s. Smolletts „Reisen", nach der deutschen Übersetzung, S. 297.

[2] Es ist bekannt, daß die betriebsamen Leute, welche den Kunstkennern viele Wunder aufheften, auch erfunden

lich wäre und daß ihm die ganze Sammlung von einem gelehrten Antiquare so gefaßt sei verkauft worden. Was er aber mehr als alles andere zu schätzen schien, war eine Sammlung von Belagerungs- und Notmünzen. Er hatte in der Tat viele Stückchen gestempeltes Blech, Zinn und Leder nebst Stückchen von silbernen Tellern mit allerlei Figuren. Er sagte, mit erhabener Nase, er besitze nicht wenig Münzen dieser Art, die selbst der berühmte Klotz in seinem gelehrten Werke „De numis obsidionalibus" nicht gekannt habe, und er hoffe, in kurzem ein kapitales Stück zu erhalten, nämlich eine Notmünze, in einer der Festungen geschlagen, die der berühmte Oberste Shandy durch seinen Feuerwerksmeister Trim mit ledernen Kanonen beschießen ließ.

Indem er so mit großem Eifer seine Seltenheiten herausstrich, erblickte er von ungefähr an des Sebaldus Finger dessen Petschierring, worin ein Anker gegraben war.[1]

„Ei", rief er aus, „was für eine schöne Antike haben Sie da?"

Sebaldus versicherte ihn, daß der Ring sehr modern sei und von einem Petschierstecher in einer kleinen Stadt in Thüringen sei gegraben worden.

Der Antiquar versetzte mit sonderbar schlauer Miene: „Ja, ja! Aber, ob er gleich modern ist, so möchte ich ihn doch wohl haben. Die geschnittenen Steine von einer

haben, Münzen auseinanderzusägen und die Hauptseite und Kehrseite verschiedener Stücke zusammenzusetzen, woraus denn ganz neue, sonderbare Münzen entstehen. Dergleichen haben schon zu sehr gelehrten Erklärungen Gelegenheit gegeben, welche nur durch genaue Betrachtung der Ränder zu widerlegen waren.

[1] Man s. „Wilhelmine", S. 50.

gewissen Farbe, von einem edlen Ziegelrot, gefallen mir. Ich will ihn Ihnen abkaufen."

Sebaldus antwortete: er habe den Ring bisher zum Andenken seiner Wilhelmine getragen, wenn er aber würdig sei, in dieses Kabinett aufgenommen zu werden, so wolle er ihm solchen schenken. Der Kammerjunker ließ sich die Schenkung nochmals mit einem Handschlage bestätigen; und nun konnte er seine versteckte Freude nicht mehr bergen. Er drückte dem Sebaldus die Hand, zeigte ihm hin und wieder ein Pünktchen auf dem Steine, versicherte mit selbstzufriedener Miene, er sei ein Kenner antiker Arbeit; der Stein sei ungezweifelt echt antik und für ihn unschätzbar, weil er eine Form von Ankern abbilde, die weder Bayfius noch Amnelius in ihren Werken „De re nautica veterum" angeführt hätten. Und nunmehr nahm er den Sebaldus, welcher verstummte und sich nicht getraute, dem gelehrten Kenner zu widersprechen, im Ernste in seine Protektion, gab ihm sogleich ein Zimmer in seinem Schlosse ein und verschaffte ihm in wenig Tagen die Stelle eines Hofmeisters bei dem Sohne eines Pfarrers in einem benachbarten Städtchen.

Sebaldus schrieb an seinen Freund Hieronymus, um ihm die Unfälle seiner Reise, seine Ankunft beim Kammerjunker und seine Beförderung zu melden, bat ihn um Nachrichten von Marianens Aufenthalte und ging darauf nach seinem neuen Posten zum Archidiakon Mackligius ab.

ZWEITER ABSCHNITT

Der Archidiakon Mackligius hatte weder viel gute noch viel böse Eigenschaften und nur gerade so viel studiert, als zum Predigen und zum Beichtesitzen nötig waren:

das heißt sehr wenig. Er predigte aber von seinen Kandidatenjahren an einen sehr hellklingenden, vernehmlichen Tenor, welcher der sämtlichen erbgesessenen Bürgerschaft sehr gefallen mußte, denn er war frühzeitig zum Diakon an einer Kirche seiner Vaterstadt erwählt worden. Mit der Zeit rückte er nicht nur in die Archidiakonatsstelle, sondern ein Edelmann, der die Pfarre eines nahe an der Stadt gelegenen kleinen Fleckens zu vergeben hatte, welche gewöhnlich das Filial eines Stadtpredigers war, gab ihm dieselbe noch nebenher zu verwalten.

Mackligius hatte beim Antritte seines Amts alle Bücher, die man in diesem Winkel Holsteins für symbolisch hielt, unbesehen beschworen und, was in der besondern Formula committendi seines Städtchens von jedem Prediger verlangt wurde, ohne Umstände unterschrieben. Er war dabei sehr beruhigt, weil er nunmehr durch einen heiligen Eid alles Nachdenkens über die sämtlichen in den symbolischen Büchern enthaltenen Lehren überhoben zu sein glaubte. Zwar wußte er wohl, es sei noch erlaubt, dieselben in der Absicht ferner zu untersuchen, um mehrere Beweisgründe dazu aufzufinden, hielt aber weislich für gut, dies zu unterlassen, weil er gar nicht einsehen konnte, wozu noch mehrere Beweisgründe nötig sein sollten. Denn es hatten ja alle Geistlichen einen schweren Eid geleistet, sie zu lehren, und man wußte seit mehr als hundert Jahren in den Marschländern kein Beispiel, daß ein Laie einen Zweifel darüber gehabt hätte; überdies war in unvermutetem Falle leicht abzusehen, daß man einen solchen durch Versagung der Absolution und Wegweisung vom Abendmahle genugsam würde im Zaume halten können. Er hielt sich also im Gewissen verbunden, die Zweifel, die ihm, obwohl sehr selten, aufstießen, denen zur Verantwortung zu überlassen, von denen er war vereidet worden. Da er also bloß zu lehren, nicht aber zu untersuchen hatte, so konnte er sein Amt beinahe ganz mechanisch ausüben. Die Zeit, die ihm davon übrigblieb, brachte er zur Motion mit Graben und Pflanzen in seinem Pfarrgarten zu; er war nämlich ein großer Kenner und Liebhaber von allen raren Nelkenarten und Tulpenzwiebeln und zog sie in großer Vollkommenheit. Eine unverdächtige Beschäftigung, denn man will bemerkt haben, daß die Liebhaber derselben weder in der Kirche noch in dem Staate Unruhen zu erregen pflegen. Er hielt auch viel auf Federvieh, welches er täglich selbst zu füttern und seine tolligen Hühner, eine nach der andern, beim Namen zu sich zu rufen pflegte. Daneben hatte er noch einen schönen Taubenschlag, der ihm manche halbe Stunde vertrieb. Bibelfest war er sehr und pflegte bei aller Gelegenheit Sprüche anzuführen, welches ihm, wenn sich der Inhalt auch gar nicht zur Sache schickte, sondern nur etwa ein Wort einen ähnlichen Klang hatte, nicht unerbaulich schien. Sonst las er eben nicht in Büchern, und weil er meist aus dem Stegreife predigte, so kam auch das Schreiben selten an ihn, außer daß er akkurate Listen von allen bei ihm beichtenden Kommunikanten hielt und selbige wöchentlich nachtrug. Diese hatte er in so guter Ordnung, daß mit einem Blicke zu übersehen war, wer im letzten Vierteljahre nicht gebeichtet hatte. Ein solches Beichtkind zeichnete er sich an, um bei demselben, sobald sich's tun ließ, einen Hausbesuch abzustatten, wobei er dann gegen die Verächter der Beichte ein wenig zu eifern pflegte, weil er wirklich auf diesen Glaubensartikel am strengsten hielt. Sonst tat er niemand etwas Böses; und ob er gleich, wenn es sein Evangelium mit sich brachte, auch von der Kanzel weidlich auf die Sünder zu schelten wußte, so war er doch im gemeinen Leben ein ganz umgänglicher Mann, der, wenn sich jemand an ihn wendete, gern mit Rat an die Hand ging, auch zuweilen mit Tat, nur nicht mit Gelde, welches, wie wir der Wahrheit zur Steuer bekennen müssen, dem ehrlichen Mackligius ziemlich fest ans Herz gewachsen war.

Eben auch die Begierde, seine Einkünfte nicht zu vermindern, bewog ihn, den Sebaldus in sein Haus zu nehmen, und der Unterricht seines Sohnes war eigentlich nur eine Nebensache. Denn da Ehrn Mackligius der heilsamen alten Meinung war, daß man auf Schulen die menschlichen Studien (Humaniora), das heißt bloß Wortkenntnis treiben müsse, daß hingegen die wenige Sachenkenntnis, die ein Theologe braucht, sehr füglich bis zur Universität verspart werden könne, so bestand die Unterweisung des jungen Heinz Mackligius beinahe bloß darin, daß er wechselsweise ein Pensum aus Dieterieii „Institutionibus catecheticis", aus Rhenii „Grammatica latina" und aus Wellerii „Grammatica graeca" auswendig lernen mußte und nebenher ein wenig Hebräisch buchstabierte. Nun besaß Heinz Mackligius (der, nach dem zu urteilen, was man in frühen Jugendjahren an ihm bemerkt hat, gewiß noch ein Pfeiler der orthodoxen Kirche werden muß) eine so glückliche Gabe, Regeln, die er nicht verstand, auswendig zu lernen, daß er seinem Lehrmeister beinahe gar keine Mühe machte. Sein Vater hatte daher dessen Unterricht neben seinem Predigtamte, Gartenbaue und Hühnerfüttern ganz gemächlich abwarten können, würde also auch wohl nicht daran gedacht haben, für denselben einen Hofmeister anzunehmen, wenn ihm nicht bei herannahendem Alter das Predigen in seinem Filiale allzu beschwerlich gefallen wäre. Der Weg war weit, und wenn er nach geendigter Predigt in der Sakristei den Klingebeutel ausschüttete, so schien er ihm nicht halb bezahlt zu sein. Das verdroß ihn dergestalt, daß er einst das Filial ganz aufgeben wollte. Nachdem er aber überlegt hatte, daß die Artikel des Beichtgeldes, der Taufen, Trauungen und Beerdigungen in der Haushaltung ein Loch machen würden, wenn sie ausblieben, ungerechnet noch die Käse und die Butter nebst den fetten Hammeln und Gänsen, woran die gottseligen Marschlandsbauren ihre Seelenhirten keinen Mangel leiden ließen, so ward er ganz unruhig und wußte nicht, wozu er sich entschließen sollte.

Endlich fiel er auf den glücklichen Gedanken, daß er einen Hofmeister für seinen Sohn annehmen und demselben die sonntäglichen und meisten festtäglichen Predigten im Filiale auftragen wollte. Die Einkünfte des Klingebeutels dachte er ihm zum Hofmeistergehalte anzuweisen; das Beichtgeld hingegen nebst den Tauf-, Trauungs- und Leichengebühren behielt er sich selbst vor. Auf diese Art berechnete er klaren Vorteil. Er wälzte den Unterricht seines Sohnes und die beschwerlichen Filialpredigten von sich ab, und doch wurden seine Einkünfte nur um etwas sehr weniges vermindert.

Dieses sehr wenige war indes nebst freier Wohnung und Kost für den genügsamen Sebaldus völlig hinreichend. Er trat also sein doppeltes Amt mit herzlicher Zufriedenheit an, unterwies seinen Zögling und predigte jeden Sonntag fleißig. So lebte er einige Wochen lang sehr zufrieden, bis ein kleiner Umstand seine Ruhe störte und in dem ganzen Städtchen einen unvermuteten Rumor erregte.

DRITTER ABSCHNITT

Es hatten damals die Herren Landprediger zwei Meilen in der Runde um dieses Städtchen ein sehr nützliches Institut angefangen, das wir allen Landpredigern innerhalb und außerhalb Holstein zur Nachahmung höchlich anpreisen wollen. Es ist ein sehr gemeiner und oft nicht ungegründeter Vorwurf, den man diesen Landgeistlichen macht, daß sie endlich selbst zu Bauern würden und gänzlich vergäßen, daß sie Gelehrte sind. Die Hauptursache davon ist wohl, daß sie selten zusammenkommen, außer etwa auf Synodalversammlungen oder auf Witwenkassenberechnungen. Sie erfahren daher nichts von dem, was in der gelehrten Welt vorgehet, und verlieren alle Lust, sich um gelehrte Sachen zu bekümmern, die ganz außer ihrem Gesichtskreise liegen.

Diesem Übel vorzubeugen, war auf Veranlassung des jüngsten Diakonus in der Stadt, Ehrn Pypsnövenius, unter den sämtlichen Landpredigern dieser Diözes die Verabredung getroffen worden, daß sie, besonders im Sommer, alle Freitage nachmittags zur Stadt kamen. Sie ließen sich zuförderst sämtlich barbieren, auch sollen sie wohl unterderhand Dispositionen von vorjährigen Predigten gegeneinander ausgewechselt haben, die dadurch auf dieses Jahr wieder brauchbar wurden. Alsdann begaben sie sich zu Ehrn Pypsnövenius, wo sie die neuen Stücke der „Hamburgischen Nachrichten aus dem Reiche der Gelehrsamkeit“[1] allemal auf dem Tische fanden. Wenn diese gelesen und darüber diskuriert worden war, so wurden wohl, wenn es die Zeit erlaubte, noch andre neue oder nützliche Bücher vorgelesen: zum Beispiel des Herrn Doktor Heins „Patriotischer Medikus“, verschiedene deutsche Schriften des Herrn Doktor Crusius, als

[1] Diese gelehrte Zeitung ist eigentlich längst vergessen, aber so wie manche Sträucher nicht unter dem Linnéischen, wohl aber unter dem Trivialnamen bekannt sind, möchten sich vielleicht noch einige des Trivialnamens der schwarzen Zeitungen erinnern. (Anmerkung der vierten Auflage.)

der „Gnomon oder Zeiger zum richtigen Verstande des Propheten Jesaias“, der „Plan der Offenbarung Johannis“, die „Prophetische Theologie“ und andere mehr; die neuesten lateinischen Verse der hamburgischen Gymnasiasten, auch wohl einige ungedruckte neue exegetische Entdeckungen des Herrn Erichson in Storkow oder neue politische Remarken und Epigramme vom Herrn Westphal in Tönning.

Wenn dieses abgetan war, wurde um sechs Uhr, damit die fremden Gäste beizeiten nach ihrer Heimat zurückreisen konnten, gegen eine gesetzte Zeche von sechs Lübschschillingen eine Abendmahlzeit von holsteinischem Rauchfleische und Schlackwürsten nebst gutem Eutiner Biere aufgetragen. Dabei zeigte sich die Gesellschaft fröhlich, und jeder der Gäste erzählte dann, was an seinem Orte Merkwürdiges vorgefallen war. Jubelhochzeiten, Zwillinge oder Drillinge, Kälber mit sechs Füßen oder Hunde mit zwei Köpfen, Mordgeschichten und Hagelschaden wurden nicht leicht übergangen. Eine Neuerung in der Lehre oder in der Kirchenzucht aber durfte kaum irgendwo aufducken, so ward sie unfehlbar in dieser Versammlung angezeigt, die auswärtigen herzlich beseufzet, die inländischen aber (die freilich sehr selten vorfielen) zur Ahndung empfohlen. Durch diese Anstalt ward die Reinigkeit der Lehre in dem ganzen Kirchsprengel nicht wenig befördert; denn Ehrn Pypsnövenius trug das, was in der Versammlung berichtet worden war, jederzeit am folgenden Sonntage nach geendigter Vesper dem Kirchenpropste Ehrn Doktor Puddewustius zu, der sodann nach Beschaffenheit der Umstände die weisesten Maßregeln nehmen konnte.

Einst berichtete auch in dieser Versammlung einer der Landprediger, Ehrn Suursnutenius, daß sein Schulmeister, ein Leinweber und feiner wachsamer Mann, der die symbolischen Bücher ad unguem auswendig wisse, am vergangnen Sonntage in dem Filiale Ehrn Mackligii von dessen Informator eine Predigt gehört habe, worin behauptet worden: man müsse die Christen von andern Religionsparteien als seine Brüder lieben. Ehrn Suursnutenius setzte für sich hinzu: Hieraus würde folgen, man müsse auch die Kalvinisten als seine Brüder lieben; welcher Satz bei jetzigen Umständen um so viel bedenklicher sei, da ja bekanntlich, aller Vorstellungen Rev. Ministerii ungeachtet, verschiedene kalvinische Tuchmacher in der Stadt das Bürgerrecht erhalten hätten, zum großen Schaden und Ärgernisse der alt-evangelischen Einwohner, die noch wohl würden in Hütten und Keller weichen oder gar den Wanderstab ergreifen müssen, wenn's so fortginge. Noch wolle der Schulmeister erzählen, der Informator habe auch gepredigt: Gott sehe aufs Herz und nicht auf die Lehre; man müsse daher auch tugendhafte Juden und Heiden nicht geradezu verdammen. Er, Suursnutenius, aber wolle, weil es, gar zu arg sein würde, der christlichen Liebe gemäß glauben, der Schulmeister könne hierin wohl falsch gehört haben.

Die Gesellschaft ging auseinander. Aber diese Nachricht ward, wie gewöhnlich, den folgenden Sonntag von Ehrn Pypsnövenius dem Kirchenpropste Doktor Puddewustius wiedererzählt. Doktor Puddewustius schüttelte ziemlich den Kopf, fragte nochmals nach den Umständen und schüttelte wieder. Er stieß manches Hum und Hem aus, legte zwei- oder dreimal den linken Zeigefinger an die Nase, und nach reifer Überlegung entschloß er sich, beim Archidiakonus Ehrn Mackligius selbst nähere Anfrage zu tun.

Um bei der Untersuchung solcher wichtigen Angelegenheit desto weniger Aufsehen zu erregen, besuchte der Propst und der Diakon den Archidiakon am Montage nach Tische, als ob es nur von ungefähr im Vorbeigehen geschähe. Sie fanden ihn im Garten, im Kamisole, eine alte Nachtmütze auf dem Kopfe und eine Schürze vorgebunden, den Spaten in der Hand, beschäftigt, den vorher auf ein Salatfeld ausgebreiteten Dünger unterzugraben.

Bei der unvermuteten Ankunft des Propstes war zwar der Archidiakon ziemlich betroffen, holte aber gar bald aus dem nahe liegenden Gartenhause eine genähte baumwollne Perücke nebst einer alten Summarie, die ihm im Hause statt eines Schlafrocks diente, so daß es, weil der Kirchenpropst sehr langsam einherging und der Archidiakon sich sehr geschwind umzog, nicht lange währte, bis letzterer imstande war, seinen geistlichen Obern zu empfangen.

Nach den ersten Bewillkommungskomplimenten, nachdem die Materie vom schönen Wetter abgehandelt und die Nachfrage nach dem Flusse in der Schulter und den Rückenschmerzen, denen Se. Hochwürden zuweilen unterworfen waren, geendigt worden, folgte die Klage über die schlechten, verderbten Zeiten, bei welchen die in der Stadt angesetzten kalvinischen Tuchmacher erwähnt wurden; und hiervon kam Doktor Puddewustius ganz natürlich auf die Predigt, die Sebaldus von der Liebe gegen Mitglieder anderer Religionsparteien sollte gehalten haben. Ehrn Mackligius war über den Inhalt derselben nicht wenig bestürzt. Er versicherte, er würde an keinem seiner Hausgenossen solche irrige Lehre dulden und wolle sogleich den Informator rufen lassen, daß er sich selbst in Gegenwart Sr. Hochwürden verantworte. Der Propst aber wollte dies nicht gestatten, damit es nicht etwa in der Stadt ein Aufsehen geben möchte. Er ermahnte nur Ehrn Mackligium, seinen Informator insgeheim zu vernehmen, ob er wohl wirklich so gepredigt habe, und ihn vor fernerer Neuerung in der Lehre ernstlich zu warnen, im weitern Übertretungsfalle aber ihn gleich abzuschaffen. Er versicherte, aus der Erfahrung zu haben, daß die Hornviehseuche durchs Totschlagen der kranken Häupter und die Heterodoxie durch Absetzen und Wegschaffen der irrigen Lehrer am sichersten vertilgt würden und daß in beiden Fällen alle anderen Mittel zu weitläuftig und überdies zu unkräftig wären. Hiermit nahmen die beiden Geistlichen Abschied.

VIERTER ABSCHNITT

Mackligius ließ den Sebaldus sofort rufen und befragte ihn über seine am Sonntage vor acht Tagen gehaltene Predigt. Sebaldus leugnete gar nicht, daß der Inhalt so gewesen, wie ihn der Küster angegeben hatte. Der Archidiakonus erstaunte zwar nicht wenig, weil er aber sonst mit seinem Informator wohl zufrieden war und auf so leidliche Bedingungen nicht so bald einen andern zu erhalten hoffen konnte, gab er sich die Mühe, die er sich sonst nicht leicht gab, einen Versuch zu machen, ihn zu überzeugen, daß er sich auf einer gefährlichen Lehre habe betreten lassen, der er notwendig absagen müsse.

Sebaldus: Und was wäre denn an dieser Lehre Verwerfliches? Gebietet uns nicht die Schrift, unsern Nächsten zu lieben als uns selbst? Ist davon der Nebenmensch ausgenommen, der in Glaubenssachen anders denkt als wir?

Mackligius: Dies will ich nun freilich eben nicht sagen; nur dünkt mich, in Absicht auf die Sektierer ist's *χατ' α'ντιψςαοιω* gesagt, daß sie unsere Nächsten sein sollen.

Wir mögen sie immer lieben, wenn sie nur weit weg sind. Wenigstens in dieser guten Stadt ist's nun einmal der Grundverfassung gemäß, daß bloß rechtgläubige Lutheraner darin wohnen können, und dabei muß man festhalten. Es ist also hier sehr bedenklich zu predigen, man solle die Irrgläubigen lieben; denn wenn sie erst wissen, daß wir sie lieben, werden sie auch bei uns wohnen wollen, und sodann geht's immer weiter. Dann würden auch die symbolischen Bücher kaum mehr helfen, und es würde keine Einigkeit und Reinigkeit der Lehre mehr dasein. Haben sich nicht so bei uns die kalvinischen Tuchmacher eingenistelt? Was half das Widersprechen? Selbst der billige Vorschlag wurde verworfen, daß jede kalvinistische Feuerstelle dem Pastor ihres Kirchspiels jährlich einen Portugalöser abgeben sollte, weil doch sonst die Jura stolae litten, indem auf ebendemselben Flecke ein rechtgläubiger Lutheraner hätte wohnen können. Ach, lieber Herr Magister, bei der einmal festgesetzten Grundverfassung muß man halten, es geht sonst nicht.

Sebaldus: Und doch steht von solchen Grundverfassungen, die unserm Nebenmenschen nicht die Luft gönnen wollen, im ganzen Neuen Testamente nicht ein Wort. Jura stolae, symbolische Bücher und dergleichen Dinge mehr sind auch darin nicht geboten.

Viel Disputierens war Mackligius' Sache nicht. Er wollte sich also weiter nicht auf Gründe einlassen, sondern rief nur ängstlich aus: „Die Grundverfassung unsrer Stadt ist einmal nicht zu ändern! Auf die symbolischen Bücher sind wir auch verpflichtet! Man muß keine Neuerungen gestatten! Die Verbindung ist einmal unverbrüchlich festgesetzt und eidlich bestätiget, daß wir bei der alten Lehre bleiben und uns jeder fremden Lehre standhaft widersetzen wollen; und nun kann man nicht erst untersuchen, sondern die Sache muß ganz und gar ihr Bewenden haben! Wir können nun einmal keine Irrlehrer, Kalvinisten und dergleichen bei uns zugeben; also muß man auch nicht lehren, daß man sie lieben müsse."

Sebaldus mochte immer einwenden, die Vernunft sage uns, eine ungereimte Verfassung könne gar wohl verändert werden, und eine Verbindung, die sich auf Unwahrheit stütze, könne nicht verbindlich sein. Vergebens! Mackligius blieb dabei, man müsse in Glaubenssachen bei einer einmal eingegangenen Verbindung fest verharren, sie sei beschaffen, wie sie wolle; auf die Vernunft aber müsse man in Glaubenssachen gar nicht achten, sondern sich dem fügen, was die Voreltern festgesetzt hätten. Und so drang er dem Sebaldus einen Handschlag ab, daß er ferner den Irrgläubigen vorteilhafte Lehren gar nicht predigen, sondern sie lieber ganz mit Stillschweigen übergehen wolle.

FÜNFTER ABSCHNITT

Einige Tage darauf sollte im Filiale das Kind eines Schiffers getauft werden. Mackligius ging mit dem Sebaldus hinaus. Als der erstere an den Taufstein trat, erblickte er einen Paten, den er nicht kannte. Er ließ ihn in die Sakristei treten, um sich näher zu erkundigen, und erfuhr zu seiner nicht geringen Bestürzung, daß er ein reformierter Kaufmann aus Bremen sei. Mackligius sagte ihm darauf geradeheraus, er könne ihn nicht zum Taufzeugen annehmen, weil Rev. Ministerium noch kürzlich sich verbunden habe, niemals einen reformierten Paten bei irgendeiner Taufe zuzulassen. Der Kaufmann wunderte sich hierüber nicht wenig, und der Schiffer erschrak sehr, denn der Kaufmann war sein Reeder und ihm zu Gefallen ausdrücklich von Bremen zum Kindtaufen gekommen. Man suchte den Mackligius zu überreden, man ward hitzig; aber er blieb unbeweglich.

Der Kaufmann faßte sich endlich und sagte: „Wollen Sie mir nicht erklären, Herr Pastor, was bei einem Taufzeugen das Wesentliche und was dabei das Zufällige ist?"

„Ich merke schon", rief Mackligius, „daß Sie etwas von Mitteldingen, von Adiaphoris schwatzen wollen; das gehört aber gar nicht hieher."

„Nicht doch", versetzte der Kaufmann, „vom Wesentlichen und Außerwesentlichen wollen wir reden. Meinen Sie nicht, das Wesentliche eines Taufzeugen sei, zu bezeugen, wenn es nötig ist, daß das Kind getauft worden, und in Ermangelung der Eltern und Vormünder für des Täuflings Erziehung zu sorgen?"

Mackligius konnte dies nicht leugnen.

„Und nun", fuhr der Kaufmann fort, „ist nicht das Opfer, das ins Becken geworfen wird, etwas Zufälliges bei der Taufe?"

Mackligius, nach einigem Stocken, bejahte es.

„Gut", sagte der Kaufmann, „hören Sie also einen Vorschlag zum Vergleiche: Ich will, weil es denn Rev. Ministerium nicht anders haben will, allen wesentlichen Pflichten eines Taufzeugen entsagen. Ich will jedermann in Ungewißheit lassen, ob das Kind getauft worden; ich will mich hüten, für seine Erziehung zu sorgen, und wenn es auch Vater und Mutter verlieren und von seinen Vormündern verlassen werden sollte. Kann mir denn nun wenigstens nicht erlaubt werden, das Zufällige eines Taufzeugen zu verrichten und nach vollbrachter Handlung diese Dukaten ins Becken zu opfern?"

Mackligius war in keiner geringen Verlegenheit. Endlich bewog ihn die Distinktion des Kaufmanns und das Bitten des Vaters, für dieses Mal einen reformierten Taufzeugen zuzulassen.

Kaum waren sie wieder zu Hause angekommen, so rückte ihm Sebaldus vor, daß er nicht nach seinen eignen Grundsätzen handele. Denn wenn eine feierliche Verbindung jederzeit unverbrüchlich müsse gehalten werden, so würde er unrecht haben, wider dieselbe einen reformierten Taufzeugen anzunehmen.

„Ja“, rief Mackligius ein wenig verlegen, „hier war eine Ausnahme. Zudem sah ich wohl, der Bremer war ein ganz guter Mann, der sich gerade bei uns nicht wird niederlassen wollen.“

Sebaldus: Ei, nun sei Gott Dank! Wenn nur ein Mitglied einer andern Konfession ein guter Mann ist, so mögen's auch wohl mehrere sein. Ich kann also auch wohl eine Ausnahme von dem Ihnen getanen Versprechen machen; denn warum sollten wir solche gute Leute nicht lieben, wie der Bremer Kaufmann und seine Glaubensgenossen sind?

Mackligius: Herr Magister! Ich bitte Sie sehr, fangen Sie ja nicht wieder an, dergleichen zu predigen; Sie können sonst sich und mich unglücklich machen. Weshalb wollen wir denn die Kalvinisten und dergleichen Leute so sehr lieben? Wozu? Im Lande dürfen sie sich doch nicht weiter ausbreiten, als sie leider bereits getan haben; denn es muß ein Glaube, ein Hirt und eine Herde im Lande sein, sonst kömmt alles in Unordnung.

Sebaldus: Oh, damit schrecken Sie mich nicht! Ich komme eben jetzt aus dem Brandenburgischen, wo Menschen von zwanzigerlei Religionsgesinnungen meist ganz friedlich nebeneinander leben; und wenn sie sich ja zuweilen ein wenig zanken, so bleibt doch alles im Staate in sehr guter Ordnung. Lassen Sie uns nur nicht wähnen, alle Wahrheit und gute Gesinnung sei ausschließend bei unserer Religionspartei; lassen Sie uns vielmehr untersuchen, ob diejenigen, die wir für Irrlehrer halten, nicht mehr Wahrheit mögen erkannt haben und lobenswürdiger leben als wir: und dann finden wir vielleicht, daß wir sie verehren und lieben müssen. Ich wiederhole nochmals, lassen Sie uns untersuchen, und lassen Sie keine Verabredung, kein Lehrgebäude, kein symbolisches Buch uns aufhalten, wenn wir Wahrheit suchen und finden können.

Mackligius: Ach, mein lieber Herr Magister, Sie wollen doch immer soviel spekulieren! Diese Sucht mögen Sie wohl aus dem leidigen brandenburgischen Lande mitgebracht haben. Da soll's arg zugehen; da soll alles voll Rotten und Sekten sein. Das kömmt her von dem unchristlichen Vernünfteln! Da wird immer einer an dem andern irre! Wenn einem ja auch hin und wieder ein Zweifel einfällt, so ist's besser, man unterdrückt ihn gleich. Dies ist viel kürzer und besser, als davon soviel Redens zu machen, darüber dann andere auch irregehen. Nein, lassen Sie mir immer die Lehrformeln und die symbolischen Bücher in Ehren. Sie sind, aufs wenigste gerechnet, ein notwendiges Übel. Da ist ja so vieles in der Bibel, woraus man sich sogleich nicht finden kann, und so würde man während seiner ganzen Lebenszeit untersuchen müssen, was man glauben soll, wenn's nicht schon in der „Augspurgischen Konfession“ vorgeschrieben wäre.

Sebaldus: Schön! Aber dies ist ebendasselbe Argument, das die Katholiken für die unfehlbare Autorität der Kirche anführen! Wir selbst können, sagen sie, die Bibel nicht hinlänglich erklären, dies tut die Kirche für uns; darum müssen wir glauben, was die Kirche glaubt. Also hätten wir bei der Reformation nur eine Unfehlbarkeit mit der andern verwechselt, der wir blindlings trauen müßten? Wenn also der Papst die „Augspurgische Konfession“ gemacht hätte, so würden Sie, Herr Pastor, ohne Bedenken ein Papist sein!

Mackligius: Behüte mich Gott, was reden Sie? Herr Magister! Herr Magister! Sie wissen ja, daß ich der echten, ungeänderten evangelischen Lehre zugetan bin.

Sebaldus: Ja, dem Buchstaben nach, aber nicht im wahren Geiste. Eine blinde Unterwürfigkeit unter die Aussprüche der geistlichen Obern ist nicht der wahre Geist des Protestantismus. Was wir glauben sollen, davon müssen wir überzeugt sein. Die bloße Annehmung einer Lehre, weil sie in einem Buche verzeichnet ist, es mag dies Buch Bibel, symbolisches Buch oder wie man sonst will heißen, ist keine Überzeugung. Sollen wir überzeugt werden, so müssen wir untersuchen, und erst dann, wann wir einen Satz durch vernünftige Untersuchung für wahr erkennen, kann er moralische Wirkungen veranlassen.

Mackligius: Aber, Herr Magister, wohin würden wir kommen, wenn wir erst von neuem anfangen wollten zu untersuchen? Müßte man da nicht sein ganzes Leben lang studieren? Zumal in unsern jetzigen letzten, betrübten Zeiten, da, wie man aus den „Hamburgischen Nachrichten“ zuweilen sieht, an der Ober-Elbe so viele neuerungssüchtige Leute sind, die nichts wollen als untersuchen, die uns eine ganz neue Theologie, ja sogar eine ganz neue Bibel machen wollen? Ja wahrhaftig, eine neue Bibel! Da schickt mir der Postmeister neulich mit den Zeitungen einen Zettel, daß ich 234 Mark auf eine Bibel pränumerieren soll, die einer in England (ich glaube, der Mensch heißt Kennikott) will drucken lassen. Ja, daß Gott erbarm'! 234 Mark in diesen schweren Zeiten! Und da sollen in dieser Bibel viele tausend Stellen ganz anders sein als in unserer lutherischen Bibel! Nun sehen Sie einmal selbst, was das für eine Verwirrung in unserm guten Holstein geben würde, wenn man nicht schon wüßte, was man zu glauben hätte.

Sebaldus: Ich habe von dieser Bibel auch gehört, glaube aber, sie wird ganz und gar keine Verwirrung anrichten, sondern kann vielmehr einen sehr großen Nutzen haben. Denn wenn die Theologen, wie es nicht unterbleiben wird, über die Menge der Varianten, die der arbeitsame Engländer für seine fünfzigtausend Taler zusammengelesen hat, sich fünfzig Jahre lang werden müde disputiert haben, so wird man endlich wohl einsehen, daß die Glückseligkeit des menschlichen Geschlechts, die Gott bei seiner Offenbarung zum Zwecke gehabt haben muß, nicht auf Schreibfehlern und Varianten, Mutmaßungen und Wortklaubereien beruhen kann. Also auch von dieser Untersuchung über Varianten will ich niemand abschrecken. Ich glaube, die wahre Religion kann und wird die strengsten Untersuchungen von aller Art aushalten; darum mag man in Gottes Namen fortfahren, alle Meinungen der Menschen zu sichten und den Weizen von der Spreu zu sondern.

Mackligius rief sehr erschrocken: „Nein, nein! Die Menschen müssen nicht zu vorwitzig sein. Wenn wir nicht der Untersuchungssucht ein Ziel setzen, wer weiß, wohin wir noch geraten. Da können wir noch Synkretisten und Indifferentisten, ja endlich gar Naturalisten werden."

Sebaldus: Ich glaube nicht, daß uns die Untersuchung so weit führen werde; aber ich für meine Person folge dem Wege der Wahrheit ganz gelassen, wohin er mich auch führet.

Mackligius: Ach, Herr Magister, Herr Magister! Ich will ja lieber bleiben, wo ich bin, als mich so weit wagen.

Ich werde gar zu unruhig, wenn ich an solche Dinge denke; darum vermeide ich sie, und das tun Sie nur fein auch.

Sebaldus: Wenigstens will ich niemand zureden, hierin weiter zu gehen, als ihn seine Neigung führt. Indes erhellet aus allem diesen so viel, daß wir uns die Unfehlbarkeit in Glaubenssachen nicht zueignen können und also die Andersdenkenden lieben dürfen und wenigstens tolerieren müssen.

Mackligius: Nun ja, tolerieren ist auch viel kürzer, als wenn man soviel untersucht. Wir wollen sie, wie Sie ganz recht sagen, lieber tolerieren. Doch um wieder aufs Vorige zu kommen, tun Sie mir's immer zu Gefallen und predigen nicht ferner davon, daß man sie lieben müsse. Sehen Sie, wir haben hier in unserer Stadt unsere besondere Verfassung; und dann ist's bedenklich wegen der Neuerung mit den kalvinischen Tuchmachern.

Sebaldus: Sehr gern! Ich habe überhaupt nicht geglaubt, daß die Lehre, die ich predigte, so neu wäre, daß dadurch Aufsehen erregt werden könnte; ich meinte wahrlich nur eine schon bekannte nützliche Lehre weiter einzuschärfen. Freilich, wenn die Ermahnung, unsere Brüder von andern Konfessionen mehr zu lieben, den Erfolg haben sollte, daß man sie mehr haßte, so ist's besser, ganz davon zu schweigen.

Mackligius gab ihm von ganzem Herzen darin recht, daß schweigen hier das beste wäre, und versicherte ihn, er kenne die rechtgläubigen Holsteiner und wisse gewiß, daß die Ermahnung, die Kalvinisten zu lieben, bei ihnen nur Haß zuwege bringen werde. Der ehrliche Sebaldus beseufzete eine so unchristliche Gemütsverfassung und geriet in das Lob einer wahren christlichen Toleranz, und Mackligius, wohl zufrieden, daß er nur den Hauptpunkt wegen des Predigens von ihm erlangt hatte, stimmte ihm in allem bei. Sebaldus fuhr fort: daß sich die Menschen über allerhand Meinungen, die noch nicht ausgemacht wären und auch wohl nicht ausgemacht werden könnten, nicht hassen, sondern sich vielmehr untereinander ertragen sollten; und Mackligius sagte ja, einmal über das andere.

Indem sie in diesem Gespräche begriffen waren, trat ein Jude aus Rendsburg ins Zimmer, welcher beim Mackligius Geld umzusetzen und sonst zu handeln pflegte. Die beiden Geistlichen hatten sich durch die schönen Träume von christlicher Toleranz die Einbildung so erhitzt und das Gemüt in eine so selbstgefällige wohltätige Lage gebracht, daß sie sich stark genug fühlten, dieses Juden Bekehrung zu versuchen. Mackligius bewies ihm mit vielen Gründen, der Messias sei schon gekommen. Der Jude versetzte: es könne sehr wohl ein Messias gekommen sein, nur nicht der Messias der Juden, wofür er zum unwiderleglichen Grunde anführte, daß widrigenfalls er, der Jude, ein vornehmer Mann sein müßte, hingegen Mackligius vielleicht würde alte Kleider kaufen und Zerbster Drittel einwechseln müssen. Sebaldus hielt sich an das himmlische Jerusalem; der Jude aber wollte nur vom irdischen Jerusalem hören, wohin alle Juden in der Welt, wie er gewiß glaubte, noch einst würden versammelt werden. Alle drei wurden sehr hitzig. Endlich brach der Jude kurz ab: wenn der Herr Pastor heute nichts zu handeln habe, wolle er ein andermal wiederkommen, und ging zur Tür hinaus. Mackligius schalt nicht wenig über den blinden und verstockten Juden. Sebaldus saß eine Weile, den Kopf auf den Tisch gestützt; endlich schlug er sich an die Brust und rief aus:

„Ach, er ist ein Mensch wie wir, glaubt von seiner Meinung überzeugt zu sein wie wir, die ihn mit sich zufrieden macht wie uns die unsrige. Lassen Sie uns, dem barmherzigen Gott gleich, der uns alle erträgt, unsre Toleranz nicht nur auf alle Christen, sondern auch auf Juden und alle andere Nichtchristen ausdehnen!"

SECHSTER ABSCHNITT

Der Vorfall mit dem reformierten Taufzeugen erregte in der Stadt kein geringes Aufsehen. Der Pastor Ehrn Lic. Wulkenkragenius eiferte in den Vormittagspredigten wider einen solchen grundstürzenden Irrtum, und der Archidiakon Ehrn Mackligius, ob er gleich sonst am Streiten keinen Gefallen hatte, war doch genötigt, da seine Reinigkeit in der Lehre seinen Beichtkindern verdächtig zu werden anfing, sich in den Nachmittagspredigten zu verteidigen. Die Erbitterung nahm täglich zu. Das ehrwürdige Ministerium teilte sich in zwei Parteien, wovon die größere Hälfte wider Mackligius war, und man faßte einen Ministerialschluß, vermittelst dessen sowohl der Archidiakon als der Informator vor dem Konsistorium wegen falscher Lehre verklagt wurden.

Während dieses auf Tapet kam, starb ein reicher Brauer, welcher mit der ganzen Schule, mit Wachslichtern und Schildern und mit einer Leichenpredigt begraben ward. Das ganze geistliche Ministerium ging mit zur Leiche. Da war der Propst Ehrn Doktor Puddewustius, der Pastor Ehrn Buhkvedderius, der Pastor Ehrn Lic. Wulkenkragenius, der Archidiakonus Ehrn Weelsteertius, der Archidiakonus Ehrn Mackligius, der Diakonus Ehrn Mag. Slabörderius und der Diakonus Ehrn Pypsnövenius.

Ehrn Wulkenkragenius hielt eine Leichenpredigt von der Bewahrung der reinen Lehre. Er rühmte den Abscheu, welchen der Seligverstorbene beständig vor den kalvinischen Greueln gehegt habe, so daß die mit Unrecht der Stadt aufgedrungenen Kalvinisten gewiß würden haben verdursten müssen, wenn alle andere Brauer wie er dem Eifer für die Rechtgläubigkeit den weltlichen Vorteil nachgesetzt hätten. Nach geendigter Leichenpredigt und verrichteter Beerdigung kamen sie sämtlich im Trauerhause zur Trauermahlzeit zusammen, wo diese Materie wieder vorgenommen und die Indifferentisterei, daß man reformierte Taufzeugen zuließe, sehr bitter gerügt wurde. Ehrn Weelsteertius nahm sich des bedrängten Mackligius an. Der Streit ward sehr heftig; beide Teile schrien so stark, daß keiner den andern verstand; und weil die ministerialische Partei die heftigste und auch die stärkste war, so würde es vielleicht gar zu Tätlichkeiten gekommen sein, wenn nicht die Minorität, ihrer Schwäche sich bewußt, am Ende der Mahlzeit nach der Haustüre geeilt wäre. Doch hatte das Gezänk auch auf der Gasse noch kein Ende. Der Pöbel lief zusammen, nahm an dem Streite der geistlichen Herren Anteil, und da, gerade als der Eifer für die Rechtgläubigkeit angezündet war, unglücklicherweise ein kalvinischer Tuchmacher über die Straße ging, so ward derselbe zur Bestätigung der rechtgläubigen Lehre mit Füßen getreten und ihm ein Auge ausgeschlagen.

Dieser Vorgang, wobei sich die Regierung zu Glückstadt sehr unorthodoxerweise der Kalvinisten annahm und dem geistlichen Ministerium mehrere Verträglichkeit und Behutsamkeit empfahl, machte des Mackligius Sache bei seinen Kollegen eben nicht besser. Lic. Wulkenkragenius, ein cholerischer Mann, der nicht verwinden konnte, daß ihm von der Obrigkeit, die doch nur aus Laien bestand, so ein trockner Verweis war gegeben worden, arbeitete eifrig daran, den guten Mackligius ganz und gar vom Amte abzusetzen. Hierin stand ihm unterderhand Diakon Pypsnövenius nicht wenig bei, als welcher durch den mächtigen Beistand seines Gönners, des Kirchenpropstes Doktor Puddewustius, in die Archidiakonatsstelle zu rücken dachte. Aber Archidiakon Weelsteertius und Diakon Slabörderius, welche zur Gegenpartei gehörten und überdem von der Vakanz, die durch Mackligius' Absetzung entstanden sein würde, keinen Vorteil ziehen konnten, wußten ihre Bekanntschaften in vornehmen Häusern, wo sie Hofmeister gewesen waren, dergestalt zu benutzen, daß aus dem Oberkonsistorialgerichte bloß ein Befehl an Mackligius erging, seinen Informator nie wieder die Kanzel besteigen zu lassen und sich der Reinigkeit der Lehre wegen mit einem neuen Eide zu verbinden. Diesen leistete er zwar ungesäumt, verlor aber nichtsdestoweniger sein Filial. Denn der Edelmann, der sich für die Reinigkeit der Lehre hätte erstechen lassen, hatte von ihm durch die heimlichen Einblasungen des Diakons Pypsnövenius eine so widrige Meinung bekommen, daß er ihn weiter auf seinem Erbgute nicht dulden wollte. Er verlieh daher seine Filialpfarre dem Landprediger Ehrn Suursnutenius, einem ehrbaren, konkordanzfesten Manne, zu nicht geringem Mißvergnügen des Diakons Ehrn Pypsnövenius, welcher, da ihm die Archidiakonatsstelle zu Wasser ward, durch die kräftige Rekommandation des Kirchenpropstes das Filial gewiß nicht zu verfehlen gedachte. Gleichwie man aber leider mehrere Beispiele hat, daß die Kirche der Küche weichen muß, so war auch hier die Rekommandation des Propstes nicht so kräftig als die Rekommandation der Haushälterin des Edelmanns, welcher Suursnutenius von ihrer Base war empfohlen worden, die da war eine Halbschwester eines Dingvogts, dessen Mutter Gevatterin war von einem Ge-

schwisterkinde der Frau eines Kammerdieners, dessen gnädige Frau eine Kammerjungfer hatte, welche Beichtkind war eines Predigers in einer andern Stadt, dessen Kinder Ehrn Suursnutenius eine Zeitlang unentgeltlich unterrichtet hatte. Dies verursachte zwischen Ehrn Suursnutenius und Ehrn Pypsnövenius einigen Wortwechsel und nachher nicht geringen Kaltsinn, welches endlich Anlaß gab, daß die gewöhnliche Freitagsversammlung sich ganz und gar zerschlug. Der Himmel weiß, wie es seitdem mit der Kenntnis der neuen Literaturgeschichte und mit den Bärten der Landprediger in diesem Teile Holsteins beschaffen sein mag.

Doch mit dem guten Sebaldus war es auf alle Weise noch viel schlechter beschaffen. Da Ehrn Mackligius ihn bloß des Filials wegen zu sich genommen hatte, so wußte er ihn nunmehr ferner gar nicht zu gebrauchen, sondern dankte ihn unverzüglich ab. In der Stadt wollte niemand einen Mann unter sein Dach nehmen, der die gottlose Irrlehre gepredigt hatte, man müsse alle seine Nebenmenschen lieben, wenn sie auch von anderer Religion wären. Der Kammerjunker, ein Mann von feiner politischer Weisheit, hielt es seinem guten Vernehmen mit verschiedenen Männern, die im Lande ansehnliche Ämter bekleideten, nicht zuträglich, einen Heterodoxen zu beschützen. Sebaldus würde also unter freiem Himmel haben verschmachten müssen, wenn nicht der Schiffer, dessen Kind in Beisein eines reformierten Taufzeugen getauft worden war, ihm freiwillig sein Haus angeboten hätte.

Kaum war dies geschehen, so erhielt er von seinem Freunde Hieronymus auf den an ihn geschriebenen Brief eine Antwort, welche seine Betrübnis vollkommen machte. Hieronymus hatte sich bei dem Verwalter nach Marianen erkundigt und weiter nichts zur Antwort erhalten, als sie sei mit Zurücklassung aller ihrer Sachen, die er für das vom Sebaldus mitgenommene Pferd zurückbehalten habe, entlaufen, niemand wisse wohin.

Diese Nachricht brach dem Sebaldus gänzlich das Herz. Von seinem Sohne hatte er schon seit vielen Jahren keine Nachricht. Seine Tochter war nunmehr auch für ihn verloren, und ihre Aufführung schien seiner unwürdig zu sein. Er selbst hatte bloß dem Mitleiden ein Obdach zu verdanken, und er sah keine Aussicht, wie er sein mühseliges Leben auch nur kümmerlich fortschleppen könnte.

Der Schiffer, dem sein Zustand zu Herzen ging, schlug ihm vor, daß er nach Ostindien gehen solle, der allgemeinen Zuflucht unglücklicher Europäer, und erbot sich, ihn nach Amsterdam, wohin sein Schiff eben absegelte, umsonst mitzunehmen. Dieser Vorschlag ward von dem bekümmerten Sebaldus mit beiden Händen ergriffen, da er nun nichts mehr hatte, was ihn in diesem Weltteile zurückhalten konnte. Er nahm schriftlich von Hieronymus, seinem einzigen Freunde, den letzten Abschied und empfahl ihm, seinen Kommentar über die Apokalypse in Verwahrung zu behalten, bis er aus Ostindien von ihm Nachricht bekäme. Darauf fuhr er mit dem Schiffer nach Brunsbüttel, wo dessen Schiff lag. Er stieg an Bord, und in wenig Tagen lichteten sie die Anker, erreichten Kuxhaven und stachen mit gutem Winde in die See.

SIEBENTES BUCH

ERSTER ABSCHNITT

Das Schiff, worauf sich Sebaldus befand, segelte eine Zeitlang mit gutem Winde und näherte sich schon der holländischen Küste. Plötzlich aber stieg in Osten ein Sturm auf, schleuderte das Schiff, Vlie und Texel vorbei, und warf es an die nordholländische Küste, wo es, da der Wind in Nordwest lief, unweit Egmont scheiterte. Der Schiffer und die vornehmsten Personen wollten sich in einem Boote retten, aber es sprangen zu viele hinein, und das Boot sank in dem Augenblicke, da die darin befindlichen Unglücklichen das auf dem Sande festsitzende Schiff von den Wellen zerschmettert sahen.

Jeder arbeitete mit äußerster Anstrengung gegen die ungestümen Wogen, aber die meisten ermatteten und gingen zugrunde. Sebaldus war unter den wenigen, die von den Wellen ans flache sandige Ufer geworfen wurden. Er kroch mit äußerster Mühe den Strand hinan, denn durch den heftigen Regen und Wind, das verschluckte Seewasser und die ausgestandenen Mühseligkeiten waren seine Kräfte beinahe ganz erschöpft. Nahe bei ihm ward der Körper des Schiffers ans Land geworfen. Der halbtote Sebaldus strengte sich an, um seinem Wohltäter zu helfen; umsonst, es war kein Zeichen des Lebens an dem Körper hervorzubringen. Dieser neue Kummer überwältigte die geringen Lebenskräfte des kaum noch Atem schöpfenden Sebaldus. Er sank in Ohnmacht, worin er eine geraume Zeit liegenblieb. Als er ein wenig zu sich selbst kam, sah er in dem schrecklichsten Wetter, da sich nur das äußerste Wüten des Sturms gelegt hatte, einige Strandbewohner beschäftigt, die Überbleibsel der Ladung des zertrümmerten Schiffes aufs eilfertigste plündern, ehe sie der Schout in Egmont etwa ertappen könnte; um ihn aber bekümmerte man sich so wenig als um die toten Körper. So lag der hilflose Mann den Rest des Tages, verlassen von der ganzen Natur. Trostlos, das Leben, dessen er schon vorher satt war, nicht weiter wünschend, fiel er endlich aus gänzlicher Ermattung in ein taubes Hinbrüten zwischen Schlummer und Ohnmacht; sein letztes Bewußtsein war der Wahn, daß sein Hinsinken des Todes Anfang sei.

Mit Tagesanbruche erwachte er, nur zu empfinden den erwärmenden Strahl der Sonne und die Ruhe des besänftigten Meeres, aber ohne Kraft, sich zu bewegen, ohne Anschein von Hilfe, in der Totenstille der Gegend; die Hoffnung des nahen Todes sein einziger Gedanken.

So fand ihn nach einigen Stunden ein gutherziger nordholländischer Fischer. Da an ihm noch einige Zeichen des Lebens zu spüren waren, schleppte ihn der Fischer weiter den Strand hinauf, erquickte ihn, so gut er konnte, und fand endlich Mittel, ihn bis in seine Hütte zu bringen. Hier verpflegte ihn der mildtätige Nordholländer, wie es seine eigene Armut erlaubte, so daß der Kranke bald wieder an Kräften zunahm.

Beide konnten nur mit vieler Mühe einander verstehen, durch Hilfe des Plattdeutschen, das Sebaldus in Holstein gelernet hatte. Dieser verhehlte seine Verlegenheit nicht, von allem Notwendigen entblößt, die weite Reise nach Ostindien zu unternehmen, die in dem gegenwärtigen Elende noch seine einzige Hoffnung war. Da der Fischer vernahm, daß Sebaldus lutherisch und ein Prediger sei, schlug er ihm vor, ihn zu einem lutherischen Prediger nach Alkmar zu bringen, der ihm zu fernerem Fortkommen behilflich sein werde.

„Weg“, rief Sebaldus, durch mannigfaltiges Unglück erbittert, „weg mit den Geistlichen, sie sind an allen meinen Leiden schuld! Wehe mir, wenn ich mich wieder an sie wenden sollte!“

„Aber dieser“, sagte der Fischer, „ist ein frommer, wohltätiger Mann.“

„Wohltätig?“ rief Sebaldus voll Unwillen. „Ich kenne sie! Sind sie nicht kalt und hartherzig, so tun sie nur denen Gutes, die mit ihnen im gleichen engen Zirkel ihrer Lehrmeinungen herumgehen; außer demselben bestreiten sie, verdammen, lassen Hungers sterben, sosehr sie vermögen.“

„Dieser ist aber doch ein recht guter Mann“, versetzte der Fischer. „Der vorige Prediger hat immer mit der ehrwürdigen Klassis viel Streit gehabt; dieser aber verträgt sich mit den Reformierten und mit den Mennoniten so wie mit seinen eignen Glaubensbrüdern.“

„Er ist verträglich?“ rief Sebaldus. „Wohl, so laßt uns zu ihm gehen. – Doch, lieber Mann“, sagte er seufzend, indem sie fortgingen, „wißt Ihr nicht einen gutherzigen Krämer oder Bauern? Zu dem würde ich mehr Zutrauen haben.“ Der Fischer wußte sonst niemand, und sie gingen nach Alkmar.

Als sie in des Predigers Haus traten und ihn zu sprechen verlangten, rief ihnen die Magd entgegen: „Ihr werdet ihn jetzt nicht sprechen können, denn er ist eben von dem Leichenbegängnisse seines einzigen Sohnes zurückgekommen und noch ganz in Traurigkeit versunken.“ Doch als sie die Fremdlinge anmeldete, wurden sie vorgelassen.

Der Fischer sagte ihm kurz, er bringe ihm einen auf der See verunglückten lutherischen Prediger aus Deutschland, der nach Ostindien habe gehen wollen, weil er sonst nirgend habe Hilfe finden können.

Der Prediger fragte den Sebaldus lateinisch, was ihn bewogen habe, sein Vaterland zu verlassen.

„Unglück und Mangel", antwortete Sebaldus, sich nicht getrauend, gegen den Prediger eine nähere Veranlassung anzugeben.

„Aber Unglück und Mangel läßt sich besser in der Nähe abhelfen, ohne die Seinigen zu verlassen."

„Ach, mir ist niemand übrig, der mich vermissen könnte, niemand ist" (die Tränen flossen ihm über die abgehärmten Wangen) „in diesem ganzen Weltteile, den ich den Meinigen nennen könnte."

„Du bist also nicht verheiratet, Freund, hast keine Kinder?"

Er sah den Sebaldus starr an und seufzte.

„Ach, meine Frau ist längst vor Kummer gestorben. Kinder? Ach ja, leider, ich habe Kinder. Eine Tochter, die meiner ganz unwürdig ist; einen Sohn, der in der Welt herumirret, seinen Vater längst vergessen hat – oder vielleicht auch" – setzte er verzweifelnd hinzu – „nicht mehr herumirret, denn seit zwei Jahren habe ich keine Nachricht von ihm."

„Und du nennest dich unglücklich, Freund, da du Kinder hast? Sieh mich an!" Er bedeckte sein Angesicht mit der Rechten. „Mein einziger Sohn ist tot, die Stütze meines Alters ist dahin! – Wollte Gott, er irrte noch in der Welt herum. – Ich wollte auf ihn warten, jahrelang warten! Hätte er Fehler begangen, welches göttliche Vergnügen, ihn zu bessern, ihm in meinen väterlichen Armen zu vergeben! Du hast unrecht, Freund! Dein Sohn wird von seinen Wanderungen zurückkehren, deine Tochter wird den Irrweg verlassen, ins väterliche Haus, zur Tugend zurückkehren wollen – und das väterliche Haus ist leer! Ihr Vater ist von ihnen geflohen! – Ach, Freund, sie sind unglücklicher als du!"

„Für mich ist kein Haus mehr da!" – Er sah den Prediger mit starrer Verzweiflung an. – „Nicht einmal ein Obdach in diesem ganzen Weltteile!". Sein Haupt senkte sich, und er legte seine gefalteten Hände auf die Knie.

„Und wer hat es dir genommen?" sagte der Prediger mit einem Tone voll holländischer Kälte, die Sebaldus für Gleichgültigkeit nahm.

„Priester haben mich verfolgt", versetzte Sebaldus auffahrend, „weil ich die Wahrheit bekannte" – er stand hitzig auf –, „haben mich von Lande zu Lande gejagt, wollen mich nicht einen Bissen Brot essen lassen."

„Und, Freund, du bist gewürdigt worden, um der Wahrheit willen zu leiden, und nennest dich unglücklich? Weißt du nicht, welcher Lohn deiner dort wartet? – Wer waren die Feinde, die dich verfolgten? Vermutlich herrschsüchtige Prälaten, blutgierige Mönche, die Gott einen Dienst zu tun glauben, wenn sie die Ketzer vom Erdboden vertilgen? Unsere reformierte Brüder in Deutschland denken wohl zu gut, um ihre protestantischen Brüder zu verfolgen, wie hierzulande noch bisweilen geschieht."

„Ach, Reformierte? Lutheraner waren es, der Reformation Erstgeborne, die auch nur allein die reine Lehre geerbt zu haben glauben."

Und nun, weil der gute Mann durch den Anblick der niederdrückenden Last seiner Unglücksfälle seine gewöhnliche Sanftmut und mit der Hoffnung eines bessern Zustandes auch seine Besonnenheit verloren hatte, kam seine ganze Geschichte und alle seine heterodoxen Meinungen an den Tag.

Der Prediger, voll Erstaunen, saß einige Minuten stille, schlug die Hände zusammen und rief:

„Wie? Keine Genugtuung, keine Erbsünde, keine ewigen Strafen? Freund, du behauptetst verderbliche Irrtümer, die mit dem einzigen Wege zur Seligkeit nicht bestehen können!“

Sebaldus hob ungeduldig die Augen empor und redete den Fischer in gebrochenem Holländisch an:

„Kennt Ihr keinen Handwerker oder Taglöhner, der noch nichts vom einzigen Wege zur Seligkeit gehört hat, der wird vielleicht noch einen Bissen Brot mit mir teilen. Ich sagt's Euch ja gleich, daß wir hier nichts ausrichten würden.“

Damit wandte er sich zornig um und wollte zur Türe hinausgehen.

Der Prediger sprang auf, drehte den Sebaldus mit beiden Händen herum, hielt ihn fest, schaute ihm gerade ins Gesicht und rief:

„Mensch! Warum verabscheust du einen Menschen, der den Weg zur Seligkeit für einzig hält? Warum hassest du ihn, ehe du ihn kennest?“

Sebaldus, bei dem der schnelle Zorn allemal der Übergang zur Selbsterkenntnis war, antwortete mit sehr gemäßigter Stimme:

„Ich hasse niemand; aber, Gott weiß es, diese Priester, welche ausschließende Seligkeit an Lehrformeln binden, haben mich gezwungen, sie zu verabscheuen, weil sie jeden hassen und verfolgen, der, so wie ich, glaubt, daß Leben und nicht Lehre hier rechtschaffen und dort selig mache.“

„Und wenn du“, erwiderte der Prediger, indem er die Hände sinken ließ und seine Rechte auf Sebaldus' Schulter legte, „glaubst, daß man bei jeder Lehrmeinung rechtschaffen sein kann, warum willst du, daß man es nur bei der orthodoxen lutherischen Lehre nicht sein könne, welche fromme Leute in Form gebracht haben, welche die Kirche angenommen und die Obrigkeit bestätigt hat?“

„Guter Alter", versetzte Sebaldus etwas stammelnd, „wenn du soviel Ungemach von herrschenden Rechtgläubigen erlitten hättest als ich, so würdest du die Frage nicht tun. Sie verdammen den, der anders denkt als sie, in alle Ewigkeit, und hier auf Erden hassen sie ihn als einen Verdammten und vertreiben ihn, soweit sie ihn erreichen können."

„Und das tun alle? Kennst du sie alle? Freilich, mein Freund, wer herrschen will, wird verfolgen. Auch ich lebe unter einer herrschenden Kirche, die verfolgt, soweit es die Obrigkeit zuläßt. Aber dazu treibt nicht Lehre, sondern Herrschsucht und Rechthaberei. Du hast Ungemach erlitten von heftigen und herrschsüchtigen Männern, die orthodox waren. Freund! Hast du noch keinen Heterodoxen gesehen, der auch herrschsüchtig war? – Dann hättest du weniger Erfahrung als ich. Ich habe schon oft mit dem ersten Keime der Heterodoxie auch Eigendünkel und Rechthaberei aufsprossen sehen."

Sebaldus, beschämt, vermeinte: die böse Lehre von der ewigen Verdammnis mache doch die Gemüter so sehr geneigt, denjenigen, den man schon als einen künftig ewig Verdammten ansieht, auch schon hier zu verabscheuen.

„Mein Freund", rief der Prediger, „die dordrechtischen Rechtgläubigen dieses Landes haben nebst der Ewigkeit der Höllenstrafen noch die unbedingte Prädestination. Und dennoch ist in Alkmar so mancher brave Kalvinist, der mich nicht für prädestiniert hält, aber doch mich herzlich liebt. Ich bin lange in Amsterdam gewesen, wo hundert Sekten sich ihrem Lehrsysteme nach verdammen und friedlich nebeneinander leben."

„Ich bin", fiel ihm Sebaldus hastig ins Wort, „in Berlin gewesen, wo auch Religionsverwandten aller Art friedlich miteinander umgehen, und ich habe dort nichts vom Verdammen gehört – ausgenommen etwa einmal."

„Ei", rief der Prediger, „wenn du es auch nur einmal gehört hast, so wird es doch wohl auch dort mehrmal geschehen. Höre meine Meinung: Nach meinem Lehrsysteme, das ich jahrelang durchgedacht habe, bist du – ich kann es nicht bergen – in Irrtümern, die deiner künftigen Seligkeit hinderlich sind, wenn Gottes Gnade nicht viel weiter geht als die Einsichten, die ich aus seinem Worte schöpfen kann. Hierüber getraue ich mir aber nicht zu bestimmen. Sei also Gott und deinem Gewissen überlassen! Und nun? Warum sollt ich dich nicht lieben, wenn du sonst Liebe verdienst? Ich sagte vorher, wenn mein Sohn, dessen Tod ich beweine, bloß verirrt wäre und endlich wieder zu mir käme, würde ich ihm vergeben und ihn zu bessern suchen. So halte ich auch jeden verirrten Glaubensbruder ebenso gewiß, als ich wünsche, daß jeder Glaubensbruder, wenn ich mich verirre, gegen mich so handele. Auch dich, Freund, sehe ich als meinen Bruder an! Nicht dieser ganze Weltteil hat dich verstoßen; hier ist noch ein Ort, und er ist hoffentlich nicht der einzige, wo Einfalt der Sitten, Eintracht und Gastfreundschaft herrschen. Bleib bei mir, mein Bruder! Mein Haus ist das deinige, und meinen Bissen teile ich mit dir, solange ich selbst noch einen Bissen habe."

Hiemit schloß er ihn in seine Arme, und Sebaldus, beschämt wegen seiner Übereilung, stumm vor freudigem Erstaunen, konnte nur durch Tränen antworten.

Der Prediger hielt redlich, was er versprochen hatte. Er nahm den Sebaldus in sein Haus auf und versah ihn mit den notwendigsten Erfordernissen. Sie hatten den freundschaftlichsten Umgang. Freilich konnte es nicht fehlen, daß nicht beide sehr bald über Erbsünde, Wiedergeburt und Genugtuung zu disputieren anfingen, aber dies machte in den menschenfreundlichen Gesinnungen des Predigers keine Änderung, selbst alsdann noch nicht, wann Sebaldus Argumente vorbrachte, bei denen der gute Prediger einige Minuten stillschweigen und sich erst auf Gegenargumente besinnen mußte.

Auf diese Art gingen einige Wochen vorbei, bis ein Kaufmann aus Rotterdam, der eine Partei Güter auf dem gestrandeten Schiffe gehabt hatte, deshalb nach Egmont kam und sich bei dieser Gelegenheit einige Tage in Alkmar aufhielt, wo er den lutherischen Prediger, seinen alten Bekannten, besuchte. Er sah daselbst den Sebaldus, und nach näherer Erkundigung trug er diesem die Erziehung seines zweiten Sohnes unter vorteilhaften Bedingungen an. Sebaldus beurlaubte sich also bei seinem Wohltäter und reisete mit dem Kaufmanne nach Rotterdam.

ZWEITER ABSCHNITT

Der Kaufmann hatte bereits in seinem Hause einen Hofmeister, der zur Erziehung seiner beiden Söhne gar wohl hätte hinlänglich sein können. Allein er hatte eine lutherische Frau, und in den Ehepakten war festgesetzt, daß das erste Kind reformiert und das zweite lutherisch erzogen werden sollte. Seine Frau, eine gutmütige Matrone, mit der er in allen Dingen, auch selbst in Absicht der zwischen ihnen verschiedenen Konfession in größter Eintracht lebte, würde mit dem einen Hofmeister, ob er gleich reformiert war, sehr wohl zufrieden gewesen sein, wenn nicht Domine Ter Breidelen, ihr lutherischer Gewissensrat, ihr die Nichterfüllung dieses Teils der Ehepakten so oft zu einer Gewissenssache gemacht und über diese Beeinträchtigung der reinen Lehre bei ihren mitlutherischen Vettern und Muhmen so oft bittere Klagen geführt hätte, daß Frau Elsabe endlich anfangen mußte, ihrem Manne über diese Sache in den Ohren zu liegen. Dieser würde auch zu Befestigung des Hausfriedens sowie des Kirchenfriedens schon längst ihrem Verlangen ein Genüge getan haben. Bloß der Mangel eines dazu fähigen lutherischen Kandidaten war bisher daran hinderlich gewesen.

Es ward also der zweite Sohn des Kaufmanns dem Sebaldus übergeben, zu nicht geringem Mißvergnügen des reformierten Hofmeisters Meester Puistma, der den Knaben schon als sein Eigentum betrachtete und der es als ein Mißtrauen gegen einen so gelehrten Mann auslegte, daß man einem andern das Kind anvertrauen wollte, dessen Erziehung er schon angefangen hatte. Wahr ist es, er besaß ganz besondere Talente zu Erziehung der Jugend. Er war nicht umsonst fünf Jahre in Groningen und in Utrecht gewesen, um daselbst alle Worte der berühmtesten Hochlehrer nachzuschreiben und den reichsten Schatz holländischer Schulgelehrsamkeit und holländischer Rechtgläubigkeit einzusammeln. Er hatte alle Spitzfindigkeiten der Voetischen und Coccejanischen Theologie durchkrochen und wußte so genau, in wie mancherlei Sinne alle mögliche Theologanten in den sieben vereinigten Provinzen die Haushaltungen des göttlichen Gnadenbundes geordnet und verstanden hatten, daß er noch eine neue Haushaltung hätte erdenken können. Er konnte auf ein Haar bestimmen, ob Christus im Alten Testamente nur ein Bürge und Fidejussor für das menschliche Geschlecht gewesen oder noch etwas anderes. Dabei hatte Meester Puistma einen besondern Fleiß auf die gesegnete Lehre von der Prädestination gewendet und konnte trotz einem von Miltons philosophischen Teufeln über Vorherbestimmung und freien Willen disputieren.[1] Ja was noch mehr ist! Da nach Miltons Berichte selbst die Teufel sich aus dem Dispute über diese Materien nicht herausfinden konnten, schien dieser holländische Theologant einen höheren Scharfsinn zu besitzen; denn ihm standen so genau zusammengekettete Schlußfolgen zu Gebot, um den partikularsten Partikularismus zu behaupten, daß er sogar sich selbst der Verdammnis würde übergeben haben, wenn ihm hätte bewiesen werden können, daß er nicht prädestiniert wäre.

Diese theologantische Weisheit hatte Puistma denn auch unverzüglich bei seinen beiden Zöglingen an den Mann gebracht und sie bereits ziemlich tief in die Haushaltungen hineingeführt. Zugleich, da er sich erinnerte, daß diese Knaben einst Bürger eines Freistaates werden sollten, war er bemüht, ihnen die nützlichsten Stücke der vaterländischen Geschichte zu erklären. Dahin gehörte besonders die Geschichte des Synods zu Dordrecht mit seinen politischen und theologischen Veranlassungen und wie wohl man getan, die Remonstranten lieber nicht zu hören, damit man sie desto gemächlicher verdammen konnte, desgleichen die Vorfälle mit der sogenannten Loevesteinschen Partie nebst der löblichen Hinrichtung des unruhigen Oldenbarnevelt und so weiter. Als er aber einst wahrnahm, daß die Knaben, indem er pathetischerweise beklagte, daß das Schloß Loevestein nicht jetzt noch zum Gefängnisse für die

[1] Others apart sat on a hill retir'd
In thoughts more elevate, and reason'd high
Of providence, foreknowledge, will, and fate,
Fix'd fate, free will, foreknowledge absolute,
And found no end, in wandring mazes lost.
Milton's „Paradise lost", Buch II, Vers 557.

widerspenstigen Unrechtsinnigen gebraucht würde, indes unter dem Tische mit Keulchen und papiernen Vögeln spielten, so ward er dadurch nicht wenig entrüstet und erklärte, nach dem Beispiele erfahrner Pädagogen, welche unartigen Knaben die Leckerbissen versagen, ihnen das köstliche Fest dieser Erzählungen künftig so lange zu entziehen, bis sie selbst hungrig darnach würden.

Daher bestand zu der Zeit, als Sebaldus ins Haus kam, der Unterricht der beiden Knaben bloß darin, daß sie täglich aus dem Heidelbergischen Katechismus ein Pensum der Abteilung von des Menschen Elende auswendig lernen und hersagen, dabei täglich ein Kapitel aus Bezas lateinischer Übersetzung des Neuen Testaments exponieren mußten und von einem besondern Lehrmeister in den fünf Spezien der Rechenkunst unterrichtet wurden, weil, wie leicht zu erachten, ein so gelehrter Mann wie Meester Puistma sich mit so gemeinen Dingen nicht abgeben konnte.

Sebaldus verfuhr bei seinem Zöglinge auf eine andere Art. Er lehrte ihn nebst dem Katechismus, der lateinischen und hochdeutschen Sprache und dem Schönschreiben noch die Geschichte und die Erdbeschreibung. Dieses gefiel den Eltern, obgleich der gelehrte Puistma über die unnützen Dinge seine Verachtung bezeugte. Als aber Sebaldus sich freiwillig erbot, beide Knaben das Rechnen und die Musik zu lehren, fing Meester Puistma darüber Feuer, lief zu dem reformierten Domine Dwanghuysen und klagte, daß man den ältesten Knaben lutherisch zu machen suche, indem ihm der lutherische Informator Stunden geben solle. Domine Dwanghuysen war mit dieser Neuerung freilich nicht zufrieden; weil indes der Kaufmann gedeputeerde Ouderling oder Kirchenvorsteher war, so wollte er ihn in etwas schonen und sprach noch vorjetzt den eifrigen Puistma zufrieden.

Noch schlimmer ward es, als Sebaldus anfing, seinen Zögling im Griechischen zu unterweisen, und der Kaufmann seinem ältesten Sohne, aus dem er einen gelehrten Mann machen wollte, befahl, diesen Lehrstunden beizuwohnen. Sebaldus ließ darin Xenophons „Denkwürdigkeiten des Sokrates" lesen und übersetzen und erklärte auch einige Stellen aus Antonins „Betrachtungen". Er nahm hierbei Gelegenheit, den Knaben gute moralische Grundsätze einzuprägen und sie ihnen durch Erklärung dieser vortrefflichen Bücher anschaulich zu machen. Allein hierüber setzte Puistma, in Gegenwart beider Eltern, den neuen Lehrer aufs heftigste zur Rede. Er sagte sonder Scheu: wenn Sebaldus ein rechter Christ wäre, so würde er den Kindern nichts als die gewyde Bladeren[1] und andere christliche Bücher vorlegen, ihnen aber nicht solche ungeweihte blinde Heiden wie Sokrates und Antonin zu Beispielen vorstellen, deren Tugend schon der heilige Augustin als blendende Laster verdammt habe. Sebaldus verteidigte sich; aber was konnte vernünftige Verteidigung bei einem Manne wie Puistma helfen? Dieser schrie, ohne Gründe anzuhören, und lief voll Wut abermals zu Domine Dwanghuysen, ihm diese neue Ketzerei zu berichten.

Menschliche Tugenden, besonders die Tugenden der Heiden standen zu der Zeit in Rotterdam eben nicht im besten Rufe. Zwar hatte Domine Hofstede damals noch nicht die Laster der berühmten Heiden angezeigt, zum Beweise, wie unbedachtsam man dieselben seliggepriesen.[2] Es ist aber leicht zu erachten, daß die unsinnige

[1] Geweihte Blätter, d. h. die Bibel.

[2] Dieses Buch ist ins Deutsche übersetzt. Leipzig 1769, Oktav.

Behauptung, die größten Männer des Altertums wären, ohne Ausnahme, lasterhaft gewesen, nicht auf einmal in eines Menschen Gehirn kommen kann, ohne daß vorbereitende Torheiten anderer Leute vorhergegangen sind. Wirklich war schon seit geraumer Zeit in Friesland und durch das ganze Südholland die Meinung gänge und gäbe gewesen, das menschliche Geschlecht sei von Natur elend, dumm und zum Guten unfähig. Wenn jemand auf irgendeine Art das Gegenteil behaupten, besonders wenn er sich etwa auf die guten Handlungen der Heiden berufen wollte, so war es sehr gewöhnlich, von Arminianischer Ansteckung, Pelagianischem Sauerteige und Socinianischem Gifte zu reden, auch wohl zu schreiben. Domine Dwanghuysen war nicht der Geringste unter den rechtsinnigen Verdammern der Heiden; also begreift man leicht, in welche Bewegung ihn Meester Puistmas Klage gesetzt haben mag.

Er ging unverzüglich zum Kaufmanne, und in dessen Gegenwart fuhr er den Sebaldus heftig an: wie er der Jugend heidnische Schriften in die Hände geben könne, um ihr daraus Beispiele der heidnischen, sündlichen Tugend zur Nachahmung vorzustellen? Er entschied, daß weder Xenophon noch Sokrates, noch Antonin prädestiniert gewesen, daß sie wegen ihrer bloß scheinbaren Tugenden kein Gegenstand der göttlichen Barmherzigkeit sein könnten und also in dem höllischen Schwefelpfuhle ewig braten müßten. Sebaldus unternahm es unbedachtsamerweise, jene große Männer wider dies harte Verdammungsurteil zu verteidigen, machte aber dadurch das Übel viel ärger; denn Dwanghuysen ward sehr heftig ergrimmt, daß man gegen ihn als einen Seelenhirten ohne Scheu solche seelenverderbliche Meinungen behaupten wolle, und schrie, indem er aus dem Zimmer schritt, dem Kaufmanne zu, einen solchen heidnischen

Unchristen nicht einen Augenblick unter seinem Dache ferner zu dulden, weil er sonst für nichts stehen könne, wenn der seinen Hirten liebende Pöbel, sobald er ein solches Anathema Maran Atha[1] verspüre, Unheil anfangen sollte.

Der Kaufmann, der Frieden haben wollte und wohl wußte, mit welcher Heftigkeit Domine Dwanghuysen das durchzusetzen pflegte, was er einmal beschlossen hatte, wäre sehr geneigt gewesen, von Sebaldus zu scheiden. Aber seine Frau nahm ihren Hofmeister in Schutz und wollte ihn eher nicht wegschaffen, bis auch ihr lutherischer Gewissensrat sein Gutachten darüber gegeben hätte.

DRITTER ABSCHNITT

Domine Ter Breidelen ward demnach ersucht, am folgenden Tage in dem Hause des Kaufmanns zu erscheinen; und der eifrige Dwanghuysen, welcher dies sogleich von Meester Puistma erfuhr, fand sich ungebeten dazu ein.

Die Sitzung wurde damit eröffnet, daß sich Ter Breidelen den ganzen Kasus vortragen ließ, welches Meester Puistma mit vieler Redseligkeit verrichtete. Darauf sagte der Domine viel triftige Dinge von der Unnützlichkeit der heidnischen Weisheit und sprach förmlich das Urteil der ewigen Verdammnis über Sokrates und

[1] I. Kor., XVI., 22. – In dem Streite über die Seligkeit der Heiden, welcher damals in Holland sehr hitzig geführt ward, drohte der eifrige Domine Hofstede und sein Anhang sehr oft denen, welche es möglich hielten, daß tugendhafte Heiden selig würden, mit dem Jan Hagel oder Pöbel, der, wie sie sagten, seine Hirten, d. h. Domine Hofstede und Konsorten, sehr liebe.

Antonin aus. Sebaldus wollte ihre Tugend und folglich ihre Seligkeit verteidigen, aber dadurch zog er sich selbst den Ausspruch der Verdammung zu. Domine Dwanghuysen neigte sich hierauf freundlichst gegen Domine Ter Breidelen und zeigte in einer wohlgesetzten Rede: so herzlich er sonst auch seine lutherischen Brüder liebe, könne er doch eine so gefährliche Lehre, wie Sebaldus hege, auf keine Weise entschuldigen. Ter Breidelen rief: Sebaldus sei kein Lutheraner, sondern ein Synergist und Pelagianer, der die echte lutherische Lehre von der geistlichen Verderbnis der menschlichen Natur verschmähe. Dwanghuysen erwiderte: fast sollte man denselben der Holland so schädlichen Sekte der Arminianer beigetan halten, weil er zu behaupten schiene, die bekehrende Gnade sei lenis suasio oder eine sanfte Überredung, welche Lehre in den Kanonen des Dordrechtschen Synods, Kap. IV, 7, verdammet worden. Ter Breidelen rümpfte ein wenig die Nase bei Erwähnung des Dordrechtschen Synods. Sebaldus, erschrocken, daß er bei Behauptung der unschuldigsten Wahrheiten verdammt ward, und durch vorhergehende Verfolgung furchtsam gemacht, suchte, soweit es anginge, sich dem angenommenen Lehrbegriffe gemäßer auszudrücken. Dies verursachte einen weitläuftigen polemischen Wortwechsel, in welchem beide Domine sehr hart aneinandergerieten. Denn ob sie gleich völlig einig waren, den Sebaldus zu verdammen, so wurden sie doch durch seine Verteidigung über die Ursache der Verdammung wieder uneins. Ter Breidelen besorgte nämlich, die Meinung des Sebaldus führe zu der schädlichen Lehre von der Prädestination; Dwanghuysen hingegen vermeinte, sie führe zu weit von dieser heilsamen Lehre ab. Dies brachte sie in einen langen Disput über den Vorzug der „Augspurgischen Konfession“ und des Dordrechtischen

Synods, wobei sie von Sebaldus' Meinungen ganz abgerieten und nur endlich, da die Mittagsglocke sie ans Weggehn erinnerte, übereinkamen, daß Sebaldus nach keinem von beiden lehre. Er ward also abermals unwiderruflich verdammt. Dwanghuysen ermahnte, als sie zur Tür hinausgingen, seinen Kirchenvorsteher und Ter Breidelen sein Kirchkind, einen so heillosen Menschen, der mit keinem einzigen Symbolum übereinstimmte, sogleich von sich zu lassen; und Dwanghuysen besonders erwähnte nochmals beiläufig des hirtenliebenden Jan Hagel.

Gutmütige Laien, welche aufmerksam zuhören, wenn geistliche Herren über die Orthodoxie und Heterodoxie eines andern streiten, befinden sich ungefähr in der Lage, als wenn gewöhnliche Menschen bei der Konsultation gelehrter Ärzte über den ungewissen Zustand eines Kranken zugegen sind. Nicht allein trauen sie dem Patienten bald alle die fremden Krankheiten zu, deren griechische Namen ihm von beiden Seiten zugeworfen werden, sondern es fängt sie wohl selbst an, ein Schwindel, Kopfweh oder Gliederreißen anzuwandeln, wenn man die ganze Pathologie so vor ihnen die Musterung passieren läßt.

So ging es dem Kaufmanne und seiner Frau, die voll Betäubung den ganzen Streit angehört hatten. Sie blickten bald ganz furchtsam den Sebaldus darüber an, daß er wider alles Vermuten so gräßliche Lehren behaupte; bald wollten sie ihn entschuldigen mit dem vielen Guten, das sie sonst an ihm bemerkt hatten; bald fingen sie an, für sich selbst zu fürchten, ob sie wohl in ihrem Christentume so lau geworden, um die Irrlehren nicht zu fühlen; bald gereute es sie, daß die wohlangefangene Erziehung ihrer Kinder wieder liegenbleiben sollte.

So herrschte beim Mittagsmahle ein totes Stillschweigen, und einer sah den andern ängstlich an, bis Meester Puistma, der nach so wohl vollbrachter Verrichtung sich Essen und Trinken sehr gut hatte schmecken lassen, noch zeitiger als sonst zu seinem gewöhnlichen Mittagsschläfchen vom Tische wegschlich.

Als er fort war, sagte Frau Elsabe zu Sebaldus mit niedergeschlagnen Augen: „Aber lieber Meister, warum habt Ihr auch meinen Kindern heidnische Bücher vorgelegt?"

„Weil Eure Kinder Griechisch lernen sollten und diese Bücher gut griechisch geschrieben sind."

„Aber warum habt Ihr ihnen so böse, gottlose Leute zur Nachahmung vorgestellt?"

„Urteilt selbst", versetzte Sebaldus, „ob sie böse und gottlos gewesen." Hier erzählte er ausführlich die Geschichte des Sokrates und schilderte den Charakter des Antonin. Er fragte, ob es nicht vielmehr gottlos sei, einen Fürsten zu verdammen, der nach seiner eignen Nachricht von seinem Großvater gelernet: leutselig zu sein und sich nicht zu erzürnen; von seinem Vater: bescheiden und männlich zu werden; von seiner Mutter: Gottesfurcht und Freigebigkeit und nicht nur nichts Böses zu tun, sondern es auch nicht einmal zu denken[1], und so weiter.

Der Kaufmann und seine Frau hörten aufmerksam zu.

Frau Elsabe gestand, wenn dieser Heide so gesinnet gewesen, könne es wohl nicht verdammlich sein, ihn zum Beispiele darzustellen. Ja sie möchte sich selbst nicht unterstehen, einen so guten Heiden zu verdammen.

Hiermit stimmte der Kaufmann überein. „Aber dies

[1] Man s. Antonins „Betrachtungen über sich selbst", I. Buch, im Anfange.

ist nicht meine Sorge", sagte er zu Sebaldus, „denn die Domine wissen mit dem Verdammen geschwinder umzuspringen als unsereiner. Das schlimmste ist, daß ich Euch wider Willen der Domine nicht im Hause behalten kann, weil sie allen Leuten sagen werden, daß Ihr keine rechte gewisse Religion habt."

„Eine rechte gewisse Religion? Mein Herr, die habe ich, Gottlob, denn ich weiß, an wen ich glaube. Aber daß mein Glauben mit dem, was verschiedene andere Leute glauben oder was sie andern Leuten als Formulare zu glauben vorschreiben, zuweilen nicht übereinstimmt, ist nicht meine Schuld. Der Glauben ist eine Gewissenssache, welche nicht kann geboten werden. Ich lasse gern einen jeden glauben, wovon er überzeugt zu sein meinet; warum wollt Ihr mir dieses nicht auch frei lassen?"

„Ich wohl", versetzte der Kaufmann, „aber die Domine schwerlich. Die lassen sich nicht gern widersprechen. Wenn Ihr einmal nicht für rechtsinnig gehalten werdet, werden sie beständig gegen Euch was einzuwenden haben; und auch gegen mich, wenn ich Euch in meinem Hause behalte."

„Und wenn Ihr nicht recht lutherisch seid", rief Frau Elsabe, „wird's immer heißen, unsern Ehepakten sei kein Genüge geschehen, denen zufolge doch mein zweiter Sohn recht lutherisch erzogen werden muß."

„Lutherisch!" rief Sebaldus aus. „Sind es denn etwa lutherische Glaubensartikel, worüber gestritten worden? Ja wäre auch nur überhaupt der geringste Streit entstanden, wenn Euer Meester Puistma nicht einen so unvernünftigen Lärmen gemacht hätte? Ich sondere mich ja von der lutherischen Kirche nicht ab. Und wenn ich es auch täte! Sind denn die Menschen jeder Konfession durchaus auch in eine ebenso eingeschränkte bürgerliche

Gesellschaft eingeschlossen? Muß der, welcher sich von dieser oder jener Lehrmeinung nicht überzeugen kann, deshalb auch aller bürgerlichen Gemeinschaft entsagen? Darf man ohne den genauesten Glauben an theologische Formulare nicht die alten Sprachen oder die Geographie lehren? Macht ein Verdacht des Pelagianismus auch eine Wechselrechnung unrichtig oder eine Leibrentenberechnung unsicher? Wie weit wird endlich die Einschränkung durch Bekenntnisbücher gehen? Fragt man nicht fast schon, wenn man einen Bälgentreter, Pedell oder Einheizer braucht, ob er auch rechtsinnig sei? Endlich wird man nicht Luft schöpfen oder einen Tritt ins Land tun dürfen, wenn man nicht erst die symbolischen Bücher unterschreibt!"

„Nein", versetzte der Kaufmann, „da geht Ihr zu weit, mein lieber Meister! Unsere hochmögenden und edelmögenden Herren dulden in den sieben vereinigten Provinzen jedermann, wes Glaubens er auch sei. Nur freilich unsere ehrwürdigen Herren examinieren diejenigen genauer, die sich in den Häusern der Rechtsinnigen aufhalten. Wenn Ihr nicht in meinem Hause wäret, könntet Ihr glauben, was Ihr wolltet. – Aber da Euch nun die Domine anklagen, kann ich Euch freilich nicht bei mir behalten, denn mit dem hirtenliebenden Jan Hagel mag ich nichts zu tun haben."

„Wahr ist's", sagte Frau Elsabe mit einem Seufzer, „Domine Ter Breidelen würde es mir bei allen Hausbesuchen vorhalten."

„Ja", fuhr der Kaufmann fort, „und Domine Dwanghuysen würde es mir in den kerkelyken Zamenkomsten beständig zu hören geben, daß ich einen Arminianer herbergte."

„Großer Gott!" rief Sebaldus, die Hände gen Himmel hebend. „Gütigstes Wesen voll allgemeiner Liebe, voll allmächtigen Wohltuns! Wie ist's möglich, daß die, welche sich deine Diener nennen, beinahe selbst die Sonne, die du über Gerechte und Ungerechte scheinen lässest, denen entziehen wollen, die dir auch dienen, nur nicht nach fremder Vorschrift, sondern nach eigenem Gewissen, daß sie sie aus der Welt stoßen möchten, wenn's anginge!" Er legte seine Stirn in seine linke Hand.

Frau Elsabe sagte, indem sie die Augen trocknete: „Nicht aus der Welt, lieber Meister! Es wird sich für Euch ein anderer Aufenthalt finden."

„Und ich will", setzte der Kaufmann hinzu, „Euch dazu alle mögliche Anleitung geben. Wollt Ihr nach Alkmar zurück oder sonst nach einer andern Stadt?"

Sebaldus, ohne ihn zu hören, fuhr in seinem Selbstgespräche fort:

„Was sollte deine vernünftige Geschöpfe zu Verträglichkeit und Liebe mehr vereinigen als dein Dienst; und was trennt sie mehr zu bitterm Zanke und Feindschaft!"

Der Kaufmann nahm ihn bei der Hand und sagte: „Beruhigt Euch. Hört mich! Wollt Ihr zurück nach Alkmar zu dem guten Pfarrer, oder wollt Ihr wieder nach Deutschland, oder denkt Ihr noch nach Ostindien zu fahren? Es sei, wo es sei! Ich will Euch Rat, Empfehlung, Unterstützung geben."

Sebaldus sah ihn an, schlug die Augen wieder nieder und sagte staunend: „Nach Alkmar? – Ja, da war ein guter lieber Mann – so gut – wie Ihr, mein Herr! – Aber wer steht mir dafür, daß irgendein Eiferer nicht auch ihn, so wie Euch, nötiget, mir einen Platz unter seinem Dache zu versagen? – Nach Deutschland? Soll ich da schmerzliche Erinnerungen an das, was mir lieb war, holen und vielleicht noch eine neue Art von Verfolgern kennenlernen? – Nein, lieber nach Ostindien, so weit und so gefährlich der Weg auch ist. Vielleicht ist man dort noch vertragsam. Wo das Schulgezänk noch nicht Menschen gegeneinander aufgehetzt hat, wird wohl die Liebe nicht an Konfessionen gebunden sein. Vielleicht fände sich da eine Gesellschaft, die, streitige Lehrmeinungen beiseite setzend, nur gemeinsam erkannte Wahrheiten nutzen wollte, die, ohne nach Lehrformeln zu fragen, sich versammelte, um sich gemeinschaftlich zum Lobe Gottes zu ermuntern, sich gemeinschaftlich an gemeinnützige Pflichten zu erinnern. Welches Glück für mich, eine solche Gesellschaft anzutreffen! Welches Vergnügen, sie zu errichten! Oder ist's nur ein schöner Traum? Mag's doch! Dort ist wenigstens möglich, was in Europa durch Konfessionen und Synoden unmöglich gemacht wird."

„Unmöglich? Doch wohl nicht ganz", versetzte der Kaufmann. „Wenn Ihr, lieber Freund, sonst keine Ursachen habt, nach Ostindien zu gehen, als eine solche Gesellschaft zu suchen, so könnt Ihr sie viel näher, bei uns finden ..."

„Wie? Wo?" fiel ihm Sebaldus hastig ins Wort.

„In den vereinigten Provinzen und selbst auch hier in Rotterdam. Sie heißen Kollegianten oder Reinsburger, von einem Dorfe bei Leyden, wo sie jährlich zweimal zusammenkommen, um das Abendmahl zu halten. Man findet sie besonders in Amsterdam, wo sie auch ein Waisenhaus haben. Daselbst bin ich bei ihren gottesdienstlichen Versammlungen auf der Kaisersgracht im Oranienapfel oft mit inniger Erbauung gegenwärtig gewesen."

Der Kaufmann erzählte nun dem Sebaldus auf Verlangen kürzlich die Geschichte und die Verfassung dieser bisher in ihrer Art einzigen Gesellschaft.

Sie entstand um 1619[1], als wegen politischer Ursachen, denen die Religion zum Vorwande dienen mußte, die Remonstranten so sehr verfolgt wurden, daß man ihnen auch nicht verstatten wollte, Gottesdienst zu halten. Damals stifteten vier Brüder, Männer von unsträflichem Wandel, um der Härte der Gesetze zu entgehen, anstatt der verbotenen Kirchen Kollegien oder Zusammenkünfte, wovon die Gesellschaft den Namen behalten hat. In der Folge gesellten sich zu ihnen viele von den friedsamen Taufgesinnten, doch nicht sie allein; denn die Kollegianten lassen zu ihren brüderlichen Versammlungen alle Christen, ohne auf besondere Lehrmeinungen oder Konfessionen zu sehen, weil sie sagen, daß man in die Stadt Gottes durch verschiedene Tore eingehen könne.[2] Jeden unbescholtenen Mann und der keine Meinungen vorträgt, die ausdrücklich der Bibel zuwider sind, lassen sie nicht allein zum gemeinschaftlichen Genusse des Abendmahls, sondern verstatten ihm auch, öffentlich über gemeinnützige Wahrheiten zu reden, wozu sie keine besonders bestellte Lehrer haben. Denn jeder, der Kraft in sich fühlt, nützliche Lehren zu geben, trägt sie ohne Lehrton wie ein Freund an Freunde vor und pflegt am Ende seiner Rede die Versammlung bescheiden zu fragen: ob jemand wider diesen Vortrag etwas einzuwenden habe oder zur fernern Aufklärung der Wahrheit noch etwas beitragen wolle. Und hierauf fährt fort, wer will, mit gleicher Bescheidenheit seine Gedanken zu eröffnen.

[1] Wer von dieser vortrefflichen Gesellschaft umständlichere Nachrichten verlangt, kann sie finden in S. F. Rues' „Nachrichten von dem gegenwärtigen Zustande der Mennoniten oder Taufgesinnten, wie auch der Kollegianten oder Reinsburger". Jena 1743, Oktav, S. 241 u. f.

[2] Man s. Rues, S. 277.

Sebaldus war entzückt über diese Nachricht und wünschte nichts, als bald ein Glied einer Versammlung zu sein, die mit seinen Wünschen so vollkommen übereinstimmte. Da er in Rotterdam weder bleiben wollte noch konnte, so bekam er von dem Kaufmanne, nachdem er für seine Hofmeisterschafte anständig belohnet worden, Empfehlungsschreiben an einen ihm wohlbekannten Kollegianten in Amsterdam. Sebaldus suchte sogleich seine Sachen zusammen, die ein mäßiges Päckchen ausmachten, fuhr nach Gouda, setzte sich daselbst in die Nachtschuit und ließ sich unter den frohesten Erwartungen fortziehen.

VIERTER ABSCHNITT

Er langte des Morgens früh um fünf Uhr vor Amsterdam, an dem Utrechter Tore, an. Gleich bei dem Aussteigen aus der Schuit kam ihm ein Deutscher entgegen, der ihn sehr dienstfertig: „Herr Landsmann!" anredete und sich erbot, ihn in eine gute Herberge zu bringen.

Sebaldus versetzte: „Wenn sie nur nicht zu kostbar ist, denn meine Barschaft ist gering. Ich bin ein armer abgesetzter Prediger."

„Sie sollen sehr billig behandelt und doch gut bedienet werden", rief der Herr Landsmann und griff nach Sebaldus' Reisesack, den er dienstwillig auf die Schulter nahm.

So traten sie bei Eröffnung des Tores in die Stadt. Sebaldus konnte nicht umhin, seine Freude zu bezeugen, daß er einen Deutschen gefunden, der ihn in dieser großen Stadt zurechteweise, zumal da er der Sprache noch nicht gänzlich kundig sei.

„Ach ja, ehrwürdiger Herr", sagte sein Begleiter, „es ist mir Ihretwegen selbst lieb, daß ich mich von ungefähr am Tore befunden. Sie können gar nicht glauben, ehrwürdiger Herr, wie gefährlich es in dieser Stadt ist. Insonderheit gibt es böse Leute, die man Seelenverkäufer nennet, welche die unerfahrnen Fremden, besonders Deutsche, mit List in ihre Häuser locken, um sie nach Ostindien in ein unbeschreibliches Elend zu verkaufen."

Sebaldus erstaunte, daß es so boshafte Menschen geben könne. Indem schrie sie ein gemeines Weib auf holländisch heftig an:

„Sieh den verdammten Seelhund, da hat er wieder eine Seele!"

„Kommen Sie geschwind", raunte ihm sein Begleiter ins Ohr, „dies ist eine Kreatur der Seelenverkäufer, welche mit uns Zank anfangen will, damit Sie im Tumulte den Bösewichtern in die Hände fallen sollen."

Sie verdoppelten also ihre Schritte, um diesem Unglücke zu entgehen, und kamen endlich an das Haus, wo die Herberge sein sollte. Sie gingen eilig hinein. Die Tür ward hinter ihnen zugeschlossen. Wie erschrak aber Sebaldus, als ihn sein Begleiter in eine Art von Unterkammer stieß, wo ungefähr dreißig elende Menschen auf Stroh lagen. Er brach in die heftigsten Vorwürfe gegen seinen Begleiter aus, die dieser, nachdem er ihm einigemal in trotzigem Tone stillzuschweigen geboten hatte, durch derbe Schläge mit einem dicken Seile beantwortete, wovon Sebaldus ganz betäubt auf das Strohlager niederfiel.

Als er sich ein wenig erholte, sah er um sich eine Anzahl elender Schatten ähnlicher Menschen, durch Hunger, Blöße, Schläge, Krankheit und Kummer ganz ausgemergelt, von ihrem Strohlager aufkriechen. Neben ihm lag ein Mensch, günstigen Ansehens, aber vom Fieber ganz abgezehrt, der ihm auf seine laute Klagen mit matt aufgehobener Hand und schwacher Stimme hochdeutsch zusprach: „Sei geduldig, Freund, denn es wartet dein noch mehr Elend; das meinige ist hoffentlich bald zu Ende.“

Sebaldus fiel wieder in schwermütiges Staunen, aus welchem er ungefähr nach einer Stunde erweckt wurde, da man ihn holte, um vor dem Seelenverkäufer zu erscheinen, der nicht längst aufgestanden war.

Er fand diesen Mann in einem sauber aufgeputzten Seitenzimmer, mit Huysums und Mignons Meisterstükken ausgeziert, das von dem Elende, womit im Keller Menschen gequält wurden, sowenig Spur zeigte als das wohlbeleibte Ansehen des hartherzigen Besitzers. Dieser nahm mit zufriedner Gebärde sein Frühstück zu sich, und vor ihm lagen Erbauungsbücher, aus denen er eben seine Morgenandacht hergelesen hatte. Denn Bücher dieser Art sind dem Schurken und dem schwachen ehrlichen Manne gleich behaglich. Der letztere zieht Trost im Unglücke und Befestigung frommer Entschließungen aus ihnen; jener aber, der den Mangel innerer Rechtschaffenheit durch äußere Religion ersetzen will und tägliche Gottlosigkeit unstrafbar gemacht zu haben glaubt, wenn er sie morgens und abends in vorgeschriebenen Gebeten bereuet, sucht die Unruhe seines Gewissens in der Ruhe einer selbstgefälligen Andacht zu ersticken.

Auch dieser Bube, der mit kalter Fühllosigkeit jeden Menschen im Elende konnte schmachten sehen, ließ es dabei an keiner äußerlichen Religionsübung mangeln. Er war in der gangbaren Landestheologie sehr bewandert und fand sogar durch dieselbe eine Hintertür, alles Böse, was ihn zu tun gelüstete, mit seiner phlegmatischen Gewissensruhe zu vereinigen; denn er hatte sich überzeugt, alles sei absolut notwendig, er sei daher prädestiniert, die Moffen[1] zu schinden, und die Moffen seien

[1] So pflegt der niederländische Pöbel die Deutschen, besonders die Niedersachsen und Westfälinger, zu nennen.

prädestiniert, sich von ihm schinden zu lassen. Deshalb konnte er mit ebender Gleichmütigkeit einen Moffen in seinen Keller stoßen sehen, womit der Koch einen lebendigen Krebs in den siedenden Kessel wirft.

Er fragte den Sebaldus, dessen geistlichen Stand er von seinem Unterhändler erfahren hatte, zuvorderst nach der Geschichte seiner Absetzung und nach seinen folgenden Begebenheiten; und da er dadurch dessen heterodoxe Meinungen erfuhr, ließ er sich mit ihm in einen theologischen Disput ein, dessen Ende war, zu behaupten, daß die dem Sebaldus aufgestoßnen widrigen Begegnisse eine Folge der göttlichen Strafgerechtigkeit wären, deren unwürdiges Werkzeug er jetzt auch sein solle. Er führte ihm dabei zu Gemüte, daß er Gott versuchen würde, wenn er lieber zu den stinkenden Ketzern, den Kollegianten, gehen wollte als nach Batavia, der orthodoxen Stadt, wohin sich noch nie eine Ketzerei habe wagen dürfen. Er legte also dem Sebaldus einen schon aufgesetzten Kontrakt zur Unterschrift vor. Allein dieser weigerte sich, weil ihm die Art, wie er zu dieser Reise gezwungen werden sollte, eine schreckliche Aussicht gab, und verlangte endlich nach verschiedenem Hinundwiderreden wenigstens Bedenkzeit, welche ihm auch bis auf den morgenden Tag, aber länger nicht, verstattet ward, worauf ihn der Seelenverkäufer entließ und sich wieder ruhig zu seinem Erbauungsbuche kehrte.

Als Sebaldus in den Keller zurückkam, sah er das Stroh aufgeräumt und seine Unglücksgefährten teils in stummem Kummer, teils in fühlloser Sorglosigkeit, teils in tobender Verzweiflung. Nur sein vorheriger Nachbar lag noch in großer Schwachheit. Da Sebaldus' geistlicher Stand schon bekannt war, so verlangte der Kranke seinen Zuspruch, den ihm dieser, so trostlos er auch selbst war, von ganzem Herzen gewährte. Der Kranke wurde dadurch in etwas erquickt und konnte nun die Erzählung und die Klagen des Sebaldus anhören, dem noch alles, was ihm diesen Morgen begegnet war, als ein Traum vorkam und der besonders sich noch nicht zu überreden wußte, daß Menschen so tief sinken könnten, ihre Nebenmenschen vorsätzlich ins Elend zu stürzen.

„Was bewegt diese Leute zu solcher Ungerechtigkeit?" rief er zuletzt aus. „Warum sind wir hier wie Übeltäter eingeschlossen? Was will man mit uns anfangen? Darf man in diesem Lande der Freiheit den friedsamen Wanderer unverschuldet ins Gefängnis schleppen? Ist bei der Obrigkeit kein Schutz wider so scheußliche Unterdrükkung zu finden?"

„Er würde gewiß zu finden sein", sagte der Kranke mit schwacher Stimme, „wenn ihr unsere Not nur bekannt werden könnte. Aber während der sechs Wochen, die ich in diesem abscheulichen Loche zugebracht habe, merkte ich genugsam, welche sichere Maßregeln unsere Peiniger nehmen, um dies unmöglich zu machen. Von außen hat diese Einrichtung das Ansehen, als ob der Zweck sei, ganz armen Leuten, die von allen Hilfsmitteln entblößet sind und freiwillig nach Ostindien gehen wollen, bis zur Abfahrt Nahrung und Equipierung zu reichen und sich durch das Handgeld, welches die Ostindische Kompanie gibt, und durch eine Verpfändung des künftigen Soldes wieder bezahlt zu machen. Es kann sein, daß die Absicht im Anfange ganz gut gewesen, aber jetzt wird sie durch die List hartherziger Bösewichter fast immer zu schändlichem Mißbrauche. Wenige gehen freiwillig, viele werden durch Ränke ins Garn gelockt, durch Peinigungen zur Unterschrift gezwungen, in Gefängnisse gesperrt, mit der elendesten Kost kaum beim Leben erhalten und zuletzt oft, von übler Begegnung und Kummer abgemergelt, anstatt aller Erfordernisse zu einer Seereise von einigen tausend Meilen kaum mit ein paar groben Hemden versehen. Und für diese elende Verpflegung werden so große Kosten angesetzt, daß das unglückliche Schlachtopfer in Ostindien wohl sechs oder sieben Jahre nicht für sich, sondern für den Seelhund arbeiten muß. Oh, könnte doch die christliche Obrigkeit dieses Landes solche unmenschliche Begegnung allezeit wissen, sie würde gewiß die Gerechtigkeit, die sie sonst immer ausübt, auch hier ausüben. Sie hat wirklich schon in den wenigen Fällen, die zu ihrer Kenntnis gekommen sind, exemplarisch gestraft. Könnte die edle Ostindische Kompanie doch nur erfahren, wie unerhört man oft ihren Namen mißbraucht, sie würde zu ihrem Ruhme und zu ihrem Nutzen den Bösewichtern dies schändliche Handwerk dadurch legen, daß sie selbst auf dem ostindischen Hause diejenigen, die sich ihrem Dienste widmen wollen, öffentlich und freiwillig annehmen und unter der Aufsicht redlicher Leute unterhalten und ausrüsten ließe. Aber bis einst ein Menschenfreund die Stimme solcher Notleidenden zu den Ohren derer bringt, die dem Elende bis in die geheimsten Winkel nachspüren und ihm abhelfen können, wäre sehr zu wünschen, daß diese schreienden Ungerechtigkeiten wenigstens in Deutschland nicht unbekannt blieben. Man sollte sie dort in den Seestädten, auf allen Straßen, in allen Wirtshäusern, bei allen Zünften bekanntmachen, man sollte auf den Kanzeln davor warnen. Denn die Bösewichter schicken ihre Unterhändler nicht nur bis an die Stadttore Amsterdams, nicht nur bis an die Grenze, sie schicken sie nach Hamburg, Bremen und Stade. Sie gebrauchen unzählige Ränke, um den unvorsichtigen Seemann, den einfältigen Handwerker, den treuherzigen Bauer in ihre Schlingen zu ziehen. Ich selbst bin von ihnen aus Bremen durch die süßesten Vorspiegelungen weggelockt und in diesen elenden Zustand gebracht worden; ich habe aber zur Vorsicht das Vertrauen, daß er sich nun bald endigen wird."

Hier schwieg der Kranke aus Entkräftung, und Sebaldus war wieder seinen traurigen Gedanken überlassen. Er blieb darin den ganzen übrigen Tag, die Zeit ausgenommen, da eine sparsame Mahlzeit verzehrt wurde, die zugleich so beschaffen war, daß kaum der härteste Hunger den Widerwillen dagegen bezwingen konnte. Abends mußte er sich unter den übrigen auf das elende Strohlager hinstrecken.

Den andern Morgen ward er wieder vor den Seelenverkäufer gebracht. Dieser suchte ihn durch freundliches Zureden und durch starkes Getränk zur Unterschrift zu verleiten. Da Sebaldus sich aber standhaft weigerte und aus seiner ungerechten Gefangenschaft entlassen zu werden verlangte, so hieß es endlich: er möchte vierzehn Gulden für Wohnung und Kost des gestrigen Tages zahlen, dann könne er frei weggehen. Sebaldus, froh, griff in die Tasche; aber ein angestellter Bube hatte ihm in der Nacht sein Geld gestohlen. Er ward nunmehr hart angefahren und ihm nur noch bis auf den Abend Bedenkzeit gegeben; und als er auch da noch bei seiner Weigerung blieb, ward er auf den Söller geführt, an einen Pfosten gebunden und so lange unbarmherzig gegeißelt, bis die Schmerzen ihn nötigten, endlich die verlangte Einwilligung zu geben.

Er ward in den Keller zurückgebracht und konnte die ganze Nacht kein Auge schließen, teils wegen Schmerzen, teils wegen der Seufzer seines kranken Nachbars, welcher mit dem Tode rang und gegen Morgen starb. Sebaldus fiel in die stumpfe Fühllosigkeit, durch die der tiefste Jammer erduldet wird, und erwartete sonder

Bewegung, in welches unbekannte Land man ihn schleppen würde und welchem unbekannten Elende er noch entgegensehen sollte.

Indes verschaffte der Tod des einen Unglücklichen den übrigen unvermutet einige Erleichterung, denn der Geiz allein konnte den Seelenverkäufer etwas menschlicher machen. Er glaubte ein Kapital verloren zu haben, indem er den Verstorbenen sechs Wochen vergebens genährt hatte. Bei einigen Übergebliebenen äußerten sich noch dazu Schwachheiten, wodurch die Furcht entstand, es möchte ein ansteckendes Fieber unter ihnen einreißen. Dies bewirkte den Entschluß, sie sämtlich, nachdem sie mit Wein und starken Getränken etwas erquickt worden, frische Luft schöpfen zu lassen. Vorher ward jeder, der unterweges nur mucksen würde, mit der schärfsten Strafe bedrohet; und so ließ sie der Seelenverkäufer, unter Begleitung sechs seiner Knechte und Unterhändler, ausgehen: wenn das Schleichen solcher durch Krankheit und Kummer abgezehrten Gestalten noch Gehen benennet werden kann. Mancher ehrliche Bürgersmann sah ihnen mit Mitleiden nach. Hin und wieder zuckte ein Vornehmer über sie die Achsel und rief: „'s sind ja nur Mofjes!" So zogen sie durch die schattigen Gänge der Plantage endlich zum Muider-Tore hinaus, um auf dem Dyk nach Seeburg reine Luft zu genießen.

Sebaldus' Geist, obgleich von tiefem Elende niedergedrückt, erhob sich bei Erblickung der Aussicht, die nirgend ihresgleichen hat: auf dem Y und auf der Südersee tausend Segel, das ganze Gewühl des arbeitsamen Fleißes; auf der Landseite grünende Wiesen und Gärten, die ruhige Schönheit der Natur.

Die Gesellschaft warf sich ins Gras und ruhte eine Stunde lang, erquickt von dem kühlen Wehen der Luft und dem frischen Geruche des federweichen Lagers.

Sebaldus, insonderheit an Geist und Körper erfrischt, brach, in der Fülle seines Herzens, endlich in ein lautes Lob des Allmächtigen aus, der für seine geplagtesten Kreaturen in den einfachsten Genuß seiner Schöpfung Trost und Stärkung legte.

Der Schall des Dankgebets erweckte die Aufmerksamkeit zweier Geistlichen, die in der Gegend spazierengingen. Sie hatten vorher die unglückliche Gesellschaft nur mit der allgemeinen Teilnehmung betrachtet, welche die Menschenliebe keinem Elenden versagt. Jetzt traten sie näher, durch Sebaldus' Stimme und Gebärden gerührt, ob sie gleich seine Worte nicht verstehen konnten. Sie betrachteten ihn aufmerksam, besonders schien der Ältere von beiden sehr bewegt, hob endlich die Hände empor, tat einen Ausruf und wollte auf den Sebaldus zugehen. Der andere hielt ihn zurück, und man hörte, daß er sagte: „Laßt es sein, Ihr würdet es sonst nur noch schlimmer machen." Sie kehrten sich darauf um und sprachen einander ins Ohr.

Sebaldus, in frommer Entzückung, hatte diesen Vorfall nicht einmal bemerkt, aber seine Gefährten fingen an, die Köpfe zusammenzustecken. Dies war genug für die argwöhnischen Wächter, den ganzen Trupp sogleich aufstehen zu lassen und ihn nach Hause zu führen. Die beiden Geistlichen, nachdem der Zug sich in etwas entfernt hatte, folgten demselben von weitem bis an des Seelenverkäufers Haus, das sie auf diese Art entdeckten.

FÜNFTER ABSCHNITT

Der Geistliche, welcher den Sebaldus anreden wollte, war niemand anders als der rechtschaffene Prediger aus Alkmar. Er hatte wegen der Erbschaft eines Waisen eine

Reise nach Amsterdam tun müssen – und erblickte bei diesem zufälligen Spaziergange den Mann, dessen Elend er schon einmal gemildert hatte, in noch größerer Not.

Er war zu dessen abermaliger Errettung jetzt nicht minder tätig als vorher. Es währte nicht eine Stunde, so hatte er schon bei dem Hoofd-Offizier Anzeige getan und kam in Begleitung eines Gerichtsdieners in des Seelenverkäufers Haus, den Sebaldus zu fordern. Nur um wenig Minuten hätte er später kommen dürfen, so war seine menschenfreundliche Bemühung vergeblich. Denn da die Knechte wohl merkten, daß die beiden Geistlichen, aller ihrer Vorsicht ungeachtet, dem Zuge nicht ohne Ursach nachfolgten, so war der Seelenverkäufer eben im Begriffe zu tun, was sonst geschah, wenn er eine Entdeckung befürchtete: nämlich in das Haus eines seiner Mitgenossen den Gefangenen zu schicken, um ihn den Nachforschungen der Obrigkeit zu entziehen. Auch jetzt sollte er verleugnet werden, aber der Gerichtsdiener, der dieses Haus der Tyrannei schon kannte, ließ sich durch keine Einwendungen abweisen. Der Seelenverkäufer hatte daher kaum Zeit, in der größten Verwirrung in den Keller zu laufen, dem Sebaldus seinen Reisesack wiederzugeben und auf die kriechendste Weise denselben fast fußfällig zu bitten, ihn nicht unglücklich zu machen, als ihm schon der Gerichtsdiener mit dem Geistlichen folgte. Der rechtschaffne Prediger umarmte den Sebaldus, und da er aus andern Vorfällen die Gewohnheit eines solchen Hauses wohl kannte, so zahlte er sogleich dem Seelenverkäufer ohne Einwendung eine beträchtliche Summe, die für das Elend von sechs oder sieben Tagen gefordert ward. Aber sobald dieses geschehen, sagte er ihm auch ins Gesicht, daß er alles anwenden würde, seine gewissenlose Behandlung unschuldiger Menschen zur Bestrafung ans Licht zu ziehen. Er ließ sich weder durch des Seelenverkäufers vielfältige Entschuldigungen noch selbst durch Sebaldus' Bitten zurückhalten. Er tat dem Hoofd-Offizier noch eine ausführlichere Anzeige, worauf dieser, seinem Amte gemäß, auf dem Stadthause vor den Schöppen den Seelenverkäufer anklagte. Sebaldus ward über alle Umstände der erlittenen grausamen Begegnung vernommen. Der Seelenverkäufer ward in Verhaft gezogen und nach völliger Untersuchung der Sache ins Raspelhaus gesetzt, obgleich der Prediger vor Endigung des Prozesses nach Alkmar zurückreisen mußte und Sebaldus, frei von aller Rachbegierde, deshalb weiter keinen Schritt tat.

Indes führte der Prediger den Sebaldus, sobald er ihn aus den Händen des Bösewichts erlöset hatte, in das Haus seines Freundes, mit dem er vorher spazierengegangen war. Dieser, ein mennonitischer Lehrer, ein Mann von Verstand und Redlichkeit, stand mit den Kollegianten in Bekanntschaft, unterrichtete den Sebaldus von der Verfassung dieser friedsamen Gesellschaft noch näher und ging nun selbst mit ihm und dem lutherischen Prediger in derselben gottesdienstliche Versammlung. Da stimmten sie alle, die Verschiedenheit ihres Lehrbegriffs und alle streitige Fragen vergessend, in gemeinsamer Andacht das Lob Gottes an und betrachteten gemeinsam erkannte Wahrheit zu ihrer Erbauung. Eine Art des Gottesdienstes, die Sebaldus' Wünsche ganz befriedigte.

Nach der Versammlung begleiteten sie ihn, um das Empfehlungsschreiben aus Rotterdam an den Kollegianten abzugeben, welcher krankheitshalber nicht zugegen gewesen war. Er nahm den Empfohlnen als ein Vater und als ein Freund in sein Haus auf, so daß derselbe bei dieser liebreichen Begegnung in kurzem seine vorigen Widerwärtigkeiten vergaß.

Der Kollegiant war ein wohlhabender Mann, dabei aber auch von ausgebreiteter Gelehrsamkeit und von edlen Gesinnungen, der seine Muße zum Besten der Wahrheit und Tugend anwendete. Er hatte schon verschiedene schätzbare Werke auf seine Kosten drucken lassen und eben jetzt eine gelehrte Zeitschrift angefangen, in der Absicht, den Weg zu bahnen, daß gemeinnützige Religionsbegriffe von leeren Schulspitzfindigkeiten gesondert würden. Er schrieb sie in lateinischer Sprache, weil damals in Holland die Vorurteile für eine hergebrachte Orthodoxie noch so stark waren, daß sich niemand so wie jetzt[1] getrauete, Meinungen, die nicht im Kompendium stehen, in der Landessprache vorzutragen. Denn die Gottesgelehrten in allen Ländern lassen immer noch eher geschehen, daß man in der gelehrten Sprache neue Meinungen und Zweifel für sie allein bekanntmache, um ihrer Streitkunst eine stattliche Übung zu verschaffen, als in der Muttersprache, um gemeinnützige Wahrheiten in die Gemüter aller Einwohner eines Landes zu verbreiten.

Sebaldus, der die Arbeit liebte, erbot sich in kurzem selbst, seinem Wirte in dessen Beschäftigungen behilflich zu sein. Er tat dadurch zugleich seiner vorzüglichsten Neigung Genüge, Ideen, die ihm wichtig waren, zu entwickeln und auszubilden.

Der Kollegiant hingegen mußte einen Mann bald liebgewinnen, dessen Neigungen mit den seinigen so sehr übereinstimmten. Sie arbeiteten über verschiedene

[1] In den „Vaterlandsen Letter-Oeffeningen“, einer gelehrten Zeitschrift, die in den siebenziger Jahren in Holland herauskam. Die vornehmsten Verfasser derselben waren Kollegianten.

Materien im Anfange gemeinschaftlich, bald aber blieb die Arbeit dem Sebaldus allein überlassen, da die Krankheit des Kollegianten schnell zunahm. Der rechtschaffene Mann ward immer schwächer und starb nach einigen Monaten. Vorher noch vermachte er seinem Freunde den Vorrat und das Verlagsrecht seiner sämtlichen Werke, besonders der gelehrten Zeitschrift, welche anfing Aufsehen zu machen und daher sehr viel gelesen ward.

Sebaldus beweinte von Herzen den Tod seines Freundes und Wohltäters. Ob er gleich dessen Umgang sehr vermißte, so war doch nun sein Zustand ganz seinen Wünschen gemäß. Er hatte durch den Verkauf der ihm vermachten Werke und durch die Fortsetzung der periodischen Schrift ein zwar sehr mäßiges, aber für ihn hinlängliches Auskommen, war unabhängig, konnte seine Lieblingsneigung, die Spekulation, befriedigen, konnte in Frieden seiner Überzeugung gemäß Gott dienen und war noch nicht wegen Religionsmeinungen angefeindet worden.

So wünschenswert nun diese Lage war, so schien es doch Sebaldus' Schicksal zu sein, daß er, wenn er am meisten Nutzen zu schaffen glaubte, durch einen gering scheinenden Zufall selbst Gelegenheit geben mußte, seinen Zustand zu verschlimmern.

Er hatte schon beim Leben seines Wohltäters sich in der holländischen Sprache festzusetzen gesucht. Nachher trieb ihn die Einsamkeit langer Winterabende auf die Lesung engländischer Bücher, die er schon in seiner Jugend geliebt hatte. Er fand unter andern ein Buch[1],

[1] „Remarks on men, manners, and things", by the Author of „The Life of John Buncle", London, Großoktav. Doktor Amory soll ein Buch unter diesem Titel geschrieben haben,

dessen Inhalt ihm größtenteils so wohl gefiel, daß er auf den Gedanken kam, es zu übersetzen, weil er meinte, daß es auch den Holländern nützlich sein könnte.

Er beschäftigte sich einige Monate lang mit dieser Arbeit; und da er meist damit fertig war, ging er zu Mynheer van der Kuit, dem Buchhändler, der bisher den Verkauf der sämtlichen Werke des verstorbenen Kollegianten und auch des gelehrten Tagebuchs besorgt hatte, um ihm diese Übersetzung zum Verlage anzubieten.

Van der Kuit unterließ nicht, die gewöhnlichen Schwierigkeiten zu machen: daß er mit Verlag überhäuft, daß der Handel gefallen sei, daß Druck und Papier immer teurer werde, daß man vorher etwas von dem Werke sehen, daß man es allenfalls gelehrten Leuten zur Prüfung übergeben und besonders daß man, der Kunstrichter wegen, erforschen müsse, ob nicht wider die Reinigkeit der holländischen Sprache gefehlet sei.

Auf diese Erklärung zog Sebaldus einige Hefte seiner Übersetzung aus der Tasche. Indem dieses geschah, trat Domine de Hysel, ein gelehrter reformierter Prediger, herein, welchen Sebaldus kannte, weil er ihn oft im Buchladen gesehen hatte. Sebaldus erbot sich also, beiden etwas von seiner Arbeit vorzulesen. Sie traten

welches aber, wenn es existiert, so rar geworden ist, daß es sich selbst in großen engländischen Buchhandlungen und Bibliotheken nicht findet. Der Verfasser dieser Geschichte bekennet jetzt, daß die Stellen, welche unten als aus diesem Buche übersetzt angeführt werden, von ihm selbst sind; ausgenommen das 22. Kapitel des I. Buchs Mose, welches von dem berühmten Franklin ist, der es dem Perser Saadi soll nacherzählt haben. (Man s. die „Berlinische Monatsschrift“, 1783, Oktober, S. 307) Anmerkung der vierten Auflage.

sämtlich in die Schreibstube des Buchhändlers, und der Übersetzer las wie folget:

SECHSTER ABSCHNITT

„Daß viele Prediger alle Neununddreißig Artikel[1] beschwören, ohne sie alle zu glauben, liegt am Tage, und man muß es entschuldigen. Wer ein Hausvater ist und sich und seine Familie um ungerechter Formalien willen nicht in die bitterste Not stürzen will, sei von mir nicht verdammt. Verdamme ihn ein hartherziger Rechtgläubiger, wenn er's vermag!

Aber wie steht's um die Wahrheit? Muß die noch immer weg den Neununddreißig Artikeln nachstehen? Wäre es nicht die Pflicht der gesetzgebenden Macht, zu sorgen, daß durch keine Formulare die Ausbreitung der Wahrheit gehindert werde, und sollten die Bischöfe nicht selbst die Hand dazu bieten? Wenn jene Artikel die Kette sind, welche die äußerste Weite mißt, worin der Verstand eines Geistlichen sich bewegen darf, so ist es vergeblich, nach Wahrheit zu forschen."

*

„Ist's nicht höchst seltsam, daß man denjenigen, welche sich über die Strenge der Neununddreißig Artikel beklagen, vorsagen will, ihre Klage sei ungerecht? Denn,

[1] Das Glaubensbekenntnis der engländischen bischöflichen Kirche ist im Jahre 1562 unter der Regierung der Königin Elisabeth auf 39 Artikel festgesetzt und 1571 durch eine Parlamentsakte bestätigt worden. Wer irgendein Amt von der Regierung erhält, muß sie beschwören. Sie sind das, was in den meisten deutschen Provinzen die symbolischen Bücher sind.

heißt es, nachdem sie die besten Jahre ihres Lebens angewendet haben, um sich zu einem geistlichen Amte geschickt zu machen, dürfen sie ja nur kein geistliches Amt suchen oder es niederlegen, wenn sie es schon angetreten haben.

Dies ist also die Gnade, die man uns anbietet? Die Uniformitätsakte verursachte, daß im Jahre 1662 am Bartholomäustage an zweitausend dissentierende Prediger auf einen Tag ihr Amt niederlegten, daher zweitausend Familien ohne Brot und zweitausend Gemeinden ohne Gottesdienst waren. Einen solchen Bartholomäustag für England, so traurig als für Frankreich die Bartholomäusnacht, wünscht Ihr also wieder, die Ihr so kalt daherplaudern könnt: damit gar kein Gewissenszwang da sei, wäre nur nötig, daß jeder, der nicht nachbeten will, sein Amt niederlege. Das nennt Ihr Schonung der Dissenter? Das nennt Ihr Toleranz und Sanftmut?

Bei Gott, diese Sanftmut der Verteidiger der Neununddreißig Artikel gemahnt mich wie die Schonung der Rabbinen, die dem Verurteilten nur neununddreißig Streiche geben. Wahrlich, ob er gleich den vierzigsten nicht bekommt, so schmerzt doch deshalb keiner von den neununddreißigen weniger."

*

„Die Schriftgelehrten – gleich den scholastischen Philosophen – haben von jeher ihre Lehrgebäude so künstlich angelegt, daß jeder das seine trotz aller Widerlegung beweisen kann. Sie gleichen Bergschlössern, die noch dazu mit hohen Wällen und tiefen Graben umgeben sind, so daß derjenige, der darin ist, sich ewig verteidigen und derjenige, der draußen ist, sie nimmer mit Vorteile angreifen kann. Aber wie, wenn wir diese

Festungen, die uns eigentlich nichts hindern, liegenließen und mit der gesunden Vernunft geradezu ins Land drängen? Die Priester hatten bis ins sechzehnte Jahrhundert ihr System in gar künstliche dialektische Schlingen verwickelt. Luther ließ sie und ging gerade auf die Bibel, die er allen, die lesen konnten, in der Landessprache in die Hände gab. Die fleißige Lesung dieses Buchs erwärmte das Herz und erleuchtete den Verstand dadurch, daß sie das Nachdenken beförderte. Wollen wir auf einem gleichen Wege nicht weiter fortgehen? Freies Nachdenken und Überlegen führen sicherer zur Wahrheit als spitzfindige Lehrgebäude."

*

„Man setzet immer die Vernunft der Offenbarung entgegen. Dies mag der nötig finden, der an eine unerklärliche Theopneustie glaubt. Ich hoffe aber, es sei niemand jetzt mehr so einfältig, sich einzubilden, Gott habe die heiligen Bücher unmittelbar und übernatürlich eingehaucht. Es sind Bücher, welche zu schreiben Vernunft hat müssen angewendet werden und zu deren Lesen und Verstehen auch Vernunft gehört."

*

„Samuel Werenfels[1], einer der gelehrtesten und rechtschaffensten Gottesgelehrten in der Schweiz, schrieb in seine Bibel:

[1] Siehe Sam. Werenfelsii „Opuscula theologica philosophica et philologica". Lausannae 1739, 4to, Tom. II., p. 509. Lessing hat diese Verse folgendermaßen übersetzt:

Von Gott gemacht ist dieses Buch,
Daß jeder seine Lehr' drin such',
Und so gemacht, daß jedermann
Auch seine Lehr' drin finden kann.

Hic liber est, in quo sua quaerit dogmata quisque;
Invenit et pariter dogmata quisque sua.

Daß dieses wahr sei, lehret die Kirchengeschichte aller Sekten. Wer viel und wer wenig glaubet, der Rechtgläubige wie der Schwärmer suchen und finden ihre Lehre in der Bibel. Wie nun? Ich meine, was geschehen ist, sei nicht ohne weise Absichten der göttlichen Vorsehung geschehen. Gott hat aber weder das Alte Testament noch das Neue Testament selbst unmittelbar aufgezeichnet. Er hat gute Leute ausersehen, welche Bücher geschrieben haben, die durch verschiedene Vorfälle bei einem großen Teile des menschlichen Geschlechts in solches Ansehen kamen, daß derselbe aus ihnen seine Pflichten hat kennenlernen wollen. Die Bücher aber sind so eingerichtet, daß diese Erkenntnis nicht ohne Betrachtungen und Schlüsse, folglich nicht ohne Nachdenken erlanget werden kann. Also sind diese Bücher insofern eine Quelle der Wahrheit, als sie das Nachdenken über Wahrheit befördern. Mögen immer die Schlüsse und Folgerungen aus denselben verschieden sein! Wenn sie nur alle zuletzt in gemeinsame Wahrheit zusammenfließen, wollen wir uns gern beruhigen. Der heilige Hieronymus[1] hat schon gesagt: ,Das Wort Gottes ist eine Perle. Jawohl, eine Perle! Denn gleichwie die Künstler die Perlen, wo es ihnen gut dünkt, durchbohren, so haben alle Sekten Gottes Wort

[1] Siehe Hieronymus in Epistolis: Margaritum est Verbum Dei, ex omni parte forari potest. Nimirum ut Diatraetarii margaritas, prout commodum visum fuerit, perforant: ita haeretici verba Dei pro captu suo interpretantur, ut volunt. (Man s. Fried. Lindenbrogii Var. Quaest. n. 2. adj. Altercationi Hadriani Aug. et Epicteti Philosophi. Francof. 1628, Oktav)

nach ihrem Sinne ausgelegt' – und es auf den Faden ihres Lehrsystems gereihet.

Die heiligen Bücher sollen mir beständig Quellen des Nachdenkens über Wahrheit bleiben; aber nie werde ich den verdammen, der andere Quellen des Nachdenkens über Wahrheit zu finden glaubt, besonders wenn er mit mir auf gleiche gemeinsame Wahrheit zurückkommt. Verdamme, wer will, fast ganz Asien und Afrika und den größten Teil von Amerika. Millionen ihrer Einwohner kennen diese Bücher nicht; und doch hat sie der allgemeine Vater gewiß nicht ohne Wahrheit und ohne Glückseligkeit, die Folge derselben, lassen wollen."

*

„Wenn ich in den heiligen Büchern eine Stelle finde, in welcher von einem Gott die Rede ist, und lese, erst nach Jahrhunderten sei gefunden worden, daß ein durch ein zu dünnes Pergament durchgeschlagener Querstrich[1] diesen Gott veranlasset hat – wenn ich lese, daß nach Jahrhunderten entdeckt worden, es habe sich ein ‚nicht'[2] in den Text geschlichen, so daß anstatt der nicht sündi-

[1] Im Alexandrinischen Kodex scheint der mittelste Querstrich des ersten E, in dem Worte EYCE-BEIAC, durch das Pergament gerade an der Stelle durch, wo der Spruch I. Tim. III, 16 geschrieben ist. Dadurch scheint das O in OC ein Θ zu sein, deshalb man lange Zeit ΘC gelesen, welches die Abbreviatur von Θεος ist. (Man s. Wetstenii Proleg. in N. T. Edit. Halens., S. 54 u. folg.)

[2] Clericus warf zuerst Röm. V, 14 das μη aus dem Texte, in einem Briefe, welcher der zweiten Ausgabe von Mills N. T. vorgedruckt ist, und in Arte crit. P. III. Sect 1 c. XV. § 15. Unter den deutschen Auslegern hat Semler ebendieses aus guten Gründen getan. (Man s. dessen Apparat ad libr. N. T. interpr., S. 59, und dessen Paraphrase dieser Stelle)

genden die sündigenden verstanden werden müssen: bin ich verdammenswert, weil ich glaube, die bloßen Buchstaben einer Offenbarung, welche so vielen Veränderungen unterworfen waren, über deren wahre Lesarten man noch nicht einig ist, können nicht bloß und allein den Grund der Wahrheit und meiner künftigen Glückseligkeit enthalten?

Wenn ich in der Kirchengeschichte lese, man habe jahrhundertelang gestritten, welche Bücher kanonisch sein sollten und welche nicht – wenn ich finde, daß der Kanon auf Konzilien bestimmt worden, und aus der Kirchengeschichte weiß, wie die Konzilien beschaffen waren – wenn ich das Buch des weisen Sirach unter den apokryphischen und ein anderes Buch voll mystischer Bilder unter den kanonischen finde: kann ich mich enthalten, zu zweifeln und weiter zu untersuchen? Und was kann ich dazu brauchen als meine Vernunft, die auch eine Gabe Gottes ist?

Wenn ich in einem der geoffenbarten Bücher lese[1]: ‚Wer übertritt und bleibet nicht in der Lehre Christi, der hat keinen Gott... So jemand zu euch kömmt und bringet diese Lehre nicht, den nehmet nicht zu Hause und grüßet ihn nicht, denn wer ihn grüßet, der macht sich teilhaftig seiner bösen Werke‘ – wenn ich in einem andern lese[2]: ‚Der HErr brachte um, die da nicht glaubeten‘: bin ich verfluchenswert, weil ich nicht mit blindem Köhlerglauben alles annehme, wie es buchstäblich dastehet, sondern vermeine, daß in diesen Büchern vieles nicht für die allgemeine Menschheit, vieles nicht für mich geschrieben sei, aber dennoch alles das Gute und Nützliche, was ich in diesen Büchern finde, zu der Masse der Erkenntnis

[1] 2. Brief Joh. V, 9–11.
[2] Brief Juda V, 5.

schlage, die ich aus Natur und Erfahrung geschöpft habe?“

*

„Wenn ich zurückdenke, was man ein paar Jahrtausende lang mit der Bibel vorgenommen hat, um alles, was man wollte, darin zu finden, so muß ich erstaunen. Man hat sie dogmatisch, exegetisch, typisch, mystisch, prophetisch erklärt. Man hat sie übersetzt und kommentiert, parallelisiert und analysiert, abgekürzt und wieder paraphrasiert!

But that's[1] no news to the poor injur'd page;
It has been us'd as ill in every age, –
And is constrain'd with patience all to take,
For what defence can Greek and Hebrew make!“

*

„Ist zwischen blindem Glauben an die Offenbarung und schändlichem Unglauben gar kein Mittelweg? Ist jeder Freidenker verwünschenswürdig? O Waterland! Waterland![2] Wenn du gleich den Biedermann Herbert und den Sittenlehrer Shaftesbury mit Rochester, Etherege und Villiers in eine Klasse wirfst, glaube mir, es kommt eine Zeit, wo weise Gottesgelehrten einem Tindal den Beweis, daß das Christentum so alt als die Welt ist, verdanken werden.“

*

[1] Nach Sebaldus' Übersetzung:
Das arme Buch! Was muß es nicht ertragen!
Von jeher hat es sich geduldig lassen plagen
Und schief verzerrn nach jedes Lehrers Lehren;
Griech'sch und Hebräisch kann sich ja nicht wehren!

[2] Doktor Waterland war ein eifriger Verteidiger der anglikanischen Orthodoxie.

„Das folgende Kapitel soll Doktor Pococke in einem zu Kairo befindlichen Kodex anstatt des 22. Kap. des I. Buchs Mose gefunden haben. Kanonisch oder nicht, ich gebe das erste bis neunte Kapitel des ersten Buchs der Chroniken dafür.

1. Nach diesen Geschichten begab sich's,
daß Abraham saß in der Tür seines Hauses,
da der Tag am heißesten war.
2. Und siehe, ein Mann kam von der Wüsten her.
Er war gebückt vor Alter,
und sein schneeweißer Bart hing ihm bis auf seinen
und er lehnete sich auf einen Stab. [Gürtel,
3. Und da ihn Abraham sah, stand er auf
und lief ihm entgegen von der Tür seiner Hütte
und sprach:
4. Komm herein, ich bitte dich.
Man soll dir Wasser bringen, deine Füße zu waschen,
und du sollst essen und die Nacht bleiben,
morgen aber magst du deinen Weg ziehen.
5. Und der Mann sagte:
Nein, ich will unter diesem Baume bleiben.
6. Aber Abraham bat ihn sehr;
da wandte er sich und ging in die Hütte.
7. Und Abraham trug auf Butter und Milch und
und sie aßen und wurden satt. [Kuchen,
8. Da aber Abraham sah, daß der Mann nicht Gott
sprach er zu ihm: [segnete,
Warum ehrest du nicht den allmächtigen Gott,
den Schöpfer des Himmels und der Erden?
9. Und der Mann sprach: Ich ehre nicht deinen Gott,
auch rufe ich seinen Namen nicht an;
denn ich habe mir selbst Götter gemacht,
die in meinem Hause wohnen
und hören mich, wenn ich sie anrufe.

10. Und Abrahams Zorn entbrannte gegen den Mann,
und er stand auf und fiel auf ihn
und trieb ihn fort in die Wüsten.
11. Und Gott rief Abraham; und er antwortete:
Hie bin ich!
12. Und der Herr sprach:
Wo ist der Fremdling, der bei dir war?
13. Und Abraham antwortete und sprach:
Herr, er wollte dich nicht ehren und deinen Namen anrufen,
darum habe ich ihn von meinem Angesichte getrieben in die Wüsten.
14. Und der Herr sprach zu Abraham:
Habe ich ihn nicht ertragen diese hundertundachtundneunzig Jahre
und habe ihm gegeben Nahrung und Kleider,
ob er sich gleich gegen mich auflehnet,
und du konntest ihn nicht eine Nacht ertragen?
15. Und Abraham sprach:
Laß den Zorn des Herrn nicht entbrennen gegen seinen Knecht.
Siehe, ich habe gesündigt,
vergib mir, ich bitte dich.
16. Und Abraham stand auf und ging fort in die Wüsten
und rief und suchte den Mann und fand ihn
und kehrte mit ihm zurück in seine Hütte
und tat ihm gütlich,
und den andern Morgen früh ließ er ihn ziehen in Frieden."

*

„Doktor Thornton sagt in seiner Verteidigung der Neununddreißig Artikel: ‚Zu behaupten, es sei nicht nötig, daß die Meinungen der Prediger mit den symbolischen Büchern übereinstimmen müßten, würde ebenso ungereimt sein, als zu behaupten, es sei besser, daß die Decken auf den viereckigen Tischen, welche mitten in unsern Zimmern stehen, schief und zipfelig lägen als gerade und rechtwinklig.' – Wahr ist's, zu den Zeiten der Königin Elisabeth war unser Religionssystem wie unsere Philosophie einem unansehnlichen viereckigen Tische ähnlich, den wir dennoch mitten im Zimmer stehenließen. Er hatte also die Decke sehr nötig, und sie paßte auch ganz wohl darauf. Aber seit einiger Zeit siehet man, besonders bei Leuten nach der Welt, gar keine Tische in der Mitte des Zimmers, sondern an den Wänden zierlich ausgeschweifte Marmorplatten, die auf vergoldeten Füßen ruhen. Die bedürfen aber keiner Decke, und wollte man die alte Decke darauf legen, so würde sie ebendeswegen zipfelig hangen, weil sie viereckig ist. Hat aber noch jemand einen Tisch nach der alten Art in seinem Zimmer, der lege meinetwegen auch die alte Decke darauf."

*

„Der du einen neuen, geraden Weg bahnen willst, höre mich! Du wirst auf Hügel stoßen. Laß dich keine Mühe reuen, sie abzutragen, um den schönen Weg nach der Schnur zu führen. Aber wenn dein neuer Weg auf ein Haus stößet, reiß es nicht um, solange Menschen darin wohnen; achte nicht, daß der Weg lieber etwas gekrümmt daneben weggehe! Es kommt in der Zukunft wohl noch eine Zeit, daß das Haus wegen Baufälligkeit oder aus andern Ursachen neu muß gebauet werden; alsdann wird ein kluger Mann nicht versäumen, es auf eine andere Stelle zu setzen und den Weg ganz gerade zu machen. Sei mit dem zufrieden, was du nach dem Maße deiner Kräfte und der Umstände hast tun können, und überlaß das übrige der Nachkommenschaft."

Hier hielt Sebaldus mit Lesen inne und fragte seine beiden Zuhörer, was ihnen von dem Buche dünke.

Van der Kuit antwortete: „Hm, solch Buch sollte sich wohl verkaufen“ und sah dabei mit sonderbar schlauer Miene den Domine an.

Domine de Hysel versetzte mit niedergeschlagenen Augen:

„Das mag mein Herr van der Kuit am besten verstehen.“

Van der Kuit tat noch einige Fragen, um den Domine auszuholen. Dieser aber wich aus, kam auf eine andere Rede, fragte, ob von Sebaldus' Journale nicht ein neues Stück herausgekommen sei, sah nach seiner Uhr, sagte, er müsse eilen, empfahl sich und ging fort.

Sebaldus ließ seine fertigen Hefte in den Händen des Buchhändlers, bat ihn, die Sache zu überlegen, und weil eben einer der ersten Frühlingstage war, machte er, sehr zufrieden, seinen Lieblingsspaziergang auf dem Dyk nach Seeburg, um sich an der Aussicht auf das Y zu laben.

Der Buchhändler, nachdem er sowohl den Domine als den Sebaldus bis vor die Tür seines Ladens begleitet hatte, ging bedächtig in seine Schreibstube zurück, um zu überlegen, ob nicht eine Spekulatie zu machen sei.

Mynheer van der Kuit war ein Buchhändler, der das Handwerk verstand, und trieb es auch als ein Handwerk. Ein Buch sah er als ein Ding an, das verkauft werden könnte; weiter kümmerte ihn nichts dabei. Aber hierzu wußte er auch alle Vorteile zu suchen und, noch besser, sich dabei vor allem Nachteile zu hüten. Dabei bemühte er sich nicht etwa um kleine gemeine Vorteile: zum Beispiel für ein neues Buch einen pfiffigen Titel zu ersinnen, über ein verlegenes Buch nebst einer neuen Jahrzahl einen neumodischen Titel zu schlagen, sich des Verlagsrechts eines zu übersetzenden Buches dadurch zu versichern, daß man es ankündigt, ehe es noch im Originale erschienen ist, und dergleichen mehr. Nein! Mynheer van der Kuit spekulierte ins große. Er war von weitem her achtsam auf alles, was ihm einmal dienen könnte, und tat, als ob die Leute, die er zu nichts zu nutzen wußte, ja selbst als ob die Bücher, die er nicht hatte, nicht in der Welt wären. Sein Hauptgrundsatz war, was er selbst brauchen könne, müsse ein anderer nicht haben. Hierzu wußte er, oft durch die vierte Hand, Maschinen in Bewegung zu setzen und konnte nachher ganz unbefangen dabei aussehen, als ob ihm die Sachen so ganz natürlicherweise in die Hände gelaufen wären. Es ist wahr, er handelte dabei nicht allemal ganz genau nach den gewöhnlichen Grundsätzen der Ehrlichkeit und der Menschenliebe. Er hatte aber seine Partie dergestalt genommen, daß er von Ehrlichkeit und Menschenliebe ganz fein zu reden wußte; und da man ihm weder die Ehrlichkeit absprechen konnte, daß er seine Schulden richtig bezahlte und auch ebenso pünktlich eintrieb, noch die Menschenliebe, daß er keinen Bedürftigen ohne Almosen weggehen ließ, wenn jemand zugegen war, und keinen Schuldner verklagte, von dem er vorher sah, daß er nicht würde bezahlen können, so stand keineswegs zu beweisen, daß er mit seiner Schlangenklugheit nicht auch die Falschlosigkeit einer Taube verbinde.

Dieser Mann hatte lange mit Widerwillen angesehen, daß er bei dem Drucke der so gut verkäuflichen Werke des Kollegianten nichts als nur der Namenleiher sein sollte. Besonders war ihm dieses bei dem gelehrten Tagebuche aufgefallen, wovon er monatlich eine große Anzahl Exemplare absetzte, zu seinem Mißvergnügen, weil ihm bei jedem Exemplare einfiel, dieses Werk sollte eigentlich sein Eigentum sein und nicht des Kollegianten, der dabei nur die Kleinigkeit tat, daß er es schrieb. Indes da der Kollegiant ein reicher und angesehener Mann war und der eine zahlreiche Bibliothek hielt, so mußte van der Kuit schon sein Mißvergnügen in sich schlucken. Da aber Sebaldus, ein armer unbekannter Fremdling, das Eigentum dieses Werks erhielt, sah der erfahrne Buchhändler keinen Grund, warum er mit demselben ferner ebensoviel Nachsicht haben sollte. Er setzte also bei sich fest, er müsse dieses Werk einst ganz an sich ziehen. Zu diesem Behufe hatte er dem Sebaldus einige wohlausgesonnene Vorschläge getan, welche dieser, der in Geschäften ziemlich kurzsichtig war, sich sehr leicht würde haben gefallen lassen; wenn nicht van der Kuit, der zu viel Absichten auf einmal erreichen wollte, ihm zugleich ein paar Mitarbeiter hätte aufdrängen wollen, die zwar nach van der Kuit's, nicht aber nach Sebaldus' Absichten würden gearbeitet haben. Er bekam also eine ausdrückliche abschlägige Antwort. Diese Widerspenstigkeit eines Autors brachte ihn nicht wenig auf und bestärkte ihn in seinem löblichen Entschlusse, das Journal zu besitzen und zugleich es nach eigenem Gefallen zu regieren.

Dieser Plan lag ihm beständig im Sinne, zumal da er seine Ehre dabei interessiert glaubte, nachdem einmal ein Schritt deshalb von ihm getan war. Da er nun jetzt über das Schicksal von Sebaldus' Übersetzung spekulierte und einesteils wohl erwog, sie möchte verkäuflich sein, andernteils aber auch Verdrießlichkeiten mit der Geistlichkeit besorgte, durch deren Kundschaft er so manche schöne uitlegkundige Vermaaklykheeden, Verklaaringen und Leer-Reeden verkaufte, so konnte er mit sich gar nicht einig werden, wie der Gewinn davon mit rechter Vorsicht und doch unbeschnitten könnte erlangt werden.

Mit einem Male fing seine Spekulation an, einen andern Weg zu nehmen. Er hängte das Angesicht, krümmte die Unterlippe, legte den Zeigefinger der linken Hand an die Nase, und endlich schien es ihm ganz natürlich vor Augen zu stehen, daß durch diese Übersetzung, auch wenn sie nicht gedruckt würde, das gelehrte Tagebuch sein Eigentum werden müßte. Diese wichtige Entdeckung machte ihn unruhig; er ging aus seiner Schreibstube in den Laden, aus dem Laden in die Schreibstube, schnalzte mit den Fingern, rückte die Perücke, zog die Beinkleider auf, rieb sich die Hände, eilte mit Sebaldus' Übersetzung nach Hause, die er, ohne ans Abendessen zu denken, ganz durchlas, die nötigen Stellen mit einem Kniffe bezeichnete, sein Projekt nochmals durchdachte und sich darauf voller Zufriedenheit zu Bette legte.

Den folgenden Tag, bei früher Morgenzeit, verfügte er sich zu Domine de Hysel, dem er die ganze Übersetzung vorlegte und ihm zugleich die Beschaffenheit des Buchs erklärte. Er las ihm jede angezeichnete Stelle, worin er eine derbe Ketzerei zu finden vermeinte. Er versicherte, er wisse, daß Sebaldus gefährliche Absichten gegen die Landesreligion im Schilde führe und daß er ein Socinianer sei. Er suchte zugleich den Domine zu bewegen, dieses gefährliche Buch der Obrigkeit anzuzeigen. Oder, wenn man aus Menschenliebe dies noch unterlassen wollte, so gab er zu verstehen, der Domine werde doch in seiner Gegenwart dem Sebaldus das Gewissen rühren wegen der gottlosen Meinungen, die, wie er vernommen, auch schon hin und wieder in dem Journale zutage lägen und, wenn dieses, wie zu befürchten wäre, nicht helfen sollte, allenfalls bei der Obrigkeit zeugen, daß er einen Teil dieses bösen Buchs vorlesen hören und daß es habe zum Drucke befördert werden sollen.

Mynheer van der Kuit hoffte den besten Erfolg von dieser wohlausstudierten Rede. Wider Vermuten aber antwortete Domine de Hysel auf verschiedene Fragen gar nichts und erklärte endlich mit zerstreuter Miene, daß er gestern wirklich nicht recht achtgegeben habe, als das Heft vorgelesen worden. Im Grunde sei manches doch auch nicht so schlimm und könne besser ausgelegt werden, ob er's gleich auch nicht verteidigen wolle. Da das Buch noch nicht gedruckt sei, wäre es ohnedies zu hart, die Bestrafung von der Obrigkeit zu verlangen. Er dürfe dem Herrn Nothanker ja nur den Verlag abschlagen – welches er ihm zwar auch nicht eigentlich raten wolle. – Kurz, er bäte ihn, zu glauben, daß er gestern gar nicht achtgegeben habe, und niemand ihre heutige Unterredung zu entdecken. – Er könne sich nicht wohl in die Sache mischen. Und bei diesem allen ließ er deutliche Zeichen der Verlegenheit merken.

Van der Kuit konnte gar nicht begreifen, wie die Entdeckung eines Ketzers auf diesen rechtsinnigen Geistlichen so wenig Eindruck machen könne, denn er hatte gewiß geglaubt, ihn ganz bei seiner Schwäche zu fassen. Da er nun merkte, daß der Beistand verfehlt war, den er gewiß von dem Domine zu erhalten hoffte, und nicht dienlich fand, demselben die wahre Ursache seines Antrags näher zu erklären, so ging er, nachdem er sich dienstlich empfohlen, ziemlich betroffen zur Tür hinaus.

Wollte der geneigte Leser etwa aus diesem Vorfalle schließen, daß Domine de Hysel heimlich heterodoxe Gesinnungen geheget, so würde er sich irren; denn der Domine wollte an keinem einzigen Schlusse des Dordrechtschen Synods etwas geändert wissen.

Wollte man etwa vermeinen, der Domine habe die Meinungen des Buchs für unschädlich gehalten und geglaubt, man könne sie dulden, so würde man noch das rechte Ziel nicht treffen; denn er war gar nicht geneigt, sie zu billigen.

Kurz, um alles zu erklären, darf man nur wissen, daß Domine de Hysel, so wie mehrere ehrwürdige Männer, sich bloß deswegen mit theologischen Studien beschäftigt hatte, um ein geistliches Amt zu erhalten. Da nun dieser Zweck erreicht war, bekümmerte er sich, seine notwendigsten Amtsgeschäfte ausgenommen, um geistliche Angelegenheiten ganz und gar nicht und war daher gegen Orthodoxie und Heterodoxie, gegen Duldung und Verfolgung eigentlich völlig gleichgültig. Er würde durch Aufmerksamkeit auf diese Dinge auch nur an seiner Lieblingsbeschäftigung, an dem süßen Umgange mit den lieblichen Musen Latiens, gehindert worden sein; denn er wendete alle seine Zeit auf das Studium der lateinischen Sprache, die er in gesuchter Reinigkeit schrieb. Besonders machte er die zierlichsten lateinischen Gedichte, und er hatte kürzlich einen Band davon drucken lassen, wovon er nur vor acht Tagen dem ehrlichen Sebaldus als Verfasser eines gelehrten Journals ein schön gebundenes Exemplar gesendet hatte, mit einer hineingeschriebenen Carmine elegiaco abgefaßten Epistel ad Sebaldum *Απορiαγκυροβολιον* V. Cl. Nun befürchtete er, daß wenn er sich in diese Sache mengen wollte, wovon er ohnedies keinen Zweck absah, könnten seine Gedichte, für die er eine große Zärtlichkeit hegte, einem widrigen Urteile ausgesetzt sein; daher hielt er's fürs sicherste, in dieser Sache nicht mit zu erscheinen.

Übrigens sagte er darin keine Unwahrheit, daß er vorigen Tag auf Sebaldus' Vorlesung nicht achtgegeben habe; denn da er kein Liebhaber von Prose, am allerwenigsten von holländischer war, so hatte er während dem Lesen eine sapphische Ode auf den Dordrechtschen Synod zu Ende bringen wollen, wozu ihm noch ein paar Ausgänge von Strophen fehlten. Wirklich vernahm er also damals wenig von dem Inhalte der Handschrift und wußte es jetzt dem Buchhändler schlechten Dank, daß er ihn damit bekannt machte; ja er würde sich vor demselben haben verleugnen lassen, wenn er dessen Anbringen nur hätte vermuten können.

Van der Kuit ging voll Kopfschüttelns über seine fehlgeschlagene Erwartung nach Hause, als ihm plötzlich einfiel, daß noch nichts verloren wäre, wenn Sebaldus nur glauben wollte, daß Domine de Hysel wirklich gesagt hätte, was van der Kuit wünschte, daß er gesagt haben möchte. Er kehrte wieder um und ging zum Sebaldus, den er nach dem gestrigen Spaziergange und einem ruhigen Schlafe wohlbehaglich bei Durchlesung eines neuen Buchs antraf, worin er so viel gute Gedanken, so viel menschenfreundliche Gesinnungen fand, daß dadurch sein Herz zu allen angenehmen Eindrücken geöffnet war.

Der Buchhändler erzählte ihm gleich, mit angenommener ängstlicher Miene, daß Domine de Hysel erst die Handschrift und nachher ihn selbst habe zu sich holen lassen, daß er ihm darin viel gottlose Meinungen gewiesen und sich hoch vermessen habe, den Übersetzer bei der Obrigkeit anzugeben, um ihn zur Strafe zu ziehen.

Eine schreckliche Nachricht macht desto stärkern Eindruck, je mehr das Gemüt vorher dem Vergnügen geöffnet gewesen. Sebaldus war daher ganz betäubt; und da van der Kuit fortfuhr, gräßliche Märchen zu lügen, von der Strenge, womit man in diesem Lande gegen die Ketzer verfahre, daß man sie in Zuchthäuser bringe, zur

Festungsarbeit anschmiede, in entfernte Kolonien verbanne und dergleichen mehr, so ward der gute Mann, der in Welthändeln völlig unerfahren war und sich nie um die Verfassung irgendeines Landes bekümmert hatte, ganz außer Fassung gebracht. Es stellten sich ihm zugleich Dwanghuysen, Puistma, der Seelenverkäufer, Stauzius, Wulkenkragenius, der Präsident und alle widrige Begebenheiten seines Lebens so schreckenvoll dar, daß er den treulosen van der Kuit bei der Hand ergriff und ängstlich ausrief:

„Ach, mein Gott, was ist das! Könnte ich doch nur aus diesem grausamen Lande entfliehen, ich wollte gehen, so weit mich meine Füße tragen könnten."

Van der Kuit war eigentlich nur willens gewesen, da er Sebaldus' geringe Weltkenntnis übersah, ihn durch einen eingebildeten Rechtshandel so in Verlegenheit zu bringen, daß er sich ganz in seine Arme werfen müßte, wodurch denn der Zweck wegen des Tagebuchs und der unterzuschiebenden Mitarbeiter desto leichter zu erlangen sein müßte. Da ihm aber Sebaldus aus übertriebener Ängstlichkeit noch ein sichereres Mittel an die Hand gab, so faßte er, als ein weltkluger Mann, gleich dessen Gedanken auf und sagte mit treuherzig scheinender Miene, er glaube in der Tat, es sei für ihn kein Heil als in einer schnellen Flucht zu finden.

„Freilich", rief Sebaldus, herzlich beklemmt, „ich muß weg! Aber wohin? Wie soll ich so schnell und auch unerkannt aus dem Lande kommen? Ich weiß weder Weg noch Steg, habe auch kein Geld! Nach Ostindien zu gehen, habe ich allen Mut verloren. Nach Deutschland? Wie soll ich dahin zurückkommen? Großer Gott, was wird aus mir werden."

Diesen Zeitpunkt nahm van der Kuit wahr, ihn mit vielen schönen Worten zu versichern, daß ein jeder ehrlicher Mann dem andern beistehen müsse. Er setzte hinzu, er wolle mit ebender Ehrlichkeit und Freundschaft, womit er ihn vor Unglücke gewarnt habe, ihm nicht allein zur Flucht nach Deutschland behilflich sein, sondern sogar auch mit Gelde helfen, wenn ihm Sebaldus nur den Vorrat und das Verlagsrecht der Werke des Kollegianten, besonders des gelehrten Tagebuchs, abtreten wolle. Sie wurden bald um etwa hundert Gulden einig, worüber van der Kuit, mit der ihm eignen Tätigkeit in Geschäften, sogleich eine Verschreibung aufsetzte und auch unverzüglich das Geld auszahlte.

Darauf eilte van der Kuit dienstfertigerweise, den Sebaldus unter fremdem Namen auf die Post nach Arnheim einschreiben zu lassen, ging auch hernach nicht einen Augenblick von ihm, bis er ihn den andern Morgen früh um sechs Uhr nach dem Cingel[1] gebracht hatte und ihn und sein weniges Gepäck wohlbehalten auf dem Postwagen sah.

Sebaldus fuhr in großer Herzensangst fort und sah sich beständig um, ob nicht ein Wagen mit Gerichtsdienern hinter ihm käme, um ihn einzuholen. Diese heftige Gemütsbewegung hatte auf seine Gesundheit einen solchen Einfluß, daß er abends ein heftiges Fieber hatte, als er in Arnheim ankam. Er wollte sich dennoch, der eingebildeten Gefahr wegen, nicht einen Augenblick aufhalten. Gleichwohl war es zu spät, annoch wieder aus der Stadt zu kommen; er mußte also voll Sorge und Bekümmernis die Nacht aushalten. Des Morgens aber, mit Tagesanbruche, ging er in größter Eil zu Fuße nach dem zwei Stunden entlegenen ersten klevischen Städtchen Sevenaer, wo er, von Fieberhitze und Ermattung übernommen, liegenblieb.

[1] Ein Platz in Amsterdam, wo alle Morgen die Post nach Arnheim abfährt.

Die Krankheit ward gefährlich, und da er nach etlichen Wochen zu genesen anfing, war durch die Kosten der Reise, des Wirts und des Arztes sein Geldvorrat fast gänzlich aufgezehret, so daß er in großer Schwachheit und Armut weiterschlich. So kurz seine Tagereisen waren, so mußte er fast immer einen Tag um den andern wegen großer Mattigkeit liegenbleiben, bis er endlich in einem Dörfchen wieder vom Fieber ergriffen wurde, so daß er nicht weiterkonnte. Er ließ den Mut gänzlich sinken, erwartete alle Nächte ruhig den Tod, bei Tage aber hatte er kaum so viel Kraft, sich bis an den Eingang des Dorfs zu schleppen, wo er beflissen war, den Reisenden das Heck aufzumachen, und von ihrem geringen Almosen nur kümmerlich sein Leben hinhalten konnte, dessen er nun völlig satt war.

ACHTES BUCH

ERSTER ABSCHNITT

Die frische Luft und der wohltätige Einfluß der Sonne gaben unvermerkt dem matten Körper des Sebaldus wieder einige Kräfte. Dabei ward auch sein Geist ruhiger, und er fing an, seinen elenden Zustand zu ertragen.

Eines Tages sah er zwei Leute zu Pferde von weitem ankommen, einen mit einem blauen Frack bekleidet, auf einem mutigen Hengste, und den andern in einem rosenroten Rocke mit silbernen Fransen, auf einem gemächlichen Paßgänger. Er eilte, so geschwind als es seine Schwachheit erlaubte, das Heck aufzumachen, und zeigte, indem er seine Mütze abzog, sein vor Alter, Ungemach und Gram gereiftes Haupthaar.

Als die Reiter näher kamen, meinte der Blaurock für seinen Stüber noch den dienstfertigen Torwächter hohnnecken zu dürfen.

„Alter Knasterbart", rief er, in einem Tone, der spaßhaft sein sollte, „was für einen zureichenden Grund hast du, das Heck aufzumachen?"

„Ich habe einen determinierenden Grund", sagte der Alte mit bescheidener Miene. „Krankheit und Mangel haben mich auf diesen Posten gestellt."

„Determinierend?" schrie der Blaurock mit einem lauten Gelächter. „Ich glaube wahrhaftig, in dem zerrissenen Kittel steckt ein verdorbner Crusianer. He, weißt du nicht auch 'ne kleine Weissagung aus der Apokalypse?"

„Ja", sagte Sebaldus und sah ihn ernsthaft an. „Siehe,

ich komme bald, und mein Lohn mit mir, zu geben einem jeglichen, wie seine Werke sein werden."[1]

„Ha! Ha! Ha!" rief der Blaue. „Er moralisiert auch! Wahrhaftig, Herr Säugling" (denn die beiden Reiter waren niemand anders als Säugling und Rambold), „siehe da, eine Szene für ihren empfindsamen Roman, der Kerl hat einen wahren Lorenzokopf! Hat er nicht?"

Dieses zu verstehen, muß man wissen, daß Säugling, seitdem ihm die Gräfin abgeraten hatte, Verse zu machen, auf den Gedanken gekommen war, einen Roman zu schreiben, worin ihn Rambold bestärkte, damit er Gelegenheit hätte, ihn täglich damit aufzuziehen.

Rambold warf seinen Stüber hin und sprengte fort; Säugling ritt vorbei, indem der Alte sich bückte, aber kaum war er vier Schritte weg, so kehrte er um und steckte dem Alten, mit einem herzlich mitleidigen Blicke, einen Gulden in die Hand.

Ob er der Armut oder der schönen Szene oder dem Lorenzokopfe das Almosen gegeben habe, kann niemand, auch vielleicht der Geber selbst nicht bestimmen. Genug, Sebaldus rief:

„Gott segne Sie, junger Herr! Auch den Segen eines armen alten Mannes läßt Gott auf einem mitleidigen Jünglinge ruhen."

Säugling spornte sein Pferd, und da er Rambolden einholte, floß ihm eine Träne sanft die Wange herunter.

„Ich glaube gar, Sie weinen", spottete Rambold. „Pfui, wer wird so weibisch sein!"

Säugling verteidigte seine Empfindsamkeit, Rambold fiel in seine gewöhnliche Schrauberei, und so ritten sie weiter.

[1] Offenb. Joh. XXII, 12.

Der Leser wird vermutlich wissen wollen, wie Säugling und Rambold hier so in der Nähe erschienen. Sie waren von dem Schlosse der Gräfin gerade nach Wesel gegangen, wohin sie Säuglings Vater beschieden hatte, weil er sich daselbst Geschäfte wegen eine Zeitlang aufhielt. Nach deren Endigung ging er, obgleich der Herbst schon eintrat, mit seinem Sohne und dessen ehemaligem Hofmeister nach einem Gute, das er in der dortigen Gegend gekauft hatte. Säugling war seitdem beständig bei seinem Vater geblieben, wo er seinen poetischen Phantasien ungestört nachhangen konnte. Rambold hingegen, der weiter keine Hoffnung hatte, durch die Frau von Hohenauf befördert zu werden, nachdem zu seinem Erstaunen Mariane gleichsam verschwunden war, rechnete zwar einigermaßen auf den alten Säugling; weil aber der Aufenthalt bei demselben, besonders im Winter, für seinen unruhigen Geist viel zu einförmig war, so machte er Bekanntschaft mit dem Herrn von Haberwald, einem benachbarten Edelmanne. Dieser war, so wie Rambold, ein Liebhaber des Trunks, des Spiels und der Jagd und hielt, so wie jener, eben nicht auf die strengste Sittenlehre, daher durch diese Gleichheit der Neigungen die Freundschaft sehr bald so heiß ward, daß der Herr von Haberwald nicht einen Augenblick ohne seinen Rambold sein konnte und ihn vermochte, ganz zu ihm zu ziehen. Zuweilen besuchte indes Rambold noch seinen ehemaligen Zögling, und eben an diesem Tage war er mit ihm spazierengeritten, um einen sehr schönen Sommertag zu genießen.

Als sie nach Hause kamen und Rambold gegen Abend nach dem Rittersitze des Herrn von Haberwald zurückgekehrt war, beschäftigte sich Säugling den Rest des Abends mit Sebaldus' Figur, die in sein weiches Herz einen tiefen Eindruck gemacht hatte. Er ließ den andern

Morgen ein Kariol anspannen und fuhr allein nach dem Dorfe, wo Sebaldus wieder am Hecke zu finden war. Auf Verlangen erzählte ihm der Alte seine vornehmsten Unglücksfälle. Säugling war zu gutmütig, um einen solchen Mann länger in einem so traurigen Zustande schmachten zu sehen. Er ließ ihn neben sich ins Kariol sitzen, fuhr mit ihm nach seines Vaters Dorfe zurück, befahl ihn einem Pachter an, versorgte ihn mit reiner Wäsche und Kleidern und mit nötigen Nahrungsmitteln.

Beim Mittagstische erzählte er seinem Vater die Begebenheiten des unglücklichen Alten und zugleich, daß er denselben bei dem Pachter untergebracht habe. Ob die Befriedigung der kleinen Eitelkeit, seine gute Handlung auch andern kundzutun, an dieser Erzählung mehr oder weniger Anteil könne gehabt haben als die Begierde, seinen Vater zur fernern Wohltätigkeit gegen Sebaldus zu veranlassen, wird jeder Schreiber einer theologischen Moral, je nachdem die Falschheit der menschlichen Tugenden mit seinem Lehrgebäude mehr oder weniger verbunden ist, zu bejahen oder zu verneinen wissen. Genug, des alten Säuglings Neugier ward erregt, und er begehrte den Sebaldus selbst zu sprechen.

ZWEITER ABSCHNITT

Säugling der Vater war ein Mann, der weder große Tugenden noch große Laster hatte. Sein natürliches Phlegma verließ ihn nur bloß in dem Falle, wenn er im Handel einen sichern Gewinn vor sich sah. Daher hatte er vom ersten Anfange des Krieges an viel mit Lieferungen für die Armeen zu tun, wodurch er einen Reichtum erwarb, der selbst seine Erwartungen überstieg. Den Wert des Geldes kannte er zwar so gut als jemand, doch war er eben nicht geizig, ob er gleich auch nichts vom Verschwenden hielt. Sobald der Krieg zu Ende zu gehen schien und er die Möglichkeit sah, daß ein Lieferant Schaden haben könnte, entsagte er allen fernern Unternehmungen und kaufte dieses Rittergut, wo er nunmehr seine großen Reichtümer genießen wollte. Er fand aber bald, dies möchte, sonderlich mit einem Geiste ohne Kenntnisse und ohne Tätigkeit, schwerer sein, als er wohl anfänglich gedacht hatte. Er fing an zu bauen, ward aber sehr bald fertig, mit einem Hause, das schon größer war, als er es brauchte. Es fanden sich zu ihm bald Kunstkenner, fleißige, betriebsame Personen, welche ausdrücklich für reiche Leute, die keine Kenntnisse haben, aus Werken der Stümper und Lehrlinge Gemälde der größten Meister verfertigen lassen und sie durch verdorbenen Firnis und verschossenes Kolorit meisterhafterweise zu erheben wissen. Diese verfehlten aber bei ihm gänzlich ihren Zweck, weil sie ihm den ersten allen reichen Kunstliebhabern nötigen Schritt nicht abgewinnen konnten, nämlich ihm einzubilden, daß er Geschmack besitze. Sie vermochten daher nicht, ihn dahin zu bringen, sich ein Kabinett anzuschaffen, weil er ihnen immer mit dummer Ehrlichkeit ins Gesicht gestand, daß er an ihren so schön gepriesenen Rubens, van Dyk, Guercino und Luca Giordano keine Augenweide finden könne und daß ihm die Bildnisse seiner Voreltern mit ihren Kragen, güldnen Ehrenketten und Knotenperükken viel besser gefielen. Alles, was ihnen übrigblieb, war, ihm ein paar von Jakobs van der Laenen oder Jan Steens Fratzengemälden anzuschwatzen, bei denen nicht viel verdient wurde, weil sie wirklich echt waren. Sie verließen ihn also, mit vielem Achselzucken über seine unbegreifliche Unwissenheit. Es fanden sich zwar andere Leute von Geschmack, welche ihn lehren wollten, seinen

Garten nach der neuesten englisch-chinesischen Art anzulegen, die damals in Westfalen noch ganz unerhört war. Da aber zu diesem Behufe der größte Teil seines Parks umgehauen und, zufolge der erhabenen Nachahmung der Natur, ein chinesischer Turm und hinter demselben verschiedene Wildnisse, Felsen und Abgründe gerade auf dem Platze angelegt werden sollten, wo sein bestes Franzobst und alle seine Spargelbeete befindlich waren, so folgte er wieder seiner einfältigen Überlegung, daß er vermittelst dieser Verbesserung viele Jahre lang weder Spargel noch Obst kosten und vielleicht zeitlebens nie wieder Schatten und Kühlung genießen würde, und ließ alles, wie es war. Er hätte zwar gern Gesellschaften gehabt und setzte sich daher auf den Fuß, offne Tafel zu halten, aber es kam selten jemand, weil ihn der benachbarte Adel über die Achsel ansah. Der Herr von Haberwald, welcher ihn freilich wegen der Rehe und Hasen seiner Wildbahn und wegen des guten Weins in seinem Keller oft besuchte, war ihm zu lärmend so wie Rambold zu spitzfindig und höhnisch. Sein Sohn blieb folglich seine einzige Gesellschaft. Er hörte dessen Gedichte auch wohl bei seiner Nachmittagspfeife an und freuete sich, wenn er bei seiner Morgenpfeife in den Zeitungen zuweilen schwarz auf weiß las, daß derselbe ein großer Poet wäre; aber dies wollte doch gegen seine große Portion von Langerweile nicht aushalten, wowider er nach langem Nachsinnen nichts erdenken konnte, als daß er begann, da die Winterabende allzu melancholisch wurden, wöchentlich dreimal Betstunde zu halten.

Da er nun den Sebaldus kennenlernte, warf er die Augen auf ihn als einen Mann, der geschickt wäre, ihm beständig Gesellschaft zu leisten. Sebaldus war ungefähr von gleichem Alter, von gleichem ruhigem Gemüte, er konnte beständig um ihn sein, konnte von sehr vielen Sachen sprechen, die dem alten Säugling doch einige Beschäftigung darboten, ohne seinen zur Bemühung nicht gewohnten Geist durch Anstrengung zu ermüden.

Er trug also dem aufgefundenen Armen nebst freier Kost und Wohnung ein jährliches Gehalt an, welches, wie leicht zu erachten, sehr willig angenommen ward. Dieser kam dadurch aus dem tiefsten Elende in einen Stand der Ruhe und Gemächlichkeit, der ihn aufs neue zum Genusse des Lebens empfindlich machte. Der Hauch vaterländischer deutscher Luft erweckte wieder das Verlangen nach seiner Tochter und nach seinem Sohne. Bloß der gänzliche Mangel an Nachricht von diesen geliebten Kindern unterbrach zuweilen die Behaglichkeit, in der er lebte und die seine leicht zu befriedigende Wünsche sonst ganz erschöpfte.

Seine vornehmste Pflicht war, beim Frühstücke die Zeitungen aller Art vorzulesen. Der alte Säugling hatte diese Lektur von der ersten Zeit seiner Einsamkeit an als ein hauptsächliches Hilfsmittel wider die Langeweile gebraucht. Die Zeitungen geben undenkenden Köpfen eine so unschuldige Gelegenheit, ihre wenigen Seelenkräfte auf eine halbe Stunde in eine Art von Bewegung zu setzen, und veranlassen wohl noch ein viertelstündiges Gespräch bei der Mittagstafel, wo ihnen oft der Bissen viel leichter in den Mund als das Wort aus dem Munde zu gehen pflegt, daß sie ihnen des Morgens zu einer ebenso notwendigen Seelenatzung geworden sind als das Kartenspiel des Abends. Dazu kam, daß die Zeitungsschreiber damals wenigstens monatlich ein paarmal Besorgnis wegen eines bevorstehenden Krieges äußerten. So oft dieses geschah, berechnete der alte Säugling in Gedanken und oft auch auf dem Papiere, wieviel Lieferungen von mancherlei Art für die Armeen nötig sein möchten, und machte Entwürfe, wie sie in den verschiedenen Ländern, wo der Schauplatz des Krieges vorausgesetzet ward, könnten herbeigeschafft werden. Denn ob er gleich gar nicht willens war, selbst wieder etwas zu unternehmen, so waren doch Spekulationen dieser Art, wie er aus der Erfahrung sehr wohl wußte, ein sicheres Mittel, seinen Geist in der anspannungslosen Tätigkeit zu erhalten, wodurch der Körper, die vornehmste Sorge reicher müßiger Leute, so wohlbehaglich genähret wird, daß alle sechs nichtnatürlichen Dinge[1] in der besten Ordnung vonstatten gehen.

Ein gleiches wirksames Hilfsmittel waren die vielen Zahlenlotterien, wovon ihm die Zeitungen Nachricht mitteilten. Er setzte in alle. Die Spekulationen über die an verschiedenen Orten herausgekommenen und noch herauszukommenden Zahlen, die Komponierung und Dekomponierung verschiedener Einsetzungsarten und dergleichen mehr führten ihn in so mancherlei ernsthaft aussehende Rechnungen, aus denen so viele sonderbar scheinende Resultate entsprangen, daß er zuweilen verleitet ward, seine Hirngespinste mit Wohlgefallen für mathematische Einsichten zu halten. Dazu kam, daß die geringe Furcht, zu verlieren, und die größere Hoffnung, zu gewinnen, der Verdruß, die Zahlen verfehlet, und die Freude, sie erraten zu haben, seine sonst so leere Seele mit etwas Leidenschaftähnlichem erfüllten, welches machte, daß er weniger träge zu denken und lebhafter zu sprechen begann, und wodurch zugleich seine Säfte in so ordentlicher Wirkung und Gegenwirkung erhalten wurden, daß er nie weniger von Indi-

[1] Die Ärzte begreifen unter dieser Benennung: Atemholen, Speise und Trank, Ausführungen, Schlaf, Bewegung, Leidenschaften.

gestionen zu befürchten hatte als kurz vor und kurz nach den verschiedenen Ziehungstagen. Man kann also leicht erachten, wie sehr er in guter Gesundheit erhalten worden, da verschiedene Patrioten in verschiedenen Provinzen Deutschlands sorgen, daß keine Woche vorbeigeht, ohne daß irgendwoher den Reichen ein so stattliches Digestivmittel dargeboten werde, für sie allemal wohltätig oder unschuldig und nur bloß den Armen zuweilen etwas allzu drastisch.

Wenige Tage nachdem Sebaldus in sein Amt eines Zeitungslesers eingesetzt worden war, stand in einer Zeitung die Gewinnliste ich weiß nicht welcher Zahlenlotterie. Er mußte sie ganz vorlesen, weil sie dem alten Säugling wegen vieler Spekulationen über die Folge der Zahlen in dieser Lotterie sehr interessant war. Sebaldus verstand ebensowenig davon, als ob sie polnisch geschrieben wäre. Der alte Säugling hingegen, der schon mehrmal, wenn er in den Zeitungen über manche Namen und Sachen zweifelte, Sebaldus' historische und geographische Kenntnisse nachgebend hatte annehmen müssen, tat sich jetzt was Rechts darauf zugute, ihm erklären zu können, was Ambe und Terne und andere zur Lotterie gehörige Worte bedeuteten. Er geriet dabei in solchen Eifer, daß er dem Sebaldus anlag, sich fünf Zahlen auszulesen und auf dieselben zu setzen. Sebaldus hatte keine Lust und verirrte sich in die Logik der Wahrscheinlichkeit, um zu beweisen, daß keine Zahl vor der andern mehr Wahrscheinlichkeit herauszukommen habe und daß er also keine vor der andern zu wählen wisse. Der alte Säugling, voll Begierde, vermeinte auf dem rechten Wege zu sein, indem er den Inhalt des „Arabischen Lotteriewahrsagers" und des „Vademecums für Zahlenlotterien" mit seinen daraus gezogenen Deutungen und Verbindungen dem Sebaldus vorerzählte.

Zuletzt, nach vielem Hinundwiderreden, verblieb Säugling – wie es einem reichen Manne gegen seinen Hausgenossen gebühret – auf seiner Meinung und verlangte: Sebaldus sollte nur eine Zahl anzeigen, die er im Sinne hätte, so wolle er ihm die übrigen vier daraus ziehen.

Sebaldus sagte: „In meinem Sine ist gar keine Zahl als die Zahl 666."

„Gut!" rief der alte Säugling. „Sehen Sie – 6 und 66 ist drin, verdoppeln Sie die erste und teilen Sie die letztere, kommt 12 und 33, ziehen Sie diese beiden voneinander ab, bleibt 21. Sehen Sie: 6, 12, 21, 33, 66. – Da haben wir's – aber wahrhaftig schlechte Zahlen. Die einzige 21 ist gut. Sie verstehen's Spiel noch nicht, Herr Nothanker, das sieht man. Die geraden Zahlen kommen dieses Jahr in dieser Lotterie nicht heraus, am wenigsten in dem ersten Fünfzig. Aber so ist's, solche junge Anfänger müssen Lehrgeld geben. Bleiben Sie nur bei Ihren Zahlen. Ich will Ihnen meine nicht sagen, aber die 21 ist dabei. Wir wollen sehen, über drei Wochen, wenn die Ziehung vorbei ist! Die 21 kommt heraus und noch eine Zahl. Aber st! – Lassen Sie uns die Sätze regulieren. Sie sollen sechs Taler setzen, dies ist allemal mein Satz in jeder Lotterie."

Der alte Säugling besorgte den Einsatz nebst seinem eigenen und stellte dem Sebaldus den Schein zu. Zugleich machte er bei Vergleichung der Sätze seiner Einsicht nochmals ein Kompliment und spekulierte, wie gewöhnlich, noch einige Tage über verschiedene Verbindungen der Zahlen, wogegen Sebaldus die Sache vergaß, da sie kaum geschehen war.

Einige Zeit darauf fiel Säugling der Vater, als er nur seinen gewöhnlichen Frühlingsschnupfen zu erhalten vermeinte, plötzlich in ein starkes Fieber, welches ihn einige Tage bettlägerig hielt. Da er sich besserte und einmal nachmittags ruhen wollte, machte Sebaldus in Gesellschaft des jungen Säugling einen kleinen Spaziergang. Eben unter der Zeit kam Rambold angeritten. Als er auf diese Art niemand sprechen konnte, durchlief er aus Langerweile die Zeitungen und überlas die Aufschriften der Briefe, die der Postbote vor kurzem gebracht hatte und die noch auf dem Tische lagen. Er fand unter den Briefen einen an den jungen Säugling, dessen Handschrift ihm bekannt schien, und steckte ihn zu sich, um einen Schabernack damit zu machen, wovon er, wie wir schon wissen, ein Liebhaber war. Ehe er sich aber recht darauf bedenken konnte, kam der junge Säugling schon zurück, und mit ihm Sebaldus, den er hier noch nicht gesehen hatte. Dieser entfernte sich sogleich wieder, um nach dem Kranken zu sehen, und ließ Rambolden freies Feld, Säuglingen wegen seiner Neigung zu einem Bettler gewöhnlicher Art nach aufzuziehen. Dennoch hörte er Säuglings Erzählung von Sebaldus' Namen, Stand und Begebenheiten mit besonderer Aufmerksamkeit an, fragte auch selbst, mit mehr als gewöhnlicher Neugier, nach verschiedenen Umständen. Da indes Säugling fortfuhr, mit warmer Teilnehmung die Geschichte zu erzählen, schien Rambold etwas betroffen zu sein, ward wider seine Gewohnheit ernsthaft, stand auf und ging ein paarmal im Zimmer auf und nieder, lehnte sich unruhig ins Fenster, nahm, ohne daran zu denken, den Brief aus der Tasche, erbrach ihn in der Zerstreuung, las ihn, ward feuerrot, nahm mit einem Male eine ganz andere, vergnügte Miene an, schlug in die Hände, sah nach der Uhr, brach kurz ab, rief aus dem Fenster, man solle sein Pferd gleich satteln, sagte, er müsse unumgänglich gleich wieder nach Hause, umarmte Säuglingen, schwang sich aufs Pferd und ritt schnell davon.

Säugling wußte nicht, welcher Veranlassung er Rambolds plötzlichen Aufbruch zuschreiben sollte; da er indes an demselben schon mancherlei Launen gewohnt war, so dachte er weiter nicht daran oder glaubte vielleicht wirklich, Rambold werde durch ein Geschäft nach Hause gerufen. Dieser hingegen ritt einen ganz andern Weg; wie berichtet werden soll, wenn wir erst zurückgesehen haben, wo Mariane blieb, von der wir, seitdem sie dem Obersten entsprang, keine Nachricht erhalten haben.

VIERTER ABSCHNITT

Nachdem Mariane beinahe eine halbe Meile lang, so geschwind sie konnte, gelaufen war, mußte sie sich endlich, unweit der Landstraße, aus Mangel des Atems niedersetzen. Als sie sich ein wenig erholet hatte, fing sie an, ihren Zustand zu überdenken. Sie sah sich in einer unbekannten Gegend, von jedermann verlassen, und mußte befürchten, ihrem Nachsteller, der sie vermutlich verfolgen lassen würde, wieder in die Hände zu geraten. Als sie indes in ihrer Tasche ihr Geld wiederfand, so verzweifelte sie nicht an der Möglichkeit, sich geschwinder zu entfernen; und da eben ein Bauerwagen vorbeifuhr, setzte sie sich auf denselben und ließ sich unverzüglich weiterbringen. Sie kam auf diese Art, beinahe ohne auszuruhen, von Dorfe zu Dorfe, in der Absicht, des Freiherrn von D. Güter zu erreichen. Da sie aber selbst den

Weg dahin nicht recht wußte und niemand als Bauern darum fragen konnte, deren Kenntnis sich gemeiniglich nicht weiter als einige Tagesreisen in die Runde erstrecket, so ward sie anstatt ins Hildesheimische tief in Westfalen hineingefahren. Nach einer ununterbrochenen Reise von acht Tagen fiel ihr das eingefallne Regenwetter beschwerlich, da sie nur ganz leicht bekleidet war. Indes bestand sie doch darauf weiterzufahren, bis ein Platzregen und Ungewitter sie nötigte, in ein im Walde stehendes einzelnes Haus abzutreten. Der Regen hörte den ganzen Tag nicht auf; der Bauer wollte nicht warten, weil er morgen einen Hofdienst zu tun hatte; und da sie von dem Bewohner des Hauses, der in seiner Jugend Soldat gewesen war und daher die Gegend weit und breit kannte, auf ihre Erkundigung nach dem Wege vernahm, daß sie sehr weit von dem Hildesheimischen entfernt sei, so entschloß sie sich kurz, den Bauer abzulohnen und bis zur Besserung des Wetters in diesem Hause zu bleiben.

Es ward von einem Greise, seiner Frau und seiner Tochter bewohnt, die sich teils vom Spinnen erhielten, der gewöhnlichen Winternahrung der westfälischen Hausleute, teils die Milch einer Kuh und die Früchte eines Krautgartens verzehrten, der durch ihren eignen Fleiß war urbar gemacht worden. Der alte Hauswirt verband mit der treuherzigen Ehrlichkeit eines Landmanns die Weltkenntnis, welche durch lange Feldzüge erlangt wird. Er hatte mit seinem Gutsherrn, der sein Oberster gewesen war, alle Gefahren der Feldzüge in Brabant geteilt und in allen Vorfällen sich ihm so ergeben gezeigt, daß der Gutsherr aus edler Dankbarkeit das Schicksal seines treuen Kriegskameraden zu verbessern suchte. Er ward im Alter auf Leibzucht[1] gesetzt, der Hof aber

[1] Leibzucht heißt in Westfalen die Wohnung eines vom Hofe abgegangenen Bauers.

seinem Sohne gegeben. Der Markenherr verlieh seinem ehemaligen Kriegsgefährten nicht allein aus der Mark einen beträchtlichen Zuschlag und ließ dessen Tochter, von Hofediensten frei, mit auf die Leibzucht ziehen, sondern baute ihm auch in einem angenehmen Sundern[1] ein eignes bequemeres Haus mit einem Schornsteine, so daß sich der Leibzüchter nicht, wie seine Nachbarn, mit seinen Schinken zugleich räuchern durfte. Dabei hatte er unter seinem Strohdache eine besondere abgeschlagene Kammer, welche eigentlich diente, seinen Wintervorrat zu verwahren, jetzt aber Marianen zur Schlafkammer angewiesen ward.

Sie genoß darin, nach einer ungewohnt langen Reise, die erste Nacht eine süße Ruhe. Des Morgens stand sie erquickt auf, das Wetter hatte sich abgeklärt, sie sah aus dem Fenster das Wäldchen im schönsten Laube und hinter demselben grünende Wiesen. Als sie herunterkam, ward sie von den Hausleuten mit ländlicher Gastfreundschaft empfangen. Nach dem Frühstücke spazierte sie in der umliegenden Gegend, wo sie die Natur in aller ihrer Schönheit fand. Sie irrte auf einem Fußsteige, der zwischen dichten Büschen zu einem kleinen grün bewachsenen Hügel führte, neben dem sich ein klarer Bach schlängelte. Diese Gegend schien ihr ungemein reizend. Sie bestieg den kleinen Hügel, von welchem sie in dem Wäldchen umherschauen konnte und in der Ferne die Aussicht auf wallende Getreidefelder hatte. Hier überlegte sie ihren Zustand. Sie sah, daß sie von dem Zwecke ihrer Reise weit entfernt war, daß sie, wenn sie auch

[1] Ein Sundern heißt in Westfalen ein beträchtliches Gehölz, welches in Absicht der Viehweide offen, aber, was das Holz betrifft, davon gesondert oder einem Herrn zuständig ist. (Man s. Mösers „Patriotische Phantasien", II. T., S. 493)

wieder zurückkehren wollte, nicht gewiß wissen könne, in welchen Gesinnungen sie den Herrn von D. finden möchte, daß sie vielleicht von ungefähr dem Obersten wieder in die Hände fallen könne und dergleichen mehr. Dagegen schien ihr dieser Winkel der Erde ganz paradiesisch zu sein. Es dünkte also ihrem ohnedies etwas zum Romantischen geneigten Geiste das zuträglichste, wenn es möglich wäre, in diesem Aufenthalte der Ruhe und der Unschuld von der ganzen Welt abgesondert zu leben.

Sie entdeckte diesen Vorsatz ihren Wirtsleuten, welche sich denselben wohl gefallen ließen, falls sie mit ihrem Hauswesen, so wie es war, vorliebnehmen wollte. Mariane war vielmehr entzückt darüber. Ihr Wirt, mit seinem ehrwürdigen schneeweißen Haupte und mit seiner ungekünstelten Aufrichtigkeit, kam ihr nebst seiner redlichen Hausfrau wie Philemon und Baucis vor, das Häuschen wie ein Tempel und die Gegend wie eine arkadische Flur. Alles verschönerte sich in ihren Augen. Wenn sie mit Spinnen und andern häuslichen Arbeiten einen Tag zubrachte, einen andern mit Besorgung der Milchkammer oder wenn sie einmal ihr eigenes Gericht pflücken und in den Topf werfen konnte, glaubte sie aus dem Prunke eines verderbten Zeitalters zur Einfalt und auch zur Unschuld der ersten Welt zurückgekehrt zu sein. Wenn sie am Abende mit der Tochter ihres Wirtes, einem guten Mädchen, nach dem Hügel spazierte oder sich mit ihr am Rande des Baches ins Gras setzte, schien sie sich zu den Nymphen Dianens zu gehören; und wenn sie sang, welches oft geschah, schienen ihr die Hamadryaden aus dem Walde von fern zu antworten.

Wahr ist's inzwischen, daß diese reizenden Vorstellungen, wie mehrere poetische Phantasien, ins gemeine

Leben gebracht, nicht allzulange stichhielten und daß nach einem Monate die gute Mariane ihre Einbildungskraft schon anstrengen mußte, wenn sie in das seelenvolle Gefühl übergehen wollte, das ihr anfänglich so natürlich war. Als aber vollends der späte Herbst die Blätter streifte und der Nordwind mit ungestümem Brausen jeden Schritt außer dem Hause verwehrte, sank Philemon in ihrer Idee wirklich zu einem gemeinen Bauern herab und Baucis zu einer westfälischen Hausmutter, die auch wohl, wenn ihr in der Wirtschaft nicht alles nach Sinne ging, schelten und schmollen konnte. Der Tempel ward wieder eine enge und unbequeme Hütte, in welcher zuweilen die harte Kost nicht schmekken wollte, sosehr sie der Einfalt unschuldiger Hirtenvölker gemäß war. Ja Mariane hat nachher gestanden, sie sei zuweilen, ihrer phantasiereichen Vorstellungen ungeachtet, bei einem patriarchalischen Milchbrei in einer hölzernen Satte nach einem wohlfiltrierten Kaffee in meißnischer Schale lüstern gewesen.

In den ersten Tagen dieser ländlichen Einsamkeit hatte sie sich, in liebliche Ideen von arkadischer Unschuld versenkt, bereden wollen, daß ihr Herz von Liebe frei sei. Aber ebendiese kleinen empfindsamen Schwärmeleien öffneten es jedem süßen Eindrucke. Sie lebte die vorigen glücklichen Zeiten in Gedanken noch einmal, sie erinnerte sich ihres Säuglings ehrerbietiger, zärtlicher, inbrünstiger Gesinnungen, sie besann sich, wie er sich ihrer bei einer schimpflichen Beleidigung angenommen hatte. Dann machte sie sich Vorwürfe, daß sie ihm, wider ihre Neigung, so kalt begegnet sei, und konnte nun nicht begreifen, wie sie ihr Herz vor ihm nicht habe ausgießen wollen.

Diese Erinnerung war ihr einziger Trost, als im Winter durch Langeweile und Widerwillen ihr Geist täglich mehr zu erschlaffen begann. Sie wiegte sich in dem Gedanken, daß Säugling sie wirklich noch liebe, daß sie noch einst mit ihm vereinigt und glücklich sein werde. Sie maß seinen Schmerz, von ihr entfernt zu sein, nach dem ihrigen ab und fand oft Wollust darin, wenn sie, indem sie ihren eignen Schmerz beweinte, den Schmerz ihres Geliebten zu beweinen glaubte.

Als bei herannahender milderer Witterung alle ihre Empfindungen heiterer wurden, drangen mit jedem Frühlingshauche die zärtlichen Gefühle tiefer in ihre Brust. Säuglings Bild spiegelte sich ihr in jedem hervorgrünenden Blatte, in jeder entfalteten Knospe. Bei ihren einsamen Spaziergängen nach dem Bächlein begleitete es sie. Dann saß sie in wonnetrunknem Staunen, dann glaubte sie es zu umfassen, dann sprang sie auf, errötend vor ihrem eignen Phantome. Dann wandelte sie am Ufer und sang Lieder, die er auf sie gemacht hatte, zu dem Falle des kleinen Stroms, der über glatte Kiesel hinabrieselte und, indem er sich ausbreitete, den lieblichen Wiesengrund zu Entsprossung neuer Blumen befeuchtete.

Mit diesen anmutsreichen Phantasien verband sie auch Betrachtungen über ihren gegenwärtigen Zustand. Sie fühlte, es sei ihr unmöglich, noch einen Winter in diesem Hause zuzubringen; gleichwohl sah sie auch kein Mittel, wie sie auf eine anständige Art ihre Lage verändern könne. Sie schien sich einzeln und von der Welt ausgeschlossen zu sein, besonders nachdem sie auf einen Brief an Hieronymus schon seit ein paar Monaten keine Antwort erhalten hatte, vermutlich weil er ihm nicht zu Händen gekommen war. Da nunmehr ihre Liebe zu Säuglingen sich ihrer ganzen Seele bemächtigte und sich das Verlangen, von seinen Gesinnungen gegen sie unterrichtet zu sein, in ihre innerste Gedanken einflocht, so entschloß sie sich endlich nach vielem vergeblichem Zaudern, ihm nach Wesel, wohin sie wußte, daß er mit Rambolden hatte reisen sollen, ihren Aufenthalt zu melden.

Der Entwurf dieses Briefes kostete verschiedene Tage. Sie hatte sich fest vorgenommen, alle Merkmale der Liebe daraus wegzuwischen und bloß als ein unglückliches Frauenzimmer zu schreiben, das sich, von jedermann verlassen, an einen edelmütigen Jüngling wenden muß. Aber sie hatte die Spuren ihrer Empfindungen nicht ganz auslöschen können; denn die Liebe, wie ein süßer Geruch, duftet unvermerkt um sich. Säugling, dessen Gesinnungen den ihrigen so sehr entsprachen, würde auch gewiß unnennbare Wollust gefühlet haben, wenn er so glücklich gewesen wäre, diesen Brief zu erhalten. Der Brief ward vom Postamte zu Wesel nach seines Vaters Gute gesendet und war ebenderselbe, welchen Rambold erst aus Schäkerei einsteckte und nachher aus Zerstreuung erbrach. Als er Marianens Wohnort daraus ersah, wollte er nicht einen Augenblick säumen, zu ihr zu eilen, indem ihr Aufenthalt kaum eine Meile entlegen war.

Rambold tat, als ob ihn ein ungefährer Zufall dahin geführt hätte, und hütete sich wohl, von dem gelesenen Briefe etwas zu erwähnen. Mariane verwunderte und freute sich, ihn zu sehen, in der Hoffnung, durch ihn Nachricht von ihrem Säugling zu erhalten. Aber er schwieg; und da sie endlich mit einigen Umschweifen nach demselben fragte, nahm er eine betrübte Miene an und versicherte, weil ihm eben nichts anders einfiel, daß Säugling gestorben sei. Diese Nachricht setzte Marianen außer sich. Rambold war zwar sehr bemüht, sie zu bereden, daß sie sich diesen Tod nicht gar zu sehr zu Sinne ziehen möchte, weil Säugling ein Häschen gewesen, der allen Frauenzimmern Süßigkeiten vorgesagt hätte, allein bei Marianen wollten diese leidigen Trostgründe keinen Eingang finden, daher kürzte er seinen Besuch ab und ritt nach Hause.

Er unterließ indes nicht, oft wiederzukommen, und ward von der bekümmerten Mariane gern gesehen, weil er sie an Säuglingen erinnerte, von dem er ihr auf ihre Fragen allerhand Märchen erzählte, welche, so unbeträchtlich sie waren, doch in Marianens zum Trauern gestimmter Einbildungskraft ein mitleidiges Wohlgefallen erregten.

Der Herr von Haberwald merkte Rambolds öftere Abwesenheit und unterließ nicht, ihn darüber zu hohnnecken. Rambold mußte endlich gestehen, daß er ein hübsches Mädchen besuche, welches er zu seiner Frau machen würde, wenn er eine Versorgung hätte. Herr von Haberwald spitzte hierbei die Ohren und bestand darauf, daß er ihn mitnehmen sollte. Dies geschah, und weil Rambold dem Herrn von Haberwald einen Wink gegeben hatte, so wußte er sich so ehrbar und klug zu betragen, daß Mariane an beider Aufführung nichts auszusetzen haben konnte.

Als nach ihrer Zurückkunft bei einigen Flaschen Wein Marianens Schönheit von beiden Teilen war gepriesen worden, ward von dem Herrn von Haberwald die weise Anmerkung gemacht, daß eine hübsche Frau Pastorin in einem Kirchenspiele eine nützliche Sache wäre. Vermittelst dieser Äußerung eröffnete sich eine kleine Unterhandlung, die, umständlich auf dem Papiere beschrieben, Lesern von feinen Empfindungen niederträchtig und widerwärtig scheinen könnte, obgleich im Laufe der Welt unter manchen Leuten ohne Bedenken dergleichen stattfindet, eben weil sie keine feine Empfindungen haben. Das Resultat derselben war, daß der Herr von Haberwald feierlich versprach: sobald Rambold von Marianen das Jawort erhalten hätte, sollte er die Adjunktur des abgelebten Pfarrers mit einem bestimmten Gehalte bekommen.

Rambold warb nun im Ernste um sie. Mariane gab ihm zwar eine ausdrückliche abschlägige Antwort und brachte in ihrem Herzen dem Andenken ihres Säuglings dieses Opfer. Indes wiederholte Rambold, obgleich ohne Hoffnung einigen Erfolgs, so oft einen Antrag, über den an sich ein junges lediges Frauenzimmer niemals zornig wird, er müßte denn geradezu wider ihre Absichten streiten, daß ihn Mariane mit einiger Nachsicht anhörte. Die Heldin eines Romans hätte freilich eine unverletzte Beständigkeit an den Tag legen und sich eher töten lassen müssen, als sich einem Gegenstande zu ergeben, für den sie nicht die heißeste Liebe fühlte. Aber im gemeinen Leben haben wir häufige Beispiele, daß wohlgezogene Frauenzimmer, selbst in nicht so mißlicher Lage wie Mariane, wenn sie gleich zur innigsten Leidenschaft Zunder in sich fühlten, dennoch mit kalter Vernunft überlegt haben, was vieles junge Volk nicht wissen will, daß feurige Liebe nicht ewig in gleicher Anspannung dauern kann und daß neben der Liebe, so wünschenswert sie ist, noch mehrere Gegenstände in der Welt sind, woran edle Seelen auch denken dürfen. Da nun Rambold von Person nicht widrig war, da er sich seit der ersten Zeit seines Umgangs mit Marianen in ihre Gemütsart geschickt und sich dabei so fein zu verstellen gewußt hatte, daß sie von seiner schlechten Seite fast nichts merken konnte, so ist schwer zu entscheiden, wozu sie vielleicht noch endlich sich möchte entschlossen haben, wenn das Schicksal, welches, wie die Poeten versichern, beständig über Verliebte wachen soll, ihr die Nachricht von Säuglings Leben fortdauernd verweigert hätte.

Säugling, der seit Marianens Entführung von allen ihren Begebenheiten nichts wußte, blieb in der Zuneigung gegen seine Geliebte beständig. Sie war noch immerfort der Gegenstand aller seiner einsamen Phantasien. An sie waren alle verliebte Verse gerichtet, die er nicht unterlassen konnte, von Zeit zu Zeit zu machen. Er gab sich Mühe, obwohl fruchtlos, Nachricht von ihr einzuziehen. Er beklagte sich deshalb oft bei dem treulosen Rambold, welcher aber, besonders in den letzten Zeiten, seine Liebe zu einer abwesenden Person, die vielleicht wer weiß wo in der Welt herumschweifen möchte, mit gewöhnlicher Narrenteiding zu bespötteln suchte. Doch dieses konnte auf das Gemüt des treuen Säuglings, so empfindlich er sonst auch gegen das Lächerliche war, keinen Eindruck machen.

Ob nun gleich Mariane immer die Königin seines Herzens blieb, der alle seine Gedanken gewidmet waren, so würde doch seine so weiblich gestimmte Seele unglücklich gewesen sein, wenn er nicht mit einem gegenwärtigen Frauenzimmer oft hätte umgehen können. Auf dem Gute seines Vaters aber war kein weibliches Geschöpf seiner Achtsamkeit würdig; ein Glück für ihn also, daß sich bald eine Gelegenheit fand, mit einem jungen Frauenzimmer in der Nachbarschaft bekannt zu werden!

Die Betstunden, welche Säugling der Vater zu halten anfing, machten ihn mit der Frau Gertrud bekannt, einer reichen Witwe, die in einem benachbarten Städtchen wohnte. Ihr seliger Gemahl, Herr Gertrud, war ein betriebsamer Mann und beständig bedacht gewesen, sein kleines Talent so gut wie möglich, und zwar hauptsächlich zu seinem eigenen Vorteile zu nutzen. Weil er

wußte, wieviel leichter es ist, auf gutmütigen Menschen zu reiten als pfiffige Kunden zu überlisten, und weil er von Natur ein ehrbares und bedächtiges Ansehen hatte, so trieb er sein Wesen hauptsächlich unter verschiedenen enthusiastischen und separatistischen Religionsparteien. Er fügte sich ganz in ihre Einrichtungen, drang sehr geflissentlich in die ihnen am Herzen liegenden Glaubenspunkte ein, besorgte ihre Angelegenheiten, korrespondierte mit den entfernten Brüderschaften und verteilte ihre Almosen. So hatte er sich lange bei den Herrnhutern aufgehalten und war nur erst alsdann von ihnen geschieden, da man ihn über gewisse Verwaltungen brüderlich befragen wollte, über welche er brüderlich zu antworten nicht gemeinet war. Seine Frau war ihm, ehe dies geschah, durchs Los des Heilandes zugefallen, und dieses Los behagte ihm sehr wohl; denn sie war in ihrem neunzehnten Jahre, hatte eine feine Haut, ein wohlbeleibtes Ansehen und große blaue Augen, die sie bei geistlichen und weltlichen Entzückungen andächtig zu verdrehen pflegte. Als er starb, ließ er seiner Witwe nebst einem Vermögen von fünfzigtausend Talern eine einzige Tochter, die Jungfer Anastasia Gertrud. Diese war jetzt in ihrem achtzehnten Jahre und sah ungefähr ebenso aus als ihre Mutter zu der Zeit, da sie dem Vater durchs Los zufiel. Sie hatte das gebenedeite Ansehn, welches der Frömmling aus der Zerknirschung des Herzens herleitet und der Weltling zuweilen in ganz anderm Verstande nimmt. Ihre Augen waren fast immer niedergeschlagen; doch wenn sie zuweilen aufsahen, war ihr Blick sehr durchdringend, sank aber sogleich wieder ehrbarlich nieder. Sie trieb keine Kleiderpracht und ging weder in Samt noch Seide; jedoch das allerfeinste Leinen, die ausgesuchtesten Spitzen, die Zitse erster Sorte, obgleich sittsamer Farbe, dienten, eine sehr zarte Haut und eine volle Wange zu erhöhen, die, ohne daß es das Ansehn hatte, doch sehr sorgfältig gepflegt wurden. Sie sprach wenig, eigentlich weil sie nicht viel zu sprechen wußte; aber diese Einfalt diente ihr zu einer frommen Koketterie. Sie schien aus verschämter Zurückhaltung zu schweigen, indem sie sanft seufzete und das Haupt langsam seitwärts sinken ließ.

Mit diesem jungen Frauenzimmer unterhielt sich Säugling der Sohn, wenn ihre Mutter seinen Vater oder er sie besuchte, welches fast wöchentlich geschah. Unterdes die Frau Gertrud mit seinem Vater die Materie von Hypotheken und Schuldscheinen durchging oder mit Sebaldus über theologische Materien disputierte, wie sie denn in der Dogmatik so gut wie in der Polemik bewandert war, pflegte Säugling mit der Jungfer Anastasia die süßen Gedanken zu teilen, die wie Honig von seinen Lippen flossen. Daß sie von ihr nicht verstanden wurden, tat wenig zur Sache; sie machte doch einen bescheidenen Knicks, als begriffe sie etwas davon, schlug ihre großen Augen kurz auf und wieder nieder und errötete zuweilen, wenn etwas von Liebe oder heidnischer Mythologie vorkam. Säugling, der, einem Frauenzimmer zu gefallen, gern alle Gestalten annahm, versuchte einige geistliche Lieder nach bekannten Melodien zu machen. Dieses gelang ihm über Vermuten. Denn die Jungfer Anastasia begann sie nicht allein mit vieler Begierde zu lesen, und ihr schöner Mund sang sie ihm vor, sondern die Frau Gertrud fand auch so viel Salbung darin, daß sie, aus eignem Betriebe, sich dahin zu verwenden versprach, diese Lieder sollten in ein Gesangbuch eingerückt werden, wovon man eben im Herzogtume Jülich eine verbesserte und vermehrte Auflage besorgte. Eine Hoffnung, welche Säuglings kleiner Eitelkeit nicht wenig schmeichelte.

Auf diese Art ward der Umgang zwischen dem Dichter und der frommen Anastasia täglich genauer, und es ward die schüchterne Jungfer, obgleich in aller Ehrbarkeit, etwas gesprächiger und unterhaltender, welches beiderseits Eltern sehr wohl gefiel. Denn Säugling der Vater, welcher den Reichtum der Frau Gertrud kannte, berechnete bald, daß sein Sohn keine bessere Partie treffen könnte; und Frau Gertrud, welche auch wohl wußte, wie warm der alte Säugling saß, fing an, der Sache etwas näherzutreten, indem sie zuweilen bemerkte, daß die Ehen im Himmel geschlossen würden und daß die Menschen, sobald dies ersichtlich sei, dem Himmel nicht widerstreben müßten.

Säugling der Sohn argwohnte alle diese Absichten gar nicht, sondern der Umgang mit einem Frauenzimmer diente ihm nur, wie einer Uhr das Öl, um seine zärtlichen Phantasien in gleichem Gange zu erhalten. Er lebte mit der Jungfer Anastasia ganz unbefangen und widmete nichtsdestoweniger beständig seiner abwesenden Mariane die zärtlichste Liebe.

SECHSTER ABSCHNITT

Nachdem Säugling der Vater von seiner Krankheit genesen war, wurde er einst mit seinem Sohne zu der Frau Gertrud in die Stadt zu Mittage eingeladen. Die schöne Anastasia, welche gleich ihrer Mutter des jungen Säuglings Achtsamkeiten ganz ernsthaft auslegte, hatte diesen Tag alle ihre sittsame Reizungen aufgeboten, weil sie nunmehr zuträglich hielt, sein Herz ganz zu fesseln. Man fand an ihr heute nicht bloß die andächtige Selbstgenügsamkeit wohlbegüterter Betschwestern, nicht nur das ihnen sonst gewöhnliche selbstbehagliche Achtgeben auf gesundes Ansehen, auf Weiche der Haut, auf Glätte der Bekleidung, auf Gelindigkeit der ganzen Person, welches sogar bei Nonnen die Stelle alles weltlichen Putzes vertritt, sondern ihr mit brabantischen Spitzen besetztes Häubchen war auch einen halben Zoll höher auf die Stirne gerückt, sie schlug die Augen öfter lieblich empor und ließ sie mit langsamerm Schmachten niedersinken, und ihre immer weichlich lispelnde Stimme erstarb heute auf ihren Lippen mit einer holdem Lächeln nahekommenden Freundlichkeit.

Alle diese schmachtende Reize ließ sie, mit der andächtelnden Mädchen so eignen zurückhaltenden Innigkeit, auf Säuglingen wirken, als sie nach dem Mittagsmahle mit ihm allein im Garten spazierenging. Jungfer Anastasia, die bald in seinen Augen die unverstellten Merkmale des Wohlgefallens las, glaubte sichere Zeichen ihres geheimen Sieges zu finden und ihrem wohlmeinenden Zwecke, aus einem weltlichen Jünglinge einen frommen Ehemann zu bilden, ziemlich nahe zu sein.

Doch da sie nun mit stillem Herzklopfen einer zärtlichen Erklärung entgegensah, ließ sich Säugling – weit gefehlt, daß er seiner einzig geliebten Mariane nur einen Augenblick hätte untreu werden sollen – durch ihre anmutige Vertraulichkeit zu nichts anders bewegen, als daß er einige von seinen Lieblingsliedern über die Freuden des Lebens aus der Tasche zog, die er sich bisher noch nicht getrauet hatte, ihr vorzulesen. Sie hörte sie an, mit völliger Ergebung in ihr Schicksal. Bei feinen Gedanken, die sie nicht verstand, sah sie freilich ein wenig dämisch aus; aber dies ward durch das sanfte Lächeln vergütet, welches zugleich diente, ihre schönen Zähne und die Grübchen in ihren runden Wangen zu zeigen. Bei verliebten Stellen errötete sie nicht gleich wie sonst, sondern schlug die Augen seitwärts auf, mit einem Blicke zwischen Verschämtheit und Sehnsucht, und wenn sie dann im Herabsinken dem auf ihren Beifall gierigen Blicke Säuglings begegneten, stieg ein sanftes Rot auf ihre vollen Wangen, indem ihre Augen nochmals furchtsam aufblinzten.

Indem dieses vorging, hatte sich ein mitgebetener Freund der Frau Gertrud des alten Säugling bemächtigt und ihn nach Tische ebenfalls in eine andere Gegend des Gartens geführet. Er brachte, ungezwungnerweise, das Gespräch auf die Jungfer Anastasia und breitete sich ausführlich über das große Heiratsgut aus, das sie zu gewarten habe. Er erzählte zugleich, es hätten sich schon viele Partien gefunden, die aber, weil sie Weltkinder gewesen, von der Frau Gertrud wären abgewiesen worden, bis sich kürzlich erst ein annehmlicher Bräutigam, sogar ein Edelmann, gefunden hätte, dessen Ansuchen jetzt wirklich in Erwägung gezogen würde.

Diese Nachricht tat auf den alten Säugling die begehrte Wirkung. Er ward etwas still, blies einige Minuten lang den Rauch aus seiner Pfeife langsamer von sich und fragte, so gleichgültig als er konnte, ob denn der bewußte Bräutigam schon das Jawort erhalten habe.

„Bis jetzt noch nicht“, sagte der Freund des Hauses, „die Sache ist noch in Überlegung und verdient sie.“

„Ich wünschte“, sagte der alte Säugling, nachdem er wieder einige Minuten pausieret hatte, „daß ich eher etwas davon gewußt hätte; denn ich muß gestehen, daß ich die Jungfer Anastasia immer für eine schickliche Partie für meinen Sohn gehalten habe.“

Der Hausfreund versicherte, daß hierbei noch nichts verloren wäre; man sei mit dem andern Bräutigam auf keine Weise gebunden, und obgleich derselbe ein rechtes frommes Gnadenkind geworden, so sei er doch ein Mann von Stande und ein Offizier, und man wisse wohl, daß Leute dieser Art am leichtesten in Rückfall geraten könnten; daher werde die Frau Gertrud seinem Sohne gewiß den Vorzug geben, nur müsse er, wie leicht zu erachten, sich sehr bald deshalb erklären.

Der alte Säugling ward über diese Nachricht ungemein vergnügt und versicherte, er werde morgen unverzüglich mit seinem Sohne reden, welcher ihm schon längst eine besondere Neigung zur Jungfer Anastasia zu haben schiene; und da er gar nicht zweifelte, derselbe werde zu dieser Heirat die größeste Begierde zeigen, so nahm er zugleich mit dem Hausfreunde die Abrede, daß dieser nebst der Frau Gertrud und ihrer Tochter auf den übermorgenden Tag zum Mittagsessen gebeten werden solle, damit alsdann der erste Antrag geschehen und vielleicht gar die Sache gleich in Richtigkeit gebracht werden könne. Der Freund der Frau Gertrud bestärkte den alten Säugling sehr in diesem Vorsatze und fuhr fort, ihm über das Vermögen derselben eine ausführliche Auskunft zu geben nebst andern dahin einschlagenden, dem Alten ungemein angenehmen Gesprächen. Es entspann sich daher zwischen beiden eine wechselseitige Vertraulichkeit, und sie hatten einander so viel zu sagen, daß, als gegen Abend die Zeit zur Abfahrt herankam, der alte Säugling sich ohne Umstände in den Wagen des fremden Herrn setzte, damit sie in ihrem Gespräche fortfahren und ihre Ratschläge und Entwürfe ferner ins reine bringen könnten.

Der junge Säugling fuhr also ganz allein. Dieser war durch die Lieblichkeit der Jungfer Anastasia und durch den Weihrauch, den sie seinen Gedichten angezündet hatte – denn er hielt ihr Seufzen und Erröten bloß für eine starke Wirkung seiner Gedichte –, in die wohlgefälligste Laune gesetzt worden. Es war einer der schönsten Sommerabende. Er stieg daher aus dem Wagen, als der Weg neben einem Walde vorbeiging, um im Grünen zu spazieren. Der Kutscher beschrieb ihm einen Fußsteig, der nach einer Viertelmeile wieder aus dem Walde herausführe. Dahin ward der Wagen beschieden, und Säugling ging in das Gebüsch, um, mit der Schreibtafel in der Hand, unter den Einflüssen der schönen Gegend einer Szene in seinem empfindsamen Romane nachzudenken.

Er war schon eine geraume Zeit in aller Wollust der Autorempfängnis fortgewandelt, als er, ungefähr dreißig Schritte vom Fußsteige ab, im Walde einen angenehmen Gesang zu hören glaubte. Noch mehr ward er aufmerksam gemacht, da ihm die Melodie bekannt war; noch mehr, da es ihm bei näherm Hinzugehen eines seiner Lieder zu sein schien; noch mehr, da ihm die Stimme wie Marianens Stimme vorkam. Er eilte durch das Gesträuch. Es war wirklich Mariane, die bei ihrem gewöhnlichen einsamen Abendspaziergange sich am Ufer des kleinen Baches niedergesetzt hatte, um ihren schwermütigen Gedanken über ihren geliebten, ihr so frühzeitig geraubten Säugling nachzuhangen, und in diesem süßen Staunen ein von demselben ehemals an sie gerichtetes Lied sang.

Als sie Säuglingen erblickte, sprang sie auf und tat einen lauten Schrei, weil sie glaubte, ein Gespenst zu sehen. Er überzeugte sie aber bald, daß er lebte, da er sie aufs feurigste in seine Arme schloß und den ersten Kuß auf ihre jungfräulichen Lippen drückte. Unnennbare Freude zitterte aus beiden in dieser Umarmung, zu innig für alle Beschreibung. Marianens ganze Zurückhaltung zerfloß in diesem Gefühle, wie Eis beim Blicke der Sonne im Mai. Sie schwor, die Seinige zu sein, sie war die Seinige.

In dieser wonnevollen Unterhaltung verstrich eine Stunde, ohne daß sie es merkten. Säuglings Bedienter, der am abgeredeten Orte mit dem Wagen so lange gewartet hatte, ward endlich unruhig, suchte seinen Herrn im Walde, fand ihn und erinnerte ihn, nach Hause zu fahren.

SIEBENTER ABSCHNITT

Säugling langte so spät an, daß er seinen Vater diesen Abend nicht mehr sprechen konnte. Nach einer Nacht voll unruhigen Schlafs ließ er bei frühem Morgen seinen Paßgänger satteln und ritt ganz allein nach dem Hause im Walde. Wie ihn Mariane empfangen habe, in deren Herzen nach langem freudelosem Harren die heißeste Liebe wallte, kann nicht beschrieben werden und ist unnötig zu beschreiben. Beide waren im ersten Taumel wechselseitig gestandener Liebe, wo jedes halb gestammelte Wort Entzückung ist und jeder Blick ein Gelübde, daß diese Entzückung ewig dauern soll. Ihre gestrige Zusage, einander auf immer treu zu bleiben, ward durch den heißesten Kuß besiegelt. Säugling steckte ihr einen brillantenen Ring an den Finger, der beim Drucke einer kleinen Feder aufsprang und ein Sinnbild entdeckte, mit der Überschrift: Ewig treu. Mariane schenkte ihm ebenden kleinen Demantring in Form eines flammenden Herzens, den ihre Mutter einst ihrem Vater am Tage ihrer Verlobung gab[1] und den sie bisher als ein wertes Andenken an ihrem Finger getragen hatte.

Auf diese Art kam der Mittag heran, da sie ein ländliches Mahl unter den bäurischen Glückwünschungen der ehrlichen Hausleute mit herzlicherm Wohlgeschmacke verzehrten, als die teure Küche des liebeentbehrenden Schwelgers gewähren kann.

[1] Siehe Wilhelmine, S. 50.

Erst nachmittags konnte Mariane ihrem Säugling Rambolds Betrug, wovon sie freilich den schändlichsten Teil nicht wußte, ausführlich erzählen. In den ersten wonnetrunknen Ausbrüchen der Liebe hatte sie ihn kaum mit wenig Worten berührt. Beide entbrannten über seine niederträchtige Erdichtung, wodurch ihr Glück so lange war zurückgehalten worden. Als ihr Unmut gegen ihn aufs höchste gestiegen war, sahen sie ihn unvermutet selbst ankommen, um einen seiner gewöhnlichen Besuche abzulegen. Er war nicht wenig betroffen, Säuglingen zu finden, und wollte sich erst mit seiner gewöhnlichen Hohnneckerei heraushelfen; da ihm aber sowohl von Säuglingen als von Marianen seine Niederträchtigkeit mit den bittersten Worten vorgeworfen ward, brachte ihn der Zorn darüber und der Verdruß, sein Projekt gänzlich mißlungen zu sehen, so außer aller Fassung, daß er unversehens und fast ehe Säugling sich in Verteidigung setzen konnte, mit bloßem Degen über ihn herfiel. Mariane warf sich zwischen beide; aber vielleicht würde dies dem erbosten Rambold doch nicht Einhalt getan haben, wenn nicht der alte Hauswirt, welcher ein Zeuge dieses Auftritts war, der auf einem grünen Platze vor dem Hause vorging, mit einer Wagenrunge so wirksam nach Rambolds Schulter gefahren wäre, daß dieser sein Schwert einsteckte und unter vielen Flüchen sein Pferd wieder bestieg und davonjagte.

Dieser Vorfall unterbrach in etwas das Vergnügen des Tages; als sich aber Mariane von ihrem Schrecken erholet hatte, ward er ein Quell noch zärtlicherer Empfindungen. Beide verloren sich in der Vorstellung des Glücks einer ewigen Verbindung, wozu Säugling, als er spät gegen Abend endlich Abschied nehmen mußte, die Einwilligung seines Vaters in möglichster Geschwindigkeit zu erlangen versprach.

NEUNTES BUCH

ERSTER ABSCHNITT

Des andern Morgens ließ Säugling der Vater, welcher schon den ganzen vorigen Tag mit Ungeduld nach seinem Sohne gefragt hatte, denselben sehr früh zum Tee rufen.

„Ich fürchte mich", sagte der Alte, „du möchtest mir sonst heute wieder wegreisen wie gestern."

„Ich möchte auch wohl", versetzte der Sohn, „nur erst muß ich Ihnen von meiner gestrigen Reise wichtige Dinge erzählen, bester Vater!"

Vater: Laß sein! Ich habe dir noch viel wichtigere Dinge zu sagen. Hör nur, ob du gleich meinst, du machst alle deine Dinge so heimlich, daß es niemand merkt, so hab ich dir's doch lange angesehen, daß du eine Zuneigung zur Jungfer Gertrud hast. Ich habe sie heute nebst ihrer Mutter zu Mittage gebeten. – Nun, wie wär's, wenn ich für dich heute um sie anhielte? He?

Säugling (erstaunt): Aber, liebster Vater! Wie können Sie darauf kommen, daß ein Mensch von Talenten mit einem einfältigen, ganz unkultivierten Mädchen sein ganzes Leben werde zubringen wollen? Welche Gesellschaft für einen Geist wie ich!

Vater: Einen Geist wie du? Da schweben wir wieder oben im hohen Himmel! Aber glaub mir, hienieden kenne ich für einen Müßiggänger – und das bist du doch wohl –, der wohl zeitlebens nicht auf eine Entreprise denken wird, keine bessere Gesellschaft als fünfzigtausend Taler, und die wird die Jungfer Gertrud einmal wohlgezählt von ihrer Mutter erben. Hörst du! Fünfzigtausend Taler!

Säugling: Nein! Reichtum kann mich nicht glücklich machen. Mich, zum Umgange mit Musen und Grazien gewöhnt – nur Liebe, überschwengliche Liebe ...

Vater: Und wie überschwenglich muß dann die Liebe sein? Ihr wart doch beständig gern beieinander, hattet auch immer was zu flüstern, und wenn du die Jungfer Anastasia acht Tage lang nicht gesehen hattest, so war's dann, als ob dir was fehlte. – Das sah mir doch so ziemlich wie Liebe aus.

Säugling: Liebe? Dies geschah bloß, weil in dieser Einsamkeit kein anderes junges Frauenzimmer zu finden war. Mir ist aber wirklich der Umgang mit einem Frauenzimmer notwendig, damit in meinem Herzen sanfte und gefällige Empfindungen herrschen und in meine Gedichte hinüberfließen mögen.

Vater: Ei nun, so heirate die Jungfer Gertrud, so wird dir ihr Umgang noch aus einer Ursach notwendig. Zeit ist's ohnedies, daß du heiratest.

Säugling: Das ist auch mein Vorsatz, mein bester Vater! Dies war die wichtige Nachricht, die ich Ihnen von meiner gestrigen Reise erzählen wollte. Ich habe sie wiedergefunden, die Göttin meiner Seele, die ich schon lange liebe, die nun auch mich liebt, die meiner ganzen Liebe würdig ist. Jung! Schön! Edel! Verständig! Witzig! Sie lebt eine Meile von hier in einer Schäferhütte im Walde, in aller Unschuld des Goldnen Zeitalters! Ihr habe ich ewige Treue geschworen, und nie soll eine andere dies Herz rühren, dies Herz voll von brennendem zärtlichem Gefühle gegen die göttliche Schöne.

Vater: Was redst du da? Was für ein romanhaftes Geschwätz? Eine Göttin, die in einer Hütte lebt? Ei nun ja, die wird freilich auch wohl kein Geld haben, denn das braucht man weder im Himmel noch im Goldnen Zeitalter. – Aber sage mir nur, ist's möglich, daß du mir solche Streiche machst? Gleich sag heraus: Wer ist das Mensch?

Säugling: Aber, lieber Papa! – Aber wirklich – Sie sprechen in Ausdrücken ... von dem edelsten, süßesten Mädchen. – Es ist doch auch nicht ein bißchen ... Sie machen mich wahrhaftig ganz verwirrt.

Vater: So, der Herr Sohn meint, ich brauchte nicht Respekt genug! Gar fein! Wer ist denn also deine Göttin? – Wem gehört sie an?

Säugling: Bester, liebster Vater! Es ist die schönste Seele in dem schönsten Körper, sanft, gut, gefällig ...

Vater: Bester, liebster Herr Sohn! Wem sie angehört? Wer ihre Eltern sind, möchte ich wissen.

Säugling: Sie ist die Tochter eines würdigen Mannes, eines redlichen Predigers, eines unglücklichen Mannes, der von den Feinden vertrieben worden. Sie hat unschuldig viele Verfolgungen ausstehen müssen, die Vorsicht hat sie mir nach langer Abwesenheit wieder zugeführt. Ich habe sie nun, ich liebe sie mit innigster Zärtlichkeit und werde nimmer von ihr lassen.

Der Alte ließ vor Schrecken seine Pfeife zu Boden fallen. Den schönen Entwurf, seinen Sohn mit einem reichen Frauenzimmer zu verbinden, den er für ganz ausgemacht hielt, sah er mit einem Male vernichtet; sein Sohn war in ein armes Mädchen vergafft, das, Gott weiß woher, in eine benachbarte Hütte sollte gekommen sein, und was das schlimmste war – denn sein Phlegma stellte sich allemal die nächsten Verlegenheiten als die größten vor –, er wußte gar nicht, was er mit der Frau Gertrud, mit ihrer Tochter und dem Freiwerber anfangen sollte, die er heute zum Mittagsessen gebeten hatte, um den Heiratsantrag zu tun, in der ganz zuverlässigen Voraussetzung, daß sein Sohn nichts lieber wünsche.

Endlich ermannte er sich, um dem Sohne zu beweisen,

daß es sich für ihn gar nicht schicke, ein armes Mädchen zu nehmen; und sein Sohn ermangelte nicht, mit vielen Gegengründen darzutun, daß ein Mädchen, die er liebe, das einzige Glück seines Lebens machen werde. In diesem Streite ward die kaltsinnige Ruhigkeit des Vaters bald von der feurigen Heftigkeit des Sohnes betäubt. Da Säugling also merkte, daß sein Vater stiller ward, bekam er mehr Mut und bot alle seine Beredsamkeit auf, um denselben zu überzeugen. Indem er nun mit heller Stimme für seine Meinung kämpfte und dabei mit den Händen focht, erblickte der Vater den Ring mit dem flammenden Herzen an der linken Hand seines Sohnes.

„He da!" rief er und nahm ihn bei der Hand: „Laß sehen, Junge! Ich glaube, du hast dich im ganzen Ernste verplempert! Ich will nicht hoffen, daß du den Ring von dem Mädchen hast?"

„Ja, von ihr!" rief der Sohn und küßte den Ring, indem er ihn dem Vater vorhielt. „Sie ist die süßeste Seele, voll Unschuld und Liebe, weiß und glänzend wie diese Steine."

„Wahrhaftig", sagte der Vater bedächtig, indem er den Ring gegen das Fenster kehrte, „der Mittelbrillant ist vom ersten Wasser. Höre nur, das Mädchen kann doch wohl nicht ganz arm sein, wenn sie solche Ringe verschenkt. – Sehen Sie, Herr Pastor, einen schönen Stein, einen ausbündigen Stein...", fuhr er gegen Sebaldus fort, der eben mit den Zeitungen in der Hand hereintrat.

Sebaldus hatte kaum den Stein erblickt, als er voll Erstaunen ausrief:

„Gott! Woher haben Sie den Ring? Er gehört meiner Tochter!"

„Ihrer Tochter?" riefen Vater und Sohn.

„Ich habe den Ring", fuhr der Sohn fort, „von dem besten, edelsten Mädchen, das ich unaussprechlich liebe und ewig lieben werde. Ist sie Ihre Tochter? – Wohl mir! – So ist sie die Tochter eines sehr redlichen Mannes."

Der junge Säugling erzählte einige Umstände, die dem Sebaldus keinen Zweifel mehr übrigließen. Sebaldus bat den Alten, ihn sogleich zu seiner Tochter fahren zu lassen; der junge Säugling bat seinen Vater fußfällig, daß er mitfahren dürfe. Dieser bewilligte endlich beides, nur mit dem Bedinge, daß sie zur Mittagsmahlzeit wiederkämen und daß sie sich gegen die Frau Gertrud und ihre Tochter von allem Vorgefallnen nichts sollten merken lassen, wodurch er sich wenigstens aus seiner heutigen Verlegenheit zu ziehen hoffte. Der junge Säugling sprang gleich fort, um selbst die geschwinde Anspannung eines Wagens zu besorgen. Unterdes verlangte Säugling der Vater vom Sebaldus einen Handschlag, daß er die Heirat seines Sohnes mit Marianen nicht befördern wolle. Sebaldus gab ihm deshalb ausdrücklich sein Wort; und der alte Herr, der Sebaldus' ehrliche Denkungsart kannte, machte seiner eignen Klugheit insgeheim ein Kompliment, indem er dadurch seinem Sohne einen starken Schritt abgewonnen zu haben glaubte.

Sebaldus fuhr in Gesellschaft des jungen Säugling nach dem Hause im Walde. Sobald Mariane den Wagen ankommen sah, flog sie ihrem Liebhaber entgegen; er war aber kaum aus dem Wagen gesprungen, als sie ihren Vater erblickte. Allzuviel Freude auf einmal zu ertragen, ist ein menschliches Herz zu schwach. Sie fiel in Ohnmacht. Kaum war sie einigermaßen wieder zu sich gekommen, so stürzte sie, mit Wonne ohne Maß, in ihres Vaters Arme, welche er mit väterlicher Inbrunst um sie schloß. Aber bald mischten sich traurige Empfindungen in ihre Freude. Ihr Vater hielt ihr seine jetzige Lage gegen den alten Säugling vor. Er gab ihr zu überlegen, ob er nicht dessen Guttätigkeit mit Undank belohnen und die heiligsten Rechte der Gastfreundschaft verletzen müsse, wenn er – wie es allemal scheinen würde, aus Eigennutz – zu ihrer Heirat mit dem jungen Säugling wider des Vaters Willen seine Einwilligung geben wolle. Er erklärte ihr endlich, daß er dem Alten förmlich deshalb sein Wort gegeben habe, und nun forderte er auch von ihr ein ausdrückliches Versprechen, alle Gedanken daran fahrenzulassen.

Marianens innrer Streit war sehr heftig. Sie war noch nie ihrem Vater ungehorsam gewesen, sie fühlte, es würde unedel sein, ihm jetzt in demjenigen nicht zu gehorchen, was er mit väterlichem Ernste und aus guten Gründen verlangte; aber sie fühlte auch, es heiße sich das Herz ausreißen, wenn man dem einzig Geliebten plötzlich ganz entsagen soll. Kindliche Pflicht siegte endlich in der edlen Seele, obgleich, wie Pflicht über Leidenschaft allemal: mit Mühe. Sie benetzte ihres Vaters Hand mit Tränen und schwor, nichts wider seinen Willen zu tun, nichts, das ihr und ihm unanständig wäre.

Sie ermahnte selbst Säuglingen, mit einem Strome von Tränen, standhaft zu sein, sie zu vergessen. Aber der hohe Schmerz selbst, womit ihr Auge, bei ihrer großmütigen Entsagung, auf ihn blickte, beförderte seine Liebe bis auf den höchsten Grad. Er geriet in die heftigste Leidenschaft; er schwor zu ihren Füßen, nimmer von ihr zu lassen; er schwor, weder ihr noch sein Vater würden seiner Liebe Hindernisse entgegensetzen; er schloß sie in seine Arme und bot der ganzen Welt Trotz, sie von ihm zu reißen. Marianens tränende Bitten, gemischt aus allem, was Liebe Bitteres und Süßes hat, Sebaldus' beweglichste Vorstellungen halfen nichts. Er schloß sie nochmals in seine Arme und beteuerte mit den heftigsten Schwüren, sie solle ewig die Seinige sein.

Sebaldus hatte sich noch nie in so unaussprechlicher Verlegenheit befunden. Er liebte sein Kind zärtlich, und doch bewogen ihn Vernunft und Pflicht, ihr zu versagen, was sie glücklich machen würde, wie er wohl einsah; auch war nicht abzusehen, wenn gleich Mariane gehorsamte, wie die heftige Leidenschaft des Jünglings zu zähmen sein möchte.

Indes verstrich die Zeit, und Sebaldus, eingedenk des Versprechens, zur Mittagsmahlzeit zurückzukehren, erinnerte Säuglingen an die Abreise. Säugling aber war durch keine Vorstellung zu bewegen, sich von Marianen zu trennen, und schwor abermal, nicht eher zu seinem Vater zurückzukehren, bis er dessen Einwilligung zu seiner Verbindung erhalten hätte. Sebaldus sah endlich, nach vielen fruchtlosen Versuchen, der Jüngling sei jetzt zur Rückreise nicht zu zwingen; und ihn zurückzulassen, hielt er sehr bedenklich, weil sonst in so konvulsivischer Leidenschaft heftige unüberlegte Ratschläge zu fürchten waren. Er entschloß sich also in dieser äußersten Verwirrung der Sache (ob er gleich nicht wußte, wie dies der alte Säugling ansehen möchte), seine Tochter mitzunehmen und bei sich zu behalten, weil er vermeinte, auf solche Art den weitern Gang dieser Angelegenheit besser zu übersehen und gemeinschaftlich mit dem Alten die zuträglichsten Maßregeln ergreifen zu können.

Verliebte sind wie Kinder. Kaum vernahm Säugling des Sebaldus Entschluß, als er von der äußersten Wut zur äußersten Freude überging. Mit seiner Mariane, deren gegenwärtige Trennung von ihm seine Leidenschaft als das äußerste Unglück darstellte, nun unter ebendem Dache zu wohnen schien ihm das äußerste Glück. Er umarmte den Sebaldus, er küßte dessen Hand,

er bat ihn um Vergebung wegen aller unüberlegten Worte, die er in der Wut ausgestoßen hatte. Sein Gemüt war plötzlich umgestimmt, vernünftigen Vorstellungen Gehör zu geben; er versprach, sich zu mäßigen, versprach, seinen Vater zu schonen, versprach alles; Marianens Gesellschaft überwog alles, füllte seine Seele ganz, ließ keinem andern Gefühle Raum.

Sie setzten sich sämtlich in den Wagen und fuhren zurück, äußerlich beruhigt.

ZWEITER ABSCHNITT

Säugling der Vater befand sich in ziemlicher Unruhe, teils weil sein Sohn zur gesetzten Zeit nicht nach Hause kam, teils wegen seiner Ungewißheit, wie er sich gegen die Frau Gertrud und deren Tochter betragen sollte, die mittags erwartet wurden und von dem großen Hindernisse der gemeinschaftlichen Absichten noch gar nichts ahnen konnten. Indes ward ihm ein Teil dieser Verlegenheit benommen, da die Jungfer Anastasia nicht erschien. Entweder Säuglings Gedichte oder die Furcht und Hoffnung wegen seiner Entschließung oder andere Ursachen mochten auf ihre zarten Nerven allzu stark gewirkt haben. Sie war denselben Morgen mit Kopfweh, Übelkeiten und Zittern der Glieder befallen worden, eine Krankheit, weswegen ihre Mutter in ziemlichen Sorgen zu sein schien.

Kurz nachher kam auch der junge Säugling mit seiner Gesellschaft an. Mariane ward indes in Sebaldus' Zimmer geführt, bis man dem Alten den Vorgang berichten konnte.

Bei Tische war die ganze Gesellschaft nicht sonderlich aufgeräumt. Alle suchten ihre innerliche Verlegenheit zu verbergen und dachten ihren besondern Entwürfen nach. Nach Tische zog der Freund der Frau Gertrud den alten Säugling in das Fenster eines Nebenzimmers, wo sie bald in ein tiefes Gespräch über die Heiratssache gerieten. Der junge Säugling schlich sich, ohne daß jemand darauf achthatte, zu seiner Mariane; und die Frau Gertrud blieb mit Sebaldus auf einem Kanapee sitzen, weil sie sich heute vorgenommen hatte, die wichtige Lehre von dem geistlichen Verderben der menschlichen Natur mit ihm aus dem Grunde abzuhandeln. Sebaldus hatte in allen vorigen Disputen der menschlichen Natur Kräfte zur Besserung zugestanden, die Frau Gertrud aber schrieb hierbei alles der Gnade zu. Sie war schon einigemal vom Sebaldus mit verschiedenen Argumenten ziemlich eingetrieben worden, heute aber hatte sie sich vorbereitet, ihn schlechterdings daniederzuschlagen. Da das Geschnatter einer Religionskontroversistin, zumal sobald es zu einer gewissen Stärke kommt, schwer zu überwältigen ist und da der gute Sebaldus ohnedies von Marianens kritischer Lage den Kopf voll hatte, so konnte dieses Mal die Frau Gertrud viel leichter gewonnenes Spiel haben. Sie hieb also alle menschliche Tugenden unbarmherzig nieder, um der Gnade daraus ein Siegeszeichen zu errichten. Sie erzählte mit geläufiger Zunge alle Wunder, die an unwiedergebornen Menschen, im Leben und auf dem Todbette, je haben durch die Gnade verrichtet sein sollen. Sie plünderte die düstern Schriften eines Hans Engelbrecht, Gerber, Reiz, Bogatzky und anderer; und zuletzt, weil doch jeder Heiliger gern ein Wunder von seinem eignen Machwerke zu haben pflegt, erzählte sie, daß in dem Wirtshause, ihrer Wohnung gegenüber, ein junger Fähnrich im Quartier liege, der zwar immer ein natürlich guter, aber doch ein unwiedergeborner Mensch gewesen sei; nachdem er nun aber, seit länger als einem halben Jahre, die Erbauungsstunden besucht habe, die sie in ihrem Hause halte, sei er von der Gnade so kräftig ergriffen worden, daß sie seine merkwürdige Bekehrungsgeschichte aufgezeichnet und nach Magdeburg geschickt habe, wie sie in das geistliche Magazin, den Ungläubigen zur Beschämung, eingerückt werden solle.

Unter diesen Gesprächen fuhr ein Wagen vor die Türe, aus welchem der Herr von Haberwald halbbetrunken heraustaumelte. Die Frau Gertrud wollte mit solchem Weltkinde nichts zu tun haben, ließ sich also vom Sebaldus in den Garten führen, ehe der Herr von Haberwald heraufkam. Dieser, nachdem er sich mit einer Flasche Wein erfrischt hatte, legte sich in den Lehnstuhl und fing an zu schwatzen:

„Ich komme da vom Landtage zurück, wo der Sechsundzwanziger geflossen ist, und dann hatte der Prälat von *** ein Öhmchen Neuner, so just für 'nen Kenner. Doch haben wir auch übers Landes Beste die Köpfe zusammengesteckt; denn so wahr ich lebe, Nachbar Säugling, was mich betrifft, ich bin weise wie Sankt Paulus, wenn ich getrunken habe. – Ja nun, was wollte ich doch sagen ... der Landtag war aus; so muß man doch auch 'n bißchen sehen, wie's zu Hause aussieht – so fahren wir denn zurück, und ich komme heute um halb elfe nach ***, da hab ich im ‚Roten Löwen' bei dem putzigen Wirte mit der Stumpfnase gegessen. Der Kerl hat Burgunder so gut wie in Lüttich. Force! Feuer! Wer ihn nicht versteht, den wirft er untern Tisch. – Ja was wollte ich doch sagen ... Gegenüber wohnt, du weißt's, Nachbar Säugling, die alte reiche Hexe, die Gertrud; mit einem Male, wie wir im besten Trinken sind, wird ein Lärm im Hause, die Leute laufen vor der Türe zusammen und wir ans Fenster ..."

„Wieso?“ fragte der Freiwerber. „Es war doch wohl nicht Feuer im Hause?“

„Ei, warum nicht gar! Aber vor neun Monaten mag wohl Feuer gewesen sein, da kriegt nun die Tochter jetzt ’nen Zufall ... Hi! Hi! Und die Mutter ist nicht ’nmal zu Hause, drüber wird ’n Aufruhr, ’s Mädchen holt ’n Doktor, ja, der tut’s noch nicht. ‚He‘, schrie Stumpfnase und wies mir ’n alt Weib auf der Straße, ‚da haben sie Mutter Ilsen von der andern Ecke geholt, die wird’s in Gleis bringen; und der Fähnrich, der bei mir im Quartiere liegt, ist auch schon herübergeschlichen.‘ – Ei, daß dich übern Fähnrich, wenn doch unsereiner auch ’nmal so im Quartiere läge!“

Hierbei schlug Haberwald eine wiehernde Lache auf; und der Freiwerber, dem sich während der ganzen Erzählung die Kinnbacken verlängert hatten, eilte in den Garten, um der Frau Gertrud diesen für ihre Absichten so verdrießlichen Vorfall mit möglichster Vorsicht zu hinterbringen.

Er störte sie in einer sehr glücklichen Lage; denn da sie ihre heutige Überlegenheit über Sebaldus vermerkte, hatte sie ihn warmgehalten und war jetzt eben im Beweise begriffen, daß die dritte Posaune in der Apokalypse[1] die Indifferentisten bedeute, welche von Erbsünde und Wiedergeburt nichts wissen wollen und dadurch eine bittere Religionsmengerei verursachen, wogegen Sebaldus, der aber gar nicht zum Worte kommen konnte, vermeinte, daß gewiß dadurch die französischen Atheisten angedeutet würden, welche die ersten Quellen der menschlichen Glückseligkeit vergiften.

Der Freiwerber raunte der Frau Gertrud die unglückliche Nachricht ins Ohr, wodurch sie aus aller Fassung

[1] Offenb. Joh. VIII, 10.

gebracht ward. Sie fiel beinahe in Ohnmacht, kam wieder zu sich, ward in ihren Wagen gepackt und nach Hause gefahren.

Der Herr von Haberwald machte sich mit noch ein paar Flaschen vollends fertig und ward in ein Bette gebracht, um seinen Rausch auszuschlafen. Seine Pferde aber, die nüchterner waren, gingen mit Rambold nach Hause.

Des alten Säuglings Nerven, keiner Anstrengung gewohnt, waren durch die mannigfaltigen Begebenheiten dieses Tages dermaßen erschüttert, daß er sich halb betäubt auf seinen Sorgestuhl warf. Gleichwohl sollte er noch nicht zur Ruhe kommen; denn der junge Säugling stellte ihm, wider alles Vermuten, Marianen vor. Beide warfen sich ihm zu Füßen. Sein Sohn, mit der größten Heftigkeit flehend, in ihre Verbindung zu willigen; Mariane, mit Tränen versichernd: sosehr sie seinen Sohn liebe, werde sie doch ohne seine Einwilligung nie demselben ihre Hand geben. Ihr Vater bestärkte sie in diesem Entschlusse und setzte beiläufig den Undank ins Licht, dessen sie beide sich sonst schuldig machen würden.

Der alte Säugling hob Marianen auf, versicherte sie, daß er sie und ihren Vater hochachte, aber ihre Heirat mit seinem Sohne nicht zugeben könne. Übrigens bat er alle, ihn nur heute ruhig zu lassen; denn er könne nun kein Wort weiter sagen.

Der Abend nahte heran, und die ganze Hausgenossenschaft ging beizeiten zu Bette; aber niemand schlief ruhig als der Herr von Haberwald, welcher im Dunste des lüttichschen Burgunders nach Herzenslust schnarchte.

Der alte Säugling schlief nicht, weil ihm der Querstrich mit der Jungfer Anastasia im Kopfe lag und weil er gar nicht absehen konnte, wie er seinen lieben Sohn zufriedenstellen sollte. Er konnte leicht erachten, derselbe werde von seiner Liebschaft nicht so leicht ablassen, und er konnte sich doch auch nicht entschließen, in die Heirat seines einzigen Erben mit einem armen Mädchen zu willigen. Nach langem Hinundhersinnen wollte ihm nichts Bessers beifallen, als daß er seine väterliche Autorität zusammennehmen und seinem Sohne rundheraus sagen müsse: aus der Sache werde nichts. Nachdem er diesen Entschluß genommen hatte, ward er etwas ruhiger und schlief endlich ein.

Sebaldus konnte nicht einschlafen, weil ihm Marianens mißlicher Zustand am Herzen lag. Doch war an seiner Unruhe auch nicht wenig schuld, daß die Frau Gertrud seine Erklärung der dritten Posaune so schnöde verworfen hatte. Er fing an, sich die Gründe für seine Meinung ausführlich zu wiederholen. Je mehr er darüber nachdachte, desto richtiger fand er sie und desto mehr beruhigte er sich über den Widerspruch der ungelehrten Frau, so daß er endlich einschlief.

Der junge Säugling und Mariane hatten jedes für sich eine schlaflose Nacht, und zwar aus einerlei Ursach: nämlich weil sie verliebt waren und weil ihrer Liebe ein beinahe unübersteigliches Hindernis im Wege lag. Sie beschäftigten sich, jeder besonders, wer weiß wieviel spanische Schlösser in die Luft zu bauen, und taten darüber bis an den hellen Morgen kein Auge zu.

DRITTER ABSCHNITT

Des folgenden Tages erschien Säugling der Sohn ungerufen sehr früh beim Teetische seines Vaters. Seine heftige Leidenschaft hatte nun einiger Überlegung Raum gegeben. Er sah ein, daß ohne seines Vaters Einwilligung nichts auszurichten sei, und suchte ihn nun auf irgendeine Art zu bewegen. Er hatte ausgerechnet, daß sein Vater ihn liebe und sonst eben nicht allzu standhaft sei. Er suchte also die Nacht über alle schwache Seiten auf, die er seinem Vater abgewinnen könnte, und griff ihn diesen Morgen mit einer Inbrunst und Beredsamkeit an, die er für unwiderstehlich hielt.

Er betrog sich aber. Der Vater runzelte, seinem genommenen Entschlusse gemäß, die Stirn und gebot ihm in einem verdrießlichen Tone, von dieser Sache kein Wort mehr zu reden, weil es sich für ihn nun einmal nicht schicke, ein Mädchen ohne alles Vermögen zu heiraten.

Der Sohn wollte Einwendungen machen, aber der Vater setzte trockenerweise hinzu, die Sache sei so klar, daß er Marianens eignen Vater zum Schiedsrichter annehmen wolle.

Sebaldus fiel ihm völlig bei. Der junge Säugling, dem, trotz seiner schönen Rede, wovon er sich die kräftigste Wirkung versprochen hatte, von beiden zukünftigen Schwiegervätern seine Braut abgesprochen wurde, stand starr da wie eine Bildsäule.

Der alte Säugling ersuchte den Sebaldus, die Zeitungen zu lesen, um nur von diesem unangenehmen Diskurse abzukommen.

Nachdem verschiedene Nachrichten durchgelaufen waren, kam Sebaldus endlich auf folgende Stelle:

„Bei der ***sten Ziehung der Königlichen ***schen privilegierten Zahlenlotterie, welche den ***ten dieses Monats mit gewöhnlichen Formalitäten öffentlich vollzogen worden, sind die Nummern 33, 42, 12, 66, 6 aus dem Glücksrade gekommen."

„Laß sehen", rief der alte Säugling, indem er seine Lose aus dem Schranke holte und nachsah, „wahrhaftig wieder nicht eine einzige Zahl. – Der verdammte ‚Arabische Lotteriewahrsager'! – Und doch sind mir die Nummern so bekannt, ich dächte, ich hätte sie raten müssen. – Wie ist's denn? Von Ihren Zahlen wird auch wohl keine heraus sein? Sehen Sie doch nach, Herr Pastor!"

Sebaldus nahm seinen Zettel aus der Schreibtafel; der alte Säugling las die Zahlen ab und verglich jede mit der Zeitung.

Sein Auge ward starr, sein Gesicht lang. Endlich rief er: „Was zum Teufel: 33, 12, 66, 6. Ist's möglich! Eine Quaterne! Sie sind ein Glückskind, Herr Pastor!"

„Habe ich was damit gewonnen?" fragte Sebaldus ruhig.

„Gewonnen?" rief der Alte und ergriff Bleistift und Papier, um auszurechnen. „Laß sehen:

1 Quaterne	à	4 1/2	Stüber	4 500	Rthlr.	–
4 Ternen	à	30	Stüber	10 600	–	–
6 Amben	à	3 3/4	Stüber	101	–	15 St.
			Macht wahrhaftig	15 201	Rthlr.	15 St.

Daß dich doch! Bin ich nicht ein Schöps, daß ich nicht die Nummern genommen habe?"

„Wie? Was? Fünfzehntausend Taler!" rief der junge Säugling, indem er sich seinem Vater zu Füßen warf. „Nun sagen Sie nicht, daß meine Mariane arm ist. Ich umfasse Ihre Knie und stehe eher nicht auf, bis Sie mir Ihre Einwilligung geben. Nun ist alle Hindernis gehoben!"

„Mein Sohn", rief der Alte, „du denkst bloß an deine Heirat – davon ist jetzt die Rede nicht –, ich denke an den verwünschten ‚Lotteriewahrsager'!" (Indem warf er das Buch unwillig ins Kaminfeuer, und das Lotterievademecum flog hinterher.) „Daß dich doch! – Aber wie war's dann, Herr Pastor? Ist Mamsell Mariane Ihr einziges Kind?"

Sebaldus antwortete seufzend: „Ich habe noch einen Sohn, von dem ich aber keine Nachricht habe, seit er in den Krieg gegangen ist."

„Sie sehen", rief Säugling der Sohn, der seines Vaters Meinung erriet, „meine Mariane ist das einzige Kind. Wer weiß, bei welcher Aktion der Sohn geblieben ist. – Fünfzehntausend Taler! – Hätte ich doch nicht geglaubt, daß mir Geld Vergnügen machen könnte! – Ich bitte Sie, liebster Vater, bedenken Sie, daß Mariane übrig reich für mich ist!"

„Laß mich gehen, mein Sohn! – Wer weiß, ob auch das Geld richtig ausgezahlt wird?"

„Liebster Papa! Bedenken Sie doch – eine Königliche Lotterie sollte nicht bezahlen!"

Damit sprang er auf, um Marianen ihr beiderseitiges Glück zu hinterbringen.

Als er weg war, saßen die beiden Alten stockstille. Der alte Säugling fuhr fort, sich zu ärgern, daß er die Zahlen nicht für sich gewählt hatte, und maß an der Entzückung, die er in Sebaldus' Augen las, die Freude ab, worin er selbst gewesen sein würde, wenn er die Quaterne gewonnen hätte.

Sebaldus saß wirklich ganz entzückt da, aber nicht über das gewonnene Geld; denn ob ihm gleich die vorteilhafte Wendung der Sachen erfreulich war, so rührte doch eigentlich seine Wonne daher, daß ihn die Zahlen durch verwandte Ideen an die Apokalypse und an seinen Kommentar erinnerten. Er überdachte seine Meinung, daß alle bösen Menschen, durch Strafen gebessert, in dem neuen Jerusalem gut und glücklich sein würden, welche reizende Vorstellung ihn allemal in die innigste Freude versetzte.

Säugling der Sohn kam bald mit Marianen zurück. Beide warfen sich zu seines Vaters Füßen, der, nach wenigen Schwierigkeiten, seine Einwilligung gab, welche Sebaldus auch bekräftigte.

VIERTER ABSCHNITT

Die beiden Liebenden gingen in den Garten, und die Alten blieben zusammen: Säugling der Vater, um dem Sebaldus einen Brief wegen Bezahlung der Quaterne zu diktieren, und Sebaldus, um ihn zu schreiben.

Kaum war diese Arbeit fertig, als Rambold angefahren kam, um den Herrn von Haberwald abzuholen. Dies war seine gewöhnliche Verrichtung, wenn sein Gönner sich so wohl tat, daß er nicht nach Hause kommen konnte. Weil dieser aber noch schnarchte, so trat er zum alten Säugling ein.

Er entfärbte sich nicht wenig, als er den Sebaldus wieder erblickte, den er seit der letzten Zusammenkunft[1] nicht gesehen hatte. Dennoch wollte er diese Gelegenheit nicht vorbeilassen, seine Rache gegen den jungen Säugling auszuführen. Er nahm eine scheinheilige Miene an und sagte, sein Gewissen, da er ehemals der Hofmeister des jungen Herrn gewesen, verbinde ihn, dem alten Herrn eine unangenehme Nachricht zu geben, nämlich daß der junge Herr Säugling sich an eine Landläuferin gehänget habe, die sich demselben zu Gefallen in einem nicht weit entlegenen Hause aufhalte.

Der Alte sagte lächelnd: „Ich weiß es wohl. Aber eine Landläuferin ist sie nicht, sondern ein Mädchen, das gute fünfzehntausend Taler hat."

[2] Man s. S. 422.

Rambold schlug eine laute Lache auf: „Lassen Sie sich doch so etwas von Ihrem Sohne nicht einbilden. Sie hat gar nichts. Kein Mensch weiß, wem sie angehört."

Der alte Säugling, der sich bei diesem Mißverständnisse genoß, sagte mit belehrender Gebärde: „Wenn's kein Mensch weiß, so weiß ich's doch. Sehen Sie, das Mädchen, das Sie für eine Landläuferin halten, ist des Herrn Pastors hier einzige Tochter. Er hat in der letzten Ziehung der ***schen Lotterie eine Quaterne von fünfzehntausend Talern gewonnen. Sie ist meines Sohnes Braut, denn ich habe meine Einwilligung gegeben und ihr Vater auch. Also kommt Ihr guter Rat zu spät, mein lieber Herr Rambold."

Rambold war äußerst betreten. Seine natürliche Unverschämtheit verließ ihn. Er ward bald blaß, bald rot, sah bald voll Verwirrung den Sebaldus an, bald wieder weg, biß sich die Nägel, schien etwas sagen zu wollen, ohne daß er etwas herausbringen konnte. Murmelte endlich: „Aber wirklich – fünfzehntausend Taler hat dieser Herr gewonnen!", sah wieder nach Sebaldus mit betroffner Miene und schlug halb beschämt die Augen nieder, wollte wieder zu reden anfangen, und das Wort schien ihm auf dem Munde zu vergehen.

Während dies vorging, traten Säugling der Sohn und Mariane ins Zimmer.

„Kommen Sie, meine Tochter", rief der alte Säugling schmunzelnd. „Verteidigen Sie sich! Hier dieser Herr wollte mich eben vor Ihnen als vor der Verführerin meines Sohnes warnen."

„Nichtswürdiger!" rief Mariane und sah Rambolden mit einem Blicke voll tiefster Verachtung an. „Du denkst schändlich genug, um zur Verfolgung noch Verleumdung hinzuzutun. – Deine niederträchtige Liebe, die nur Bosheit war ..."

„Und doch sollen Sie mich gewiß noch lieben", fiel ihr der faselhafte Rambold greiflachend ins Wort, gewohnt, bei einer Geckerei, die ihm in den Kopf kam, alle ernsthafte Gedanken zu vergessen.

„Wie?" rief Mariane höchst erzürnt. „Nimmermehr!"

„Aber doch gewiß, liebstes Marianchen!" neckte Rambold weiter.

Mariane erblaßte vor Zorn über diese unglaubliche Unverschämtheit und wiederholte: „Nimmermehr! Niederträchtiger!"

„Ja gewiß!" erwiderte Rambold, der seine Geckenmiene in eine ernsthafte verwandeln wollte und unbeschreiblich einfältig aussah. „Zwar nicht als Liebhaber, aber doch als Bruder. – Ich bin Ihr Sohn", rief er und warf sich zu Sebaldus' Füßen. – „Ich fühle die größte Reue, daß ich Ihnen nicht geschrieben und mich Ihnen hier nicht eher zu erkennen gegeben habe. – Ich wollte aber mein Glück erst festsetzen, ehe ich meinen im Kriege angenommenen Namen[1] verließe. – Ich bin weit herumgeirrt. – Ich habe, nachdem Sie von Hause vertrieben worden, nie Nachricht von Ihnen gehabt. – Erst ganz kürzlich habe ich erfahren, wer Sie waren. – Da war ich gleich außerordentlich unruhig. – Ich wollte ... Ich wußte nicht recht ..." Hier stammelte er noch einige kahle Entschuldigungen, an denen es schlechten Leuten nie fehlet.

Alle erstaunten. Sebaldus faßte sich nach einigen Augenblicken und sagte: „Mein Sohn! Du kanntest mich also doch? Edler wäre es gewesen, wenn du mich nicht verschmähet hättest, als ich noch in elenden Umständen war! Aber ich vergebe dir." Er hob ihn auf und umarmte ihn.

[1] Man s. S. 41.

Auch der junge Säugling umarmte ihn. Mariane tat ein gleiches, aber nicht mit der Fülle des Herzens, womit sie sonst einen Bruder würde umarmet haben.

Rambold hingegen war guter Dinge, als ob alles so recht wäre, und da der Herr von Haberwald endlich auch aus seinem Schlafzimmer hervorkam, erzählte er ihm lachend, daß er seinen Vater und seine Schwester gefunden habe, und stellte ihm dieselben vor.

LETZTER ABSCHNITT

Die Quaterne wurde bezahlt und Säugling kurz darauf mit Marianen verbunden. Die ersten Honigmonate verflossen in allen Entzückungen einer zärtlichen Liebe. Säugling machte sich den schönsten Plan zu einem arkadischen Schäferleben, voll Zärtlichkeit, Unschuld, Liebe und besonders voll lieblicher Gedichte; doch ging es in der folgenden Zeit nicht ganz nach diesem schön ausgesonnenen Plane. Mariane hatte während ihres einsamen Winteraufenthaltes in dem Hause im Walde und sonst Gelegenheit genug gehabt zu erfahren, wie eitel poetische Phantasien sind, wenn sie ins gemeine Leben gebracht werden. Ihr kleiner Hang zu romantischen Gesinnungen und ihre von Jugend an so gern gehegten Aufwallungen der Einbildung verschwanden, da sie in die wichtigen Verhältnisse des wirklichen Lebens trat. Ihre süßen empfindsamen Phantasien machten wirklicher Liebe Platz, unbestimmte Aussichten auf überschwengliche himmlische Seligkeiten wurden durch gemäßigtes, aber wahres Wohlbefinden ersetzt. Gespräche vom Wohltun gingen nun in wohltätige Geschäfte über. Sie weihte sich ganz ihren Pflichten, ward eine Landwirtin, versorgte ihr Haus und erzog ihre Kinder. Sie verschmähte auch nicht die kleinen Unannehmlichkeiten, die das häusliche Leben mit sich führt, denn ihrem edlen Geiste ward dadurch von seiner feinen Empfindung nichts entzogen, die vielmehr dadurch mehr Kräfte gewann. Mariane ward nunmehr inne, wie weit sentimentales Gefühl, im wirklichen Leben tätig angewendet, das leichte Geschwätz davon überwieget. Sie merkte bald, daß Hausfrau und Mutter zu sein Wohlwollen mit sich führt, das keine jugendliche Phantasei erreichen kann, so weit sie auch zu fliegen scheint.

Säugling, immer gewohnt, dem Frauenzimmer zu folgen, modelte sich unvermerkt nach Marianen. Er erinnerte sich, daß er ein Mann, nicht mehr ein Jüngling sei. Er entsagte, freilich nach einigen kleinen Kämpfen, erst seiner allzu genauen Achtsamkeit auf den Kleiderputz, dann seinen zierlichen Gesinnungen und endlich selbst seinen Gedichten. Nicht nur hatte er sogar an seinen empfindsamen Roman nicht weiter gedacht, sondern ist auch allmählich ein völliger Landwirt geworden. Er steht mit dem Morgen auf, teilet seinen Leuten ihr Tagewerk aus, reitet in aller Witterung zu ihnen aufs Feld und hat sich durch unablässige Tätigkeit eine solche praktische Kenntnis des Ackerbaues erworben, daß er auf seines Vaters Gütern die wichtigsten Verbesserungen zustande bringt. Indes da sich lange angewöhnte Untaten selten ganz ausrotten lassen und weil einmal geschrieben stehet:

Qui a bu, boira!
Qui a écrit, écrira!,

so ist er doch unterderhand wieder ein Schriftsteller geworden; denn es wird nächstens von ihm eine Abhandlung vom Bau der Kartoffeln gedruckt werden, welche er nach einer ihm eignen Methode zu vervielfältigen weiß und womit er in den teuren Jahren die armen Heuerleute seiner Gegend aus eignem Vorrate beinahe ganz erhalten hat.

Als der Frau von Hohenauf die vorhabende Verbindung zwischen ihrem Neffen und Marianen gemeldet ward, antwortete sie in kaltem Tone, sie wisse längst, daß ihr Bruder beständig nur niedrig denke und ihre Bemühungen, die Familie aus dem Staube zu heben, nie gehörig geschätzt habe. Da kurz darauf ihr Gemahl starb, vermählte sie sich abermals, mit einem wohlgewachsnen unmittelbaren Reichsritter, dessen alter stiftsfähiger Adel allein schon aus den Akten eines weitläuftigen, über hundert Jahre bei dem Reichskammergerichte schwebenden Konkursprozesses zu beweisen stand. Um die Güter ihres Gemahls, wo möglich, von Schulden zu befreien, ging sie mit demselben nach Wetzlar mit Empfehlungsschreiben an den hernach durch die Reichskammergerichtsvisitation berühmt gewordenen Juden Nathan. Da ihr aber zu Wetzlar, wo man auf das Recht des Heiligen Römischen Reichs und auf das Recht alter Ahnen zu halten weiß, in den Assembleen einige Kränkungen begegneten und ihr Mann – nachdem er sich, in Ansehung seines alten Adels und seiner zärtlichen Liebe gegen die schöne Witwe, in den Ehepakten völlige Gewalt über ihr Vermögen hatte verschreiben lassen – mit einer durchreisenden Tänzerin nach Paris ging, so kehrte sie unverrichtetersachen nach ihres Gemahls Herrschaft zurück. Sie bringt daselbst, weil ihre altadligen Nachbarn aus Etikette mit ihr nicht umgehen mögen, einsam und unmutig ihre Tage damit zu, daß sie alle Sonntage und Festtage die Kirche besucht, um für den Kaiser und für die gnädige Gutsherrschaft bitten zu hören, und daß sie in der einen Hälfte der Werkeltage ihre Kammermädchen ausschilt und in der andern mit einem armen Fräulein von guter Familie Pikett spielt.

Die Gräfin von ***, nachdem sie die wahren Umstände von Marianens Entführung erfahren hatte, ließ derselben Charakter die vollkommenste Gerechtigkeit widerfahren und ward wieder ihre wahre Freundin. Beide haben sich einigemal persönlich gesehen und unterhalten einen freundschaftlichen Briefwechsel.

Doktor Stauzius fiel um diese Zeit, nach dem Tode des Präsidenten, wegen einiger allzu scharfen Gesetzpredigten in die Ungnade des Fürsten. Man setzte ihm daher, ohne sein Verlangen, einen Adjunkt, einen schönen Geist, welcher nach damals neuester Art in morgenländischen Bildern und in abgebrochenen Kraftphrasen bloß für das Gefühl predigte. Dieser Vizegeneralsuperintendent bediente sich auch in seinen Predigten vieler Prosopopöien, Fragen und Ausrufungen, aber alles in einer so melodiereichen Aussprache, daß der Fürst, welcher zuweilen schnell aufgefahren war, wenn Stauzius die Ewigkeit der höllischen Strafen herausbrüllte, nun bei höchstem Wohlsein in seiner Loge auf seinem Polsterstuhle unter der Predigt sanft ruhen konnte. Der Neuling kam daher in so große Gnade, daß Stauzius, als er sich über einige von dessen Anordnungen beschweren wollte, aus höchsteigener Bewegung, gänzlich pro emerito erklärt ward. Dies ging ihm sehr nahe, zumal da er, außer dem öffentlichen Verluste seines Ansehens, zu Hause seiner Unvorsichtigkeit halber von seiner Frau täglich die bittersten Vorwürfe hören mußte. Diese Unglücksfälle machten, daß er des Lebens satt und dadurch vielleicht auch gegen seine Feinde versöhnlicher wurde. Da er von Hieronymus die Glücksveränderung des Sebaldus ver-

nahm, ließ er deshalb an ihn ein höfliches Gratulationsschreiben gelangen, welches aber unbeantwortet blieb.

Hieronymus nahm wahren Anteil an der glücklichen Lage seines Freundes Sebaldus und an Marianens Verbindung. Er besuchte sie persönlich und brachte zugleich seinem alten Freunde nebst dem ebengedachten Gratulationsschreiben des Doktor Stauzius auch den bisher treulich verwahrten Kommentar über die Apokalypse mit.

Nothanker der Sohn, alias Rambold, veruneinigte sich bald mit dem Herrn von Haberwald wegen einer Spielschuld und verlor also alle Hoffnung, sich dem alten Pfarrer desselben adjungiert zu sehen. Daher ist er auf andere Ratschläge zu seiner Versorgung gefallen. Er hat sich in den Kopf gesetzt, Professor der praktischen Philosophie oder der schönen Wissenschaften auf irgendeiner Universität oder allenfalls an einem akademischen Gymnasium zu werden, weil er sich einbildet, in diesen Wissenschaften wichtige Entdeckungen gemacht zu haben. Wenn er eine solche Stelle eher erhält, als der Fähnrich den gesuchten Abschied bekömmt, so könnte er auch wohl etwa noch die Jungfer Anastasia heiraten, bei welcher er seit einiger Zeit, wie es scheint, nicht ohne Absicht, fleißig aus und ein gehet. Indes lebt er bei seinem Vater und läßt sich seit einigen Jahren gefallen, dessen Kommentar über die Apokalypse ins reine zu schreiben, so wie er fertig wird. Dabei ist er in Nebenstunden beflissen, Abhandlungen und Rezensionen in verschiedene Journale und Zeitungen einzusenden. Wenn man irgendwo schielende und ungereimte Urteile lieset über Dinge, wovon, wie offenbar zu sehen ist, der Verfasser nichts verstanden hat; wenn dabei verdiente Männer mit naseweisem Geschnatter fein superklug über die ersten Gründe der Kunst oder Wissenschaft, worin sie vorzüglich groß sind, belehrt werden; wenn unbescheidner Eigendünkel für deutsche Freimütigkeit, ungehobelter Gernwitz für Laune und plumpe Exzentrizität für hohes Genie verkauft wird; wenn verstandloses vonvorniges Gewäsch über jede Wahrheit entscheiden und verwirrtes Träumen einer angebrannten Einbildungskraft der höchste Schwung der Dichterei sein soll; wenn besonders dabei pompöse und sinnleere Waidsprüche und Floskelchen gebraucht werden, worauf sich diejenigen etwas einzubilden pflegen, die sich auf weiter nichts etwas einbilden können: so wird man, wenn sonst nicht etwa sicher bekannt ist, welcher andere Geck die Feder geführt hat, nicht unwahrscheinlich schließen können, daß der Rambold dahintersteckt.

Sebaldus hat sich in der Nachbarschaft seines Schwiegersohns ein kleines Gut gekauft, wo er, vergnügt und geehrt, in ruhigem und glücklichem Alter lebt. Er teilt seine Zeit unter die Besorgung seiner Angelegenheiten, unter die Gesellschaft seiner Kinder und weniger Freunde, unter wohltätige Unterstützung seiner bedürftigen Nachbarn und unter fleißiges Studieren, das er nun völlig seiner Neigung gemäß treiben kann.

Verschiedene denkende Männer unter seinen Freunden, welche, ohne selbst sehr konsequent zu sein, nicht leiden mögen, daß andere Leute inkonsequent sind, haben sich viel Mühe gegeben, ihn sowohl von der Crusiusschen Philosophie (welcher, ihrer Meinung nach, kein Mensch mehr beigetan sein sollte) als auch von seinem Irrglauben an die Apokalypse zu bekehren. Da aber niemand sein System zu ändern pflegt, wenn er über fünfzig Jahre alt ist, so sind diese Dispute so unglücklich ausgeschlagen, daß Sebaldus, anstatt bekehrt zu werden, in seinen Meinungen vielmehr bestärkt worden ist.

Verschiedene dieser seiner Freunde haben ihm beweisen wollen, daß von einigen Wahrheiten, die er für ungezweifelt hält, sogar nach den Sätzen der Crusiusschen Philosophie gerade das Gegenteil folgen würde. Sie sind aber ganz an ihm irre geworden, da er auf eine eigne, ihm geläufige Weise alles aus der Crusiusschen Philosophie bewiesen hat, was sie meinten nur aus der Wolffischen oder Federischen oder wer weiß aus welcher noch neueren, folglich zehn Jahre lang noch wahreren Philosophie folgern zu können.

Einige haben daher den alten Mann, obgleich mit einigem Kopfschütteln, sein lassen, wie er ist. Andere hingegen, weise, systematische Männer, haben ihn dadurch völlig in die Enge zu treiben vermeint, daß sie ihm demonstrierten, sein eigner Charakter (in welchem ohnedies, wenn man die in dem Gedichte „Wilhelmine" befindlichen Nachrichten für historisch richtig annehme, vieles bedenklich sein müsse) könne gar nicht zusammenhangen, wenn er bei seinen herrlichen theologischen Einsichten zugleich an ein so ungereimtes Ding, wie die Apokalypse sei, ferner glauben wolle. Aber hierbei ist der gute Sebaldus, wider Vermuten, ungeduldig geworden, welches diese tiefen Kenner der menschlichen Natur wiederum mit seinem sonst so sanften Charakter nicht zusammenzureimen wußten.

Sie haben vielleicht dabei nur nicht gleich an eine sehr gemeine Bemerkung gedacht, welche durch das Beispiel des seligen Don Quijote und durch das Beispiel verschiedener noch lebender deutscher Genies bestärkt wird, nämlich: daß ein Mensch sehr wohl in allen Dingen so denken und handeln könne, daß ihn die ganze übrige Welt für verständig gelten läßt, dabei aber in einem einzigen so, daß man ihn für einen Toren halten möchte.

Sie hätten sich auch wohl erinnern können, daß der beste und bescheidenste Mensch ein Ding, worüber er seine Geisteskräfte einmal bis zu einer gewissen Anspannung angestrengt hat, sich nicht so leicht werde nehmen lassen; daß daher ein Gelehrter ein Buch, besonders ein biblisches Buch, worüber er eine ihm wichtig scheinende Hypothese erfunden hat, niemals ganz werde fahrenlassen wollen.

Sie mögen übrigens deshalb unbesorgt sein, daß des Sebaldus vermeintliche abergläubische Achtung gegen das, was sie für Fratzen halten, seinen andern guten Eigenschaften und guten Meinungen schaden werde. Der Mann, der seine Menschenliebe und seine Toleranz durch die bildliche Vorstellung des neuen Jerusalems noch fester begründet, zumal wenn er ein scharfsinniger Kopf ist, wird seine Theorie von Eingebung und Prophezeiung auch schon so zu modeln wissen, daß seinen menschenfreundlichen Gesinnungen dadurch kein Eintrag geschieht. Und warum sollte dies an sich schwerer sein, als solche Theorien so zu formen, daß sie zu herrschsüchtigen und verdammenden Absichten gemißbraucht werden können?

Wirklich beschäftigt sich Sebaldus seit einiger Zeit mehr als jemals mit der Apokalypse und hat seinen Kommentar darüber beinahe völlig geendigt. Er hat auch schon seinem Freunde Hieronymus den Verlag desselben angetragen, welchen dieser aber, mit aller Schonung gegen einen Autor, der zugleich ein Freund ist, zu verbitten gewußt hat. Hieronymus mag freilich wohl einsehen, was Sebaldus noch nicht glauben will, daß, seitdem Öder und nach ihm Semler die Echtheit dieses Buchs verdächtig gemacht haben, niemand mehr etwas über die Apokalypse lesen mag; sogar nicht einmal in Schwaben, wo jetzt, statt der vorherigen allgemeinen Beschäftigung mit diesem sonst für das Buch der Bücher geachteten Buche, durch eine für die theologischen Wissenschaften glückliche Veränderung, so weit man Neckarwein trinkt, das Variantensammeln und arabisch Exponieren[1] eingetreten ist.

Diese abschlägige Antwort seines Freundes hat Herrn Sebaldus Nothanker auf die Gedanken gebracht, seine Erklärung und Auslegung über die Offenbarung Johannes, die Frucht einer Arbeit von mehr als dreißig Jahren, nach dem Beispiele anderer großen Gelehrten, auf Subskription drucken zu lassen.

Es wird daher hierdurch bekanntgemacht, daß sie drei starke Bände in Großquart betragen wird und auf feines weißes Druckpapier abgezogen werden soll. Sobald sich eine hinlängliche Anzahl Subskribenten meldet, allenfalls auch nur zu einer kleinen Auflage von etwa

[1] Das war damals der Fall. Auf das arabisch Exponieren ist zu unsern Zeiten im schwäbischen und unschwäbischen Deutschlande bekanntlich das Exponieren der kritischen Philosophie nebst dem Setzen des absoluten Ichs eingetreten, worauf sicherlich einmal etwas anders folgen wird. (Anmerkung der vierten Auflage)

zweitausend Exemplaren, wird der Druck sogleich angefangen werden und vier Monate nachher die Ablieferung des ersten Teils geschehen.

ZUVERLÄSSIGE NACHRICHT

von einigen nahen Verwandten

des Herrn Magisters

SEBALDUS NOTHANKER

Aus ungedruckten Familiennachrichten

gezogen

Unsers Sebaldus Vater war ein ehrlicher Handwerksmann in einem kleinen Städtchen in Thüringen, der durch Fleiß und Sparsamkeit sich ein Vermögen von einigen hundert Talern erworben hatte und ein solches Ansehen in seiner Vaterstadt erhielt, daß er zum Ratmanne und zum Vorsteher des Gotteskastens erwählt ward. Indes brachten diese Ehrenstellen, die verschiedene von seinen Vorgängern bereichert hatten, ihm gar keinen Nutzen. Denn er war ein so schlechter Wirt, daß er nicht allein für seine Arbeit auf dem Rathause und bei der Kirche keine Einkünfte annehmen wollte, sondern auch zum gemeinen Besten verschiedenes aufwendete, wozu er gar nicht hätte können gezwungen werden. Es kann also der ökonomische Leser leicht ermessen, daß des ehrlichen Mannes Vermögen sich habe verringern müssen, da er bei seinen Ämtern keine Einnahme und nicht wenig Ausgaben hatte. Den Überrest zehrte die Vormundschaft über verschiedene arme Waisen auf, die er freiwillig übernahm, so daß er bei seinem Tode gerade so viel hinterließ, um begraben werden zu können.

Er war Vater von drei Söhnen: Erasmus, Sebaldus und Elardus, welche seine Frau Hedwig, die mehr ihrer Frömmigkeit als ihres Verstandes wegen bekannt war, schon in Mutterleibe dem geistlichen Stande widmete.

Erasmus, der Älteste, war fünf Fuß und zehn Zoll hoch, breitschultrig, wohlgewachsen und weiß und rot im Gesichte. Von seiner ersten Jugend an liebte er seine eigene Person und hatte von seinen Talenten eine hohe Meinung. Nach geendeten Universitätsjahren brachte ihm sein schlanker Körper eine Hofmeisterstelle in einem vornehmen Hause zuwege, wo man wohlgewachsene Leute liebte. Darauf ward er Prediger in einer Stadt, wo ihm seine ansehnliche Leibesgestalt, sein ernsthafter, wohlbedächtiger Gang und seine vornehmliche Stimme unter seinen Kirchkindern nicht wenig Liebe und Ehrfurcht erwarben. In kurzem wußte er eine junge, reiche Witwe von einundzwanzig Jahren, sein Beichtkind, so zu gewinnen, daß sie ihn heiratete. Von der Zeit an legte Erasmus sein Amt nieder, ob er gleich den geistlichen Stand beibehielt, des Ansehens wegen, das er dadurch in der Stadt zu erhalten vermeinte. Er genoß nunmehr seinen Reichtum und wendete ihn zu mancherlei Dingen an, wodurch von ihm geredet werden konnte. Er ließ Waisenkinder erziehen, stiftete Stipendien, ließ Kirchen ausputzen und Altäre kleiden, pränumerierte auf alle Bücher, denen die Namen der Pränumeranten vorgedruckt wurden, nahm Zueignungsschriften gegen bare Bezahlung an, schenkte Geld zum Baue der Kirchtürme und Orgeln und dergleichen mehr. An bestimmten Tagen teilte er Geld und Brot unter die Armen aus, welche sich scharenweise vor seiner Tür versammelten. Und weil er nicht allein seinen Reichtum, sondern auch seinen Verstand und seine Person zur Schau tragen wollte, pflegte er freiwillig alle sechs oder acht Wochen eine zierliche Predigt zu halten, bei welcher sich alle seine Klienten einfinden mußten und nicht unterließen, nach Beschaffenheit der Umstände, durch Weinen in der Kirche oder durch lautes Lob außer derselben sich in seine fernere Gunst einzuschmeicheln.

Elardus, ein mageres, blasses Männchen, vier Fuß und zwei Zoll hoch, war, als das jüngste Kind, das geliebte Söhnchen seiner Mutter, die ihn von seiner ersten Jugend an täglich wohl mit Speisen stopfte und mit dem Lernen nicht sehr angreifen ließ. Indes glaubte er doch in seinem fünfundzwanzigsten Jahre genug gelernt zu haben, um eine Predigerstelle bekleiden zu können, welche zu erlangen sein äußerster Wunsch war. Dies wollte ihm aber, soviel Mühe er sich auch deshalb gab, auf keine Weise gelingen, daher er dreißig Jahre alt ward, ehe er recht wußte, was er einmal in der Welt vorstellen sollte. Zwar bekam er einst, durch Empfehlung seines älteren Bruders, den Antrag, Rechnungsführer bei einer Stuterei und Hundezucht zu werden, welche ein benachbarter Fürst zum Besten seiner Parforcejagd angelegt hatte, ein Amt, wozu nur Rechnen und Schreiben gefordert ward und das doch an achthundert Gulden eintrug. Elardus aber, der die Würde des gelehrten Standes gehörig zu schätzen wußte, wies ein solches Anerbieten mit Verachtung von sich. Indes ließ er sich nach nochmaligem zweijährigem Harren bereden, die Stelle eines Konrektors an einer lateinischen Schule anzunehmen, die ebenderselbe Fürst, um des ungestümen Anhaltens seiner Landstände loszuwerden, in seiner Residenz gestiftet hatte. Hier waren ihm zwanzig Gulden fixes Gehalt, ein halber Wispel Roggen, etwas Flachs und andere Naturalien nebst freier Wohnung ausgesetzt, welche letztere aber vorderhand wegen Baufälligkeit nicht gebraucht werden konnte. Alles war ungefähr auf achtzig Gulden geschätzt, weil der Fürst der gnädigsten Meinung war, den Lehrern der Jugend in seiner Residenz nur ungefähr den zehnten Teil dessen zukommen zu lassen, was die Erzieher seiner Pferde und Hunde forderten. Die Geheimen Räte des Fürsten hielten dies für sehr billig; teils weil es ungleich leichter sein müsse, vernünftige Menschen zu erziehen als unvernünftige Bestien abzurichten, teils weil jedes Schulkind noch wohl wöchentlich einen oder zwei Groschen Schulgeld geben könne, welches die Füllen und jungen Hunde nicht aufzubringen vermöchten.

Unglücklicherweise hatte der ehrliche Elardus nicht recht gelernt, was zu einem tüchtigen Schulmanne erforderlich ist. Im Hebräischen war er beim kleinen Danz stehengeblieben, im Griechischen konnte er zwar ziemlich ohne Anstoß das Neue Testament und die goldenen Sprüche des Pythagoras exponieren, mehr aber nicht; und ob er zwar Lateinisch ganz gut verstand, um es zu lesen, so wollte es doch mit der lateinischen Schreibart nicht recht fort, und Verse konnte er in dieser Sprache gar nicht machen. Es ist wahr, er besaß einen ziemlich guten natürlichen Verstand, hatte ferner seine Muttersprache so gut in seiner Gewalt, daß er einen ganz artigen deutschen Aufsatz machen konnte, welches er auch seine Schüler lehrte und sich dabei alle Mühe gab, ihnen von Geographie, Geschichte, Sittenlehre und andern Sachen, wovon er glaubte, daß sie in der Welt zu brauchen sein möchten, einige Begriffe beizubringen. Weil aber die Einwohner der Residenz ihre Söhne in der längst erwünschten neuen lateinischen Schule nun auch zu recht gelehrten Leuten erzogen wissen wollten, so hatten sie zu des Elardus deutscher Lehrart gar kein Vertrauen, sondern schickten ihre Kinder in die Privatstunde zum Rektor, einem grundgelehrten Manne, der alle halbe Jahre ein lateinisches Programm schrieb, der die Altertümer lehrte und außer den gewöhnlichen gelehrten Sprachen noch Syrisch, Arabisch und Samaritanisch verstand. Der gute Elardus mußte sich also sehr schlecht behelfen, wenigstens des Tages zwölf Stunden öffentlich lehren und Privatunterricht im Deklinieren, im Rechnen und so weiter geben. Daneben, weil er nie seinen sehnlichen Wunsch vergaß, sich einst aus dem Schulstaube zu dem Predigerstande zu erheben, arbeitete er bis nach Mitternacht an geistlichen Reden und bestieg fast alle Sonntage die Kanzel, bald für diesen, bald für jenen Prediger. Allein er war, wie schon gesagt, nur klein von Person, hatte eine schwache Stimme, und aus Mangel gründlicher Gelehrsamkeit, weil er weder die Philologie studiert noch die Dogmatik, Polemik und Hermeneutik genugsam getrieben hatte, waren seine Predigten bloß moralisch; daher fanden sie keinen Beifall, und er hatte zu seiner unbeschreiblichen Kränkung meist die leeren Chöre und Kirchenstühle vor sich. So brachte der gute Elardus sein Leben in Gram und Kummer zu und starb an der Schwindsucht im sechsunddreißigsten Jahre seines Alters.

Erasmus hatte einen einzigen Sohn, Cyriakus genannt, einen Polyhistor und schönen Geist. Alles wußte Cyriakus, und was er nicht wußte, dünkte er sich zu wissen. Er selbst dachte eben nicht viel, aber wohl wiederholte er so oft, was andere gedacht hatten, daß er meinte, er habe es selbst gedacht. Er las sehr viel, und alles, was er las, gefiel ihm, und was ihm gefiel, wollte er nachmachen. Daher versuchte er alle Schreibarten und schrieb wechselsweise hoch wie Klopstock, sanft wie Jakobi, fromm wie Lavater, pomphaft wie Clodius, tiefdunkel wie Herder, popular wie Sturm. In allen Wissenschaften und schönen Künsten war er gleich stark. Man hat einmal von ihm in einer Messe eine Schrift von den Dudaim des Ruben, einen Band anakreontischer Gedichte, eine Abhandlung von der Natur der Seele und ein halbes Alphabet historischer Erzählungen gelesen. Ein Amt hat Cyriakus nie bekleidet; denn in seiner Jugend war sein

Vater ein reicher Mann, und er glaubte also sich nicht auf Brotwissenschaften legen zu dürfen. Nachdem aber Erasmus durch viele Unternehmungen, die seinen Namen verewigen sollten, sein Vermögen sehr verringert und nach dessen Tode sein Sohn Cyriakus den Rest davon aus Liebe zu den schönen Künsten und Wissenschaften auf der Universität verschwendet hatte, so befand sich der letztere in sehr bedürftigen Umständen. Er trieb sich an verschiedenen Orten herum, so daß von mehrern Jahren seines Lebens die zuverlässigen Nachrichten fehlen. Soviel weiß man, daß er eine Zeitlang Hofpoet bei einem jovialischen Abte in einem Kloster in Franken gewesen, daß er hernach Lehrer der Philosophie bei einem Kreisregimente geworden, dessen Offiziere, weil sie sonst nichts zu tun hatten, Gelehrte werden wollten, und daß er zuletzt bei einer kleinen gelehrten Republik auf einer sichern deutschen Universität, welche in Ermanglung eines Eichenhains ihre Landtage in einem Kaffeegarten vor dem Tore hielt, als Nasenrümpfer gestanden hat.

Diese Familiennachrichten dem Publikum mitzuteilen, wird man veranlasset durch eine Schrift, betitelt: „Predigten des Herrn Magister Sebaldus Nothanker, aus seinen Papieren gezogen"[1]. Leipzig, in der Weigandschen Buchhandlung, 1774, Oktav.

[1] In Meusels „Gelehrtem Deutschlande" wird berichtet, der Verfasser dieser Predigten sei Herr Professor Seybold, ehemals in Buchsweiler, jetzt in Tübingen. Es ist aber nicht zu vermuten, daß diese Nachricht gegründet ist. Denn teils würde der Herr Professor vermutlich besser geschrieben haben, teils sind die folgenden Mutmaßungen von dem wahren Verfasser der Predigten viel glaubwürdiger, da sie aus den Nothankerischen Familiennachrichten herstammen. (Anmerkung der vierten Auflage)

Es könnte schon sehr sonderbar scheinen, daß ein Fremder diese Predigten aus den Papieren des Herrn Magisters Sebaldus Nothanker sollte gezogen haben, da dieser im Jahre 1774 noch bei gutem Wohlsein lebte, seine sämtlichen Papiere besaß und nie geneigt gewesen ist, etwas daraus, am wenigsten aber Predigten, herauszugeben. Wären indes diese Predigten nur dem Charakter des Herrn Magisters Sebaldus Nothanker gemäß geschrieben, so würde man sein Urteil noch zurückhalten und dahingestellt sein lassen, ob etwa die Handschrift derselben auf eine unbekannte Art dem Herausgeber möchte in die Hände geraten sein; allein wer den Herrn Magister Sebaldus etwas genauer und persönlich gekannt hat, wird sich bald überzeugen, daß jene Predigten unmöglich von diesem guten Manne herrühren können.

Wenn man nur S. L der Vorrede die Anmerkungen lieset, die am Rande der Handschrift der Predigten sollen gestanden haben, so sieht man gleich, daß darin ein unerträglicher Egoismus herrschet, der dem von allem Eigendünkel entfernten Charakter des Sebaldus ganz zuwider ist.

Zum Beispiel: „Ich danke meinem Gott alle Tage, daß er mich in einen Stand gesetzt hat, in welchem ich zur Erleuchtung des Landmannes so viel beitragen kann." So hätte Sebaldus nie von sich geredet, der in aller Einfalt seine Pflicht tat und Gutes stiftete, soviel er konnte, ohne zu glauben, daß er so viel täte, ohne feierlich auszurufen: Ich danke dir, Gott, daß ich nicht bin wie andere Leute!

Ebenso ist die Anmerkung S. LII beschaffen. „Ich gebe meine Predigten nicht für Muster aus, wonach meine Kollegen sich bilden sollten. Wenn sie nur daraus absehen, was ungefähr sie vortragen ..." usw., usw.

Oh, wie hätte der bescheidene Sebaldus, der, wenn er predigte und seine Kirchkinder tröstete und sie zum Guten ermahnte, nur ganz gewöhnlicherweise seine Pflicht getan zu haben glaubte, sich auch nur die Idee in den Sinn kommen lassen, er könne jemand ein Muster werden oder es könnten andere von ihm etwas absehen!

Daß ferner bei diesen Predigten keine biblischen Texte vorhanden sind, zeigt auch genugsam, daß sie weder Sebaldus noch irgend sonst ein Prediger, der die Gesinnungen der Landleute kennet, gemacht haben kann. Sebaldus wußte viel zu gut, wieviel Gewalt auch nur der bloße Ton eines biblischen Spruchs über die Seele eines Bauren hat, als daß er ein so unschädliches Hilfsmittel, nützliche Wahrheiten einzuprägen, hätte vernachlässigen sollen.

Doch selbst aus der Nachricht des Herausgebers, wie er zu der Handschrift dieser Predigten gekommen sei, erhellet nicht allein deutlich, daß sie nicht wohl vom Sebaldus gewesen sein könnten, sondern wir kommen dadurch auch auf eine sehr wahrscheinliche Vermutung, wo sich diese Papiere eigentlich herschreiben mögen.

Es heißt S. XLV der Vorrede: „Vor einiger Zeit kam ein dessauischer Jude zu mir, der, nebst andern Waren, verschiedene Paar schwarze seidne Strümpfe, Halskrausen und so weiter, fast alles in beschriebenes Papier eingewickelt, mir zum Verkaufe anbot. ‚Aber, mein guter Mann', sprach ich, ‚wie kommt Er denn zu christlichen Halskrausen?' – ‚In einem Dorfe, nicht weit von hier', antwortete er, ‚hat sie mir ein Bauer verkauft, der sie vor einigen Jahren, nebst dem übrigen, an der Landstraße gefunden zu haben vorgab.' Kurz vorher hatte ich Nothankers Geschichte gelesen. Gleich fiel mir's aufs

Herz, ob diese Sachen nicht von dem geplünderten Postwagen sein möchten."

Ist diese Erzählung richtig, so hätte auf den Titel gesetzt werden sollen: Aus dem Makulatur eines dessauischen Juden abgedruckt, nicht aber: Aus Sebaldus' Papieren gezogen, denn dies letztere Vorgeben ist durch nichts erwiesen. Der Herausgeber hat bei seiner Mutmaßung, die er bloß auf seine Erzählung bauet, in der Tat sehr wenig historische Kritik gezeigt, worin wir Deutsche doch sonst so stark sind. Hätte er nur mehr auf die Chronologie, welche die Fackel der Geschichte ist, geachtet! Ist es wohl wahrscheinlich, daß Kleidungsstücke, welche 1763 auf einem Postwagen verlorengegangen sind, noch 1773 unverkauft, mit dem Papiere, worin sie anfänglich gewickelt gewesen, in den Händen eines Juden sein sollten? Und warum tat denn der unbekannte Herr an den Juden die unnötige Frage, wie er zu christlichen Halskrausen komme? Es ist ja bekannt, daß die Juden abgetragene christliche Kleider mit ebensowenig Bedenken in ihre Laden aufnehmen, als die Christen manche abgetragene jüdische Lehre in ihre Dogmatik aufgenommen haben! Und wie kann er auf des Juden unbestimmte und unbewiesene Antwort das geringste bauen? Wären auch alle die Sachen, die der Jude zum Verkaufe anbot, wirklich auf der Landstraße gefunden worden, so können sie doch sicherlich nicht unserm Sebaldus gehört haben. Wie wäre er, der zeitlebens in einer ländlichen Einfalt gelebt hatte und der aus Not seine besten Sachen hatte verstoßen müssen, zu seidnen Strümpfen gekommen? Wozu hätte er wohl, nachdem er abgesetzt worden, Halskrausen[1] mit sich ge-

[1] In einigen deutschen Provinzen würde das Wort Halskrausen bloß Halstücher bedeuten, aber der Zusatz christliche Halskrausen scheint anzudeuten, daß es runde Priester-

führt? Und da er bei seiner Abreise, wie S. 134 des ersten Teils seines Lebens berichtet worden, seinen ihm so werten Kommentar über die Apokalypse bei seinem Freunde Hieronymus zurückließ, ist es wohl wahrscheinlich, daß er die Konzepte von alten Predigten solle mitgenommen haben?

Die Mutmaßung des ungenannten Herausgebers ist also höchst unwahrscheinlich. Wenn man nun aber hingegen aus den sichersten Familiennachrichten weiß, daß Cyriakus seines Vaters Kleider, Halskrausen und Manuskripte sowie auch den geringen Nachlaß des frühzeitig verstorbenen Elardus geerbt hat, wenn ferner unwidersprechlich bewiesen werden kann, daß Cyriakus, als er 1772 von Leipzig wegreisen wollte, seine sämtliche Kleidung, Bücher und Papiere zu einem Trödler getragen hat, der vor dem Grimmischen Tore in der Gegend des Richterschen Kaffeegartens wohnt und seinen hauptsächlichen Abzug an dessauische Juden hat, so wird es nun vielmehr sehr wahrscheinlich, daß die dem ungenannten Herausgeber so zufälligerweise in die Hände geratenen Predigten, wenn sie gleich nicht von Sebaldus Nothanker sind, dennoch sehr wohl von Erasmus Nothanker, von Elardus Nothanker und von Cyriakus Nothanker herrühren können.

Diese Mutmaßung wird beinahe zur Gewißheit, wenn man die innere Beschaffenheit dieser Predigten betrachtet. Gleich der erste Absatz der ersten Predigt, von der Einigkeit in der Ehe, kann ganz unmöglich aus Sebaldus' Feder geflossen sein; denn es kömmt darin, ob er gleich nur eine halbe Seite lang ist, sechzehnmal das liebe Ich vor. Man höre:

kragen oder Wolkenkragen gewesen, die man in Sachsen Krausen nennet.

„Nichts wünsche Ich so sehr, als daß ihr glücklich sein möget. Ihr werdet es von Mir überzeugt sein, Meine lieben Zuhörer, daß Ich dieses aufrichtig wünsche; denn ihr wißt, wie Ich zu euch eile, um euch zu trösten, wenn ihr traurig seid, und wie gern Ich auch an euren Freuden Anteil nehme, wenn ihr einen fröhlichen Tag habt. Mein Amt und Mein Herz macht Mir dieses zur Pflicht. Mein Amt, weil es Mir zunächst aufgetragen ist, euch an Meiner Hand durch die Bahn dieses Lebens zu führen und euch zu einem seligen Leben, das euch nach diesem erwartet, zu bereiten. Aber auch Mein Herz macht es Mir zur Pflicht, weil Ich euch aufs herzlichste liebe. Ein Hirt kann nicht so sehr seine Schafe, ein Vater nicht so sehr seine Kinder lieben als Ich euch."

So ein grober Egoist war der bescheidene Sebaldus keineswegs. Er sprach nicht so viel von sich. Er liebte seine Kirchkinder; aber diese Liebe trug er nicht öffentlich zur Schau. Er stand seinem Amte vor, er tat seine Pflicht; aber er hatte sein wichtiges Amt, seine teure Pflicht, nicht immer auf der Zunge, um seinem guten Herzen ein Kompliment zu machen. Hingegen der ruhmsüchtige Erasmus, der hauptsächlich nur deswegen predigte, um sich von der Kanzel herab in seiner Größe zu zeigen, redete beständig von sich selbst, von seinem guten Willen gegen seine Zuhörer, von seinem Herzen, von seiner Liebe, von seinem Vertrauen; kurz, er predigte sich selbst, um sein Selbst willen.

Wenn ferner diese Predigt vom Sebaldus oder auch nur von irgendeinem andern Landprediger an Bauern gehalten wäre, so würde darin nicht so mancherlei vorkommen: von Geld und Gut; von einem Geizhalse, der einen Freier abweiset, wenn er nicht soviel Gut und Geld hat als seine Tochter; von einem unehrbaren Mädchen, das man nicht heiraten sollte, wenn sie auch noch soviel Geld hätte. Wenn Sebaldus über diese Gegenstände zu reden gehabt hätte, so würde er von Vieh, Äckern, Wiesen und Gärten gesprochen haben; denn darin bestand das Vermögen seiner Bauern, so wie der allermeisten Bauern in der Welt. Daß Sebaldus' Vaterland zwar fruchtbar, aber ohne bares Geld gewesen, kann der Leser schon aus der Art schließen, wie der ehrliche Hieronymus seinen Buchhandel treiben mußte.

Ebenso heißt es S. 4: „Ich will euch jetzt nichts davon sagen, daß der Reichtum öfters eurer Seele höchst schädlich ist, daß er eine Versuchung ist zu allem Bösen und daß unser weisester Lehrer sagt, daß die Reichen nicht in das Reich Gottes kommen werden. Daran will ich euch jetzt nicht erinnern, weil ich unlängst von der Schädlichkeit des Reichtums ausführlich zu euch geredet habe." Dies ist ein klarer Beweis, daß Sebaldus nicht der Verfasser dieser Predigt sein könne; denn man kann sich für ihn sicher verbürgen, daß er ein ungeschmacktes Postillengeschwätz von der Schädlichkeit des Reichtums seinen Zuhörern nie werde vorgeredet haben. Er war vielmehr beständig beflissen, seinen Bauern zu predigen, daß sie früh aufstehen, ihr Vieh fleißig warten, ihren Acker und Garten aufs beste bearbeiten sollten, alles in der ausdrücklichen Absicht, daß sie wohlhabend werden, daß sie Vermögen erwerben, daß sie reich werden sollten. Sebaldus wußte nur allzuwohl, daß die niederdrückende Dürftigkeit, welche notwendig statthaben muß, wenn der Bauer nicht wohlhabend sein soll, eine fruchtbarere Mutter der Barberei und verderbter Sitten ist als der bäurische Reichtum, der bloß eine Folge des Fleißes sein kann, wer daher den Bauern von der Schädlichkeit des Reichtums predigen wollte, ihnen ausdrücklich die Faulheit empfehlen müßte. Dagegen weiß man, daß Erasmus, seitdem er selbst reich geworden war, den erbaulichen Gemeinort von der Nichtigkeit und Schädlichkeit des Reichtums sehr oft im Munde geführt habe, einen Gemeinort, über den sich in der Tat am zierlichsten reden läßt, wenn man an nichts Mangel leidet.

Noch eine andere Stelle gibt die stärkste Vermutung an die Hand, daß niemand anders als Erasmus Nothanker der Verfasser dieser Predigt sein könne. S. 6 heißt es: „Es entspringt viele Uneinigkeit unter euch daher, daß ihr gemeiniglich mit euren Schwiegereltern unter einem Dache wohnet. Es ist mir leid, daß ich es sagen muß, aber leider ist es durch die Erfahrung gegründet, daß nur sehr wenige Eheleute in Einigkeit leben, wenn sie ihre Schwiegereltern bei sich im Hause haben. Ihr würdet euch öfters nicht zanken, wenn nicht zuweilen eines der Schwiegereltern Öl ins Feuer gösse. Die Schwiegereltern glauben, man könne sie nicht zu gut halten und ihnen nicht dankbar genug sich beweisen. Sie sind überzeugt, in allen Stücken alles besser zu wissen als die jungen Eheleute, und wollen alles im Hause anordnen. Nichts kann man ihnen recht tun. Hiezu kömmt noch, daß das Alter sie ohnehin mürrisch und verdrießlich und mit sich selbst und der ganzen Welt unzufrieden macht. Haben nun die Eheleute einen kleinen Zwist untereinander, so tritt der Schwiegervater oder die Schwiegermutter auf die eine oder andere Seite und vergrößert den Streit, statt daß diese Alten ihn schlichten und die streitenden Parteien versühnen sollten."

Läßt es sich wohl denken, daß der sittsame Sebaldus auf eine so plumpe Art alle Schwiegereltern, die bei ihren Kindern wohnen, habe öffentlich von der Kanzel herab beschimpfen wollen? Daß er dieses vor Bauern habe tun wollen, welche ihre Schwiegereltern gewiß bloß, wenn sie aus Armut oder aus Alter und Schwachheit ihren eigenen Acker nicht mehr bauen können, bei sich haben werden? Zwar wird S. 12 den Zuhörern empfohlen, daß sie ihre Schwiegereltern in Ehren halten, ihrem guten Rate folgen und sie pflegen sollen; aber wie werden sie das tun, wie werden sie ihre Schwiegereltern auch nur im Hause leiden wollen, wenn der Prediger diese schon vorher als die bösartigsten, verdrießlichsten, zänkischsten Geschöpfe abgeschildert hat, die zu den Hauptursachen der ehelichen Uneinigkeit gehören, die bei den häuslichen Zwistigkeiten Öl ins Feuer gießen, die einen Streit vergrößern, anstatt ihn zu schlichten? Dieses unbedachtsame Epiphonema sieht dem stolzen Erasmus sehr ähnlich, der wirklich mit seiner Schwiegermutter anfänglich in einem Hause wohnte, hernach aber mit ihr in beständiger Uneinigkeit lebte, nachdem sie ihm sehr vernünftige Vorstellungen darüber gemacht hatte, daß er das Vermögen ihrer Tochter aus Eitelkeit verschwende, daher er sie wohl oft mag abgekanzelt haben.

Auch von der folgenden Predigt wider die Prozesse ist derselbe höchstwahrscheinlich der Verfasser. Man findet darin S. 18 unter andern folgende sehr anstößige Stelle: „Der Advokat müsse ein allzu uneigennütziger Mann sein, wenn er euren Rechtshandel nicht so lange auszudehnen suchte, als es möglich ist, um recht vieles von euch einzunehmen. Es hat zwar den Anschein, als wenn kein Advokat diese Absicht hätte, denn zuerst sucht er euch gemeiniglich mit eurem Gegner zu vergleichen, oder es wird, wie man sich ausdrückt, ein Termin zur Güte angestellt. Habt ihr aber jemals gehört, daß ein Termin zur Güte einen erwünschten Erfolg gehabt hätte? Der Advokat müßte seinen Vorteil gar nicht verstehen, wenn er nicht, statt euch mit eurem Gegner zu vergleichen, in euch eine größere Lust erweckte, dem

Rechte seinen Lauf zu lassen.“ Ferner S. 22: „Der größte Teil der Leute von diesem Stande scheint den Eigennutz zu seinem Gott gemacht zu haben, den er allein anbetet und dem er Ehre, Gewissen, Redlichkeit, alles aufopfert ...“ und so weiter.

Wie wäre es möglich, daß der sanftmütige Sebaldus einen ganzen dem gemeinen Wesen nötigen und nützlichen Stand auf eine so bittere und zugleich so tölpische Weise habe öffentlich verunglimpfen wollen? Sollte wohl ein verständiger Mann zweifeln können, ob jemals ein Termin zur Güte den erwünschten Erfolg gehabt habe? Dies sieht wirklich viel weniger einem unbefangenen Dorfprediger wie Sebaldus ähnlich als einem aufgeblasenen Rentenierer wie Erasmus, der verlangte, daß sich jedermann vor ihm beugen und nach seinem Willen handeln solle, und deshalb eine Menge Prozesse hatte, in welchen freilich kein einziger Termin zur Güte jemals einen erwünschten Erfolg haben konnte: ganz natürlich, weil Erasmus beständig seinem Eigensinn folgen und niemals vernünftigen Vorstellungen Gehör geben wollte.

Die Predigten wider den Aberglauben, von der Zufriedenheit, von der Gesundheit, von der Kinderzucht, von der Glückseligkeit des Landmannes scheinen von Elardus Nothanker, dem jüngern Bruder unsers Sebaldus, herzurühren. Es sind ganz leidliche, gutgemeinte, etwas weltschweifige Homilien, die den Predigtlesern in Städten ganz gut gefallen mögen; nur findet man darin freilich Spuren, daß sie nicht vor Bauern gehalten worden oder für Bauern bestimmt gewesen. Wie würde man zum Beispiel (S. 57) darauf kommen, diesen vorzusagen: „Geld und Ehre machen nicht wahrhaftig glücklich“? Der Bauer hat ja gemeiniglich kein Geld und verlangt keine Ehre.

Die beiden Fragmente der Predigten von der Ewigkeit der Höllenstrafen und vom Tode fürs Vaterland haben ohne Zweifel den witzigen Cyriakus zum Verfasser. Es ist schon oben gesagt worden, daß er in allen Schreibarten Versuche machte, und man sieht es diesen Fragmenten nur allzusehr an, daß sie Versuche sind, und zwar Versuche eines jungen Menschen. Ein Mann, der so viel Überlegung besaß wie Sebaldus, würde seinen Bauern nicht von der Endlichkeit der Höllenstrafen eine ausdrückliche Predigt gehalten haben, wenigstens sicherlich nicht auf die Art wie hier. Er hätte gewiß bedacht: ehe er über diese Materie mit Nutzen predigen könnte, würde er noch vorher in den großen Vorstellungen seiner Bauern von göttlichen Strafen, von den Folgen der Untugend, von dem Zusammenhange der Dinge überhaupt, von Vergebung und Besserung sehr viel ändern und berichtigen müssen. Hierbei, fühlte er wohl, hätte er für einen gemeinen Bauerverstand leicht zu subtil werden können, weshalb er, wie wir von ihm selbst erfahren haben, von dieser Materie seinen Bauern niemals etwas gesagt, sondern ihnen nur Gott als ein allgerechtes und allgütiges Wesen vorgestellt hat, das seine Strafen nach weisen Absichten verhängt und dessen Plan dabei allemal das wahre Wohl des Menschen ist – ohne sich in die transzendenten Begriffe von Ewigkeit und Endlichkeit einzulassen, die kein Bauer recht genau fassen wird und die ihm zur Besserung des Lebens, welche Sebaldus für den einzigen Zweck seiner Predigten hielt, nichts helfen können.

Das Fragment der Predigt vom Tode fürs Vaterland ist gleichfalls gewiß nicht vom Sebaldus, welches schon daraus erhellet, daß man in diesem Fragmente nichts von dem enthusiastischen Feuer findet, in welchem nach S. 40 des ersten Teils seiner wahrhaften Lebensgeschichte diese Predigt gehalten worden, so daß, wenn sie so kahl und kalt gewesen wäre als dieses Fragment, schwerlich nur ein einziger Bauerkerl dadurch würde bewogen worden sein, Kriegsdienste zu nehmen. Es scheint, Magister Cyriakus hat bloß einen Versuch machen wollen, zu zeigen, wie etwa die Predigt, um welcher willen sein Oheim Sebaldus abgesetzt worden, möge ausgesehen haben. Allein dieser Versuch mißlang, weil Cyriakus nicht Sebaldus ist, obgleich beide Nothanker heißen.

Übrigens will man freilich den Satz, daß Erasmus Nothanker, Elardus Nothanker und Cyriakus Nothanker die Verfasser der sogenannten Nothankerschen Predigten sind, für weiter nichts als für eine wahrscheinliche Mutmaßung ausgeben. Wen dies zu wenig dünkt, der bedenke, daß die Resultate der tiefsinnigsten historischen Untersuchungen oft weiter nichts als bloße Mutmaßungen sind, wogegen mit unserer Mutmaßung noch die unstreitige Wahrheit verbunden ist, daß gedachte Predigten, ihr Verfasser sei auch, wer er wolle, wenigstens gewiß nicht von Sebaldus Nothankern sind.

Man hat auch ferner aus sichern Privatnachrichten erfahren, daß hin und wieder auf den Webestühlen einiger gelehrten Manufakturen zu verschiedenen Zeugen die Ketten angedreht worden sind, wozu der ehrliche Sebaldus Nothanker und seine Bekannten den Einschlag geben sollen. Zum Beispiel Sebaldus Nothankers Beicht-, Bet- und Kommunionbuch; Sebaldus Nothankers Betrachtungen auf alle Tage im Jahre; Sebaldus Nothankers Sonn- und Festtagspredigten über alle Evangelien und Episteln; Sebaldus Nothankers schrift-, und vernunftmäßige Auslegung der Offenbarung Johannes; des Herrn Doktor Stauzius Aufmunterung zur Bewahrung der Rechtgläubigkeit und Warnung vor falscher Lehre; Kochbuch von 5000 Speisen nach der Anlage Seiner Exzellenz des Herrn Grafen von Nimmer nebst einem Anhange von Fastenspeisen; Rambolds philosophisch-ästhetisches Lehrbuch; Hieronymus' Tischreden, Einfälle und Meinungen und anderes mehr. Daher will man das Publikum warnen, sich durch diese und andere dergleichen verfängliche Titel nicht hintergehen zu lassen. Denn Herr Sebaldus Nothanker würde, was er etwa der Welt vorlegen wollte, schon selbst herausgegeben haben; von den übrigen Personen aber möchten wohl keine echten Schriften zu erwarten sein.

Zuletzt ist der geneigte Leser zu benachrichtigen, daß ein kurzweiliger Mann darauf gefallen ist, „Das Leben und die Meinungen des Herrn Magisters Sebaldus Nothanker", ohne die geringsten Nachrichten davon zu besitzen, aus seinem eigenen Gehirne fortzusetzen und einen sogenannten zweiten Band unter dem Druckorte Frankfurt und Leipzig, 1774, drucken zu lassen, welcher zu Hamburg in der Zeitungsbude der Frau Witwe Tramburgin im Brodtschrangen nebst andern Zeitungsblättern öffentlich verkauft wird. Der geneigte Leser kann freilich in dem unechten zweiten Bande den wahren ferneren Verlauf der Geschichte des Herrn Magisters Sebaldus Nothanker nicht finden, weil der ungenannte Verfasser selbst nichts davon wußte; aber wem daran gelegen ist, kann allenfalls daraus ersehen, was für eine Vorstellung vom Sebaldus Nothanker in dem Kopfe eines solchen Menschen, wie der ungenannte Verfasser ist, existieren mag.

Diese unechte Fortsetzung kann auch noch einen andern Nutzen haben. In dem echten zweiten Bande wird man, der Wahrheit gemäß, sehr viele Meinungen und nur sehr wenige Handlungen antreffen, weil der ehrliche Sebaldus wirklich meistens nur gedacht, hingegen wenig gehandelt hat. Sollte es nun Leser geben, welche wünschten, daß man ihnen lieber Handlungen als Meinungen erzähle, so können sie versuchen, ob sie vielleicht ihre Rechnung bei dem unechten zweiten Bande finden möchten, worin alles voll Bewegung und Handlung ist, und zwar voll ganz ungemein merkwürdiger Handlungen. Zum Beispiel: Wie Sebaldus, nachdem ihm die Räuber auf dem Postwagen ein Loch in den Kopf geschlagen haben, ein Glas Kirschbranntwein trinkt, welches alle Grillen vertrieb. – Wie Tuffelius die Frau seines Schulmeisters verführt, welcher ihn dafür durchs ganze Dorf peitscht. – Wie sich eine alte Jungfer Sibylle in Sebaldus verliebt und ihn nachts in seinem Bette besucht. – Wie Säugling mit Marianen heimliche Zusammenkünfte hält, wobei die Vertraulichkeit zu dem Grade steigt, sich so laut zu küssen, daß man es in einer ziemlichen Entfernung höret. – Wie Hieronymus den Doktor Stauzius auf einem Wagen in einen Kasten setzt, worin Schweine und Gänse gewesen, wobei Stauzius sehr andächtig singt: „So fahre fort und schone dort“ nebst nicht wenig Hochzeiten und andern possierlichen Begebenheiten, woraus abzunehmen ist, daß der Verfasser, der solche schnackische Dinge hat erdenken können, ein pudelnärrisches Menschengesicht sein müsse.

ANHANG

5 *im zweiten Bande der damals noch ganz neuen, verbesserten Theologie* — Der „Frankfurter" oder die „Theologia deutsch" (der Titel stammt wohl erst von Luther) ist eine von einem Priester und Kustos im Deutschherrenhaus zu Frankfurt (Sachsenhausen) verfaßte Lebenslehre, die in einer Handschrift von 1497 überliefert ist. Diese Lehre hat auf Luther großen Eindruck gemacht, so daß er den Text zweimal (1516 als Teilausgabe und 1518) herausgegeben hat. Luthers Ausgabe ist bis 1734 rund fünfzigmal nachgedruckt und bearbeitet worden; dadurch wurde die „Theologia deutsch" einer der wichtigsten Vermittler mystischen Gedankengutes.

7 *die symbolischen Bücher* — oder das Konkordienbuch (s. Anm. zu S. 274) enthielten alle Dogmen der lutherischen Kirche, wie sie im letzten Drittel des 16. Jahrhunderts aufgestellt worden waren. Sie mußten in den meisten lutherischen Ländern feierlich beschworen werden und verpflichteten bis ins 19. Jahrhundert — besonders in Norddeutschland — die Geistlichen, sich an die darin festgelegten Lehrformen zu halten.

8 *Johann Wilhelm Meil* — (1733–1805) Zeichner und Kupferstecher; wurde hauptsächlich durch seine Buchillustrationen und Vignetten bekannt. — Da sich die für die vierte Auflage von Meil besorgten Illustrationen nicht auffinden ließen, konnten nur die von Chodowiecki wiedergegeben werden.

9 *des Gedichts „Wilhelmine"* — „Wilhelmine oder Der vermählte Pedant" von August von Thümmel (s. hierzu Nachwort S. 542).

— *remonstrantischer Prediger* — Remonstranten (auch als Arminianer bekannt) sind die Anhänger einer von der reformierten Kirche der Niederlande abgetrennten Religionspartei. Gegenüber der kalvinistischen Lehre von der Prädestination machte Jakob Arminius (1560–1609), der Begründer der Lehre, die menschliche Willensfreiheit und den Vorrang der Bibel vor den kirchlichen Bekenntnissen geltend. Die 1610 von seinem Freund, dem Prediger Joh. Nytenbogaert, aufgestellte „Remonstrantia", von der sich der Name Remonstranten herleitet, enthält u. a. die 5 Glaubensartikel der Sekte.

10 *Dissenters* — („Andersgläubige") oder Nonkonformisten sind in England im weiteren Sinne alle nicht zur Staatskirche Gehörigen (also auch die Römisch-Katholischen), im engeren Sinne nur die protestantischen Sekten, die sich von jener Kirche getrennt haben (Independenten, Methodisten, Quäker u. a.).

13 *tironianische Zeichen* — Tironische Noten, altrömische Kurzschrift, so benannt nach ihrem Erfinder Marcus Tullius Tiro (94 v. u. Z. – 5 u. Z.). Tiro war Sklave des Cicero und nach seiner Freilassung dessen Freund, Geheimsekretär und Biograph.

15 *tant mieux pour elle* — (franz.) das, was für sie viel besser ist.

16 *Formulis committendi* — (lat.) Bestimmungen, die einzuhalten jemand verpflichtet ist.

21 *Athanasianische Glaubensbekenntnis* — Auf dem Konzil von Nikäa (325) wurde die Wesenseinheit des Sohnes (Christus) mit dem Vater (Gott) zum Dogma erhoben. Diese Auffassung wurde besonders von dem griechischen Kirchenvater Athanasius (293–373), dem „Vater der Orthodoxie", der „Säule der Kirche", vertreten, im Gegensatz zu dem Presbyter Arius (gest. 336), der von seinem philosophischen Gottesbegriff aus erklärte, Gottes Sohn sei dem Wesen des Vaters nicht verwandt, sondern ein aus dem Nichts erschaffenes Geschöpf. Die athana-

sianische Auffassung fand besonders im Abendland Verbreitung.

— *die Lehre von der Genugtuung* — nach dem Dogma der christlichen Lehre die durch Christus bewirkte Wiederherstellung der durch die menschliche Sünde zerstörten Gemeinschaft mit Gott.

22 *Crusiusschen Philosophie* — Christian August Crusius (1715—1775), Professor in Leipzig, war Gegner der Wolffschen Philosophie und verwarf den Determinismus (Lehre von der objektiven Gesetzmäßigkeit und kausalen Bedingtheit aller Erscheinungen der Natur und der Gesellschaft) und die prästabilierte Harmonie (universelle Harmonie, alle Erscheinungen sind in ihrer Veränderung „voraus bestimmt").

— *Lehre vom Tausendjährigen Reiche* — der Glaube an ein künftiges, mit Christi sichtbarer Wiederkunft anhebendes Gottesreich auf Erden. Die Lehre ist älter als die christliche Kirche und hat ihre Wurzeln in der jüdischen Religion. Sobald das Christentum Staatsreligion geworden war, machte sie sich mit dem Gedanken vertraut, das tausendjährige Reich sei schon mit dem Christentum selbst gekommen, und Augustin erhob diese Auffassung zur herrschenden.

— *Apokalypse* — (griech.) Offenbarung; Name des letzten Buches des Neuen Testaments, der Offenbarung des Johannes. Die Kapitel 1 bis 3 enthalten im Zusammenhang mit einer Christusvision 7 Sendschreiben an kleinasiatische Gemeinden; die Kapitel 4 bis 21 schildern ebenfalls in visionärer Schau die Vorzeichen über das Ende der Welt und das Ende der Welt selbst. Die Apokalypse hat in der Literatur (Dante) und in der darstellenden Kunst (Dürer) starke Nachwirkungen gefunden.

24 *Hypomnemata* — (griech.) Gedächtnishilfen, Nachträge; hier: Kommentare.

— *Bengel* — Johann Albrecht Bengel (1687—1752), protestantischer Theologe; wurde bekannt durch seinen Versuch, die Wiederkunft Christi und den Eintritt des tausendjährigen Reiches, wofür er den Sommer 1836 bestimmte, zu berechnen.

— *Don Isaak Abarbanels Majeneh Jeschuah und Michaelis' unwiderlegliche Erklärung der siebenzig Wochen* — Isaak ben Jehuda Abravanel (1437—1508) war ein jüdischer Gelehrter und Staatsmann; er stand zunächst im Dienst Alfons' V. von Portugal. Ab 1484 war er Finanzminister Ferdinands des Katholischen von Kastilien und bemühte sich bei diesem erfolglos um Rücknahme der Ausweisung der Juden aus Spanien. 1503 ließ er sich in Venedig nieder. Er verfaßte zahlreiche religionsphilosophische Schriften und Bibelkommentare. — Johann David Michaelis (1717—1791) galt als einer der gelehrtesten Theologen seiner Zeit und genoß auch als Orientalist einen Ruf. Er verfaßte u. a. eine Schrift „Versuch einer Erklärung der siebzig Wochen Daniels" (Göttingen 1771). — Bei den siebenzig Wochen handelt es sich um des Propheten Daniel angebliche „Voraussage" der Zerstörung Jerusalems (vgl. Daniel 9, 24 ff.) bzw. sogar des Anbruchs des Jüngsten Gerichts.

26 *Herzog von Choiseul* — Etienne-François, Herzog von Choiseul (1719—1783), französischer Staatsmann, Günstling der Marquise de Pompadour; bekämpfte den jesuitischen Einfluß und bewog den König zur Aufhebung des Jesuitenordens in Frankreich.

27 *Wolffischen Philosophie* — nach dem Philosophen Christian Freiherr von Wolff (1679—1754) benannte philosophische Schule, die bis Kant vorherrschend war. Wolff schloß sich in seiner Philosophie hauptsächlich Leibniz an. Sein Verdienst ist, daß er wieder das ganze Gebiet des Wissens im Namen der Philosophie in Anspruch nahm, die philosophische Methode zur Anerkennung brachte und die deutsche Sprache für die Philosophie einführte. Seine Methode ist die demonstrativ-apriorische. Er scheidet die Philosophie in theoretische Philosophie

oder Metaphysik (Theologie, Ontologie, Kosmologie, rationale Psychologie) und praktische Philosophie (Ethik, Ökonomie und Politik). Die Seele, die sich Wolff als unkörperliche Substanz vorstellt, ist dasjenige in uns, das sich und anderer Dinge bewußt ist. Das deutliche Bewußtsein ist Denken. Er wurde wegen seiner Lehre von den pietistischen Theologen stark angefeindet.

31 *„Vom Tode für das Vaterland"* — eine von Thomas Abbt (1738—1766) verfaßte populär-philosophische Abhandlung. Neben der kriegerisch-patriotischen Lyrik eines Gleim („Preußische Kriegslieder"), Weisse („Amazonenlieder"), Gerstenberg („Kriegslieder eines dänischen Grenadiers") begründete auch Abbt in seiner Abhandlung theoretisch-moralisch im friderizianischen Geiste eine heroisch-staatliche Pflicht- und Opfergesinnung.

37 *Carminibus des Stadtministeriums* — Gebetsformeln der Kirchenleitung der Stadt.

46 *sub poena praeclusi* — (lat.) bei Strafe der Einkerkerung.

— *in contumaciam* — (lat.) in Abwesenheit des Beklagten.

— *Actuum ministerialium* — (lat.) priesterliche Handlungen.

50 *Mulier taceat in rebus ecclesiasticis!* — (lat.) Die Frau hat in kirchlichen Dingen zu schweigen!

55 *berühmte Verfasser des „Deutschen Nationalgeistes" und der „Reliquien"* — Friedrich Karl von Moser (1723 bis 1798) hatte sich in der Abhandlung „Von dem deutschen Nationalgeist" (1765) gegen Friedrich II. und den preußischen Partikularismus gewandt und war für das Fortbestehen der deutschen Reichseinheit unter kaiserlicher Oberhoheit eingetreten. Seine „Reliquien" (1766) hatten sich besonders gegen Abbts Schrift „Vom Tode für das Vaterland" gerichtet (s. Anm. zu S. 31).

64 *Konvention zu Kloster-Seven* — Kloster-Seven ist ein Ort im alten preußischen Regierungsbezirk Stade; am 8. September 1757 kapitulierte dort die hannoversche Armee mit den Franzosen.

70 *Doktor Ernesti* – Johann August Ernesti (1707–1781), von 1734 bis 1759 Rektor der Thomasschule zu Leipzig, ab 1769 Professor der Beredsamkeit an der Universität Leipzig; die von ihm entworfenen „Sächsischen Schulordnungen" blieben im wesentlichen von 1773 bis 1847 in Kraft.

– *Magister Froriep* – Justus Friedrich Froriep (1745 bis 1800), lutherischer Theologe; beschäftigte sich besonders mit orientalischen Sprachen; seine „Arabische Bibliothek" erschien 1769.

71 *Magister Matthesius* – Christian Gottfried Matthesius (1714–1780), Frühprediger und Oberkatechet an der Petrikirche zu Leipzig und später Diakon und dann Archidiakon an der Nikolaikirche.

80 *Mengs* – Anton Raphael Mengs (1728–1779), Maler und Kunstschriftsteller; war ab 1741 vorwiegend in Rom tätig, später auch in Madrid; schuf klassizistische Deckengemälde in der Villa Albani (Rom), Zeichnungen und Bildnisse (z. B. Kleopatra, Heilige Familie, Magdalena); schrieb „Gedanken über die Schönheit und den Geschmack in der Malerei" (1762). Grundzug seiner Kunst ist ein strenges Studium schöner Formen. Seine Werke zeichnen sich durch gute Kompositionen, korrekte Zeichnung und schönes, kräftiges Kolorit aus. Mengs war Eklektiker, der die Schönheiten der Antike, Raffaels, Tizians und Correggios zu verschmelzen suchte.

82 *Opus operatum* – (lat.) ein Werk, das man nur tut, um es getan zu haben.

88 *Texel* – größte niederländische westfriesische Insel, vor der Ijsselsee.

100 *Flintglas* – aus Bleioxyd, Kali und Kieselsäure hergestelltes, sehr durchsichtiges und stark lichtbrechendes Glas, besonders für optische Geräte verwendet.

– *Dollondsche Fernröhre* – ein nach dem Optiker John Dolland (1706–1761) benanntes Fernrohr. 1758 entdeckte er die ungleiche Zerstreuung der farbigen Lichtstrahlen in verschiedenen brechenden Mitteln und folgerte hieraus die Möglichkeit, Fernrohre zu konstruieren, die Bilder ohne störende farbige Ränder lieferten.

101 *Opera omnia* — (lat.) Gesamtwerke.

104 *physiokratischen Prinzipien* — Nach der von den französischen Physiokraten (Quesney, Turgot) im 18. Jahrhundert entwickelten Lehre entsteht nur in der Landwirtschaft (und nicht in der Manufaktur) Neuwert und damit das Mehrprodukt. Aber diese „scheinbare Verherrlichung des Grundeigentums schlägt in dessen ökonomische Verneinung und in Bestätigung der kapitalistischen Produktion um" (Marx), indem die Physiokraten alle Steuern auf die Grundrente legen wollen, die Befreiung der Industrie von staatlicher Bevormundung fordern und die freie Konkurrenz verkünden.

105 *Bakkalaureus* – ein Gelehrter, der die unterste der akademischen Würden erlangt hat; die Reihenfolge ist: Bakkalaureus, Lizentiat, Magister, Doktor.

— *Collega infimus* — (lat.) der jüngste Kollege.

145 *Basedows „Elementarbuch"* — Johann Bernhard Basedow (1724–1790) war Pädagoge und Erziehungsreformer im Sinne der Aufklärung. Zur praktischen Verwirklichung seiner Ideen gründete er 1774 das Philanthropinum in Dessau. 1774 erschien auch sein „Elementarbuch" (4 Bde.), in dem er seine Reformgedanken für das Unterrichtswesen niedergelegt hatte. Er lehnte sich dabei eng an Rousseaus „Emile" an. Das Werk erregte großes Aufsehen und lebhafte Diskussion, ohne jedoch unmittelbaren Eingang ins Schulwesen zu finden.

— *Reimarus' „Natürlicher Religion"* — Hermann Samuel Reimarus (1694–1768), Theologe und Philosoph der Aufklärung, Anhänger der Wolffschen Schule, vertrat eine „natürliche" Vernunftreligion, die zum Unterschied von der geoffenbarten Religionslehre den Versuch darstellt, aus der Ordnung und Schönheit, vor allem aus der in planmäßigem Fortschritt zu höheren Zielen aufsteigenden Zweckordnung der Natur den Glauben an Gott als den weisen, gütigen, allmächtigen Urheber und Erhalter der Welt zu begründen. Diese Gedanken legte er in seiner Schrift „Abhandlungen von den vornehmsten Wahrheiten der natürlichen Religion" nieder.

146 *Marmontel* — Jean-François Marmontel (1723–1799), französischer Schriftsteller. Neben seinen Tragödien sind seine Hauptwerke die „Contes moraux", die er im „Mercure" veröffentlichte und die einen großartigen Erfolg hatten. Diese von Marmontel vorgeprägte Gattung der „Moralischen Erzählungen" wurde auch in Deutschland beliebt (z. B. Schiller: „Der Verbrecher aus verlorner Ehre", „Der Geisterseher", „Spiel des Schicksals"; August Gottlieb Meissner: „Skizzen"; Leberecht Heyne: „Bagatellen").

— *la Dixmerie* — Nicolas-Bricaire de la Dixmerie (1731 bis 1791), französischer Schriftsteller; schrieb u. a. „Contes philosophiques et moraux" (1765).

— *trait de bienfaisance* — (franz.) Charakterzug von Mildtätigkeit.

167 *„Bestimmung des Menschen"* — eine von Johann Joachim Spalding (1714–1804) 1748 verfaßte Schrift. Spalding war ab 1764 Propst an der St.-Nikolai-Kirche und Oberkonsistorialrat in Berlin. Welchen Publikumserfolg diese Schrift damals hatte, beweist u. a. die Tatsache, daß die von Nicolai in der Fußnote angeführte „Ausgabe Leipzig 1768" bereits die zehnte, vermehrte Auflage war.

191 *Et moi prédestiné, / Je rirai bien quand vous serez damné* — (franz.) Und da ich prädestiniert bin, / Werde ich lachen, wenn ihr verdammt werdet.

198 *Asa foetida* — (lat.) stinkender Asant, Teufelsdreck; der harzige, heilkräftige Saft aus der Wurzel einer Schirmpflanze in Persien.

199 *kalmankenen Schuhe* — Kalmank (heute ist der Ausdruck Lasting gebräuchlicher) ist ein meist schwarzes oder dunkelfarbiges Kammgarngewebe für Damenkleiderstoffe, auch für Möbel-, Schuh- und Westenstoffe.

205 *pacta sunt servanda* — (lat.) Verträge (Abkommen) müssen gehalten werden.

229 *Homousie* — (griech.) Gleichheit im Wesen. (s. Anm. *Athanasianische Glaubensbekenntnis* zu S. 21)

243 *Buddeus' Zeiten* — Johann Franz Buddeus (1667—1729) war Professor der Moral in Halle (1693) und Professor der Theologie in Jena (1705). Durch die Anwendung seiner historischen Kenntnisse und der Wolffschen Philosophie gab er der lutherischen Dogmatik einen aufgeklärten Anstrich.

265 *Fresenius* — Johann Philipp Fresenius (1705—1761); war zunächst lutherischer Pfarrer in Oberwiesen bei Frankfurt a. M., ab 1736 Hofdiakon zu Darmstadt und ab 1743 Sonntagsprediger an der Peterskirche zu Frankfurt a. M. Während er in seinen Schriften eine intensive Polemik gegen die Jesuiten und die Herrnhuter führte, wandte er in seiner praktischen Seelsorgertätigkeit ein besonderes Augenmerk der „Bekehrung" Andersgläubiger zum orthodox-lutherischen Bekenntnis zu. Goethe erwähnt Fresenius im vierten Buch von „Dichtung und Wahrheit" und insbesondere in den „Bekenntnissen einer schönen Seele".

274 *Reiske* — Johann Jakob Reiske (1716—1774), Gräzist und Arabist.

— *Golius Lexikon* — ein von Jacob G. Golius (1596—1667) 1653 herausgegebenes „Lexicon Arabicum Latinum".

— *„Augspurgische Konfession"* — Die „Augsburger Konfession", verfaßt von Melanchthon, ist die grundlegende lutherische Bekenntnisschrift; sie wurde 1530 auf dem Reichstag zu Augsburg Kaiser Karl V. überreicht. Sie fand als Lehrnorm der lutherischen Landeskirchen sehr schnell Verwendung, und ab 1535 waren alle neu aufzunehmenden Bundesmitglieder auf „die reine Lehre unserer Konfession" verpflichtet. Die „Augsburger Konfession" erlangte auch eine staatswissenschaftliche Bedeutung, da sie allen kirchlich-politischen Verhandlungen der späteren Zeit zugrunde gelegt und der Augsburger und der Westfälische Friede nur mit denen geschlossen wurde, die sich ausdrücklich zu ihr bekannt hatten. Da die deutschen Reformierten und selbst Kalvin die „Augsburger Konfession" unterschrieben, wurde sie aus einem Bekenntnis des Luthertums zu dem des Protestantismus überhaupt.

— *Konkordienbuch* — die vollständige Sammlung der symbolischen Bücher. Das zuerst in Dresden (1580) erschienene Konkordienbuch enthält die drei ökumenischen (die Christenheit insgesamt betreffend) Symbole, die sogenannte unveränderte „Augsburger Konfession" nach dem angeblich deutschen Originalexemplar sowie auch deren Apologie nach der deutschen Übersetzung von Justus Jonas, die Schmalkaldischen Artikel von 1537 nebst dem Anhang Melanchthons von der Gewalt und der Obrigkeit des Papstes, den Kleinen Katechismus Luthers nebst angehängtem Trau- und Taufbüchlein, den Großen Katechismus und die Konkordienformel. (Siehe Anm. zu S. 7)

— *Hudibras* — Held des gleichnamigen satirischen Heldengedichtes von Samuel Butler (1612–1680). Das Gedicht verspottet die Puritaner und Independenten. Es schildert die Abenteuer des presbyterianischen Ritters Hudibras und seines independenten Knappen Ralpho, die das Land durchziehen, um alle möglichen Übel auszurotten, allein als Heuchler und Schmarotzer, die sie sind, überall nur Schläge ernten.

— *... who wou'd dispute, / Confute, change hands, and still confute* — (engl.) wer wollte disputieren, / Jemanden des

Irrtums überführen, seinen Standpunkt ändern und noch immer jemanden des Irrtums überführen.

278 *Vulgata* — (lat.) „die allgemein Verbreitete"; die in der römisch-katholischen Kirche allgemein benutzte lateinische Bibelübersetzung des Hieronymus (um 400), die vom Konzil in Trient (1545—1563) als maßgeblich erklärt wurde.

— *Reuchlin* — Johann Reuchlin (1455—1522), schwäbischer Humanist; trieb griechische und hebräische Studien; sein literarischer Kampf gegen die Kölner Dominikaner war Anlaß für das Erscheinen der Dunkelmännerbriefe.

279 *Magister Schelling* — Gemeint ist Joseph Friedrich Schelling, der Vater des Philosophen Friedrich Wilhelm Schelling, der mehrere Schriften über Themen der orientalischen Philologie verfaßte, darunter eine „Abhandlung von dem Gebrauch der arabischen Sprache, zu einer gründlichen Einsicht in die hebräische" (Tübingen 1771).

— *Niebuhr* — Karsten Niebuhr (1733—1815), Reisender; unternahm als dänischer Ingenieurleutnant von 1761 bis 1767 im Auftrag der dänischen Regierung eine Reise nach Arabien, Persien und den Nachbarländern; veröffentlichte „Beschreibung von Arabien" (Kopenhagen 1772) und „Reisebeschreibungen nach Arabien und andern umliegenden Ländern" (Kopenhagen 1774—1778, 2 Bde.).

— *Sir William Jones* — (1746—1794), englischer Orientalist; wirkte bahnbrechend auf dem Gebiet des Sanskritstudiums und der Sprachvergleichung.

293 *Ah, ma chère Comtesse, que je suis ravie de vous embrasser, c'est un million d'années qu'on ne vous a pas vue* — (franz.) Oh, meine liebe Gräfin, wie entzückt bin ich, Sie zu umarmen, seit einer Million Jahren hat man Sie nicht gesehen.

301 *C'est à Paris qu'il faut écrire!* — (franz.) In Paris, da muß man schreiben!

322 *Clarissa Harlowe* — Hauptgestalt des gleichnamigen Romans in Briefform von Samuel Richardson (1689 bis 1761). Clarissa lebt im Hause ihres eigensinnigen, strengen Vaters und ihrer willenlosen Mutter ein freudloses Leben. Als sie gezwungen werden soll, einen ungeliebten Mann zu heiraten, flieht sie und begibt sich unter den Schutz des sie anbetenden Wüstlings Lovelace. Aber Lovelace denkt nicht daran, sie zu heiraten, sondern will sie nur verführen. Er lockt sie in das Haus einer Kupplerin, und als sie auch da noch standhaft bleibt, betäubt er sie durch Opium und schändet sie.

327 *Sella curulis* — (lat.) der kurulische Sessel; der mit Elfenbein ausgelegte und wie ein Feldstuhl gestaltete zusammenlegbare Amtsstuhl der höchsten obrigkeitlichen Personen im alten Rom.

— *Trabea* — (lat.) bei den Römern ein purpurgestreifter Mantel, das Amtskleid der Ritter und Augurn (römischen Priester).

328 *Klotz* — Christian Adolf Klotz (1738—1771), Professor der Philosophie in Göttingen (1763) und Professor der Beredsamkeit in Halle (1765); erweist sich in seinen lateinischen Gedichten, der Ausgabe des Tyrtäos, sowie in zahlreichen lateinisch geschriebenen Abhandlungen, dazu gehört auch seine „De numis obsidionalibus" (Über das Belagerungsgeld), als fähiger Philologe; geriet jedoch durch seine Eitelkeit, besonders nachdem er zur „Allgemeinen deutschen Bibliothek", an der er länger mitgearbeitet hatte, in Opposition getreten war, in Streitigkeiten; Lessing richtete gegen ihn die „Briefe antiquarischen Inhalts".

329 *Smollett* — Tobias George Smollett (1721—1771), englischer Schriftsteller. Die Anspielung Nicolais bezieht sich auf Smolletts kritische „Reisen in Frankreich und Italien", die 1766 erschienen.

— *Lipperts Sammlung* — Philipp Daniel Lippert (1702 bis 1785), Zeichner und Bildgestalter, war Zeichenmeister bei der Porzellanmanufaktur in Meißen, später Aufseher der Antiken bei der Akademie der Künste in Dresden. Die Kenntnis über die Mischungen der Meißener Porzellanmasse hatte ihn veranlaßt, sich im Nachahmen alter Pasten zu versuchen, und er erfand eine weiße Masse, der er neben Beständigkeit einen vorzüglichen Glanz zu geben wußte. Eine Sammlung seiner 3149 Abdrücke veranstaltete er in der „Dactyliotheca“ (Leipzig 1755/56).

330 *Oberste Shandy* — Gemeint ist der „Onkel Toby“ in dem Roman von Laurence Sterne (1713—1768) „Das Leben und die Meinungen des Herrn Tristam Shandy“. „Onkel Toby“ ist der Bruder des Vaters des Helden, der bei der Belagerung Namurs verwundet wurde und sich nun zu Hause leidenschaftlich in die Wissenschaft des Angriffs auf befestigte Städte vertieft. Seine Studien betreibt er an auf dem Rasen errichteten Miniaturbrustwehren, -schanzen und -bastionen, wobei er von seinem Diener und Korporal Trim unterstützt wird, der ihm treu ergeben ist und seine Leidenschaft für die Militärwissenschaft teilt.

336 *schwarzen Zeitungen* — Die von dem Kanonikus Christian Ziegra (1717—1778) in Hamburg in den Jahren 1758 bis 1771 herausgegebene Zeitschrift „Hamburgische Nachrichten aus dem Reiche der Gelehrsamkeit“ wurde von den Zeitgenossen meist als „Die schwarze Zeitung“ bezeichnet. Sicher hing das mit ihrem Inhalt und Charakter zusammen, denn nicht von ungefähr ließ in der Fortsetzung dieses Organs, in den „Freiwilligen Beiträgen zu den Hamburgischen Nachrichten aus dem Reiche der Gelehrsamkeit“ (Hamburg 1775—1778) Johann Melchior Goeze seine reaktionären Aufsätze gegen Lessing erscheinen (vgl. Lessings „Absagungsschreiben“, Bd. VIII der von Rilla edierten Ausgabe des Aufbau-Verlages, S. 162).

338 *ad unguem* — (lat.) bis auf den Nagel, aufs genaueste.

341 *Portugalöser* — portugiesische Goldmünze, nachgeprägt und als Schatz bewahrt besonders in Siebenbürgen und in Hamburg, wo seit 1667 der Bancoportugalöser 10 Dukaten enthielt; später auch jede große Goldsumme.

— *Jura stolae* — (lat.) Rechte der Kirche.

355 *Vlie* — Vlieland, niederländisch-westfriesische Insel zwischen Terschelling und Texel.

356 *Schout* — (niederl.) Schulze, der Dorfschulze.

361 *Prädestination* — Vorbestimmung, besonders die kirchliche Lehre von einem ewigen Ratschluß Gottes, wonach er eine bestimmte Anzahl von Personen aus Gnade zum ewigen Heil bestimmt (Gnadenwahl), die anderen der selbstverschuldeten Verdammnis überlassen (Reprobation) haben soll; am schärfsten formuliert von Kalvin; dadurch auch Kernbegriff des Puritanismus, wo sie auf die Erfolgsgläubigkeit des sich entwickelnden Kapitalismus stark eingewirkt hat, da der Puritaner im wirtschaftlichen Erfolg die Bestätigung seiner „Vorherbestimmung zum Heil" sah.

364 *Fidejussor* — (lat.) Bürge.

365 *des Synods zu Dordrecht* — Die „große Synode der reformierten Kirche" wurde von 1618 bis 1619 in der holländischen Stadt Dordrecht zur Unterdrückung der Arminianer oder Remonstranten und zur Aufrechterhaltung des strengen kalvinistischen Dogmas, namentlich der Prädestinationslehre, abgehalten. Die Niederlande, die meisten Schweizer Kantone und die Rheinpfalz, die französischen Kirchen sowie die Puritaner in England nahmen die Dordrechter Beschlüsse an.

— *Oldenbarnevelt* — Jan von Oldenbarnevelt (1547—1619), niederländischer Staatsmann, Vertreter der ständisch-republikanischen Partei, Vorkämpfer für die niederländische Unabhängigkeit; schloß 1609 den Waffenstillstand mit Spanien; wurde wegen angeblichen Hochverrats hingerichtet.

— *Others apart sat on a hill retir'd...* — (engl.) Andre saßen seitwärts / Auf einer Höh' in süßerem Gespräch, / Verhandeln dort, vertieft in hohes Sinnen, / Von Vorsehung, Voraussicht, Willen, Schicksal, / Verhängnis, freiem Willen, unbedingtem / Voraussehn, endlos sich im Gang verwirrend. (Deutsch nach der Übersetzung von K. Eitner)

368 *Pelagianischem Sauerteige* — Pelagianer sind die Anhänger derjenigen Lehre, die die Erbsünde leugnet und die natürlichen Anlagen und Kräfte des Menschen, wenn sie nur recht gebraucht würden, für hinreichend zur Seligkeit erklärt; sie sind nach Pelagius benannt, einem britischen Mönch (gest. 429).

— *Socinianischem Gifte* — Sozinianer sind eine nach ihrem Gründer, dem Italiener Fenisto Sozzini (1539—1604), benannte religiöse Gruppe, die in Polen eine eigene Kirche gründete (1579). Als sie von der Gegenreformation vertrieben wurden, wandten sie sich nach den Niederlanden und nach Siebenbürgen. Sie verwarfen die Trinitätslehre, die Prädestination und die Erbsünde als der Vernunft und der Schrift widerstreitend; Christus sei ein menschliches Wesen, das aber infolge der übernatürlichen Erzeugung und einer Entrückung in den Himmel befähigt sei, den Menschen durch Lehre und Leben den Weg zu Gott zu zeigen. Durch seinen Tod habe er die Wahrheit seiner Lehre als Blutzeuge bestätigt und sei göttlicher Würde teilhaftig geworden. Taufe und Abendmahl seien nützliche, aber nicht absolut notwendige Zeremonien.

369 *Anathema Maran Atha* — Anathema sit, Maran Atha = (griech./aram.) Der sei verflucht, der Herr kommt! (1. Korr. 16, 22) Die Formel enthält eine Androhung des Gerichts gegen alle Feinde Jesu.

370 *Synergist* — Anhänger der Lehre von der freien Mitwirkung der Menschen zu ihrer Besserung und Seligkeit.

391 *Franklin* — Benjamin Franklin (1706—1790), nordamerikanischer Staatsmann und Schriftsteller, Mitverfasser

und Mitunterzeichner der Unabhängigkeitserklärung (1776), erster Gesandter der USA in Europa (Paris); genoß als Aufklärer Weltruf.

— *Perser Saadi* — (1184—1283), volkstümlicher Dichter des Vorderen Orients; schrieb moralisierende Vers- und Prosaerzählungen (u. a. „Bustan", „Gulistan").

394 *Theopneustie* — (griech.) svw. Inspiration.

— *Samuel Werenfels* — (1657—1740), eine der größten Autoritäten der reformierten Kirche seiner Zeit; hat die Hermeneutik (Lehre von der Kunst des richtigen sinnvollen Auslegens und Interpretierens von Texten, Kunstwerken, aber auch Gedanken und Begriffen) in den Kreis der theologischen Disziplinen eingeführt.

397 *das Buch des weisen Sirach unter den apokryphischen* — Jesus Sirach (d. h. Jesus, Sohn Sirachs), war der Verfasser einer noch vorhandenen Sammlung von Sittensprüchen. Das Buch, um 190 v. u. Z. hebräisch geschrieben, wurde 132 v. u. Z. ins Griechische übertragen. — Apokryphische Bücher oder Schriften sind unechte, d. h. von der Kirche nicht zu den eigentlichen göttlichen Urkunden gerechnete Schriften, im Gegensatz zu den kanonischen Büchern.

398 *Herbert* — Edward, Lord Herbert of Cherbury (1583 bis 1648), Begründer des englischen rationalen Deismus. Er setzt Bacons Empirismus einen Rationalismus entgegen, indem er sich dabei auf die Vernunft beruft, deren allgemeine und allen gemeine Grundsätze (theoretische und praktische) aller Erfahrung vorausgehen, weshalb alles, was durch sie erkannt wird, von selbst allgemeine, der mathematischen Evidenz ähnliche Geltung haben soll. Von den Aussprüchen der Vernunft leitet er nun den Inhalt der natürlichen Religion ab.

— *Shaftesbury* — Anthony Ashley Cooper, Earl of Shaftesbury (1671—1713), englischer Philosoph. Er vertritt im Gegensatz zum Empirismus seines Lehrers Locke die Lehre von den ursprünglichen moralischen Ideen. Er betont die Selbständigkeit der Moralphilosophie, da der Mensch nur im Sittlichen seine Bestimmung und Befriedigung finden könne, und folgert, moralische Beurteilung mit der ästhetischen von vornherein in Parallele setzend, daß man ebenso wie vom künstlerischen auch vom moralischen Geschmack als dem ursprünglichen Beurteilungsvermögen für das Gute sprechen könne. Die Lehre hatte Einfluß auf die deutsche Klassik (Winckelmann, Herder u. a.).

— *Rochester* — John Wilmot, Earl of Rochester (1647—1680), englischer Dichter; führte ein ausschweifendes Leben am Hofe Karls II.; sieht in seinen beißenden Satiren, die zu dem Bestem seines Werkes zählen, das ganze Treiben der damaligen Gesellschaft als gespenstischen Mummenschanz nach mathematischen Gesetzen sich bewegender Atomverbindungen an (Einfluß der Hobbeschen Philosophie).

— *Etherege* — George Etherege (1634—1690), englischer Schriftsteller; schrieb Komödien im Stile der sogenannten Comedy of Manners (was nicht nur Sittenkomödie heißt, sondern auch Komödie der gesellschaftlichen Manieren und der schönen Äußerlichkeiten des Lebens); diese spöttischen und nicht sehr anständigen, aber witzigen und gut aufgebauten Sitten- und Gesellschaftskomödien der Restaurationszeit betonen die glitzernde Oberfläche der gesellschaftlichen Manieren, und es handelt sich dabei weniger um Charakterschilderung als um die unterhaltsame Gestaltung der Damen und Herren.

— *Villiers* — George Villiers, Duke of Buckingham (1628 bis 1687); wendet sich zwar in seinem Drama „The Rehearsal“ (Die Theaterprobe) gegen den Hauptvertreter der dramatischen Kunst während der Restaurationszeit, John Dryden, und dessen Nachahmung des französischen Dramas, behält aber dessen Anstößigkeit und Schlüpfrigkeit bei.

— *Tindal* — Matthew Tindal (1657—1733), englischer Freidenker, Verbreiter der Grundsätze des Deismus; seine

Hauptschrift: „Christianity as old as the creation, or the Gospel a republication of the religion of nature" (1730), deutsch von Lorenz Schmidt, Frankfurt a. M. 1741, wurde sehr oft abgedruckt.

426 *Philemon und Baucis* — alte glückliche Eheleute der griechischen Sage; nahmen trotz Armut Zeus und Hermes gastlich auf, nachdem sie vergebens bei den Reichen um Obdach gebeten hatten. Während die Götter die ganze Gegend von Fluten verschlingen ließen, verwandelten sie die Hütte der Alten in einen prachtvollen Tempel, den sie fortan als Priester hüteten, und als sich die beiden einen gemeinsamen Tod wünschten, ließen sie beide gleichzeitig zu Bäumen werden.

462 *Qui a bu, boira! / Qui a écrit, écrira!* — (franz.) Wer getrunken hat, wird trinken! / Wer geschrieben hat, wird schreiben!

477 *Dudaim des Ruben* — Dudaim sind bei Moses und im Hohen Lied erwähnte Früchte zur Bereitung von Liebestränken (von Luther als Lilien bezeichnet). — Ruben (hebr. „sehet einen Sohn!", 1. Mos. 29, 23), älterer Sohn Jakobs und der Lea, Ahnherr des Stammes Ruben, der nach der Einnahme Kanaans den südlichen Teil des Ostjordanlandes zum Wohnsitz erhielt.

Friedrich Nicolais Romandebüt

Als im Jahre 1773 in Berlin der erste Band des Romanerstlings von Friedrich Nicolai ›Das Leben und die Meinungen des Herrn Magisters Sebaldus Nothanker‹ erschien – der zweite und dritte kamen 1775 und 1776 heraus –, war der Debütant in der literarischen und intellektuellen Szene der deutschen Aufklärung kein Unbekannter. Seit fünfzehn Jahren leitete er eine große Verlags- und Buchhandelsfirma und hatte dadurch mannigfache Verbindungen mit den größeren und kleineren Geistern seiner Zeit. Nicolai wußte sie zu nutzen – geschäftlich natürlich, aber auch und vor allem für seinen eigenen großen Wissensdurst und autodidaktischen Bildungseifer, der sich vom allgemeinen Prozeß der deutschen Aufklärung unterstützt fühlte und ihn befördern wollte. Mit Gelehrten kommunizieren, deren Bücher lesen, kritisieren und eigene schreiben, sie verlegen und verkaufen; Wissen erwerben und Wissen verbreiten: Für Nicolai gehörte dies alles zusammen, zu seinem Beruf – Aufklärer. Es war eine Utopie dieser Zeit und des aufstrebenden Bürgertums, daß es da keine Widersprüche geben sollte zwischen persönlichen und allgemeinen Interessen, zwischen den materiellen und geistigen Bedürfnissen einzelner und dem Fortschritt im gesellschaftlichen Ganzen. Niemand verkörpert so offensichtlich wie Nicolai, der Bibliothekar als Gelehrter und Schriftsteller, den Glauben an diese Vereinbarkeit, an die Möglichkeit einer allgemeinen gegenseitigen Bereicherung im Austausch der Waren und des Wissens. Und natürlich des Wissens *als* Ware.

Schriftstellerisch begonnen hatte Nicolai als Kritiker. Mit Lessing und Mendelssohn zusammen gab er 1759 bis 1766 ›Briefe, die neueste Literatur betreffend‹ heraus, daneben eine Zeitschrift ›Bibliothek der schönen Wissenschaften und der freien Künste‹, die dann 1765 abgelöst wurde von Nicolais Hauptprojekt, der bald berühmten und umstrittenen

›Allgemeinen deutschen Bibliothek‹. Sie wurde das umfangreichste Rezensionsorgan in ihrer Zeit; der idealistische Philosoph Johann Gottlieb Fichte, einer von Nicolais späteren Hauptfeinden, nannte dieses Unternehmen in seiner polemischen Schrift ›Friedrich Nicolais Leben und sonderbare Meinungen‹ abschätzig eine »wahre Rezensionsfabrik«. Nicolai warb für sein Projekt:

»Die Absicht ist, in dieses Werk die ganze neue deutsche Literatur, von dem Jahre 1764 an, zu fassen. Man wird darinnen von allen in Deutschland neu herausgekommenen Büchern und anderen Vorfällen, die die Literatur angehen, Nachrichten erteilen. Der Verleger siehet die Weitläufigkeit dieses Planes sehr wohl ein und die Schwierigkeiten, die sich einer vollkommenen Ausführung desselben widersetzen; aber er läßt sich dadurch von einem solchen Unternehmen nicht abschrecken, welches, wenn es nur mit einiger Vorzüglichkeit ausgeführt wird, mit vielfältigem Nutzen für alle Liebhaber der neuesten Literatur begleitet sein muß. Diese sind in Deutschland in vielen Städten, wo nicht einmal ein Buchladen befindlich ist, zerstreut, und ihnen ist also sehr damit gedient, zuverlässige Nachrichten von den deutschen Büchern und von ihrem wahren Wert zu erhalten ...«[1]

Nachrichten von den deutschen Büchern: Die ADB wollte anzeigen, was es überhaupt zu lesen und zu lernen gab im in viele Kleinstaaten zerrissenen Deutschland; Nachrichten vom »wahren Wert« der Bücher: Die ADB wollte ein kritisches Organ der Diskussion sein und damit erst die Voraussetzung dessen schaffen, was sich »Aufklärung« nannte und im Prozeß öffentlicher Diskussion realisiert werden sollte. Sie erschien dann über vierzig Jahre lang, davon die meiste Zeit unter Nicolais Leitung in Berlin; nur unter dem aufklärungsfeindlichen Friedrich Wilhelm II. und seinem Justiz- und Kultusminister Wöllner, der 1788 ein ›Edikt, die Religionsverfassung in den preußischen Staaten betreffend‹ herausbrachte, mit dem er die »zügellose Freiheit der Aufklärung und damit die Glaubenslosigkeit und

Sittenverderbnis« zu bekämpfen suchte – Geistliche wie Lehrer sollten auf die Lehrbegriffe der symbolischen Bücher festgelegt werden –, nur in dieser Zeit sah Nicolai die Bestrebungen der ADB bedroht (in der Vorrede zur vierten Auflage des ›Sebaldus‹ spielt er darauf an), und er gab das Unternehmen zu einem befreundeten Buchhändler nach Hamburg, das unter der damaligen dänischen Regierung eine größere Preßfreiheit genoß. Das war 1792; 1801 kehrte die ADB dann wieder nach Berlin und unter Nicolais Leitung zurück. Bis zu ihrem Ende im Jahre 1805 umfaßte sie insgesamt 268 Bände mit Rezensionen von über 80000 Büchern. Hunderte von Mitarbeitern standen Nicolai in dieser Zeit zur Verfügung – und wenn er auch nicht jede einzelne Rezension persönlich überarbeiten und auf den ihm gemäßen Ton stimmen konnte, was Nicolai anfangs versuchte, so erfuhren doch Rezensenten und Rezensierte, daß an dem Unternehmer nicht vorbeizukommen war. Es konnte nicht ausbleiben, daß die literarische Machtstellung der ADB dieser und ihrem Leiter nicht nur Freunde schuf. Und eine gewisse Borniertheit angesichts neuer literarischer und philosophischer Strömungen – dem Sturm-und-Drang, der Weimarer Klassik, der Frühromantik –, die daher rühren mochte, daß der Maßstab ihrer Kritik meist primär ein recht enggefaßter Begriff vom moralischen, sozialen Nutzen der Literatur war, ist bei dem engagierten Aufklärer und den meisten seiner Mitarbeiter nicht zu leugnen. Der kulturhistorische und geistesgeschichtliche Wert jedoch, den die ADB darstellt, ist nicht nur als der organisatorische und verlegerische Versuch zu würdigen, ein breites Forum zur Information auf allen Wissensgebieten zu schaffen, ein deutsches Seitenstück zur ›Encyclopédie‹ der französischen Aufklärung. Ihre Bedeutung liegt – bei aller Beschränktheit in der Perspektive der ADB – vor allem in der Idee, die durch ein solches Projekt gefördert werden mußte, da sie ihm zugrunde liegt: Über die Idee des Wissens und der Notwendigkeit seiner Verbreitung hinaus ist es die der Vielfalt der Meinungen und der Notwendigkeit ihrer öffentlichen Diskussion – und, als deren Bedingung, die Idee der Toleranz.

Wie umfassend das kritische Unternehmen der ADB angelegt war, zeigt ein Blick auf die Rubriken des ersten Bandes: Gottesgelahrtheit, Arzneigelahrtheit, Schöne Wissenschaften, Schöne Künste, Mathematik, Naturlehre und Naturgeschichte, Philologie und Kritik, Haushaltungskunst, Vermischte Nachrichten. Da es der Aufklärung nicht nur um die Verbreitung von Wissen ging, sondern vor allem um die Ausbildung der subjektiven Bedingungen des Wissens*erwerbs*, des kritisch-rationalen, und moralisch-ästhetischen, Urteilsvermögens, nahmen Literaturkritik, Philosophie und Theologie von vornherein eine herausragende Stellung ein. Während jedoch die literaturkritische und die philosophische Diskussion die Toleranz schon voraussetzen mußten, um die es dem Projekt der Aufklärung ging, erwies sich die Theologie als dasjenige Terrain, auf dem die Durchsetzung dieses Prinzips gegen heftigen Widerstand erst noch erkämpft werden mußte.

In der Vorrede zum 2. Stück des 4. Bandes der ADB wies Nicolai darauf hin – verschiedene Seiten hatten sich über den großen Anteil von Rezensionen zu theologischen Büchern in der ADB beschwert –, »daß mehr als der vierte Teil der jährlich herauskommenden Bücher theologisch ist.«[2] Anfangs gar nicht so sehr an theologischen Debatten interessiert – Nicolai hielt die Orthodoxen für »eine gefährliche Rotte, die man ganz ruhig lassen muß« –[3] erwartete Nicolai andererseits einen kulturellen Fortschritt durch ein kritisches Engagement vor allem auf diesem Gebiet. Am 8. März 1771 schrieb Nicolai an Lessing:

> *»Wollte Gott, ich dürfte an die Deutsche Bibl. gar nicht mehr denken. [...] Ich habe oft schon aufhören wollen, wissen Sie, was mich zurückhält? Die theologischen Artikel. Sie haben vielen Leuten Zweifel erregt, und dadurch die Untersuchung rege gemacht.«*[4]

In der Anfangsphase der ADB nimmt die Theologie also quantitativ einen großen Raum ein: Das ist ein Argument für den Buchhändler und Zeitschriftenherausgeber, sich mit ihr zu beschäftigen; und sie gilt als dasjenige Gebiet, von dem sich eine Umsetzung rationalen Zweifels in produktive Neugier am ehesten erwarten läßt: Das reizt Nicolai, den Aufklärer.

Wie später die aufklärerische Intention von Lessings Toleranzdrama ›Nathan der Weise‹ eng mit dessen Tätigkeit als Bibliothekar verknüpft war – bekanntlich wurde Lessings Herausgabe von Partien aus dem religionskritischen Werk von Samuel Reimarus unter dem Titel ›Wolfenbütteler Fragmente‹ zum Anlaß für scharfe Auseinandersetzungen mit der zeitgenössischen Orthodoxie, besonders mit dem Hamburger Pastor Melchior Goetze, und Lessings Nathan eine »Frucht« dieser »Polemik« –, so setzte Nicolai mit seinem Roman ›Sebaldus Nothanker‹ die Intention seiner Arbeit als Buchhändler, Verleger und Herausgeber der ADB fort.

Der erste Plan Nicolais zu einem Roman stammt aus dem Jahre 1767; er wollte eine Satire auf den Hallenser Schriftsteller Klotz schreiben, einem früheren Mitarbeiter der ADB, der sich – wohl wegen der mißlichen Behandlung seiner eigenen Werke in dem Rezensionsorgan – beleidigt von ihr zurückgezogen hatte und ihr nun in eigenen Zeitschriften, den ›Neuen Hallischen Gelehrten Zeitungen‹ und der ›Deutschen Bibliothek der schönen Wissenschaften‹, Konkurrenz und Ärger machte. Mit dem Erfolg, daß die gelehrte Welt bald in »Klotzianer« und »Nicolaiten« gespalten war. Am 13. August 1773 berichtet Nicolai an Lessing:

»Ich weiß nicht, ob ich Ihnen vielleicht einmal mündlich gesagt habe, daß mir die erste Idee zu diesem Büchlein«

– gemeint ist der ›Sebaldus Nothanker‹ –

»eigentlich schon vor mehr als sechs Jahren in den Sinn kam, und daß er zu einer Satire wider Klotzen und andere meiner Gegner, aber zu einer feineren, als sie Klotz machte, dienen sollte. Ich wollte den Sebaldus herumreisen lassen zu Klotzen, zu Götzen, zu Mosern«

– gemeint ist der politische Schriftsteller Friedrich Karl Freiherr von Moser, der 1765 in seiner Abhandlung ›Von dem deutschen Nationalgeist‹ und in andern Schriften gegen den preußischen Patriotismus und Partikularismus aufgetreten und dem Berliner Aufklärer auch wegen seines frömmelnden Pietismus mißliebig war –

»zu mir selbst usw. Ich sah aber bald, daß Klotz unter die Satire sank, und ließ also die meinige liegen; zudem fühlte ich bei reiferer Überlegung, es würde unbillig und unmoralisch sein, wenn ich lebende Leute in ihren eigenen Wohnungen im nachteiligen Lichte und als thöricht abschildern wollte, wenn sie auch nach dem Leben geschildert würden. Inzwischen hatte ich so viel einzelne Gedanken schon geschrieben, so viel einzelne Szenen überdacht, so oft, was ich sonst dachte, darauf reduziert, daß mir die verzweifelte Reise und manches, was ich darin sagen wollte, immer wieder in den Sinn kam, und daß ich sie, um sie aus dem Kopfe zu bringen, in einer andern Form herausschreiben mußte. Ich änderte also und erweiterte meinen Plan ...«[5]

Die Satire gegen Klotz hat Nicolai also fallengelassen; wohl auch, weil Lessing in seinen ›Antiquarischen Briefen‹ eine eigene, nicht zu übertreffende geliefert hatte und weil Klotz außerdem 1773 starb.

Interessant ist der Brief an Lessing aber nicht nur wegen des Hinweises auf eine erste Idee zum ›Sebaldus Nothanker‹, sondern auch als die Beschreibung einer Wandlung der spezifischen satirischen Intention des Autors Nicolai von einer direkten Personalsatire – der lebende Klotz wäre erkennbar in seiner Umgebung abgeschildert und lächerlich gemacht worden – zu einer allgemeinen Darstellungsweise, in der es mehr auf die Meinung des Autors zu bestimmten gesellschaftlichen Zuständen ankäme und auf Szenen, die illustrieren sollten, was der Autor dachte.

Es liegt in der Natur der Satire – der »ästhetisch sozialisierten Aggression«, wie ein neuerer Definitionsversuch lautet[6] –, daß sie angreift und dabei ausarten und verletzen kann, indem sie allzu persönlich wird. Da die Satire aber für den fortschrittsoptimistischen Prozeß der Aufklärung von immenser Wichtigkeit war – im Vertrauen auf die Wirkungsmächtigkeit der Literatur erwartete man von der Anprangerung rückständiger Zustände und fortschrittshemmender Verhaltensweisen deren politische und moralische Verbesserung –, mußte die satirische Schreibart sich wandeln, ihre Aggressivität verfeinern, und doch immer wieder gegen den Vorwurf in Schutz genommen werden, sie diene der Befriedigung eines bloßen persönlichen Schmäh- und Rachebedürfnisses. Einer der größten deutschen Satiriker, Georg Christoph Lichtenberg, schrieb 1774 in eines seiner ›Sudelbücher‹:

»Die erste Satire wurde gewiß aus Rache gemacht. Sie zur Besserung seines Neben-Menschen gegen die Laster und nicht gegen den Lasterhaften zu gebrauchen, ist schon ein geleckter abgekühlter zahm gemachter Gedanke.«[7]

Schon im 17. Jahrhundert war um die Berechtigung der Satire gelehrt gestritten worden. Der französische Aufklärer Pierre Bayle etwa führte in seinem ›Dictionaire historique et critique‹ (1695/97) – im Artikel über den altgriechischen Spottversedichter Hipponax – eine lange Reihe von Opfern an, die auf Grund der gegen sie verfaßten Schmähschriften zugrunde gegangen waren; Bayle erklärte sich gegen die Satire, verstand darunter aber nur persönliche Schmähschriften ohne eine objektive kritische Grundlage. Voltaire, ein Meister der satirischen Schreibart und in vielem ein Vorbild für Nicolai, wandte sich gegen das Pasquill und unterschied von ihr eine berechtigte allgemeine, gegen menschliche Schwächen und gesellschaftliche Mißstände gerichtete Satire. In England trat vor allem John Dryden für die Notwendigkeit der Satire und die Aufgabe des Satirikers ein, über Geschmack und Sitten zu richten – Drydens ›Essay on the Origin and Progress of the Satire‹ (1693) wurde 1762 von Nicolai übersetzt. Mit Dryden war Nicolai darin einig, daß dem Satiriker die hohe moralische Aufgabe oblag, die Ausbreitung der Wahrheitsliebe im Kampf gegen heuchelnde oder abergläubische Gegner zu befördern. Doch blieb Nicolai der mögliche soziale Preis für die Inanspruchnahme des moralischen Richteramtes nicht verborgen. Wer Satiren schreibt, so hatte der Leipziger Jurist und Vorkämpfer der deutschen Frühaufklärung Christian Thomasius am Anfang des Jahrhunderts gewarnt:

»muß sich Feinde dadurch machen/und den Leser bessert er auch nicht damit/ja seine eigene heimliche Ehr – und Rachbegierde wird dadurch nur gestärcket.«[8]

Als Nicolai zum erstenmal den Plan faßte, den satirischen Gegenstand seines Romans von seinem Feind Klotz weg und auf den Zustand der Theologie und Kirche in Deutschland zu richten, scheute er wohl zunächst vor dieser möglichen Folge zurück, wenn er an Lessing schrieb (am 8. März 1771):

»Wer unsern neuern Theologen nicht von der Seite der Orthodoxie, sondern von der Seite der natürlichen Theologie ihre Inkonsequenz zeigen könnte, das wäre eine schöne Sache! Ich habe es in meinem Roman beiläufig tun wollen; aber die Feder fällt mir aus den Händen, wenn ich bedenke, wie wenig das Publikum in Deutschland noch vorbereitet ist, gewisse Wahrheiten ganz nackend zu sehen.«[9]

Nicolai hat die Feder natürlich nicht fallengelassen, und zu Ostern 1773 erschien dann der erste Band der ›Leben und Meinungen des Herrn Magisters Sebaldus Nothanker‹, Nicolais literarischer Beitrag – neben der Redaktion der ADB, die diesen Kampf schon seit acht Jahren führte – im Streit der »natürlichen Theologie« gegen die protestantische Orthodoxie seiner Zeit und einiges mehr.

Zum Verständnis notwendig ist ein kurzer Blick auf die Kirchengeschichte bis zur Zeit Nicolais im protestantischen Raum (nur um diesen geht es im ›Sebaldus‹; gegen die katholische Kirche kämpft Nicolai später – ohne satirische Einkleidung – in seiner ›Beschreibung einer Reise durch Deutschland und die Schweiz im Jahre 1781‹):

Schon bald nach der Reformation suchten die verschiedenen protestantischen Richtungen ihren jeweiligen Lehrbegriff dogmatisch festzulegen. Die Lutheraner verfaßten formula concordiae, die »symbolischen Bücher«, und verpflichteten ihre Geistlichen, sie zu beschwören und nach ihnen zu lehren und zu predigen. Ebenso setzte die reformierte Kirche die beiden helvetischen Konfessionen Calvins und Zwinglis und den Heidelberger Katechismus fest, der auf der Synode zu Dordrecht in Holland (1618/19) als symbolisches Buch anerkannt wurde. Die anglikanische Staatskirche stellte 39 verpflichtende Artikel auf. Überall ging es um die strenge Festlegung einer reinen Lehre, überall wurden Abweichungen als Ketzereien gebrandmarkt, deren Anhänger ausgeschlossen und verfolgt. Und in allen Ländern entwikkelten sich Protestbewegungen, die neue Lehren vertraten, die der individuellen religiösen Erfahrung mehr Raum geben wollten. In Holland wandten sich die Arminianer oder »Remonstranten« gegen die unbedingte Prädestinationslehre Calvins und setzten sich für die menschliche Willensfreiheit ein. In England kämpften die Puritaner und »Dissenters« gegen die Kultusfrömmigkeit der anglikanischen Kirche und forderten die strenge persönliche Heiligung. In Deutschland schließlich ging der Ruf nach inniger Glaubenserfahrung jenseits orthodoxer Vorschriften vom Pietismus aus.

Anfangs noch verbündet im Kampf gegen die lutherische Orthodoxie – so wurde etwa August Hermann Francke, später die prägende Gestalt des Halleschen Pietismus, in Leipzig von Christian Thomasius im Kampf gegen die Universitätstheologie unterstützt; Leibniz verkehrte mit dem radikalen Pietisten Johann Wilhelm Petersen; Zinzendorf, der Gründer der Herrnhuter »Brüdergemeine«, schätzte Bayle und Voltaire –, trennten sich die Wege von Pietismus und Aufklärung, als im Laufe des Jahrhunderts der wissenschaftliche Verstand sich immer stärker geltend machte und aufbegehrte nicht nur gegen den von der kirchlichen Orthodoxie verlangten unbedingten Gehorsam, sondern auch gegen die pietistisch geforderte Hingabe, das selige Liebesgefühl im Schoße Gottes, den bräutlichen Umgang der Seele mit Christus, auch die Sündenangst und innere Zerknirschung. Der »Ausgang des Menschen aus der selbstverschuldeten Unmündigkeit« (Kant) richtete sich nun nicht mehr nur gegen kirchliche Bevormundung, sondern auch gegen den Terror der individuellen religiösen Gefühle, sobald sie allgemeine Geltung beanspruchten – und das taten im letzten Drittel des 18. Jahrhunderts die Pietisten nicht weniger als die Orthodoxen. So jedenfalls sieht es Nicolai, der in einer Hallischen Waisenhausschule erzogen und gründlich abgestoßen worden war von der dort zur Schau gestellten religiösen Innigkeit, die er als selbstsüchtige Heuchelei erlebt hatte.

Innerhalb der protestantischen Aufklärungstheologie lassen sich im groben drei Richtungen unterscheiden, die vor allem in der Stellung zur Offenbarung von der Orthodoxie und untereinander differieren.

Die »Neologie« (= neue Lehre) kritisierte die noch von Leibniz in der ersten Phase der deutschen Aufklärung fraglos vorausgesetzte Harmonie von Vernunft und Offenbarung historisch-philologisch. Der Begründer der historisch-kritischen Bibelforschung, Johann Salomo Semler (1725–1791), erwies die Unmöglichkeit, das altprotestantische Schriftprinzip durch vernünftige historische Beweisführung zu bestätigen, und vollzog in seiner ›Abhandlung von freier Untersuchung des Kanon‹ (1771–75) den Bruch mit der orthodoxen Verbalinspirationstheorie, der Lehre vom unmittelbar göttlichen Ursprung der Heiligen Schrift. Semler trennte rationale Theologie von Religion, und er unterschied zwischen der Bibel und dem reinen Wort Gottes, das er als geistig-moralische Belehrung über den Weg zum Heil verstand. Damit näherte er sich dem englischen Deismus, der einen Gott zwar noch als Schöpfer annahm, nicht aber als persönlich ständig wirkenden und in der Bibel sich offenbarenden. Die Neologie höhlte zwar den christlichen Gottesbegriff und den Glauben an eine göttliche Inspiration der Bibel aus, wandte sich aber nicht gegen die vorherrschende Kirchenlehre: Semler hat später sogar das Wöllnersche Religionsedikt, das die Geistlichen in ihren öffentlichen Äußerungen an die symbolischen Bücher ihrer Konfessionen band, verteidigt.

Dagegen wollte eine zweite Gruppe rationalistischer

Theologen den Vorrang einer praktischen Vernunft auch in der Diskussion kirchlicher Dogmen behaupten und zudem Einfluß nehmen auf das kirchliche Leben, die Predigt, die gottesdienstliche Liturgie, die Reformierung von Gesangbüchern. Als Verfechter einer »natürlichen Vernunftreligion« traten nicht nur Theologen wie Spalding und Teller auf, sondern auch Popularphilosophen wie Garve, Mendelssohn, Engel, Biester, Nicolai. Sie wollten sich nicht in Widerspruch zur Offenbarung stellen, sofern sie mit der Vernunft in Einklang zu bringen war, suchten Gott aber eher noch in der Natur als in der Bibel. Der immer wieder vorgebrachte Standpunkt in der Beurteilung der Religion war die Frage ihres moralischen und sogar ökonomischen, insgesamt die ihres gesellschaftlichen Nutzens. Spaldings ein Jahr vor dem ›Sebaldus Nothanker‹ erschienene Schrift: ›Über die Nutzbarkeit des Predigtamtes‹ rief einerseits den heftigsten Widerspruch der Orthodoxie hervor, andererseits initiierte es eine Welle von politischen und ökonomischen Predigten bis hin zur Belehrung des Volks über Gesundheit, Ackerbau und Viehzucht. In diesen Zusammenhang gehört auch die 1761 erschienene Schrift von Thomas Abbt: ›Vom Tode für das Vaterland‹, die sich für die politische Predigt eingesetzt und heftige Kontroversen hervorgerufen hatte.

Eine dritte Gruppe der Aufklärungstheologen verneinte sowohl die Authentizität der Offenbarung als auch ihre Nützlichkeit. Ihr Führer Reimarus führt die Entstehung des Christentums auf einen Betrug der Jünger Jesu zurück. Die Radikalität der ›Fragmente eines Ungenannten‹, die Lessing 1774–78 herausbrachte, rief den Widerspruch der Orthodoxie – besonders ihres Wortführers, des Hamburger Hauptpastors Goeze –, aber auch den Semlers auf den Plan.

Nicolais Religion läßt sich mit einem Wort bezeichnen: Er glaubt an die »gesunde Vernunft« – die deutsche Übersetzung des »common sense« der englischen Erfahrungsphilosophie. Für Nicolai muß »wahre Religion mit gesunder Vernunft übereinstimmen«.[10] Die Existenz Gottes und die Unsterblichkeit der Seele scheinen Nicolai mit dem gesunden Menschenverstand vereinbar, nicht aber die Lehre von der ewigen Verdammnis; denn die ist mit dem grundsätzlichen Optimismus, dem Glauben der Aufklärung an die Verbesserungsfähigkeit des Menschen, nicht vereinbar. Glauben und Wissen sind für Nicolai nicht wesentlich unterschieden. Seinem Sebaldus legt Nicolai die Worte in den Mund:

»Von der Lehre, die wir glauben sollen, müssen wir überzeugt sein, und um davon überzeugt zu sein, müssen wir sie untersuchen.« [11]

Ein falscher Glaube ist ihm nicht mehr als eine andere Meinung, schlimmstenfalls ein Irrtum, ein behebbarer Denkfehler. Und wie in den Wissenschaften, so vertritt Nicolai auch in der Religion nicht die Eine Wahre, sondern will die Sicherung ihrer Vielfalt und die Freiheit, eine Ansicht zu erwerben, sie zu verändern und aus neuer Einsicht auszutauschen. In seiner ›Reisebeschreibung‹ schreibt er:

»Meinungen müssen niemals, religiöse Meinungen am wenigsten, unter Zwang stehen. Glaube jeder was er will, wenn er nur ein guter Bürger des Staats ist«. [12]

Sowohl in der ›Allgemeinen deutschen Bibliothek‹ als auch in seinem ›Sebaldus Nothanker‹ geht es Nicolai also nicht darum, bestimmte, besonders religiöse, Auffassungen zu kritisieren und etwa eine eigene dagegenzuhalten, sondern um die Möglichkeit freier Kritik überhaupt, die nicht durch eine bestimmte Richtung, sondern durch deren immanente Dogmatik gefährdet ist. Der »gute Bürger des Staats«, den der Bewunderer Friedrichs II. fordert, ist nicht nur der pflichtschuldige preußische Untertan, sondern auch der tolerante – und lernwillige – Diskussionspartner auf dem öffentlichen Meinungsmarkt. Orthodoxie, religiöse Schwärmerei, Aberglauben oder auch kauzige »Stekkenpferde« wie die Hobbys des Sebaldus: die Auslegung der Apokalypse, die Philosophie eines Crusius, sollen nicht als solche bekämpft werden, sondern nur dort, wo sie gesellschaftlich schädigen. Dem Aufklärer geht es nicht nur um den allgemeinen Fortschritt des Wissens und der Moral, sondern auch um das Recht auf Individualität bis hin zur privaten Schrulle.

Das »Steckenpferd« ist eine charakteristische Einzelheit, die Nicolai dem berühmten Roman von Laurence Sterne ›The life and opinions of Tristram Shandy‹ entnahm, der in den Jahren 1760–1767 erschienen war und dann 1776 und 1778 in einer deutschen Übersetzung herauskam. Wenige werden Titel und Buch gekannt haben, als 1773 der erste Band der ›Leben und Meinungen des Herrn Magisters Sebaldus Nothanker‹ erschien. Nicolai ist es, der hier eine ganze Reihe sternisierender Romane in Deutschland einleitet. »Life and opinions«: Für Sterne hatte diese Verbindung die ständige Kommentierung der objektiven Handlung durch die subjektive Reflexion des Autors bedeutet, die allgegenwärtige Durchdringung, ja Überwucherung des Geschehens durch den Humor des Autors. Die »Meinungen«, die dagegen in Nicolais Roman zur Sprache kommen, sind nur ausnahmsweise die des Erzählers, es sind die der Romangestalten selbst, von denen sich der Autor Nicolai durchaus distanziert. Nicht um eine humoristische Aufhebung des Wirklichen geht es ihm, sondern um eine vom ernsten Ethos des Aufklärers getragene objektive Darstellung; die läßt zwar Ironie, Komik und Satire zu, nicht aber den weltrelativierenden Humor. Wenn Nicolai in seinem Vorwort zum ›Nothanker‹ zudem davon spricht, »daß, alles wohl berechnet, in diesem Werke mehr Meinungen als Geschichte und Handlungen vorkämen«,[13] so ist er bemüht, dies nicht als mangelnde Gestaltungskraft des Erzählers, sondern als objektiv begründeten Sachverhalt darzustellen: Die Verhältnisse in Deutschland ließen nichts anderes zu; »der ehrliche Sebaldus kannte nicht die große Welt oder das Highlife der Engländer.«[14]

Sterne gab den Titel; die Vorlage der Fabel stammt aus dem prosaisch-komischen Heldengedicht des Sachsen Moritz August von Thümmel ›Wilhelmine oder der vermählte Pedant‹ von 1764. Das Buch war seinerzeit sehr populär. Es schildert die Werbung eines gelehrten Dorfpfarrers um die

Hand einer fürstlichen Kammerjungfer, die er erst heiraten kann, nachdem ein galanter Hofmarschall, der sie verführt hat, ihrer überdrüssig geworden ist. Das Gedicht verspottet die kleinbürgerlich-spießige Lebensidylle, die muffige deutsche Provinz mit ihrer philisterhaften Moral und Kriecherei; es zeichnet das Hofleben in satirischem Licht; doch übernimmt Nicolai kaum etwas aus der Thümmelschen Vorlage. An den Erfolg des Buches knüpft er an, nicht so sehr an dessen Tendenz und Darstellungsweise – ein Verfahren, das schon bei den moralischen Wochenschriften der frühen Aufklärung gebräuchlich war, um den Absatz neuer Werke zu fördern.

Und gelesen werden wollte Nicolai wohl; wenn er auch in der Vorrede damit kokettiert, ganze Kreise von Lesern, und zwar genau diejenigen des Unterhaltungsromans seiner Zeit, auszuschließen. Nicht von »der halb unangekleideten Schönen am Nachttisch«,[15] von Hofleuten und Spielern wollte er gelesen werden, sondern von Magistern, Theologen, Schulmännern, ernsten Studenten und belesenen Dorfpastoren. Wobei er allerdings damit rechnen mußte, daß der Roman bei den Gebildeten seiner Zeit nicht gerade in hohem Ansehen stand. »Der Roman ist eine Dichtungsart, die am meisten verachtet und am meisten gelesen wird«, schrieb noch 1780 Johann Carl Wezel in der Vorrede zu seinem Roman ›Herrmann und Ulrike‹.[16] Die siebziger Jahre des 18. Jahrhunderts waren eine Zeit der Diskussion um den ästhetischen und moralischen Wert des Romans. Blankenburgs ›Versuch über den Roman‹, die einzige Romanpoetik der deutschen Spätaufklärung, erschien 1774 – gleichzeitig mit Goethes ›Leiden des jungen Werthers‹, mit Wezels erstem Roman ›Lebensgeschichte Tobias Knauts des Weisen, vormals der Stammler genannt‹, und kurz nach dem ersten Band des ›Sebaldus Nothanker‹. Während Blankenburg die Anerkennung des Romans als eines ebenbürtigen Nachfolgers des antiken Epos forderte und von ihm vor allem die Darstellung der »inneren Geschichte« des Menschen erwartete, seiner »Handlungen und Empfindungen«, wobei die

»Begebenheiten dem Charakter untergeordnet seyn« sollten, geht es Nicolai eher um die Darstellung äußerer Wahrheit. Seine Charaktere »entwickeln« sich nicht, sie lernen höchstens; innerlich sind sie am Anfang und am Ende des Romans dieselben– wenn etwa der empfindungsselige Dichter Säugling schließlich zu einem »völligen Landmann« geworden ist, so verdankt er das nicht innerer Reifung, sondern neuem Einfluß; er »modelte sich unvermerkt nach Marianen«.[17]

Um den Anspruch des Romans auf wahrhafte Darstellung zu erheben – und ihn dadurch überhaupt erst als Mittel der Aufklärung zu legitimieren –, setzt Nicolai sich am Beginn seiner Vorrede ab von den Unterhaltungsschriftstellern seiner Zeit und deren Intentionen.

Obgleich die leidigen Poeten, Komödien- und Romanenschreiber zu glauben pflegen, sie hätten das Leben ihres Helden weit genug beschrieben, wenn sie ihn bis zur Heirat bringen, so sind doch gründliche Gelehrte der Meinung, daß die Begebenheiten nach der Hochzeit oft viel merkwürdigere Dinge enthalten als die Liebesbegebenheiten vor derselben. Die Liebesbegebenheiten sind zwar für junge Herren und für junge Jungfern anmutiger zu lesen, aber gemeiniglich wird diese Anmut auf Kosten der Wahrheit verschafft; denn die verliebten Szenen werden nicht erzählt, so wie sie in der Welt vorgehen, sondern nach dem Bedürfnisse des Dichters, seine Geistesgaben zu zeigen und die Leidenschaften seiner Leser zu erregen. In der wahrhaftigen Lebensbeschreibung hingegen wollen wir nichts der Anmut oder des Wunderbaren wegen erdichten, sondern alles ganz einfältig melden, wie es vorgegangen ist.«[18]

Nicolai gibt seinen ›Sebaldus Nothanker‹ als einen Roman aus, dessen poetologische Prinzipien gegen alles das verstoßen wollen, was noch bis in seine Zeit als typisch »romanhaft« galt: die launige Subjektivität des Autors, die Wirkungsabsicht der Gefühlserregung, das Unwirkliche, Abenteuerliche des Geschehens, auch das Idealisierte in der

Charakterzeichnung. »Ganz gemeine schlechte und gerechte Leute« sollen bei ihm dargestellt werden, »weder an Stande erhaben noch durch Gesinnungen ausgezeichnet ... Sie strotzen nicht wie die Romanhelden von hoher Imagination und schöner wortreicher Tugend, und die ihnen zustoßenden Begegnisse sind so, wie sie in dem ordentlichen Lauf der Welt täglich vorgehen«,[19] der Autor nimmt sogar in Kauf: »Sollte hierdurch unsere Geschichte etwas langweilig werden, so trösten wir uns damit, daß mehrere gründliche Werke deutscher Gelehrten das nämliche Schicksal hatten, als sie die unwidersprechlichsten Tatsachen in der besten Ordnung erzählten.«[20]

Wie (selbst-)ironisch auch immer: Was Nicolai hier offeriert, ist ein Roman, der den damals gängigen Erwartungen an diese Gattung hohnspricht, ein regelrechter Anti-Roman mit der gegen alles Romanhafte gerichteten Absicht, allein der Wahrheit zu dienen; und nur für Gelehrte soll er geschrieben sein!

Dagegen spricht – oder für Nicolais Ironie –, daß er dann doch ausgiebig Gebrauch macht von gängigen Motiven, Stoffen und Formen. Die Irrfahrten des Magisters, der Brautraub, Trennung und schließliche Vereinigung der Liebenden; die Aufspaltung in verschiedene Handlungslinien, die sich an nur wenigen Stellen kreuzen: Das sind konventionelle Elemente, Nachwirkungen noch des barocken Romans. Und der Einfluß der Tugendromane Richardsons ist auch nicht zu leugnen: der Verführer Lovelace als Rambold, Pamela als die allen Verführungsversuchen trotzende, sich selbst treue Mariane – und als einer ihrer Verfolger versucht, eine Panik auszulösen, indem er einen Brand legt, erklärt der Autor im voraus, daß er diese Methode der Geschichte der Clarissa Harlowe entnahm.

Bei aller Übernahme vorgefundener Romanelemente überwiegt jedoch nicht nur in der Polemik der »Meinungen«, sondern auch in der literarischen Gestaltung des »Lebens« des »Herrn Magisters Sebaldus Nothanker« die satirische Absicht, die Intention der Rückführung von abenteuerlicher oder idealisierender Imagination zu nüchtern-prosaischer Realität. Das Mittel dazu ist die parodistische Übertreibung des Konventionellen.

So läßt sich denn der ganze zweite Handlungsstrang des Romans – die Geschichte Marianens und Säuglings – als eine Parodie auf den sentimentalen Familienroman lesen, wie er in der Nachfolge Richardsons in Deutschland beliebt war; Gellerts ›Leben der schwedischen Gräfin von G...‹ von 1748/49 hatte hierin den Anfang gemacht; dann gehören etwa der 1769 bis 1773 in fünf Bänden erschienene Roman ›Sophiens Reise von Memel nach Sachsen‹ von Johann Timotheus Hermes und die ›Geschichte des Fräuleins von Sternheim‹ von Sophie von La Roche (1771) in diese Richtung empfindsamer Romanlektüre. Nicolai rechnet dann später auch den ›Werther‹ hierzu und schreibt seine parodistischen ›Freuden des jungen Werthers und Leiden und Freuden Werthers des Mannes‹. Mit der Figur des Herrn Säugling verspottet Nicolai – abgesehen von dem den affektierten Tugendidealismus verkörpernden »deutschen Grandison« (1760–62) des Johann Karl August Musäus zum erstenmal in der deutschen Romanliteratur – den Typus des empfindsamen Dichters und Schwärmers, des anakreontischen Verehrers der »Grazien des Kleinen«, wie der Schweizer Kritiker Bodmer 1769 ironisch formuliert hatte, der süßlich-verspielten, zärtlichen Poesie, deren Mangel an gesellschaftlicher Nützlichkeit für den Aufklärer auf der Hand liegt. Rührselige, dabei oberflächliche und wechselhafte Gefühligkeit erscheint dem satirischen Autor als eine moralische Krankheit, deren Therapie nur in einer Förderung des praktischen Realitätssinnes liegen kann – erst als er zum Landmann geworden ist und eine Abhandlung über den Anbau von Kartoffeln schreibt, kann der Dichter Säugling als geheilt und erwachsen gelten.

Nicolai leugnet nicht, daß sein »Säugling« ein bestimmtes Vorbild in der Realität gehabt hat: den Dichter des Halberstädter Kreises und späteren Professor der Philosophie zu Halle, Johann Georg Jacobi. An Lessing schreibt Nicolai am 13.8.1773:

»Daß Säugling mit Jacobi ... wider meinen Willen eine gewisse Ähnlichkeit hat, kommt noch von der ersten Anlage des Plans her. Aber ich werde mich in der Folge noch mehr bemühen, alle individuellen Züge zu vermeiden, denn ich bin weit entfernt, jemand persönlich charakterisieren zu wollen. Wenn aber Jacobi in das Genus der Säuglinge ... gehört, so ist dies wieder meine Schuld nicht.«[21]

Nicolai konnte es nicht vermeiden, daß seine Leser den Prozeß der satirischen Typisierung umkehrten und seinen Roman auch als eine Art Schlüsselroman lasen; bei aller zur moralischen Legitimation des Satirikers beanspruchten und auch durchgeführten Verallgemeinerung in der Charakterdarstellung suchte und fand man doch die realen Vorbilder. Den Hamburger Hauptpastor Goeze sahen die Zeitgenossen im Generalsuperintendenten Stauzius; den Hallenser Schöngeist Friedrich Just Riedel im Hofmeister Rambold alias dem jungen Nothanker; Johann Georg Jacobi in dem jungen Herrn Säugling; J. G. Herder im »Vizegeneralsuperintendenten«; Nicolai selbst in dem Buchhändler und Menschenfreund Hieronymus; selbst Lessing fand sich portraitiert: in dem Berliner Geistlichen, mit dem Sebaldus auf einer Bank Unter den Linden zufällig zusammentrifft. »Wir haben nachher oft darüber gelacht, daß ich ihn (Lessing) in meinem Romane im Kostüme eines Predigers redend eingeführt hätte«,[22] schreibt Nicolai später über seine Zeit mit den Freunden Mendelssohn und Lessing.

Diese Anspielungen konnten jedoch nur von den gebildeten Zeitgenossen verstanden werden; die enorme Breitenwirkung des Buches, die gleich nach der Veröffentlichung des ersten Bandes einsetzte, haben sie sicherlich nicht bestimmt.

Nicolais Anti-Roman wurde ein Riesenerfolg. Vier starke Auflagen in rascher Folge und mehrere Übersetzungen erschienen. Eine ungewöhnliche Ehrung wurde dem Schriftsteller zuteil: Die Kaiserin Katharina von Rußland schickte eine Gedenkmünze und ein Handschreiben, worin sie sich alle künftigen Werke des Autors des ›Sebaldus‹ ausbat. Lessing, Wieland und selbst Fichte rühmten Nicolais Romandebüt, und die »Xenien« Goethes und Schillers ließen ihn ungeschoren. Neben Wielands ›Agathon‹ wurde er gestellt, als »bester deutscher Nationalroman« gewürdigt.[23] Schon 1774 erschien ein unechter zweiter Band, außerdem eine anonyme Broschüre mit »Predigten des Herrn Magisters Sebaldus Nothanker, aus seinen Papieren gezogen« – Nicolai setzt sich mit diesen Drucken im Anhang zu seinem authentischen zweiten Band auseinander.

Natürlich blieben Angriffe von seiten der Orthodoxie und des Pietismus nicht aus.

Bereits 1775 trat der damals berühmteste Anwalt des Pietismus, Johann Heinrich Jung, genannt Jung-Stilling, mit einer Streitschrift ›Die Schleuder eines Hirtenknaben gegen den hohnsprechenden Philister, den Verfasser des Sebaldus Nothanker‹, gegen Nicolai auf. Darin verglich er den Roman mit den Schriften Voltaires und schätzte Nicolais Werk als noch viel gefährlicher für die Christenheit ein; denn Voltaires

»mit ungemeinem Witz gesalzene Spötteleyen sind so fein, daß sie unter der niedern Klasse von Menschen nicht viel Schaden anrichten können, besonders da seine Sachen französisch geschrieben und für Werkeltagsmenschen zu hoch sind; wiewohl dieser Mann mit der Toleranz doch eine solche Gleichgültigkeit in der Religion in die Welt eingeführt hat, daß es mit Tränen nicht genug zu beklagen ist.«[24]

Da der ›Sebaldus Nothanker‹ aber in deutsch und in einer jedermann verständlichen Sprache abgefaßt und obendrein aus der Feder eines namhaften Autors und Verlegers stamme, dabei aber nicht minder religionsfeindliche Grundsätze propagiere, müsse er auf das leidenschaftlichste bekämpft werden. Jung-Stilling ordnet dann Nicolai in den Zusammenhang des gesamteuropäischen Deismus ein, der darauf hinausliefe, aus Gott, »dem liebenswürdigsten Wesen, das von Anbeginn sich als einen König der Menschen immer in Regierung derselben thätig bewiesen habe, nunmehr einen von der Welt entfernten Gott zu machen, der sich gar nicht mehr mit seiner Hände Werk melirte«.[25] Seinen Hauptvorwurf gegen Nicolai faßt der Pietist in einem »Verdammungsspruch« zusammen, den nach seiner Ansicht Nicolai beim Jüngsten Gericht von Gottvater zu erwarten habe:

»Du hast ein Buch geschrieben. Die Ursache war, deinen Witz, deine Kunst zu zeigen, ein berühmter Autor zu seyn. Die Materie dazu nahmst du, nach dem herrschenden Geschmacke deiner Zeit, aus der schwachen Seite meiner Anhänger; es waren aber doch meine Knechte und Diener, wie verdorben sie seyn mochten: denn sie bekannten sich zu mir. Tausend Jünglinge und Jungfrauen machtest du lachen, freutest dich mit ihnen, daß mein Reich so schwach und schlecht aussehe, verdarbst vollends den zarten Keim zukünftiger Besserung des Geistes nach meinem Sinne, und machtest also mein Heiligthum zugleich lächerlich. Weiche von mir, du gehörst in mein Reich nicht!«[26]

Ohne zu leugnen, daß die in Nicolais Roman dargestellten politischen Mißstände, theologischen und moralischen Ungereimtheiten und menschlichen Schwächen der Kirchendiener im großen und ganzen der Realität entsprachen, kämpften Pietisten und Orthodoxe gegen die Verbreitung dieser Wahrheiten, weil sie um Ansehen und Autorität der Kirche bangten. Ästhetische Maßstäbe kamen in dieser Debatte nur in einer negativen Weise zur Geltung; wurden die »anziehenden Schönheiten« des Buches gelobt, dann nur, weil gerade in der Verbindung des tendenziös Belehrenden mit dem angenehm Unterhaltenden eine Gefahr für schwache Seelen gesehen wurde. So schreibt ein orthodoxer Kritiker:

»Wie eine Schöne, die mit ihren Annehmlichkeiten und ihrem Geiste gefällt, dennoch gern gehört wird, wenn man es gleich fühlt, und es sich ins Ohr sagt, ihr Witz sey boshaft, ja wie sie wohl, eben wegen ihrer freyen, leichtfertigen Zunge, am liebsten gehört wird, so wird es mit diesem bürgerlichen Roman bei den meisten seiner Leser gehen«.[27]

Die Erotik »anziehender Schönheiten« des Nicolaischen

Romans zu entdecken dürfte heute nicht leichtfallen; und der Enthusiasmus vieler Zeitgenossen nicht nur für die inhaltliche Tendenz, sondern auch für die künstlerische Bedeutung des ›Sebaldus Nothanker‹ läßt sich kaum noch teilen – zu konstruiert wirken die beiden, fast in selbständige Teile auseinanderfallenden Handlungsstränge, weitschweifig der Vortrag der »Meinungen«, wenig plastisch die meisten Charaktere, farblos und dürr die Sprache, fröstelnd der Berlinische Witz. Geistesgeschichtlich kann Nicolais ›Sebaldus Nothanker‹ jedoch als ein – durchaus würdiger – Vorläufer von Lessings ›Nathan‹ angesehen werden; und der kulturhistorische Wert des Romans ist unbestritten. Kommen doch eine Menge von brennenden Tagesfragen und übergreifenden Problemen der deutschen Aufklärung in unterhaltender Einkleidung zur Sprache: neben kirchengeschichtlich Interessantem Literaturkritisches, Politisches und Ökonomisches – nicht zuletzt auch die Sorgen und Nöte eines deutschen Buchhändlers im letzten Drittel des 18. Jahrhunderts. Und literaturhistorisch ist der Versuch Nicolais zu würdigen, zwar in Anlehnung besonders an englische Vorbilder – neben Laurence Sternes ›Tristram Shandy‹ wären hier noch die komisch-realistischen Romane Henry Fieldings und Oliver Goldsmiths ›The Vicar of Wakefield‹ (1766) zu nennen – eine engagierte und prägnante Darstellung deutscher Verhältnisse und deutscher Charaktere zu unternehmen – mit dem Ziel einer weiten Verbreitung von Toleranz und Wahrheitsliebe.

Harry Timmermann

1 Zitiert in : Aufklärung. Erläuterungen zur deutschen Literatur. Hrsg. vom Kollektiv für Literaturgeschichte im volkseigenen Verlag Volk und Wissen, Berlin (DDR) 1977, S. 572.
2 Zit. in: Richard Schwinger: Friedrich Nicolais Roman »Sebaldus Nothanker«. Weimar 1897, S. 19.
3 Zit. in: Schwinger, a. a. O., S. 19.
4 Zit. in: Schwinger, a. a. O., S. 20f.
5 Zit. in: Schwinger, a. a. O., S. 17f.
6 Vgl. Jürgen Brummack: »Zu Begriff und Theorie der Satire«. In: Deutsche Vierteljahresschrift für Literaturwissenschaft und Geistesgeschichte 45 (1971) Sonderheft, S. 275ff.
7 Georg Christoph Lichtenberg: Schriften und Briefe. Hg. von Wolfgang Promies, München 1968. Bd. 1: Sudelbücher. D 140.
8 Zit. in: Peter Mollenhauer: Friedrich Nicolais Satiren. Amsterdam 1977, S. 60.
9 Zit. in: Schwinger, a. a. O., S. 21.
10 Friedrich Nicolai: Beschreibung einer Reise durch Deutschland und die Schweiz im Jahre 1781. Berlin/Stettin 1783–1796, Bd. 3, S. 102.
11 Zit. in: Peter Mollenhauer: Friedrich Nicolais Satiren, Amsterdam 1977, S. 37.
12 Zit. in: Mollenhauer, a. a. O., S. 38.
13 in dieser Ausgabe S. 15.
14 ebd.
15 ebd.
16 Johann Carl Wezel: Herrmann und Ulrike. Faksimiledruck nach der Ausgabe von 1780, Stuttgart 1971, 1. Bd., S. I.
17 S. 462 dieser Ausgabe.
18 S. 12 dieser Ausgabe.
19 S. 14 dieser Ausgabe.
20 ebd.
21 Gotthold Ephraim Lessing: Sämtliche Schriften, hrsg. von Lachmann-Muncker, Bd. 20, S. 274.
22 Zit. in: Schwinger, a. a. O., S. 40.
23 Schwinger, a. a. O., S. 173.
24 Zit. in: Heinz Stolpe, Nachwort zu: Friedrich Nicolai, Leben und Meinungen des Herrn Magisters Sebaldus Nothanker. Berlin (DDR) 1960, S. 500.

25 ebd.
26 ebd., S. 500f.
27 Zit. in: Schwinger, a. a. O., S. 224f.

Roman in Bildern.
Ein Wort zu Daniel Chodowieckis Illustrationen

Als der Berliner Verleger Friedrich Nicolai 1771 mit dem Miniaturmaler, Porträtisten und Radierer Daniel Chodowiecki (1726–1801) zuerst in Beziehungen trat, waren beide in ihrem Metier erfahrene, aber noch nicht erstarrte Meister, waren sie bereits gefestigte Charaktere, aber noch der Zukunft offen. Ein allegorisches Titelkupfer zu der einflußreichen Schrift Thomas Abbts: ›Vom Verdienste‹ war der erste Auftrag des mit Lessing und Moses Mendelssohn befreundeten Verlegers an den Künstler, der sich noch nicht ganz für die Radierung und die Illustration als sein eigentliches Betätigungsfeld entschieden hatte. Der Aufstieg des Bürgertums im Zeichen der Humanität, die sich an keine Stände bindet, der Glauben an die Toleranz und an den Fortschritt der Vernunft, das Interesse an der Erfahrungsseelenkunde, um die Wirkkräfte hinter der pragmatischen Vernunft zu erkennen, und an der Erziehung – gerade im aufgeklärten Absolutismus unter Friedrich II. und in Berlin nach 1760 fanden diese Ziele ihren Rückhalt bei Theologen, Philosophen und Juristen ebenso wie bei Literaten, Buchhändlern oder auch einem noch handwerklich gesonnenen Künstler wie Daniel Chodowiecki. Er trat mit Friedrich Nicolai bald in ein engeres, fast freundschaftliches Verhältnis. Beide fanden sich in der gleichen Aufmerksamkeit für das Alltägliche und in der unbeirrbaren, aber menschenfreundlichen Zeitkritik. Sitten und Gebräuche, Einzelheiten der Physiognomie und des Charakters, das Treiben im Salon und in den Bürgerstuben, in den Straßen der Stadt und bei den öffentlichen Lustbarkeiten, aber auch die vermischten Nachrichten aus allen Zweigen des Wissens, die Ausbeute der neuesten Entdeckungsreisen und die unerhörten Begebenheiten der jüngsten *bataille*, fanden in Nicolai wie in Chodowiecki ein immer waches Interesse. Beide hatten einen Hang, ins Weite zu wirken, als Erzieher des Menschengeschlechts tätig zu sein. Die abenteuerliche Produktivität Daniel Chodowieckis, der neben seinen Bildern, Zeichnungen und vor allem Porträts über tausend Blatt Druckgraphik geschaffen hat, ist ohne dieses stille Sendungsbewußtsein des Pädagogen mit der Radiernadel gar nicht denkbar. So wenig wie die außerordentliche Fruchtbarkeit des Schriftsteller Nicolai, der in einem noch längeren Leben unermüdlich Romane, Pamphlete, vielbändige Reisebeschreibungen, Parodien, Abhandlungen, Almanache mit Volksliedern und biographische Notizen veröffentlichte, die wichtigste Zeitschrift der preußischen Popularaufklärung über vierzig Jahre hin herausgab und einen der größten Verlage des 18. Jahrhunderts leitete. Über einen langen Zeitraum hat Chodowiecki den Schriftsteller und Verleger mit seinen Illustrationen begleitet. Die wichtigste gemeinsame Veröffentlichung steht aber am Beginn: die hier vorgelegten sechzehn Radierungen zu Friedrich Nicolais ›Leben und Meinungen des Herrn Magisters Sebaldus Nothanker‹ (1773–1776). Nicolais herbe Religionssatire ist ein Roman wider Willen. Er bediente sich der Romanform wie des fremden Sujets – Moritz August von Thümmels bezaubernder Prosaidylle: ›Wilhelmine oder Der vermählte Pedant‹ (1764), einem der ersten Zeugnisse wahrhaft dichterischer Erzählprosa im deutschen 18. Jahrhundert – vorab zu didaktischen Zwecken, ehe ihn seine lebhafte, bildnerische Einbildungskraft fortriß und die theologische Zeitabrechnung in einen bedeutenden Roman verwandelte. Daniel Chodowiecki war ein frommer Mann, zur Anerkennung der kirchlichen Autorität erzogen, voll grundsätzlichen Vertrauens in die Kirche über alle Kritik hinaus und umgeben von einer orthodox gläubigen Familie, die seine Sorge vor der Freigeisterei noch unterstützte. Sehr offen hat der Zeichner dem Romanautor seine Bedenken mitgeteilt. Er hat dessen unnachsichtige, jeden Fehler grundsätzlich nehmende Kritik an den Superintendenten und Predigern, an den Pastoren und an den Sektierern schon beim ersten Band heftig gerügt. Er fühlte sich in seiner Religiosität angegriffen und sah ein öffentliches Ärgernis voraus, das einer aufgeklärten Theologie mehr schaden als nützen werde. Dennoch entschloß er sich zur Illustration und versah jeden der Bände mit mehreren Stichen, die auf das sorgfältigste durch Studien nach der Natur, durch physiognomische Überlegungen und durch vorbereitende Skizzen zu den einzelnen Auftritten vorbereitet wurden. Der ruhigen Selbstverständlichkeit und der unaufdringlich-gediegenen Meisterschaft des Zyklus sieht man es heute nicht an, wie sehr sich Daniel Chodowiecki am Anfang seiner großen Laufbahn als Illustrator um die gemäße Nacherzählung einer Geschichte im Medium der Druckgraphik bemüht hat. Er übersah Nicolais freisinnige Religionskritik geflissentlich und konstruierte das Leben des Sebaldus Nothanker von Anfang an in den bürgerlichen Roman um, der für Nicolai sich erst unter dem Schreiben bildete. Dabei kannte Chodowiecki immer nur den Teil des Buches, der gerade im Druck war. Er mußte Charaktere psysiognomisch und in der Gestik festlegen, deren weitere Entwicklung unbekannt war. Er mußte Sympathie und Mißbilligung andeuten, wo er – so in manchen Theologen-Porträts – peinliche Überraschungen durch die Rage des Autors zu gewärtigen hatte. Kein Wunder, daß er für den vierten Band sich lange weigerte, weiter mitzuarbeiten. Da war nicht nur scine strenge Gläubigkeit getroffen, sondern auch sein künstlerisches Gewissen. Er hatte drei Bände darauf geachtet, den Fortgang der Erzählung mit der Entwicklung der von ihm einmal festgelegten Figuren in Übereinstimmung zu bringen. Und er wollte sich jetzt nicht durch den in seiner Streitlust ganz ungebärdigen, jeder künstlerischen Mäßigung entbehrenden Friedrich Nicolai desavouiert sehen. Friedrich Nicolai lenkte ein. Er war in seiner Enge und Starrköpfigkeit ein gutmütiger Mann, nachsichtig im privaten Umgang wie wenige. Er ließ Chodowieckis ängstliche Rechtgläubigkeit immer in Frieden und steckte dessen Briefbelehrungen ohne Ressentiment weg. Das Einlenken im Streit um den vierten Band war freilich mehr als ein Nachgeben um des lieben Friedens willen: Chodowiecki hatte, wie Nicolai selbst einräumen mußte, in seiner Kunstauffassung gegen ihn recht behalten. Schon im Weiterschreiben mag sich der Erzähler nach der dichten Wirklichkeitsanschauung des Illustrators gerichtet haben. Jetzt sah auch er, daß die Leistung des umfangreichen Buchs darin bestehen mußte, einen aufgeklärten Roman der Wahrscheinlichkeit und damit vielleicht den ersten großen Roman in Deutschland nach englischem Vorbild zu liefern. Die Stimmigkeit von Begebenheiten, Meinungen und Charakteren war dazu die notwendige Voraussetzung. Chodowiecki hatte die Lehren der überall in Europa so bewunderten Engländer besser als Nicolai begriffen. Der Briefroman-Autor Samuel Richardson forderte vom Roman im ganzen wie vom Brief im einzelnen, daß er nach der genauesten Beobachtung der Natur und in Übereinstimmung mit der Erfahrung geschrieben sei. Sein Rivale Henry Fielding, der Autor des ›Tom Jones‹, verbot dem Romanschriftsteller ausdrücklich die Karikatur und forderte vom Roman als einem komischen Epos in Prosa die Übereinstimmung jedes Details mit der Wahrscheinlichkeit. Nicolais Roman, so wie er schließlich erschien, bot zwar immer noch den orthodoxen Gläubigen wie den Pietisten, den an die Tradition Gewöhnten und der Generation derer, die an das leidenschaftliche Gefühl und die göttliche Beseelung der Natur glaubten, ärgerlichen Anstoß genug. Aber im ganzen konnte niemand leugnen, daß hier einprägsame Charaktere durch eine glaubwürdig vorgestellte Realität sich bewegten, die man neben Pamela und Sir Charles Grandison, neben Mr. Allworthy und Squire Western, neben Onkel Tobi und Corporal Trim stellen konnte, neben alle die sprichwörtlich gewordenen Figuren des englischen Gegenwartsromans.

Daniel Chodowiecki war auf Umwegen zu seinem – nennen wir es: englischen Standpunkt gekommen. Als er sich das erste Mal als Illustrator versuchte, setzte er sich mit der französischen Tradition auseinander. Für eine abenteuerliche und ein wenig törichte Novelle, die einen tölpelhaften

Mann vom Lande bei seinen Erlebnissen in der Stadt Paris zeigt: ›Histoire du Blaise Gaulard‹, hatte sich 1752 Daniel Chodowiecki auch im Stil ganz an die französische Druckgraphik angeschlossen. Seine zunächst nicht veröffentlichten, nur zum eigenen Studium gefertigten Zeichnungen gingen vom Szenischen aus, suchten den Ablauf des Geschehens in Bildern nachzuerzählen. (Übrigens mit einer später nur noch verdeckt bemerklichen Vorliebe für Nachtbilder und Naturstaffagen, die seiner Kunst einen beinahe vorromantischen Zug verleiht.) Die Figuren werden ganz von ihrer Haltung zur Szene her definiert. Sie behalten als Charaktere nur eben so viel, daß sie auf dem nächsten Blatt noch erkennbar bleiben. Damals waren Antoine Watteau und seine Schule das Vorbild, oder genauer deren Eigentümlichkeiten, soweit sie die glänzenden Illustratoren des mittleren 18. Jahrhunderts in ihre Stiche aufgenommen hatten. Dann erst machte sich der englische Einfluß bemerkbar: Schon Henry Fielding hatte den Roman für abhängig von der Kunst seines Freundes William Hogarth erklärt. Die satirischen Einzelblätter und Buchillustrationen, vor allem aber die selbständig erzählenden Radierungsfolgen dieses größten und einflußreichsten Künstlers der englischen Aufklärung hatten auch auf dem Kontinent eine ungeheure Wirkung. Der ›Weg des Liederlichen‹, der ›Weg der Buhlerin‹, die ›Heirat nach der Mode‹ und vor allem ›Die beiden Lehrlinge oder Tugend und Müßiggang‹ waren um 1760 ein Teil des bürgerlichen Bewußtseins geworden. Die genaueste Beobachtung der Alltäglichkeit, die souveräne Einbindung der Details in die szenische Erfindung, die erzählerische Durchformung der Charaktere in diesen Bildergeschichten, nicht zuletzt aber die Überhöhung des Einzelfalls der Mißheirat oder des verpfuschten Lebens zur moralischen Allgemeingültigkeit wurden als beispielhaft empfunden. Niemand geringeres als Georg Christoph Lichtenberg nutzte seine ›Erklärung Hogarthischer Kupferstiche‹ (1786ff.) zu einer erzählten Apotheose des Bürgertums vor der Kunst. Und derselbe Lichtenberg arbeitete wiederum mit Daniel Chodowiecki zusammen (seit 1778), um Hogarth's Themen adäquat im Deutschen nachzubilden oder um neue Beobachtungen zu ergänzen.

Dabei war Chodowiecki in diesen späteren Unternehmungen so wenig der Illustrator fremder Gedanken wie in seinen Blättern zum ›Sebaldus Nothanker‹ oder in seinen ungezählten anderen Illustrations-Zyklen, die – von ganz wenigen Ausnahmen abgesehen – alle großen Werke der Zeit umfaßten. Er erkannte in William Hogarth sich wieder, soweit bei den Unterschieden zwischen England und Preußen, zwischen englischer Weltkultur und preußischer Regionalaufklärung, sich eine solche Identität der Zielsetzungen und Weltauffassungen überhaupt erreichen ließ. Die Galerie der mißgeratenen oder komischen Theologen, alle diese Puddewustius, Wulkenkragenius und Stauzius, alle die erbärmlichen, adelsstolzen oder bramarbasierend umgänglichen Damen und Herren von Stand ließen sich mit den Mitteln von William Hogarth's Überzeichnung der Charaktereigenschaften ins Bild hereinholen, ohne sie in der Karikatur zu verfehlen. Zugleich aber konnte er alle Sympathie einer mitempfindenden Seele auf den braven Sebaldus Nothanker und seine herzbewegenden Schicksale und Familienumstände legen. Die Tochter Mariane und ihr ungelenker Liebhaber, der von Nicolai eigentlich spöttisch und von oben herab behandelte Herr von Säugling, werden von Chodowiecki überhaupt erst zu bestimmenden Figuren des Romans gemacht. Er gibt der Vergegenwärtigung einer traurigen oder komischen Szene des Romans jene Aura der Empfindsamkeit, die Friedrich Nicolai so fremd war wie dem gemeinsam bewunderten William Hogarth. Chodowiecki empfindet die Vertreibung aus dem Haus und die Sterbeszene von Mutter und Kind so eindringlich nach, wie es die wörtlich befolgten, aber dürren Indizien in Friedrich Nicolais Sätzen nur irgend zulassen. Das aber verleiht wiederum dem ruhig erzählenden Text ein hohes Maß von beherrschtem Sentiment. Der ›Sebaldus Nothanker‹ tritt durch Chodowiecki in die Nähe Samuel Richardsons und Jean Jacques

Rousseaus. Er weist insgeheim auf Goethes ›Werther‹ und mehr noch auf Johann Martin Millers tränenselige Klostergeschichte ›Siegwart‹ voraus, die wenige Jahre später, aus ganz anderem Geist geprägt, zu Friedrich Nicolais Ärger als Konkurrenz herauskam und – ebenfalls von Chodowiecki sympathetisch mit Illustrationen versehen wurde.

William Hogarth's scharfsichtige Deutung der Erfahrungswirklichkeit und Samuel Richardsons Analyse der Empfindungen – in diesem Zugleich lag für Daniel Chodowiecki der Weg der Kunst begründet. Sein Zyklus von sechzehn Blättern zum ›Sebaldus Nothanker‹ ist das erste, in seinem Sinn vollkommene Beispiel dieser Kunst der Wahrscheinlichkeit. Für sein Ideal hatte er, wie Hogarth vor ihm, die Ikonographie seiner Bilder neu zu erfinden; denn das Alltägliche war nun nicht mehr bloß das Komische, der Gegenstand für die satirische oder heitere Betrachtungsweise von oben her, sondern das eigentliche Feld der Kunst. So kam der Beobachtung des Richtigen und Falschen, der ›Natürlichen und affektierten Handlungen‹ (Zyklus von Lichtenberg und Chodowiecki 1779–80), der zeichenhaften Überhöhung jeder selbstverständlichen Haltung, Miene, Bewegung emblematische Bedeutung zu. Jeder Pfarradjunkt, der den Stuhl beiseite rückt, repräsentiert die Menschheit. Das Steife und Gesetzte, das uns die hohe Kunst Chodowieckis entfremdet, hängt mit dieser Emblematik zusammen. Alle diese herrlich beobachteten Figuren bewegen sich durch ihre genau erfaßte Umwelt mit einer unerhörten Last der Verantwortung. Es ist, als hätten sie alle wie der M. Jourdain in Molières ›Bürger als Edelmann‹ auf einmal erfahren, daß sie schon immer Prosa gesprochen hätten: Sie tun das gleiche wie vorher, aber sie tun es mit Würde. In Daniel Chodowieckis Radierungen ist die Bürgerlichkeit sich selbst emblematisch geworden.

Norbert Miller

Inhalt